歐亞歷史文化文庫

總策劃 張餘勝

蘭州大學出版社

中古夷教華化叢考

叢書主編　余太山

林悟殊　著

图书在版编目(CIP)数据

中古夷教华化丛考/林悟殊著. —兰州:兰州大学出版社,2011.5

(欧亚历史文化文库/余太山主编)

ISBN 978-7-311-03521-1

Ⅰ.①中… Ⅱ.①林… Ⅲ.①摩尼教—研究—中国—中古—文集 ②祆教—研究—中国—中古—文集 ③景教—研究—中国—中古—文集 Ⅳ.①B976-53 ②B989.1-53

中国版本图书馆 CIP 数据核字(2011)第 070938 号

总 策 划　张余胜

书　　　名　中古夷教華化叢考
丛书主编　余太山
作　　　者　林悟殊　著
出版发行　兰州大学出版社　（地址:兰州市天水南路 222 号　730000）
电　　话　0931-8912613(总编办公室)　0931-8617156(营销中心)
　　　　　0931-8914298(读者服务部)
网　　址　http://www.onbook.com.cn
电子信箱　press@lzu.edu.cn
印　　刷　天水新华印刷厂
开　　本　700×1000　1/16
印　　张　21　（插页 13）
字　　数　292 千
版　　次　2011 年 5 月第 1 版
印　　次　2013 年 5 月第 2 次印刷
书　　号　ISBN 978-7-311-03521-1
定　　价　66.00 元

（图书若有破损、缺页、掉页可随时与本社联系）

1.1 《閩書》卷7《方域志·華表山》

明代何喬遠《閩書》卷7《方域志》"華表山"條下，因敘山麓草庵而追溯摩尼教之源流，介紹該教義理，禮儀之要旨，以至唐代入華歷史，入傳福建經過，及至撰書年代和該教流播的情況，所述凡467字。就摩尼教在華傳播史而論，現存漢籍以是書的記錄最為翔實。圖為廈門大學南洋研究院所藏該書善本的有關部分。

1.2 元代溫州選真寺碑

    1988 年夏天,溫州平陽縣方志專家林順道先生,據地方志所提供的綫索,在蒼南縣括山鄉下湯村彭家山山麓選真禪寺前的田野中發現一元代石碑,上勒《選真寺記》。碑高 155 釐米,寬 76 釐米,厚 10 釐米。該碑爲我們提供了宋元溫州地區摩尼教活動的重要信息。林順道先生提供照片。

2

1.3 《彭氏宗譜》所見《選真寺記》

　　1997 年 1 月,林順道先生在民間收藏的《彭氏宗譜》中發現《選真寺記》,全文約 570 字,除個別文字外,與選真寺碑文契合。該宗譜落款"民國己未(1919)重修"。林順道先生提供照片。

1.3a 《彭氏宗譜·選真寺記》(上)

1.3b 《彭氏宗譜·選真寺記》(中)

1.3c 《彭氏宗譜·選真寺記》(下)

3

2.1 晉江摩尼教草庵

　　20世紀40—50年代,泉州吳文良先生發現並考訂了位於晉江華表山麓的元代摩尼教草庵,是爲當今世界唯一完整保存下來的華化摩尼教寺廟遺址。圖爲1972年晉江文博專家黃世春先生所拍攝的草庵及其周邊外景。

2.2a 草庵摩尼佛石雕像

　　晉江摩尼教草庵所供奉的摩崖石雕摩尼佛像,是爲公元3世紀中葉波斯摩尼教創始人摩尼的華化形象。泉州海外交通史博物館成冬冬先生拍攝。

2.2b 吐魯番摩尼畫像

圖爲20世紀初西方探險家在吐魯番高昌回鶻遺址上發現的摩尼畫像（8–9世紀）。該像一派胡貌，形象與晉江草庵所供摩尼佛像迥異。

2.3 重興草庵碑

重興草庵碑碑文爲著名的弘一法師所撰，嵌於晉江摩尼教草庵內墻。據碑文可知20世紀初，草庵早已廢圮，乃由佛僧重興，弘一大師亦曾以佛教高僧身份駐錫其中，修持於庵內。至50年代，吳文良先生始考出草庵原來的宗教屬性。是以，今附近村民所保存之摩尼教習俗，應是承傳自先人，與已成佛寺的草庵並無直接關係。

2.4a 晉江蘇内村境主宮

21世紀伊始，晉江博物館文博專家粘良圖先生深入草庵遺址周遭進行廣泛的田野調查，發現了華化摩尼教的諸多蹤跡，其中最令人矚目的一項是在草庵所在地蘇内村發現一所供奉摩尼教神明的境主宮。該宮爲20世紀30年代重建，磚石木結構，宮内面積爲560釐米×650釐米。王媛媛博士拍攝。

2.4b 境主宮壁畫神像

蘇内村境主宮殿壁正面繪有5幅神像，諸像大小各爲85釐米×42釐米。居中的摩尼佛及其左邊的秦皎明使和右邊的都天靈相，顯與摩尼教有關。粘良圖先生拍攝。

2.5a 草庵符籙

　　粘良圖先生田野調查所得的草庵符籙,附近村民用於驅鬼闘邪。居中爲籙,所繪神像近乎草庵摩尼佛;左符據云讀爲"安摩尼以里奉",右符文字尚待解讀。

2.5b 草庵籤詩

　　粘良圖先生田野調查所得草庵籤詩樣品,籤文包含若干摩尼教術語。

7

2.6 摩尼佛木雕像

田野調查發現，草庵附近村民尚保有摩尼佛木雕像。圖爲粘良圖先生在曾仁忠家中所見者，據云已有百年歷史。

2.7a 草庵摩尼教咒石

晉江摩尼教草庵面前約40米處，原有一摩崖石刻，勒"清淨光明，大力智慧，無上至真，摩尼光佛"16個正書字，每字徑63釐米；上面尚刻"勸唸"2字，並有落款"正統乙丑年九月十三日住山弟子明書立"。當地村民稱其爲"咒石"。原石已毀於"文革"，圖爲舊照片，粘良圖先生翻拍自新加坡晉江會館特刊出版委員會出版的《新嘉坡晉江會館紀念特刊1918－1978年》，1978年12月出版，頁258。

2.7b 重刻的草庵十六字咒語

　　"文革"後在草庵旁摩崖重刻"清淨光明,大力智慧,無上至真,摩尼光佛"十六字咒語。2003年3月,廣州中山大學歷史系中外關係史博士點師生爲籌備在泉州舉辦的"摩尼教與古代中國"國際學術研討會,專程到草庵考察。圖爲參加考察的師生與泉州海外交通史博物館文博專家暨草庵住持(後排右起第2位)在石刻前合影留念。

2.7c 莆田涵江摩尼教碑刻

　　"清淨光明,大力智慧,無上至真,摩尼光佛"作爲華化摩尼教的咒語,曾流行福建地區。1988年莆田市涵江區發現該十六字殘碑的下半,1990年復發現殘碑的上半,終成延津之合。該碑刻被定爲元時物。

2.7d 莆田北高摩尼教碑刻

莆田縣北高鄉後積村萬靈宮西側百年古榕下的摩尼教咒語碑刻，原豎立於一石塔的頂端，1966年石塔被毀，遂置放於此處，今僅剩下半。鄭旭東拍攝於1992年6月。

2.7e 催咒手勢圖

粘良圖先生的田野調查發現，"清淨光明，大力智慧，無上至真，摩尼光佛"16字，被村民稱爲"摩尼光咒"。據說，遇有邪怪之時，邊作手勢邊同時唸咒，便可以定心性、祛邪鬼，是爲"催咒"。其手勢爲：右手當胸，豎掌齊鼻，屈中指貼於拇指內側，其餘三指豎起向上（見左圖）；左手前伸，掌心向外，五指張開豎直，號"五指山"（見右圖）。粘良圖先生拍攝。

2.8 双文合璧墓石

　　吴文良先生發現的双文合璧墓碑石,现收藏於泉州海外交通史博物馆。該石的異族文字係用敘利亞文字拼寫的突厥語,而漢文字則可過錄如下:

　　　　管領江南諸路明教秦教等,也里可溫,馬里失里門,阿必思古八,馬里哈昔牙

　　　　皇慶二年歲在癸丑(1313)八月十五日帖迷答掃馬等泣血謹誌

　　此處的"明教"無疑就是元代官方對其時摩尼教之稱謂,而"秦教"當指代景教。成冬冬先生拍攝。

11

3.1 19世紀所見西安景碑原貌

　　明季西安府出土的大秦景教流行中國碑，揭開了唐代基督教研究的序
幕。圖爲19世紀所見的原碑照片，刊法國來華傳教士夏鳴雷名著《西安府基督
教碑》(H. Haveret, *La Stèle Chrétienne de Si-ngan-fou*, Changhai 1895, Varivétés
Sinologiques, No. 7)封面。蔡香玉女史翻拍自萊頓大學藏書。

3.2 景碑主體碑文拓本

西安景碑正面的主體碑文是研究唐代基督教的重要原始資料。圖爲早期拓本照片。黃蘭蘭博士據廣州中山大學圖書館藏本拍攝。

3.3 景碑正面下端文字拓本

景碑碑體正面下端,有敍利亞文、漢文題字,專述參與立碑的主要景士名字及身份。朱海志老師據廣州中山大學圖書館藏本拍攝。

3.4 景碑兩側題名拓本

　　西安景碑碑體兩側題名凡70個，以敘利亞文爲主，多配有相應漢文名字。該等文字至少有部分是立碑後始陸續補刻的，其間隱藏著景教徒逐步華化的重要信息。朱海志老師據廣州中山大學圖書館藏本拍攝。

3.4a　碑體左側上端敘、漢題名

3.4b　碑體左側下端敘、漢題名

14

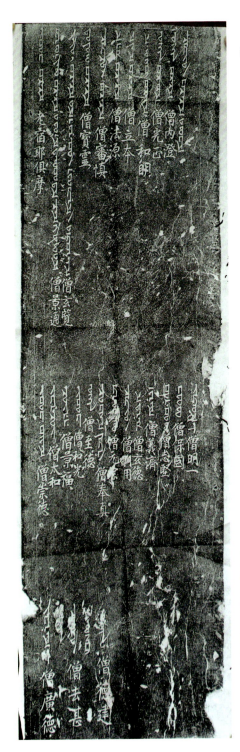

3.4c 碑體右側敍、漢題名

3.5 景碑異體字比較表

　　西安景碑有不少唐代異體字，夏鳴雷曾臨摹了部分，並與其他古碑作了比較。注意該等異體字有助於新面世古石刻之辨偽。蔡香玉女史翻拍自萊頓大學藏書（H. Haveret, *La Stèle Chrétienne de Si-ngan-fou*, Changhai 1897, Varivétés Sinologiques, No. 12, pp. 234–235）。

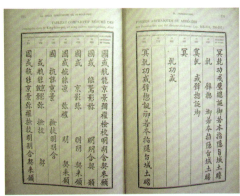

4.1 華化基督聖像

基督教本無聖像崇拜,但唐代入傳中國後,因應華情,製作本教的聖像以供教徒崇拜之用。西安景碑已暗示當時有基督聖像流行,考古發現亦提供了佐證。圖爲20世紀初斯坦因在敦煌第17窟發見的一幅絹畫復原圖,是爲公元10世紀前之物。圖高88英寸,寬55英寸。畫上的景僧頭戴十字架王冠,手持十字架權杖,背有光環,學者多認爲其應是耶穌。不過,嚴格地說,應是耶穌在唐代中國的華化形象。

4.2 唐代洛陽景教經幢殘體

2006年5月洛陽發現唐代景教經幢殘體的上半截,由龍門石窟研究所張乃翥先生率先報導並刊佈拓本。該經幢於中國中古基督教史研究的價值,殆可與明季發現之西安景碑媲美。原件遭盜賣,2006年9月被公安部門追回,現藏洛陽市第二文物工作隊庫房。照片係中國社科院宗教研究所羅炤先生提供。

4.3 景教經幢拓本

唐代洛陽景教經幢共有8個棱面，其中6個棱面頂端勒刻十字架、天使等圖像，主體部分勒刻景教禱祝詞、《宣元至本經》和《幢記》等。該等圖文蘊藏著唐代後期洛陽華化景教羣體的豐富信息。照片係張乃翥先生提供。

4.3a　幢體1–4面拓本

4.3b 幢體5-8面拓本

4.4 敦煌寫本《宣元本經》

敦煌寫本《宣元本經》是研究洛陽景教經幢所刻經文的唯一參照文本。全件 26 行 467 字。寫本原係李盛鐸譯收藏，後流入日本，現藏於日本武田科學振興財團屬下杏雨書屋。日本京都大學羽田亨紀念館曾展示該件照片，並首次發表於 1958 年京都出版的《羽田博士史學論文集》，見下卷圖版 7。

蔡香玉女史據來頓大學藏書翻拍。

(卷首)

(卷尾)

4.5 敦煌寫本《志玄安樂經》

敦煌本《志玄安樂經》原爲李盛鐸藏品，曾由日本羽田亨博士著錄刊佈。原件於1935年售諸日本，現藏於日本武田科學振興財團屬下杏雨書屋，近已公刊。1958年京都出版的《羽田博士史學論文集》曾刊出該寫本首端和末端的照片，見該書下卷圖版6。蔡香玉女史據萊頓大學藏書翻拍。

20

4.6 敦煌寫本《三威蒙度讚》

法基督教敦煌寫本P. 3847的大秦景教《三威蒙度讚》，是基督教三位一體的讚美詩，當今基督教會禮拜儀式還在采用。對該經文的研究，有助於解讀洛陽景教經幢的文字內容。

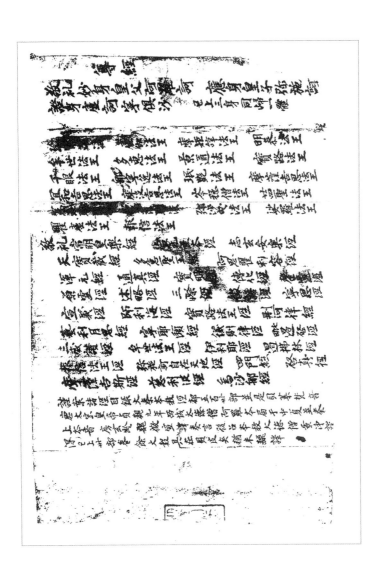

4.7 敦煌寫本《尊經》

法藏敦煌寫本 P.3847 的《尊經》表述了唐代景教三位一體的概念,記載了 30 多部唐代漢文景經的名稱,還附有一個極具史料價值的"按語",是研究唐代景教,尤其是洛陽景教經幢不可或缺之參考文獻。

22

5.1 西安北周安伽墓遺骸

20世紀末考古發掘的西安北周安伽墓，其墓主人屍骨置於甬道內，呈蜷縮狀，被認爲是某種中土化的祆教葬俗，本書作者對此提出質疑。本圖蒙文物出版社惠允，複製自陝西省考古研究所《西安北周安伽墓》，文物出版社2003年版，圖版9。

5.2 西安北周康業墓遺骸

2004年4月，在南距安伽墓150米處發現一座北周粟特墓，墓主康業。死者遺骨見於圍屛石榻上，保存完好，頭向西，面向上，仰身直肢，骨架之上有數層絲綢痕迹，顯示下葬時是把死者遺體直接置放于石榻上。該墓葬爲研究中土粟特人之華化葬俗提供了重要考古實物資料。照片係西安市文物保護考古所程林泉先生惠賜，誌謝！

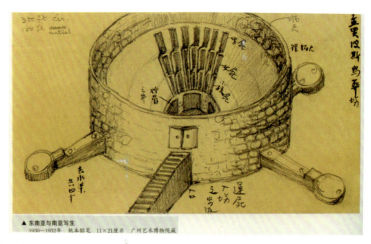

▲ 东南亚与南亚写生
1930—1932年　纸本铅笔　11×21厘米　广州艺术博物院藏

5.3 印度巴斯墓地寫生圖

　　印度孟買一帶的巴斯人是古代波斯瑣羅亞斯德教徒的後裔,他們仍保存著先祖的宗教信仰,堅持本教傳統的禮俗,是當代學者復原古代瑣羅亞斯德教禮儀的重要參照物。本圖所題的"孟買波斯鳥葬場"即爲巴斯人的屍葬建築——安息塔。是圖爲中國嶺南畫派創始人高劍父於1930—1932年在東南亞和南亞的寫生作品之一。晚清遊歷過印度的士人對這種建築有所記載,現代西方學者也有照片發表,但把其形態寫生下來,就筆者所知,惟高氏一家耳。是以該畫彌足珍貴。本圖複製自廣州藝術博物院編《高劍父畫稿》,嶺南美術出版社2007年版,頁54。原畫爲香港黎明先生收藏。

6.0 蔣維崧先生斧正手迹

　　本書有關選真寺和經幢的文章原稿曾刊《中華文史論叢》,承蒙蔣維崧先生審讀斧正。蔣先生一絲不苟,連引文都一一查對勘正,令吾輩感佩不已!

出 版 说 明

　　随着 20 世纪以来联系地、整体地看待世界和事物的系统科学理念的深入人心，人文社会学科也出现了整合的趋势，熔东北亚、北亚、中亚和中、东欧历史文化研究于一炉的内陆欧亚学于是应运而生。时至今日，内陆欧亚学研究取得的成果已成为人类不可多得的宝贵财富。

　　当下，日益高涨的全球化和区域化呼声，既要求世界范围内的广泛合作，也强调区域内的协调发展。我国作为内陆欧亚的大国之一，加之 20 世纪末欧亚大陆桥再度开通，深入开展内陆欧亚历史文化的研究已是责无旁贷；而为改革开放的深入和中国特色社会主义建设创造有利周边环境的需要，亦使得内陆欧亚历史文化研究的现实意义更为突出和迫切。因此，将针对古代活动于内陆欧亚这一广泛区域的诸民族的历史文化研究成果呈现给广大的读者，不仅是实现当今该地区各国共赢的历史基础，也是这一地区各族人民共同进步与发展的需求。

　　甘肃作为古代西北丝绸之路的必经之地与重要组

成部分,历史上曾经是草原文明与农耕文明交汇的锋面,是多民族历史文化交融的历史舞台,世界几大文明(希腊—罗马文明、阿拉伯—波斯文明、印度文明和中华文明)在此交汇、碰撞,域内多民族文化在此融合。同时,甘肃也是现代欧亚大陆桥的必经之地与重要组成部分,是现代内陆欧亚商贸流通、文化交流的主要通道。

基于上述考虑,甘肃省新闻出版局将这套《欧亚历史文化文库》确定为2009—2012年重点出版项目,依此展开甘版图书的品牌建设,确实是既有眼光,亦有气魄的。

丛书主编余太山先生出于对自己耕耘了大半辈子的学科的热爱与执著,联络、组织这个领域国内外的知名专家和学者,把他们的研究成果呈现给了各位读者,其兢兢业业、如临如履的工作态度,令人感动。谨在此表示我们的谢意。

出版《欧亚历史文化文库》这样一套书,对于我们这样一个立足学术与教育出版的出版社来说,既是机遇,也是挑战。我们本着重点图书重点做的原则,严格于每一个环节和过程,力争不负作者、对得起读者。

我们更希望通过这套丛书的出版,使我们的学术出版在这个领域里与学界的发展相偕相伴,这是我们的理想,是我们的不懈追求。当然,我们最根本的目的,是向读者提交一份出色的答卷。

我们期待着读者的回声。

总 序

　　本文库所称"欧亚"(Eurasia)是指内陆欧亚,这是一个地理概念。其范围大致东起黑龙江、松花江流域,西抵多瑙河、伏尔加河流域,具体而言除中欧和东欧外,主要包括我国东三省、内蒙古自治区、新疆维吾尔自治区,以及蒙古高原、西伯利亚、哈萨克斯坦、乌兹别克斯坦、吉尔吉斯斯坦、土库曼斯坦、塔吉克斯坦、阿富汗斯坦、巴基斯坦和西北印度。其核心地带即所谓欧亚草原(Eurasian Steppes)。

　　内陆欧亚历史文化研究的对象主要是历史上活动于欧亚草原及其周邻地区(我国甘肃、宁夏、青海、西藏,以及小亚、伊朗、阿拉伯、印度、日本、朝鲜乃至西欧、北非等地)的诸民族本身,及其与世界其他地区在经济、政治、文化各方面的交流和交涉。由于内陆欧亚自然地理环境的特殊性,其历史文化呈现出鲜明的特色。

　　内陆欧亚历史文化研究是世界历史文化研究中不可或缺的组成部分,东亚、西亚、南亚以及欧洲、美洲历史文化上的许多疑难问题,都必须通过加强内陆欧亚历史文化的研究,特别是将内陆欧亚历史文化视做一个整体加以研究,才能获得确解。

中国作为内陆欧亚的大国,其历史进程从一开始就和内陆欧亚有千丝万缕的联系。我们只要注意到历代王朝的创建者中有一半以上有内陆欧亚渊源就不难理解这一点了。可以说,今后中国史研究要有大的突破,在很大程度上有待于内陆欧亚史研究的进展。

古代内陆欧亚对于古代中外关系史的发展具有不同寻常的意义。古代中国与位于它东北、西北和北方,乃至西北次大陆的国家和地区的关系,无疑是古代中外关系史最主要的篇章,而只有通过研究内陆欧亚史,才能真正把握之。

内陆欧亚历史文化研究既饶有学术趣味,也是加深睦邻关系,为改革开放和建设有中国特色的社会主义创造有利周边环境的需要,因而亦具有重要的现实政治意义。由此可见,我国深入开展内陆欧亚历史文化的研究责无旁贷。

为了联合全国内陆欧亚学的研究力量,更好地建设和发展内陆欧亚学这一新学科,繁荣社会主义文化,适应打造学术精品的战略要求,在深思熟虑和广泛征求意见后,我们决定编辑出版这套《欧亚历史文化文库》。

本文库所收大别为三类:一,研究专著;二,译著;三,知识性丛书。其中,研究专著旨在收辑有关诸课题的各种研究成果;译著旨在介绍国外学术界高质量的研究专著;知识性丛书收辑有关的通俗读物。不言而喻,这三类著作对于一个学科的发展都是不可或缺的。

构建和发展中国的内陆欧亚学,任重道远。衷心希望全国各族学者共同努力,一起推进内陆欧亚研究的发展。愿本文库有蓬勃的生命力,拥有越来越多的作者和读者。

最后,甘肃省新闻出版局支持这一文库编辑出版,确实需要眼光和魄力,特此致敬、致谢。

余太山

2010 年 6 月 30 日

目录

5

Contents

前　言

　　唐代中國人稱摩尼教、景教和火祆教爲夷教。彼等既爲"外夷之物"，要在中土生存或發展下去，自少不了要自覺或不自覺、主動或被動地因應華夏的人文氛圍、政治生態，修正自己的禮儀、教規、義理等。其所走修正變異的道路，亦就是其華化之歷程。對於古代外來文明的研究，重在華化，前賢已有榜樣可法，正如業師蔡鴻生先生所開示：

　　　　上個世紀二三十年代以來，陳垣寫了《元西域人華化考》，馮承鈞寫了《唐代華化蕃胡考》，"華化"一詞，不是我做夢做出來的，是前輩學者研究提出來的。現常講一個與國際接軌的問題。接軌是指不能與國外研究脱節。但我們有像陳垣、馮承鈞這些傳統，所以不要爲了與國際接軌，而與自己的傳統脱軌。從華化的角度去考察，路子會越走越寬；若局限於從文化遺迹的角度去立論，路子會越走越窄。[1]

本書之所以名爲《中古夷教華化叢考》，突出"華化"二字，蓋取意於此。對於近年的諸多新發現，尤其是唐代洛陽景教經幢，東南沿海地區的摩尼教遺迹的解讀，益證明從華化的角度去考察，乃研究古代外來精神文明在中土傳播的不二法門。

　　就三夷教而言，"夷"字當頭，便已明其非主流宗教，在中古社會的信仰中，自是處於邊緣地位。而今於其研究，自更在主流學術之外；儘管偶因某些遺物遺迹的面世，或"文化搭臺"之需要，在媒體的推波助瀾下，或可喧鬧一時，但綜觀整個學術史，畢竟與顯學無緣。不過，該等宗教作爲華夏異質文明，由於近百年來，國内外一代代學者持續不斷的

---

　　〔1〕陳春聲主編《學理與方法：蔡鴻生教授執教中山大學五十周年紀念文集》，香港博士苑出版社 2007 年版，頁 12 - 13。

1

努力,其在中土的華化輪廓日益清晰,對研究古代中西文明的交融,越來越顯示其典型之意義。從這個角度看,三夷教研究在古代中外文化史領域中,或可佔一席之位,即便不過敬陪末座而已。竊意隨著三夷教研究的深入,包括具體或微觀的條分縷析,綜合或宏觀的辨釋考察,提綱挈領的理論概括等,其亦未嘗不可成爲檢視古今相類人文現象的參考坐標之一。由是,三夷教研究雖無現實"社會效益",但畢竟仍有永恒學理價值。近聞復旦大學文史研究院正針對人文學科的研究生教育,編纂一套學術研究入門手冊的補充教材,其中把"中古三夷教"列入選題,足見學術界對這點非無共識。

本書實爲拙著《中古三夷教辨證》的續篇,同樣是把一些獨立文章修訂、整合詮次而成。書中所論惟反映筆者現階段的認識耳,絕非確論,冀望學界同仁之明教。倘本書之出版,能引起一些年輕學子的興趣,使該領域的研究後繼有人,青勝於藍,則屬大喜過望。

林悟殊謹識

2009 年 12 月 22 日

1 宋元溫州選真寺摩尼教
屬性再辨析

1.1 引言

宋元時代濱海地域流行華化摩尼教——明教,文獻資料記載鑿鑿,20世紀下半葉以來陸續的考古發現,亦佐證這一結論。就有關的考古發現,自以泉州成績爲卓著,學界矚目;[1]前輩學者劉銘恕先生在泉州摩尼教考古的鼓舞下,曾據浙江文獻,對浙江地區摩尼教遺址的發現也充滿信心,早就呼請文博界努力;[2]但時至1988年始有斬獲,是爲溫州平陽縣方志專家林順道先生所發現的元碑《選真寺記》(見本書圖版1.2)。由於各種原因,碑僅一塊,但迄今發表的該碑錄文已有多種,各種不盡一致。至於解讀碑文所包含的宗教信息,則多限於點到爲止,未見專文深入探討。本文擬據已知的不同文本,對錄文進行理校,以資學界研究參考;並在理校本的基礎上,就該寺及其施主與摩尼教的關係再作一番辨析。筆者對錄文的理校,得助於林順道先生所惠賜的一手資料及其本人的若干灼見;而對碑文内容的辨析,則得力於何方耀先生及張小貴、殷小平諸君的諸多獻替。謹此先行鳴謝!

1.2 元碑《選真寺記》的
發現及諸錄文

20世纪80年代國内學界對宋元東南沿海摩尼教的研究,引起了

---

〔1〕詳參拙文《20世紀的泉州摩尼教考古》,刊《文物》2003年第7期,頁71–77。

〔2〕劉銘恕《泉州石刻三跋》,刊《考古通讯》1958年第6期,頁60–62;收入中國航海學會、泉州市人民政府編《泉州港與海上絲綢之路》,中國社會科學出版社2002年版,頁567–570。

林順道先生對方志涉及該教文字的注意。其在 1925 年刊行的《平陽縣志·神教志二》上，發現了有關當地選真寺的記載，内中云及"蘇鄰國之教"，疑與摩尼教有關，遂據該《志》所提供的綫索，"於 1988 年夏天在蒼南縣括山鄉下湯村選真寺前田野中"[1] 發現該寺元碑《選真寺記》（以下簡稱"碑記"）。1989 年，作者在其《蒼南元明时代摩尼教及其遺迹》一文中予以正式報導。就選真寺遺址及碑的形制，作者寫道：

> 選真寺遺址在現在蒼南縣括山鄉下湯村彭家山山麓，四周都是農田，清代重修的廟宇已在公社化時拆毀，現在這裏的"選真禪寺"是前幾年纔重建的，坐北朝南。現在東西南三面部分舊址和後邊小河已改爲水田。確認其为明教寺選真寺遺址的依據是現"選真禪寺"前仍豎立著孔克表《選真寺記》元碑，碑高 155 釐米，寬 76 釐米，厚 10 釐米。碑額半圓型，"選真寺記"四字分两行篆刻。碑文共 14 行，滿行約 30 字。碑文約有一半爲苔垢所覆蓋，另一半文字清晰可辨，與民國《平陽縣志》所錄的《選真寺記》吻合。[2]

該文還將《平陽縣志》中有關的文字轉錄公刊，並根據《志》中所節錄《選真寺記》中"爲蘇鄰國之教者宅焉"一句，將該寺定性爲摩尼教寺。

按，摩尼教作爲古代的非主流宗教，其留下的遺址、遺物、文獻畢竟很有限，任何一點新的發現都彌足珍貴。特別是同在溫州平陽，原已知有元代士人陳高（1315—1366）《不繫舟漁集》卷 12《竹西樓記》所記名曰潛光院的摩尼教寺院，[3] 而今又發現了選真寺遺碑，自然令人振奮。

翌年，周夢江先生將碑記"全文抄錄"發表。[4] 周先生並未據原碑

---

[1]林順道《摩尼教〈選真寺記〉元碑》，刊《中國文物報》第 30 期，1997 年 7 月 27 日第 3 版。筆者按：刊文誤作 1986 年，據作者來函更正。

[2]林順道《蒼南元明时代摩尼教及其遺迹》，刊《世界宗教研究》1989 年第 4 期，頁 107 – 111，引文見頁 110。

[3]最早注意到《竹西樓記》這一史料的是上揭劉銘恕先生（《泉州石刻三跋》）。有關該記的摩尼教信息，詳參拙文《元〈竹西樓記〉摩尼教信息辨析》，刊曾憲通主編《華學》第 7 輯，中山大學出版社 2004 年版，頁 242 –252；修訂本見拙著《中古三夷教辨證》，中華書局 2005 年版，頁 142 – 160。

[4]周夢江《從蒼南摩尼教的發現談溫州摩尼教》，刊《海交史研究》1990 年第 2 期，頁 75。

辨認，自稱"將蒼南文物部門同志所攝石碑的文字與《平陽縣志》所記大致内容對照"；因而，其錄文不僅未見一般碑文的撰書人落款，而且正文中用"□"號表示的未知字竟達88個之多。文本顯然未能差强人意。

1996年，林順道先生偕同杭州大學人文學院何俊教授，日本學者岡元司先生、早坂俊廣先生對元碑實地考察，認讀碑中文字約490個。1997年1月，其"又在民間收藏的彭氏宗譜中發現《選真寺記》（見本書圖版1.3），全文約570字，與碑文契合，僅個別文字略有差異"。該宗譜落款民國己未（1919）重修。其參照宗譜與民國《平陽縣志》爲碑文校補標點，以簡化漢字做了一個文本，於1997年7月在《中國文物報》上發表[1]。該文本也刊於《蒼南縣志》、[2]《温州市志》[3]等出版物；由於排印的原因，文本都略有差錯。倒是收入1999年12月油印的《讀書與調查札記——温州地方史篇》之文本，乃經作者最後審校過，相信較爲準確。

1998年，温州市博物館金柏東先生據對原碑的考察，在該館編的《文物與考古論集》發表了一個新錄文。[4] 2005年6月，金柏東先生又發表該碑的一個更新錄文，對該錄文的製作，作者有所説明："1997年3月温州市文物處專程前往選真寺原址，對碑文認真考辨。2004年11月又請北京石刻藝術博物館的專家對原碑拓片。所見碑文，字體雋秀，筆畫瘦潤，雖間有石花，並局部覆蓋石灰、苔垢，但稍爲處理，字體筆畫即能隱約顯現，經碑文和拓片對照，逐字抄錄，核對全文如下。"[5] 錄文畢後，作者聲稱"至此，該碑文不缺一字，通順可讀，舊日脱漏，得以澄清"，足見作者對錄文的準確性滿有信心。

〔1〕參閲林順道《摩尼教〈選真寺記〉元碑》。
〔2〕蒼南縣志編纂委員會編《蒼南縣志》，浙江人民出版社1997年版，頁846－847。
〔3〕温州市志編纂委員會編《温州市志》，中華書局1998年版，頁477－478。
〔4〕金柏東《〈選真寺碑記〉全文和史料價值》，刊温州市博物館編《文物與考古論集》，香港天馬圖書有限公司1998年版，頁50－52。
〔5〕金柏東《元〈選真寺記〉碑考略》，刊浙江省博物館編《東方博物》第15輯，浙江大學出版社2005年版，頁17－19；錄文見頁18。

1.3 《選真寺記》錄文理校

上面就《選真寺記》現知的各個文本作了介紹。其間較原始的文本自是《平陽縣志》版和《彭氏宗譜》版。按,縣志版只是節錄,宗譜則是全錄,因此不可能是宗譜抄自縣志。而原碑記首句爲"平陽郭南行七十里",經林順道先生考證,宗譜誤作"百十里",縣志亦同樣誤作"百十里",足見縣志版可能是節錄自宗譜,或與宗譜同源的文本。觀《寺記》的內容乃頌揚彭氏先祖的功德,是爲宗譜最可炫耀者,宗譜的纂修者必定要完整收入,但筆者觀《宗譜·寺記》的照片,從書寫格式看,其第 20 行和 28 行,均明顯存缺若干字。這就意味著宗譜收入的寺記不是源自其作者的文本,而是來自元碑的過錄本。我們無從知道其過錄元碑的時間,但可以肯定,過錄時碑石已有一些字跡漫漶無從辨認,以致錄文不得不存缺。如果筆者這一推測不錯的話,現見於宗譜的寺記文本應當就是當前較權威的版本;而縣志的節錄本,由於宗譜文本的發現,對於吾人的研究來說,實際已失去原被目爲一手史料的價值。至於今人據元碑認讀過錄的版本,如果準確無誤的話,則可用於勘正宗譜的文本,緣宗譜文本未必盡善盡美,不僅原來過錄時或有紕漏,在爾後的傳抄或刻版時更可能像其他古籍一樣,產生某些差錯或脫缺。

今人公刊的碑記過錄本都改用簡體字,是否吻合原文,尚有灰色空間;而且在排版發表過程中,由於技術性的原因,明顯出現錯字和脫漏,造成新的混亂。更主要的問題是:先人對原碑某些字尚無從辨認,而在原碑風化得更厲害的今日,吾人若單靠原碑和拓片,要加以一一認讀,自更困難。林順道先生和金柏東先生所提供的版本都是諸多專家學者用不同方法反復認讀原碑的產物,可以說,對碑文的認讀吾人已竭盡人事了;而今各家版本仍存在的分歧,恐怕得通過理校的辦法始可望解決。

就現有的簡體字版本看,林順道先生的文本(以下簡稱林本)顯然較爲符合文獻整理的規範,其據宗譜校補的文字均以括號標明,而參與製作該文本的日本學者,並未受到縣志或宗譜文本先入爲主的影響,直接逐字摸讀原碑，[1]故認讀的結果當較爲客觀。是以，筆者擬以上揭林順道先生1999年12月的油印本爲底本，參照金柏東先生先後發表的錄文（簡稱金本），對照宗譜照片，斟酌詞義文意，重新理校，以碑記所用的繁體字整理一個新的文本，以便討論。

選（據宗譜補）真寺記

賜同進士出身（據宗譜補）將仕郎建德錄事孔克表拜撰並書

敦武（據宗譜補）校尉溫州路平陽州（據宗譜補）判官燕京孫篆額

平陽郭南行七（宗譜、金本作百）十里，有山曰鵬山。[2]層（據宗譜補）巒演迤（金本作逶迤，宗譜作迤邐），[3]隆然（據宗譜補）廻（據宗譜，林本、金本均作回，恐係簡化）抱，河流縈帶（據宗譜補），林壑（據宗譜補）茂美，彭氏世居之。從（據宗譜補）彭氏之居西北行（據金本，林本並無摸出此字，從宗譜作道）三百餘步，有宫一區，其榜曰"選真寺"，爲蘇鄰國之教者宅焉。蓋彭氏之先之（據宗譜補）所建也。故制陋（據宗譜補）樸，人或隘之。彭君如山，奮謂其侄德玉曰："寺，吾祖創也。第（據宗譜補）厥度弗弘，不足以示嚴揭誠。吾幸不墮（據宗譜補）先人遺緒，願輟堂（宗譜空缺）搆（據宗譜，林本、金本均簡化爲

---

[1] 就其文本製作的過程，林順道先生給本人的函件有詳細的說明："1996年12月，日本研究溫州宋元時代文化的學者岡元司君、早坂俊廣君來溫州考察。他們一位在杭州大學學習過，另一位正在學習，邀杭大人文學院何俊君陪同。何君與我有同門關係，又是我正在杭大就讀的小兒子的班主任，我陪他們走了三天。來溫的第二天，即到下湯選真寺考察。兩位日本朋友見到碑刻實物，非常高興。他們很年輕，都剛三十出頭，身體很棒，所以就趴在那裏對碑刻的字一個一個地摸。其辦法是先點清碑文上行數和每行的字數，據此畫好方格，不斷用濕布搭擦要辨認的字，先把清楚的字依行序字字填上，不清楚的則一個一個地摸，摸一個填一個。主要是岡元司君、早坂俊廣君摸，何君負責記。從上午10時開始，一直到下午4時30分左右，摸完全碑，辨認出碑文中的約490字。基本上可以讀懂碑文意思。"

[2] 按，此句的"七十里"，民國《平陽縣志》和宗譜均作"百十里"，即係約數，金本亦從之。但林順道先生與日本諸學者以及蒼南縣文物館鄭元鴻館長等經反復摸讀原碑，認定爲"七十里"。就此，林順道先生也在縣志找到了根據，確認選真寺地址距縣城70里：

其一，乾隆《平陽縣志》卷之二稱，"將軍山，在縣東南七十里"。《縣志校正》將"東南"校正為南。

其二，民國《平陽縣志·建置》稱"二十三都在縣東南七十里"，村莊名稱包括將軍嶺、彭家山（鵬山）、荷廈湯（下湯）、東括、西括等，該等地名有些在現在的《蒼南縣志·蒼南縣政區圖》金鄉西側仍可找到。彭家山（鵬山）、下湯未標出。

如是，"七十里"蓋可定論矣。

[3] 按，"演迤"，有延伸之義，用於形容山脈的連續亦可，但不常用。金本作"逶迤"，宗譜作"迤邐"，國人常用。竊以爲林順道先生與日本學者在原碑上摸讀出"演迤"這一較不常用的詞，當非先入爲主也，因而更可能符合原作。

构)之餘力以事茲役,汝其相吾成。吾祖有知,將不悼(據宗譜補)(金本作勝)其志之弗(據宗譜補)獲承於地下矣。德玉應(宗譜作進)曰:"諾(宗譜空缺),敢不唯命是共。"迺(據金本1998年版,周夢江刊本同,他本作乃,同義異體)斥(據金本,林本據宗譜作圻,難解)故址,致木(據宗譜補)與(金本同,宗譜作土)石,聚羣藝攻(據宗譜補)之。崇佛殿,立三門,列左右廡。諸所締構,咸既底法。無何,德玉即世。君盡(據宗譜補)焉。其(宗譜略此字,金本作且;筆者按:此字無論爲"其"或爲"且",從上下文看,都屬可有可無,或爲碑文之衍字,宗譜略去此字,良有以也)曰:"吾佇已矣,吾事(林氏公刊本作其,係印刷錯誤,其他文本均作事)其可已乎(據宗譜補)?"則又飭材經工(金本同,宗譜作立,難解),用濟(據宗譜補)此美。演法有堂,會學徒有舍,啓處食寢有室,以(據宗譜補)至厨、井、庫、廩、湢、圊之屬,靡(林本誤植爲糜)不具修。都爲屋如干(金本同,宗譜作若干,義同;筆者觀原碑照片,顯爲如干)楹,輪奐(據宗譜補)赫敞,視於初有加(據宗譜補)矣。既而又曰:"嘻(據宗譜補)!斯役之造(據宗譜補),吾(宗譜作我)惟(據宗譜補)先志之弗克承是懼,非惠徼(金本、宗譜作繳)福田利益也。[1] 今兹幸遂僝(宗譜同,金本1998年版同,但2005年版改爲厥)功,[2] 惟(據宗譜補)祖考之靈(據宗譜補),其尚於兹乎妥哉(據宗譜補)!"(是句已可讀通,金本1998年版原作於茲永妥哉,2005年版改爲茲安妥哉,恐係排印有錯)於是(據宗譜補)即寺之東廡,作祠宇以奉(宗譜空缺)神主。又割田如(宗譜作若)干畝,賦其金,用供祀(宗譜同,金本1998年版作禮,2005年版作佚,恐係排印差錯)饗,而委其□□(金本1998年版作藏充)寺之(林本從缺,據金本1998年版補,上溯4字宗譜留空)他(據宗譜補)費焉。繼德玉(上溯13字金本2005年版全缺,當爲排印脫漏)而相於成者,君之孫文復、文明、文定、文崇、文振也。今(據宗譜補)年春,文明來道建寺顛末(據宗譜補),且(據宗譜補)徵文記之。

噫!世之爲子若(據宗譜補)孫,保有祖父之業,幸弗(金本同,宗譜作勿)荒(據宗譜補)(金

---

〔1〕林順道先生給筆者的函件中考證道:"愚仍以爲作'非惠徼福田利益也'爲妥。古籍常有'惠徼福'或'惠徼……福……'組詞結構,特別是《春秋》經傳之類書,如《春秋左傳注疏》卷十一就有'君惠徼福於敝邑之社稷'之句。'惠徼'似可作惠賜、招來解。愚未見古籍中有'惠繳福'或'惠繳……福……'的用法。"

〔2〕《尚書·堯典》有"共工方鳩僝功"之語,被注疏爲"[共工]於所在至方,能立事業,聚見其功"。見《十三經注疏》本,中華書局1980年影印版,頁122上。原碑摸出"僝"字,與宗譜契合。"厥功"義同。

本 1998 年版同,2005 年版改作克)墜,[1]難矣據宗譜補! 其有潤飾據宗譜補(金本 1998 年版同,

2005 年版作餘,"潤餘"鮮見)而光大之,蓋千百而一二得焉者也。剡據宗譜補又能

肆其力於堂搆(據宗譜,林本、金本均簡化爲构)播獲之外乎據宗譜補。今觀君於建寺

一役,尚惓惓據宗譜補焉。紹揚據宗譜補先志若此,則其世業據宗譜補之克據宗譜補昌,概(宗譜作

爲)可知矣。其享有壽祐(據金本,林本據宗譜作祉,"壽祐"、"壽祉"義同),宜哉!

予據宗譜補嘉其孝思據宗譜補之據宗譜補(金本 1998 年版同,2005 年版漏此字)不(宗譜多一可字)忘

也,故为誌(據金本,林本作紀,宗譜作記)建寺之績,而君之美因據宗譜補(金本 1998 年

版同,2005 年版作囿,"美囿"鮮見)牽繫(據金本 2005 年版,林本據宗譜作聯,金本 1998 年

版同)得書。君名仁翁,如山其(宗譜留空)字(上溯 4 字金本 1998 年版同,2005 年

版缺,恐係排版脫漏)。今年實據宗譜補至正十一據宗譜補年二月十五日記。

1.4　原選真寺的摩尼教屬性及
始建年代推測

　　由於古代碑刻亦不無衍字或行文欠通之處,上揭理校的錄文,雖上

下文可以讀通,但也未必與原碑完全吻合;然每字均有所本,故相信不

會太離譜以至影響下文的探討和立論。

　　學者認爲選真寺是摩尼教寺院,但迄今除本文所討論的這一碑記

外,別無其他遺物遺址可資佐證;而碑記中可能與摩尼教有關的,不外

"爲蘇鄰國之教者宅焉"一句,因而,謹嚴的學者對該寺的摩尼教屬性

或持保留態度。[2]

　　按,摩尼教與蘇鄰國的聯繫,最權威的根據當然應求諸其內典敦煌

唐寫本摩尼教經 S.3969《摩尼光佛教法儀略·託化國主名号宗教第

一》,其間"蘇鄰國"一詞凡兩見:

　　　　摩尼光佛诞蘇隣國跋帝王宮,金薩健種夫人滿艷之所生也。

　　另見該寫本所引《老子化胡經》云:

　　　　我乘自然光明道氣,飛入西挪玉界蘇隣國中,示爲太子。捨家

　　〔1〕林順道先生來函考曰:"愚仍以爲譜文作'幸弗荒墮'爲妥,《尚書》有'荒墮厥绪,覆宗絶
祀'语,但鮮見古籍中有'克墮'的用法。"

　　〔2〕參閱陶沙《福州福壽宮是否摩尼教遺址芻見》,刊《福建宗教》2004 年第 4 期,頁 33-34。

入道，号曰摩尼。轉大法輪，說經、戒、律、定、慧等法，乃至三際及二宗門。上從明界，下及幽途，所有眾生，皆由此度。摩尼之後，年垂五九，我法當盛者。[1]

蘇鄰國，昔年沙畹、伯希和考爲 Sūristān，[2] 亨寧對這句話也有專門的考證，同樣認爲蘇鄰國即 Sūristān，谓巴比倫；跋帝谓摩尼的父親，即 Patig 的音譯；满艷即摩尼母親 Maryam 的音譯；金薩健即 Kamsarakan，4 世紀亞美尼亞歷史經常提到這個家族，該家族聲稱源自帕提亞王室，故一般都認爲摩尼的母親是帕提亞王室的公主。[3] 就摩尼的身世，漢文經典寫得如此明晰肯定，並且以"帝"之名來音譯教主父親的名字，顯然旨在渲染本教教主摩尼的高貴血統，這與來華西域人諸多墓誌中自我標榜先祖在本國的崇高地位，實有異曲同工之妙。吾人不必完全當真也。但稱蘇鄰國爲摩尼教的發祥地，來華的摩尼教徒口徑是一致的，異教人士對此亦耳熟能詳。如學者所熟悉的《佛祖統紀》卷48"嘉泰二年"條下的"述曰"，所引《夷堅志》對福建"明教會"的評論：

> 又名末摩尼，采《化胡經》"乘自然光明道气，飛入西那玉界蘇鄰國中，降誕王官爲太子，出家稱末摩尼"，以自表證。其經名《二宗三際》。二宗者，明與暗也；三際者，過去、未來、現在也。……復假稱白樂天詩云：静覽蘇鄰傳，摩尼道可驚。二宗陳寂默，五佛繼光明。日月爲資敬，乾坤認所生。若論齋絜志，釋子好齊名。[4]

現存《夷堅志》並無這段話，或認爲乃《佛祖統紀》作者所僞託，但亦足見宋代佛僧知道摩尼教與蘇鄰國的關係。道士當然更明白這一點，南宋道士白玉蟾就曾説道：

---

〔1〕《英藏敦煌文獻》（下簡稱《英藏》）（5），四川人民出版社 1992 年版，頁 223 下至 225 上；引文見頁 223 下至 224 上。又，近年關於《老子化胡經》的最新討論參見劉屹《唐開元年間摩尼教命運的轉折——以敦煌本〈老子西昇化胡經序說〉和〈摩尼光佛教法儀略〉爲中心》，刊《敦煌吐魯番研究》第 9 卷，北京大學出版社 2006 年版，頁 85 - 109。

〔2〕É. Chavannes et P. Pelliot, " Un traité manichéen retrouvé en Chine, traduit et annoté (Deuxième partie)", *Journal Asiatique*, Jan.-Feb. 1913, p. 122.

〔3〕W. B. Henning, "The Book of Giants", *Bulletin of the School of Oriental and African Studies*, XI, Part I, 1943, p. 52.

〔4〕《大正藏》（49），頁 431 上至中。

昔蘇鄰國有一居士號曰慕闍，始者學仙不成，終乎學佛不就，隱於大那伽山。始遇西天外道有曰毗婆伽明使者，教以一法，使之修持，遂留此一教，其實非理。彼之教有一禁戒，且云盡大地山河草木水火，皆是毗盧遮那法身，所以不敢踐履，不敢舉動；然雖如是，卻是毗盧遮那佛身外面立地。且如持八齋、禮五方，不過教戒使之然爾。其教中一曰天王，二曰明使，三曰靈相土地。以主其教，大要在乎清净光明、大力智惠八字而已。然此八字，無出乎心。今人著相修行，而欲盡此八字可乎？況曰明教，而且自昧！[1]

這段話於摩尼教起源的論説雖不見得準確，但也認定其發祥地爲蘇鄰國。上揭《竹西樓記》亦言及"明教之始，相傳以為自蘇鄰國流入中土"。[2] 明代何喬遠（1557—1631）所撰《閩書》卷7《方域志》"華表山"條下也稱"摩尼佛名'末摩尼光佛'，蘇隣國人"。[3] 可見古代中國人普遍把摩尼教目爲來自蘇鄰國的宗教，就像最初把大秦景教目爲波斯胡教那樣。類似對摩尼教的如此稱謂，還見於泉州文博專家李玉昆先生所發現的一條元代泉州《青陽莊氏族谱》資料：

　　[莊]惠龍，生前元至元辛巳四月初三日，卒至正己丑年十月廿一日。幼失怙恃，勵志自強，從遊鄉先生丘釣磯之門，孝友刑於家，文章名於册，詠詩百首，皆可刊後。拓業千里，以遺子孫。晉邑主簿歐陽賢甚器重之，稱之為林泉逸老。晚年厭觀世諦，託以蘇鄰法，搆薩壇以爲娛賓优友之所。[4]

　　〔1〕紫壺道士謝顯編《海瓊白真人語錄》卷1，見《道藏》第33册，上海書店、文物出版社、天津古籍出版社1988年版，頁114下至115上。香港饒宗頤教授最早把其作爲摩尼教資料徵引，見氏文《穆護歌考》，載香港大公報社編《大公報在港復刊三十周年紀念文集》下卷，香港大公報社出版社1978年版，頁733－771，錄文見頁763。對話中提到的"清净光明、大力智惠"，見諸京藏的敦煌唐寫本《摩尼教經》和福建考古發現的元、明摩尼教石刻（參閱拙文《福建明教十六字偈考釋》，刊《文史》2004年第1輯，頁230－246；又見拙著《中古三夷教辨證》，中華書局2005年版，頁5－32）；而"明使"、"靈相"之類的神名亦見於新近泉州晉江摩尼教田野調查的報告（粘良圖《摩尼教信仰在晉江》，見《福建宗教》2004年第6期，頁24－26），足見白玉蟾對明教的議論並非隨意編造。

　　〔2〕參見拙著《中古三夷教辨證》，頁147校錄。

　　〔3〕〔明〕何喬遠《閩書》，福建人民出版社1994年版，頁171。

　　〔4〕見《青陽莊氏族谱》，明崇禎續修抄本，藏晉江縣圖書館。有關莊氏家族摩尼教信仰的最新討論見粘良圖《從族谱看明初晉江摩尼教活動》，刊《福建宗教》2006年第4期，頁20－22。

就古代中國流行的諸多宗教,與"蘇鄰國"有關的,迄今文獻可考者惟道教與摩尼教耳,而道教的内外典甚多,從未見有被稱或自稱蘇鄰教或蘇鄰法者。結合宋元期間溫州、泉州廣爲流行明教的歷史背景,我們可以肯定碑記所言的"蘇鄰國之教者",指的當是傳習摩尼教之人。至於這些人所傳習的摩尼教,與創於"蘇鄰國"(巴比倫)的真正摩尼教相去多遠,變異的程度如何,那是另外一個問題[1]。

不過,把摩尼教名爲蘇鄰法、蘇鄰國之教,這在漢籍文獻上畢竟罕見,迄今吾人所能找到的例證不外就是族譜和碑記這兩例。按,稱摩尼教爲"蘇鄰法",稱其教徒爲"蘇鄰國之教者",都是中性的稱謂,並無褒貶之意;與那些稱摩尼教徒爲"喫菜事魔"者不同,後者明顯是懷有貶義惡意。不過摩尼教乃以教主摩尼(Mani)爲教名,其傳教師到中土,對本教教主名字的正式音譯爲"摩尼",[2]官方文獻也正式稱其爲"摩尼教",[3]外典或作"末尼"、"麻尼",如無他意,則惟取用筆畫較簡單的同音字耳。到了會昌受迫害後,摩尼教加速華化,普遍從本教崇尚光明的教義、禮拜日月的禮儀出發,改稱明教。既然其時流行的稱謂是"明教",何以在此兩處獨不用明教稱之?在一般情況下,依宗教發源地來作爲教名稱謂,應是出自中土教外人;由於其並無貶義,中土的教徒也是可以接受的,就像唐代景教徒接受大秦教之名一樣。不過,大秦教之名,是皇帝御賜;而以"蘇鄰"作教名,則屬非官方行爲。爲甚麼元代的族譜和碑記在提及與先人有關的信仰摩尼教時,都不逕以當時流行的明教稱之,而拐彎抹角,稱爲"蘇鄰法"、"蘇鄰國之教者"?這倒是值得考慮的問題。吾人固知,宋元時期的華化摩尼教實際分化爲寺院

---

〔1〕有關摩尼教在華的變異問題,詳參蔡鴻生《唐宋時代摩尼教在濱海地域的變異》,刊《中山大學學報》(社會科學版)2004 年第 6 期,頁 114－117。

〔2〕見敦煌唐寫本 S.3969《摩尼光佛教法儀略》,《英藏》(5),頁 223 下。

〔3〕如李德裕《賜回鶻可汗書意》有"摩尼教天寶以前,中國禁斷"云云,見董浩《全唐文》卷699,中華書局 1983 年影印版,頁 7182;又見傅璇琮、周建國校箋《李德裕文集校箋》,河北教育出版社 2000 年版,頁 67。

式的摩尼教和民間結社式的摩尼教。[1] 前者較多地保持摩尼教自我修持的本色,在士人眼裏顯然較爲高雅,就像陳高在《竹西樓記》裏所讚賞的石心上人那樣:"石心素儒家子,幼誦六藝百氏之書,趣淡泊而習高尚,故能不汨於塵俗而逃夫虛空。其學明教之學者,蓋亦託其迹而隱焉者歟;若其孤介之質,清修之操,真可無愧於竹哉!"[2] 而後者則往往被醜化爲"喫菜事魔"之類。族譜和寺記所提到的摩尼教信仰,顯然都屬於前者,其後人或刻意要區別於"喫菜事魔",遂以蘇鄰名之。另外,以"蘇鄰"名教,迄今僅見上揭兩例,而且均出自元代後期。由是,筆者疑與其時的宗教環境有關。按,蒙古人征服中國的過程,也帶來了諸多外來宗教,尤其是基督教的各個教派,即所謂也里可溫,其信奉者多屬戰爭移民的外族人,享有漢人和南人所無的特權。[3] 這可能令時人產生依傍外來宗教的心態,故提及先祖的明教信仰時,與其被誤爲本土邪教,毋如突出其外來的本源。

碑記落款至正十一年,即公元 1351 年,距南宋(1127—1279)滅亡 72 年,然碑文僅謂"彭氏之先所建"。按,碑文頌揚的主人翁是彭仁翁(字如山),倘建寺者爲仁翁的較近先輩,如父親、祖父,甚至曾祖父,當有較明確的輩序稱謂甚或道出名諱。林順道先生已在《不繫舟漁集》卷 13 中查得彭仁翁的墓誌銘,即《處士彭公墓誌銘》。其中有云:"其先自閩遷溫之平陽金舟鄉,曾大父弘,大父旦,父直道。"[4] 亦就是說,仁翁輩對其曾祖的名諱是清楚的,建寺者必係比曾祖更前的先輩,以至難確定其輩序名諱,但言"彭氏之先"耳。至於碑記末段有"世之爲子若孫,保有祖父之業,幸弗荒克墜,難矣!"之句,恐是一般的感慨泛論,未必意味該寺始建者即爲碑記主人翁的父親或祖父。

〔1〕參閱拙文《宋元時代中國東南沿海的寺院式摩尼教》,刊《世界宗教研究》1985 年第 3 期,頁 103 – 111。修訂稿見拙著《摩尼教及其東漸》,中華書局 1987 年版,頁 145 – 187;臺北淑馨出版社 1997 年增訂本,頁 166 – 179。

〔2〕參見拙著《中古三夷教辨證》頁 147 – 148 校錄。

〔3〕參閱殷小平《從〈大興國寺記〉看元代江南景教的興起》一文,見《中華文史論叢》2006 年第 4 輯,頁 289 – 313。

〔4〕林順道先生在其 1997 年刊於《中國文物報》的報導最先徵引該墓誌銘文本,該銘即〔元〕陳高《不繫舟漁集》卷 13《處士彭公墓誌銘》。此據民國十五年(1926)重刊本。

據墓誌銘,彭氏卒於至正二十年(1360)三月,享年 77 歲,即大約應生於 1283 年。照此推算,就該寺的始建時間,即便只追溯到其父親,也已是南宋末年了,而實際如上面已指出,很可能是比曾祖更早的先祖。是以,把選真寺定爲南宋遺物,應是十分穩妥的。

學者業已考證《竹西樓記》所載的潛光院始建年代至少也可追溯到南宋,而選真寺的興建亦在同一個時期,實際上就意味著,我們已能確認宋元時期溫州蒼南縣至少有兩所摩尼教寺院,恰好與泉州晉江的摩尼教草庵遙相輝映。這不惟補充了中國摩尼教史的重要資料,且對於繪製該時期濱海地域的宗教地圖不無實質性的意義。

1.5　彭氏家族之宗教信仰考察

上面我們已肯定碑記所謂"蘇鄰國之教者",當爲傳習摩尼教的人。那麼,把選真寺定性爲摩尼教寺院,應該是不成問題的。但吾人的認識不應僅僅簡單地停留在這個層面上。

根據上揭彭仁翁的墓誌銘,彭氏之先乃"自閩遷溫之平陽金舟鄉",而吾人固知,"喫菜事魔,三山尤熾",宋代福建正是明教盛行的地區,彭氏之先,對明教早就不陌生了。如果其持有摩尼教信仰,這是毫不奇怪的事。不過,彭氏建寺的先祖顯然不是住寺的摩尼教出家僧侶。就此,碑記的交待是明確的:

> 平陽郭南行七十里,有山曰鵬山。層巒演迤,隆然廻抱,河流縈帶,林壑茂美,彭氏世居之。從彭氏之居西北道三百餘步,有宮一區,其榜曰"選真寺",爲蘇鄰國之教者宅焉。蓋彭氏之先之所建也。

揣摩這段話,不難體味出:彭氏所居地在當時應是一個自然村。由於古代中國社會多種宗教信仰並存,因而在一個自然村落建摩尼教寺院,並不意味著村民們惟摩尼教是信並排斥其他宗教;但至少表明摩尼教還作爲一個獨立宗教,活躍在這個自然村中,彭氏家族生活的氛圍就有摩尼教的信仰。按,碑記強調的是該寺爲彭氏先祖所建,而"宅焉"的是"蘇鄰國之教者"。由是可判定彭氏先祖並沒有在寺中修持,其是施主,而非僧人。在中亞和唐代中国的摩尼教教階制度中,這種信徒稱爲"聽者"。[1] 其實,如果彭氏先祖爲出家僧侶的話,按摩尼教的嚴格戒律,當不可能有昌盛的後代子孫。

古代中國,從未有專一的國教,除職業宗教人士外,一般俗人不論上層、下層,兼信多種宗教是普遍現象,而民間更把儒、釋、道,以及本地傳統或新出現的神明都混成一塊,揉成一體,咸加供奉。民間自來都把營建宗教建築物視爲無量功德,認爲既可爲今世招財納福禳災,又可爲來世和後代子孫積陰德。至於該建築物屬哪一個教派,這倒不重要,往往視當地時尚而定。宋元之際,華化摩尼教已在濱海廣爲流行,像佛教、道教或一般民間宗教那樣受到青睞,當地富人樂意爲其捐錢建寺,應是平常、普遍的事,是時人的一種價值取向。就如泉州草庵那樣,亦是當地人士捐建的。[2] 不過,滄海桑田,如今尚不能找到更多的遺址作例證。正因爲捐建廟宇是一種時尚,是一種平常的善事,因此,廟宇落成亦未必有大肆渲染。若不,像選真寺之營建,沒有文獻記錄下來,至少也得有個碑記之類存世。可是,當至正十一年立碑時,對該寺早年營建的歷史只敷衍一句"蓋彭氏之先之所建也",足見時人對該寺最初的歷史不甚了了。《竹西樓記》所記的潛光院亦是一樣,營建的具體年代和營建者的姓名同樣闕如,足見陳高撰記時並沒有看到相關的文獻或碑刻資料。如果從中國社會這一傳統習俗角度考察,彭氏先祖建寺一事,吾人可以相信其與當時當地不少士人或其他一般黎民一樣,持有摩尼教信仰,但未必就很專一虔誠。

作爲選真寺碑主的彭仁翁本人,對於摩尼教的虔誠度,更是令人懷疑。因爲其先祖爲明教徒營建選真寺,自身又來擴建之,這對弘揚明教來説,顯然是無量功德。如果彭氏是明教世家的話,出於對宗教的虔誠,理當從弘教護法的角度,大書特書。但碑記中對此卻異常低調,只以"爲蘇鄰國之教者宅焉"一筆帶過。其餘文字殆與明教無關。碑記

---

〔1〕參閱 S.3969《摩尼光佛教法儀略·五級儀第四》,《英藏》(5),頁 225 上。
〔2〕參閱拙文《泉州摩尼教淵源考》,刊林中澤主編《華夏文明與西方世界》,香港博士苑出版社 2003 年版,頁 75－93;修訂稿見拙著《中古三夷教辨證》,頁 375－398。

就主人翁彭君如山率子侄孫輩擴建選真寺的動機目的,强調的是"不墮先人遺緒"、"紹揚先志",實際是把先人建寺目爲善舉,欲加繼承發揚,而不是對"蘇鄰國之教"有甚特別感情,爲弘教而擴建之。這是不能以碑文撰書者於明教無知來作解釋的。因爲作爲碑記的内容,撰書者必定要投主人之所好;假如主人重視明教,撰書者就不可能不在這方面特別着墨。就此,陳高《竹西樓記》可資參照。竹西樓的主人石心上人是個自我修持的明教徒,除上面已徵引的對其本人的溢美之辭外,樓記明確指出潛光院的明教屬性,並以肯定的態度加以介紹:"潛光院者,明教浮圖之宇也。明教之始,相傳以爲自蘇鄰國流入中土,甌越人多奉之。其徒齋戒持律頗嚴謹,日每一食,晝夜七時,咸瞑拜焉。"[1]爲後人了解當時的摩尼教留下了寶貴信息。

碑記中對明教全無介紹或推崇之語,這亦不能以有所忌諱來作解釋,因爲就元代的宗教政策,顯然比宋代要寬鬆,特別對於自我修持的寺院式摩尼教,並不存在官府迫害的問題。對此,學者們已多有共識。[2] 上揭陳高撰寫《竹西樓記》的時間與碑記的落款正好同年,説明其時士人對明教並無顧忌。由是,彭仁翁及其子侄孫輩是否對摩尼教還保有特別虔誠的信仰,這是令人懷疑的。

按,碑記云選真寺"故制陋樸,人或隘之",這 8 個字明顯反映了該寺的始建,絕非按照唐代摩尼教寺院的形制,即有經圖堂、齋講堂、禮儀堂、教授堂、病僧堂等五堂之設。[3] 否則就不會有"陋樸"之誚。其實,摩尼教寺院的五堂之設,不過是在唐代中國合法傳播時,受到佛教寺院影響而制定的一種模式,在其他地區傳播都未發現有如此完備的寺院建構。在會昌年間受到毁滅性的迫害後,其殘餘的信徒已不可能承繼原先的寺院制度,只能因地制宜,建立並發展新的寺院修持模式。因此,彭氏之先始建的選真寺形制不能與五堂對號,乃理所當然的事。另

〔1〕參見拙著《中古三夷教辨證》,頁 147 校録《竹西樓記》。

〔2〕有學者甚至認爲"摩尼教中興於元代",見劉銘恕《有关摩尼教的两个問題》,刊《世界宗教研究》1994 年第 3 期,頁 134–136。

〔3〕P.3884《摩尼光佛教法儀略·寺宇儀第五》明確稱寺院設有"經圖堂一,齋講堂一,禮儀堂一,教授堂一,病僧堂一";見《法藏》(29),頁 86 下。

外,故制之陋樸,也未必是由於營建者資力不足。玩味"为蘇鄰國之教者宅焉"這句話,其著重强調的是該寺的生活功能,讓明教僧侶得以"宅焉"——棲身;而照摩尼教的苦行教義,棲身之所當以陋樸爲尚。彭氏先人建寺,自應遵被施者的意願。後人以其陋樸爲憾,乃不知先人建寺的初衷。正如上揭《竹西樓記》對潛光院强調的是"明教浮圖之宇也"這一宗教功能那樣,倘若彭仁翁輩認爲先人營建選真寺是爲了弘揚蘇鄰國之教的話,其碑記中之"其榜曰'選真寺',为蘇鄰國之教者宅焉"一句,恐應改爲"其榜曰'選真寺',爲蘇鄰教浮圖之宇也"。既然彭仁翁及其子侄輩對於先祖建寺的目的,只理解爲給僧侶的一種施捨,即以棲身之所佈施之,那麽,彼等之所以擴建該寺,在主觀上就更不會提高到弘揚蘇鄰國之教這一境界,而只是停留在紹揚先祖佈施善舉的一般層次上。

從《彭氏宗譜》中,學者除了《選真寺記》外,迄今也未發現其他有關該家族與明教有關的信息。儘管該家族歷代還曾營建了一些廟宇,宗譜中亦保有若干廟宇圖,如嶺頭堂、西庵堂、彭家山堂等,但據林順道先生的考證,蓋與摩尼教無關。由是,就彭氏家族而言,其不過像溫州一般尋常人家那樣持有多種信仰,其中也曾包括時在流行的摩尼教,但並非什麼摩尼世家。

1.6 元末選真寺的宗教屬性

選真寺始建時爲華化摩尼教的寺院,這應無可懷疑。但據碑記,吾人發現經彭氏擴建的選真寺,亦就是元末時的選真寺,其摩尼教色彩已相當淡薄。

碑記有云:"乃斥故址,致木與石,聚羣藝攻之。崇佛殿,立三門,列左右廡。"這就是說,彭如山在原寺故址基礎上進行的擴建工程,已突現了佛教的成分。此處的"佛殿",即便仍像潛光院那樣供奉"明教浮圖",或像晉江草庵那樣供奉摩尼佛,但"立三門"之舉,則顯然是把其目爲釋家之佛。緣"三門",乃佛教術語,"又作山門"。《佛光大辭典》解"爲禪宗伽藍之正門。三門有智慧、慈悲、方便三解脱之義,或象徵信、解、行三者,非必有三扇門"[1]。任繼愈主編的《宗教大辭典》則解釋爲:"佛教寺院的外門,寺院多居山林之處,故名。一般有三個門,象徵'三解脱門'(空門、無相門、無作門),故也稱'三門'。有的寺院雖只有一門,也往往稱山門爲'三門'。"[2]而在摩尼教的教義中,有"二宗"之教義,卻無"三門"的概念。

碑文又云擴建後的選真寺,"演法有堂,會學徒有舍,啓處食寝有室,以至厨、井、庫、廪、湢、圊之屬,糜不具修。都为屋如干楹,輪奂赫敞,視於初有加矣"。按,《摩尼光佛教法儀略·五級儀》的規定,摩尼教寺院裏,"法眾共居,精修善業;不得别立私室廚庫。每日齋食,儼然待施;若無施者,乞丐以充,唯使聽人,勿畜奴婢及六畜等非法之具"[3]。上揭《竹西樓記》還特别提到當時的明教徒"齋戒持律頗嚴謹,日每一食",即仍保持原教旨的苦行精神。然而,經擴建的選真寺,包括了佛教寺院常有或必有,而摩尼教寺院不該有的庫、廪之類。

碑記還提到:"於是即寺之東廂,作祠宇以奉神主。又割田如干亩,賦其金,用供祀饗。"亦就是說,奉自家神主的祠宇也作爲新擴建的選真寺之一個組成部分或附屬部分。如果擴建者是把選真寺專作"蘇鄰國之教者"的宗教活動場所的話,則把宗族祠堂附屬其間,顯然不合适;倒是民間唸佛社之類的寺廟,往往包括了供奉神主的功能,至今猶然。既按佛寺的模式擴建,又把宗族祠堂附屬其間,看來是把選真寺當爲家族佛寺了。

從上面的分析,可以看出在選真寺的擴建者心目中,顯然不在乎該寺所供奉之佛是蘇鄰國之佛,抑或是天竺之佛,他們是按佛寺的模式來加以裝修擴建的;而"宅焉"其間的僧人看來也不介意自身所持的宗教究竟與佛教是一家還是兩家,反正是按施主的願望行禮如儀。

如果碑記作者不是爲了討好主人、有所誇大的話,則照上揭碑記所述,該寺院已是頗具規模,其可容納的僧人不是少量個别人,像潛光

---

[1]星雲監修、慈怡主編《佛光大辭典》,臺灣佛光出版社1989年版,頁576中。

[2]任繼愈主編《宗教大辭典》,上海辭書出版社1998年版,頁677。

[3]《法藏》(29),頁86下。

院那樣只有一個石心上人在修持,而應當是一個不小的羣體。如果這一羣體仍像石心上人那樣保持顯著明教色彩的話,那該寺則應爲其時溫州寺院式摩尼教之重鎮,明教的高僧、名僧更應輩出於其間。那麽,對明教不無好感的陳高,恐怕也會與彼等過從,就像與潛光院的石心交誼那樣;在其文集中就不止寫潛光院、寫石心上人,對選真寺及其僧人更應有所反映,但實際情況是:在陳高頗爲完整存世的文集中,不僅沒有對選真寺及其修持者有專文記載,連順帶提及亦未之見。其實,陳高與彭氏家族若無世誼,則彭仁翁的墓誌銘必不會由他執筆。在銘文中,他對於主人生前的懿德善行,包括對內撫養幼失怙持的侄兒,善待侄孫輩,對外歲飢設粥,賑濟貧病等,一一點數,唯獨於擴建選真寺一事隻字無提。吾人固知,彭仁翁生前視此事爲至重,勒碑傳世,還特請很有身份的人,即“賜同進士出身將仕郎建德錄事”的孔克表撰書碑文。然陳高爲其撰寫墓誌銘,對此事卻略而不提,這至少表明陳高不重視此事,或死者遺屬未就此事特別提請陳高錄入,由是亦就默證了在陳高生活的年代,選真寺並非以明教寺院著稱當地,而很可能被目爲一般的民間佛教寺廟;其所有者彭氏家族也不是因爲奉明教而知名,而被視同當地的衆多宗教施主。因此,死者生前在宗教的信仰、修持方面,尤其是爲陳高所熟悉的明教這一門派,完全不像潛光院的石心上人那樣令人矚目,以至值得大書特書。

從上面的論證,筆者認爲至正十一年立碑時的選真寺,其建築規模、生活設施等,已非昔日的選真寺所可倫比,其時居住其中的“蘇鄰國之教者”,恐也今非昔比了,殆與佛教僧人沒有多大的區別,選真寺已經或正在變成一所附有宗族祠堂的民間私家佛教寺院或廟宇。[1]如是,其後來最終嬗變爲佛教的禪寺,也就是很順理成章的事。

1.7　餘論一

如果把《選真寺記》當爲摩尼教資料,那其與《竹西樓記》明顯不

---

[1]楊聯陞教授指出:“佛教的廟宇與寺院在中國是很少分開的。”見氏著《國史探微》,新星出版社2005年版,頁188,註〔1〕。

同：如上面所指出,後者給我們留下了明晰的摩尼教信息;而前者,不外是留下"蘇鄰國之教"幾個字讓人去推測。但透過這個碑記,我們卻可以進一步看到從中亞流入的波斯摩尼教,在其華化演變的過程中,除了聲勢浩大的民間結社式外,還確存在寺院式自我修持的模式。寺院式或許較多地保存唐代會昌宗教迫害前摩尼教的成分。但即便這種模式的摩尼教,在儒家思想佔統治地位,佛、道爲主流宗教,形形色色的民間宗教流行的中國社會環境下,隨著時間的推移,其所殘存的原教旨成分亦不免要日益淡化,逐步演變以至嬗變,最終失去了獨立宗教的地位。早年陳垣先生根據南宋黃震《黃氏日鈔》卷 86 的《崇壽宮記》,揭示了四明(寧波)的道教崇壽宮原先爲摩尼道院,也就是說寺院式的摩尼教嬗變爲道教;[1]近年學者更根據文獻、考古和田野調查資料,證明了泉州晉江草庵的寺院式摩尼教嬗變爲民間宗教;至於《竹西樓記》所載的潛光院,則是更傾向於儒化,其主人本來就是託明教之迹而隱的儒家子;而今我們對選真寺的考察,又證明了寺院式摩尼教之向佛教嬗變。這就是說,迄今已發現了宋元寺院式摩尼教變異的四種走向。該等摩尼教徒修持之場所稱宮,稱庵,稱院,稱寺,就稱謂而言,已與唐代概稱大雲光明寺大異其趣,顯示出華化摩尼教的多姿多彩。這無疑加深、豐富了我們對文化傳播變異的認識。

1.8　餘論二

20 世紀 40—50 年代,泉州中學歷史教師吳文良先生發現了當地元代摩尼教草庵遺址,80 年代溫州平陽縣縣志辦公室的林順道先生發現了元碑《選真寺記》,新近泉州晉江博物館的粘良圖先生在當地摩尼教草庵周遭的村落進行田野調查,發現了以往學者所未知的諸多明教信仰的遺存。筆者在目前草庵所采用的籤詩中,也發現有摩尼教禮讚詩常用的術語和表述方式,甚至有唐代摩尼教所特有的宗教用語。[2]

---

〔1〕陳垣《摩尼教入中國考》,有關論述見《陳垣學術論文集》第 1 集,中華書局 1980 年版,頁 359 – 361。

〔2〕參閱本書第 2 篇《泉州晉江新發現摩尼教遺迹辨析》。

該等遺存不僅大大加深了吾人對摩尼教在華變異的認識,而且啓迪吾人進一步考察中國摩尼教最終去向。筆者深信:摩尼教作爲一個獨立宗教是不存在了,但其固有的教義和禮儀卻未必都消失得無影無蹤;在其所融入的其他傳統宗教和民俗中,當有蛛絲馬迹可尋,特別是在歷史上曾盛行過該教的區域。像元代溫州平陽這樣的彈丸之地,就今所知,竟然就有兩所寺院,足見其流行的程度。不管該教嬗變如何,作爲曾盛行多時的意識形態,難免要有所積澱,雖滄海桑田,也不能絕對排斥某些遺迹存在的可能性,關鍵是今人能否發掘並加識別。1925 年刊行的《平陽縣志·神教志二》在追述當地明教流行的歷史時,有"今萬全鄉尚有其教"一句。竊以爲,纂志者此處所云的"其教",未必果爲明教,或許是其他民間信仰,但不無可能包含明教或類乎明教的某些成分。由是也就提示我們,如能在溫州地區深入廣泛進行田野調查,並對有關資料細加甄別,或許也可像泉州晉江那樣,有更多的發現。吾人對溫州地區的專業文博工作者和業餘愛好者實有厚望焉。

（本篇初刊《中華文史論叢》2006 年第 4 輯,總 84 輯,頁 265－288。）

2 泉州晉江新發現摩尼教遺迹辨析

2.1 引言

　　自 20 世紀中葉以來,有關中國摩尼教的新資料,包括文獻或實物遺址等,主要見於東南濱海地域。其中,除浙江溫州《竹西樓記》(元代陳高撰)這一重要摩尼教文獻資料以及元碑《選真寺記》的發現外,[1]其餘蓋集中在福建,尤其是泉州市轄下的晉江華表山麓元代草庵遺址(見本書圖版 2.1),[2]是爲當今世界完整保存下來的唯一摩尼教寺廟遺址。[3] 21 世紀伊始,晉江博物館粘良圖先生深入草庵遺址周遭進行廣泛的田野調查,更發現了摩尼教最後的諸多蹤迹,爲我們探索該教的歷史歸宿,提供了十分寶貴的一手資料。其田野調查的結果,有的已公開刊佈,並作出相應的闡釋;[4]有的僅提及,尚未公開其研究成果,如草庵流行的詩籤等。筆者因健康原因,未能參與田野調查,但承蒙粘先生隆情厚誼,諸多賜教,慨然將其調查所得與筆者共享,遂得撰成此文。謹此,向粘先生衷致謝忱。本文擬就粘先生調查所得的部分重要資料,在其原有研究基礎上,進一步辨析其中的摩尼教遺迹,以透視摩尼教在華變異的最後軌迹,借此亦彰粘先生之貢獻也。

---

〔1〕詳參拙文《元〈竹西樓記〉摩尼教信息辨析》,見曾憲通主編《華學》第 7 輯,中山大學出版社 2004 年版,頁 242－252;另見拙著《中古三夷教辨證》,中華書局 2005 年版,頁 142－160,以及本書第 1 篇《宋元溫州選真寺摩尼教屬性再辨析》。

〔2〕詳參拙文《20 世紀的泉州摩尼教考古》,刊《文物》2003 年第 7 期,頁 71－77。

〔3〕近年國內某些刊物或媒體時有關於摩尼教寺廟新發現的報導,其中自少不了有"經專家鑑定"之類的結論性措辭。竊意該等宣傳與吾人心目中的學術研究乃風馬牛,故不予置評。

〔4〕粘良圖《摩尼教信仰在晉江》,刊《福建宗教》2004 年第 6 期,頁 24－26。

2.2 境主宮壁畫神像的摩尼教遺迹

在粘先生田野調查的諸多收穫中,最重要的一項是:在草庵所在地蘇內村發現一所供奉摩尼教神明的境主宮(見本書圖版2.4a):

> 境主宮在村南爐田溪邊,20世紀30年代重建,磚石木結構,三架樑,一進深,面積約40平方米。殿內有兩支高133釐米、徑40釐米的石柱,是草庵的舊物。寢殿粉壁上畫"五境主"——居中摩尼光佛,左一曰"都天靈相"(又稱靈聖公),左二曰境主公,右一曰"秦皎明使"(又稱千春公),右二曰"十八真人"。下面案桌上又各有雕塑神像,供人家奉請鎮宅。村人以摩尼佛、都天靈相、秦皎明使爲五境的主神,爲其作神誕。摩尼佛神誕在六月十三日,秦皎明使在三月廿三日,獨都天靈相誕辰沒有固定日子,是九月的最後一個星期日。早先國內未采用陽曆,還要請懂星占相術的人纔能計算出日子,所以流傳下"不懂得房、虛、昂、星,不敢捧蘇內的酒盅"這句俗諺。據云,境主皆屬"菜佛",上供筵碗要用素菜、水果、蜜餞。但水果中的番石榴(土名"椿拔"),即相傳摩尼光佛從中託生的"椿暈",是不能用來上供的。[1]

境主宮的5幅壁畫神像(見本書圖版2.4b),居中的摩尼佛無疑是複製自草庵的摩尼光佛石雕像(見本書圖版2.2a),該像的宗教屬性蓋有定論,毋庸贅述;此外,尚有兩幅神像,其名稱顯與摩尼教有關。

其一爲秦皎明使。明使是摩尼教對諸光明王國之神的漢譯稱謂,敦煌發現的唐寫本漢文摩尼教經中常見。京藏《摩尼教經》出現凡20次,如第5行,"尒時明使告阿馱言……";第11-12行,"以是義故,淨風明使以五類魔及五明身,二力和合,造成世界……";第52-53行,"若有明使,出興於世,教化眾生……"等。英藏《下部讚》(S.2659)凡22見,如第121行:"普啓一切諸明使,及以神通清淨眾,各乞愍念慈悲

---

[1]粘良圖《摩尼教信仰在晉江》,頁26。2009年元月粘先生賜告宮內面積爲560釐米×650釐米,諸像大小各爲85釐米×42釐米。

·歐·亞·歷·史·文·化·文·庫·

力,捨我一切諸潛咎。"第 370－371 行:"五收明使七舩主,忙你慈父光明者! 捨我一切諸潛咎,合衆平安如所願!"[1]英藏《摩尼光佛教法儀略》上半截(S. 3965)則把教主摩尼的名號漢譯爲"光明使者",義同。在摩尼教入華之前,華夏人士對各教或民間諸神之稱謂,未聞有以明使稱之者。唐之後的摩尼教,亦一直沿襲這一稱謂,如宋代陸游《渭南文集》卷 5,提到當時福建明教的"神號曰明使"。而神名取以"皎"字,亦似與摩尼教義之崇拜光明有關;緣皎者,潔白、明亮也。至於取姓秦,或許是循以國名爲姓氏的古法;緣古人認爲摩尼教乃來自"西海大秦國"也。[2] 至於"又稱千春公",應是當地村民的通俗叫法。把神稱公,泉州民間常見;而號"千春",看來是根據"秦"字的造型,其間包含千字和春字的上半部。不過,秦皎一名已屬地道漢名,在已知的中外摩尼教文獻中,尚未能找到相應的對音;而該神的形象,則一如中國古代的武將貌,全無異域人士的特徵,當然更無從在吐魯番發現的諸多摩尼教神像中對號入座。

其二是都天靈相。"靈相"一詞,《摩尼光佛教法儀略》(S. 3965)已見:

形相儀第二

摩尼光佛頂圓十二光王勝相,體俻大明,無量秘義;妙形特絕,人天無比;串以素帔,倣四淨法身;其居白座,像五金剛地;二界合離,初後旨趣,宛在真容,觀之可曉。諸有靈相,百千勝妙,寔難俻陳。

不過,現存的唐代漢文摩尼教經典未見以靈相作爲神名。但華化的摩尼教——明教則有之,見於饒宗頤教授所發現的一則道教文獻,[3]即南宋道士白玉蟾與彭耜有關明教的對話:

---

〔1〕本篇所徵引的漢文摩尼經,均據拙著《摩尼教及其東漸·釋文》,臺北淑馨出版社 1997年增訂本。爲便於排版,其中個別唐代異體字酌改爲正體字。是書附有寫本照片,其中凡屬英藏文獻者,圖版亦見《英藏敦煌文獻》,四川人民出版社 1992 年版。

〔2〕〔宋〕釋志磐《佛祖統紀》卷 39"延載元年(694)"條下有云:"波斯國人拂多誕(原註:西海大秦國人)持《二宗經》僞教來朝。"

〔3〕饒宗頤《穆護歌考》,載《大公報在港復刊三十周年紀念文集》下卷,頁 733－771。

相问:"鄉間多有喫菜持齋以事明教,謂之滅魔,彼之徒且曰太上老君之遺教,然耶?否耶?"

答曰:"昔蘇鄰國有一居士號曰慕闍,始者學仙不成,終乎學佛不就,隱於大那伽山。始遇西天外道有曰毗婆伽明使者,教以一法,使之修持,遂留此一教,其實非理。彼之教有一禁戒,且云盡大地山河草木水火,皆是毗盧遮那法身,所以不敢踐履,不敢舉動;然雖如是,卻是毗盧遮那佛身外面立地。且如持八齋、禮五方,不過教戒使之然爾。其教中一曰天王,二曰明使,三曰靈相土地。以主其教,大要在乎清净光明、大力智惠八字而已。然此八字,無出乎心。今人著相修行,而欲盡此八字可乎?況曰明教,而且自昧!"[1]

此處稱"靈相土地",境主宮則曰"都天靈相",兩個神號都包含有上揭《儀略》的"靈相"二字。前者從上下文的意思看,顯然是南宋民間所流傳的明教之神名;據此類推,後者即便不是由前者直接衍化出來的,亦當屬明教徒所崇奉諸明神之一。不過,由於該名稱也已地道漢化,吾人同樣無從在原始摩尼教經典中找出對應的神名。都天靈相的形象,明顯是模仿華夏古代士人或員外的造型,當然與吐魯番出土的摩尼教神像更是迥異,無從找到對應或近似者。

至於境主宮的其他兩尊神——境主公、十八真人,無論是相貌造型或是其名號,目前均尚無從找到其與摩尼教有甚麼內在聯繫。境主公,顧名思義,當爲地方保護神,可能由於當地並非城邑,只是村落,所以不稱城隍,而稱境主。若然,則其時泉州府一帶的村落,當不乏名曰境主宮的廟宇。[2] 該等廟宇原來供奉的主神,無疑應當是境主公。然依目前調查所知,把摩尼佛、秦皎明使、都天靈相請進境主宮,而且後來居上,把原來的境主公排擠到一側,見諸報導者,惟見上揭蘇内村這一所。

---

〔1〕紫壺道士謝顯編《海瓊白真人語錄》卷1,收入《道藏》第33冊,上海書店、文物出版社、天津古籍出版社1988年版,頁114下至115上。

〔2〕據粘先生提供的晉江當地村落資料《西濱鄉志》,有林天慶者,號南塘,生於明弘治十七年(1504),卒於隆慶六年(1572),在生時曾賄賂"廢四方廟宇"的錢知縣,遂使當地境主宮得以保存。西濱鄉亦有境主宮,可見該種廟宇在當時當地並非罕見。

23

至於其間的十八真人,明顯是效法道教的神號,目前尚檢索不到有關該神的其他資料,或許是當地民間諸神之一。如果原來境主宮裏就有該神,那必定位次境主公;如果宮裏原來並無其位置,則有可能是在上揭三尊摩尼神入主境主宮後,善信爲了諸神排列的對稱,始請進來補充的。

上揭蘇内村境主宮是 20 世紀 30 年代重建的,肇建年代據考當不遲於明代。[1] 當然,該宮肇建以後,可能歷經變革,30 年代的重建未必是其有史第一次,但無疑确是最晚近的一次。當然,我們最關心的是:30 年代重建時諸神名稱及其座次、形象是否繼承既往。假如完全是重起爐竈,純係重建者的主觀想象,則吾人把其作爲摩尼教遺迹來辨析,便顯不嚴謹,甚或毫無意義。因此,該問題是非考證不可的。

蘇内村境主宮的摩尼佛像,20 世紀 30 年代重建時,即便原來沒有留下粉本可資複製,亦有現成的草庵摩尼佛雕像可資臨摹,因此單憑該像,無從確定舊宮是否有供奉摩尼佛。至於秦皎明使和都天靈相,相貌並無甚麼特別,如果原來沒有粉本,也可以借鑑當地已有民間諸神的形象重新創造出來。惟獨其神名,如果不是舊宮原來就有,重建時加以繼承下來,則無從杜撰。因爲其名字的摩尼教味道,在當時並無其他文獻可以參照。迄今所知的地方文獻,均未提到該兩神。即便是對明教頗爲熟悉的何喬遠(1557—1631),在其所撰《閩書》卷 7《方域志》"華表山"條下對草庵及明教史的特別介紹中,亦但言"山背之麓有草庵,元時物也,祀摩尼佛"耳,[2] 並無言及這二神的存在。20 世紀 30 年代境主宮的重建者,是不可能憑空想象出這兩個神名的。因此,二神若非舊宮已有,新宮就不可能出現。由是看來,以摩尼佛爲首的三尊摩尼教神入主境主宮,是繼承該宮的舊制,而非新宮新創。既然是繼承舊制,對諸神座次恐怕亦就不敢擅加改動。職是之故,以摩尼佛爲正中,都天靈相、秦皎明使爲左右,而境主公、十八真人分列兩側,如此排列,應是繼

---

〔1〕據粘先生 2006 年 7 月 21 電子郵件賜示:"蘇内村境主宮肇建的歷史,根據蘇内、溪東兩村肇基祖曾文舉早在元代遷來,並早与草庵發生關係的事實,則蘇内村祀奉明教神的境主宮肇建於明代是無可懷疑的。"

〔2〕〔明〕何喬遠《閩書》第 1 册,廈門大學校點本,福建人民出版社 1994 年版,頁 171。

承以往的傳統。至於這一傳統始於何時,則有待更多資料的發現;但上溯到清代,當不成問題。

不管境主公、十八真人原來與摩尼教有否內在關係,這裡摩尼佛等三神入主境主宮,無疑使該宮的宗教屬性向摩尼教偏移。上揭田野調查所云"境主皆屬'菜佛',上供筵碗要用素菜、水果、蜜餞。但水果中的番石榴(土名'梌拔'),即相傳摩尼光佛從中託生的'梌暈',是不能用來上供的"[1] 村民迄今保持這一摩尼教習俗,正好暗示重建的境主宮確係繼承舊制;因爲附近的草庵,在 20 世紀 30 年代已完全被當成佛教的廟宇,以至著名的佛教高僧弘一大師駐錫其中,其時村民當無從在草庵處得到摩尼教的靈感。

以上筆者這一推測如果不謬的話,那就意味著歷史上泉州晉江的明教徒,確曾把摩尼佛奉爲最高神加以崇拜,而把秦皎明使和都天靈相作爲其左右輔神。如是,始會將其一起請進境主宮庇佑本地村民。按摩尼教的原始教義,光明王國的最高統治者,即中古波斯語的"察宛"(Zawān),漢文摩尼經所稱的明父或大明尊,乃該教的最高神。[2] 但大明尊究竟是何形象?其實猶如基督教的上帝,是看不到的。對習慣偶像崇拜的中國信徒來説,教主摩尼的偶像纔是他們崇拜的最高神。[3] 至於其他明神,亦只有偶像化後,在信徒的心目中始有真正地位。由於前輩學者的努力,草庵摩尼佛即爲波斯摩尼教的創始人 Mani 的華化形象,蓋成定論;至於秦皎明使和都天靈相,由於其名字和造型的徹底華化,而今如要把其直接對等於原始摩尼教義的某一明神,自是十分牽強的事。但追溯其變異的源頭,對於研究者來説,還是責無旁貸的。實際

────────────

〔1〕按,摩尼託生梌暈,事見上揭何喬遠《閩書》"華表山"條下:"摩尼佛,名末摩尼光佛,蘇鄰國人;又一佛也,號具智大明使。云老子西入流沙,五百餘歲,當漢獻帝建安之戊子,寄形梌暈。國王拔帝之后,食而甘之,遂有孕。及期,擘胸而出。梌暈者,禁苑石榴也。其説與攀李樹、出左脇相應。"(見〔明〕何喬遠《閩書》第 1 冊,頁 171–172。)但唐代摩尼教文獻未見,竊意可能是宋代摩尼教徒據《道藏》的《玄妙內篇》、《上元經》之類,糅合其間的老子之誕生説而成。

〔2〕詳參許地山《摩尼之二宗三際論》,刊《燕京學報》第 3 卷,1928 年,頁 383–402。另見拙文《摩尼的二宗三際論及其起源初探》,刊《世界宗教研究》1982 年第 3 期,頁 45–56,收入拙著《摩尼教及其東漸》,中華書局 1987 年版,頁 12–34;臺北淑馨出版社 1997 年增訂本,頁 12–32。

〔3〕拙文《元代泉州摩尼教偶像崇拜探源》,刊《海交史研究》2003 年第 1 期,頁 65–75;修訂稿見拙著《中古三夷教辨證》,頁 399–417。

上,境主宮既然以摩尼佛爲主神,而把秦皎明使、都天靈相次之,這就爲我們尋找後兩者的原型提供了綫索。

上揭何喬遠《閩書·方域志》"華表山"條下,提及當時的明教徒"自言其國始有二聖,號先意、夷數"[1] 從何氏有關草庵及摩尼教歷史的記載看,學者已確認何氏所述,並非向壁虛構,除了參考已有的文獻記載外,不少當係其"田野調查"的第一手資料。[2] 先意、夷數無疑是摩尼教重要的明神,在京藏《摩尼教經》已屢見;[3] 而在英藏《下部讚》,更是頻頻出現,有些地方還把先意、夷數直稱爲先意佛、夷數佛。[4] 可見何喬遠所云的"二聖",在唐代摩尼教中早已榜上有名。宋元以明教自稱的華化摩尼教徒,亦有對此"二聖"的崇拜,《宋會要輯稿·刑法二》宣和二年(1120)十一月四日"臣僚言",特別提到"明教之人所念經文及繪畫佛像",其中繪畫佛像6種,明確包括了《先意佛幀》和《夷數佛幀》。[5] 在摩尼的創世說中,先意是驅逐黑暗侵略之明神;而夷數則是拯救人類靈魂之明神。儘管在創世說中,明神的體系頗爲複雜龐大,[6]但華化的摩尼教從實用出發,依照華情而削繁就簡,突出先意、夷數"二聖",這是符合外來宗教在華傳播的規律的,猶如禪宗之將佛理簡化爲"佛在我心"一樣。因此,吾人相信何氏所說,至少符合當時當地明教徒的實際。由於晉江的明教徒至遲在元代便有摩尼佛崇拜,照上揭何氏所說,在其生活的年代,晉江明教徒除了崇拜摩尼佛外,應該還有"二聖"崇拜;亦就是說,明教徒的主神一共有3位。

---

〔1〕〔明〕何喬遠《閩書》第1册,頁172。

〔2〕參閱本書第4篇《摩尼教華名辨異》。

〔3〕京藏《摩尼教經》行017-018:"其十三種大勇力者,先意、淨風各五明子……";行146:"先意淨風各有五子……";行204:"十二時者,即是十二次化明王,又是夷數勝相妙衣……";行206-207:"十二時者,即像先意及以淨風各五明子……"

〔4〕《下部讚》行029:"廣惠庄嚴夷數佛,起大慈悲捨我罪……";行076:"具智法王夷數佛……";行169:"三者常勝先意佛……";行171:"十者知恩夷數佛……";行382-383:"自是夷數佛,能蘇諸善種……"

〔5〕原文如下:"明教之人所念經文,及繪畫佛像,號曰《訖思經》、《證明經》、《太子下生經》、《父母經》、《圖經》、《文緣經》、《七時偈》、《日光偈》、《月光偈》、《平文策》、《漢贊策》、《證明贊》、《廣大懺》、《妙水佛幀》、《先意佛幀》、《夷數佛幀》、《善惡幀》、《太子幀》、《四天王幀》。"

〔6〕詳參許地山《摩尼之二宗三際論》,頁383-402;另見拙文《摩尼的二宗三際論及其起源初探》。

明教徒崇拜的主神,取數爲3,似乎可以追溯到宋代。因爲上揭白玉蟾与彭相有關明教的對話,亦透露了這個信息,其間提到"其教中一曰天王,二曰明使,三曰靈相土地",正好是3位。不過,唐會昌宗教迫害後之摩尼教,已失去與中亞教團的聯繫,在中土自生自滅,不可能有統一的教會組織,各個不同地區的摩尼教團即便仍有來往聯絡,但畢竟是獨立發展爲主,因而對主神的稱謂和形象的塑造,必定隨時空的差異而有所不同。白玉蟾所云的"天王",自然是指該教的最高神,在唐代摩尼教經典中無疑可對應爲明父或大明尊;但在宋代明教,究竟是指代大明尊,還是像元代晉江草庵那樣,已華化爲摩尼佛,目前吾人尚乏資料認定。但無論如何,遂著時間的推移、華化的加深,作爲中國摩尼教徒所崇拜的最高偶像,最終應是教主摩尼,這猶如印度佛教的創始人釋迦牟尼,在中國民間被目爲西方極樂世界的最高神如來佛一樣。至於明使、靈相土地,是否對應何氏所說的"二聖",目前的資料尚不足以確認;但其無疑是最高神之下的兩位輔神。

既然何喬遠已披露明代泉州晉江的明教徒有"二聖"崇拜,吾人不禁就要猜測蘇內村境主宮位次摩尼佛的秦皎明使和都天靈相,可能就是由先意和夷數衍化演變出來的。如上所述,先意是驅逐黑暗侵略之明神,秦皎明使以武將的面貌出現,恰好相應;而夷數是拯救人類靈魂之明神,都天靈相的文士扮相,乃適相宜。如果這一猜測不謬,則此二神的稱謂和形象的產生不會早於何氏《閩書》撰成的萬曆四十七年(1619),否則,以何氏對明教的熟悉和關注,當不至於知而不錄。亦就是說,原始摩尼教義中的先意和夷數二神,從名字到相貌,以至功能的徹底華化,成爲中國民間的地方保護神,是在其入華千年之後,即在明末清初之際或更晚後些。

2.3 草庵符咒的摩尼教遺痕

在何喬遠撰寫《閩書》的年代,泉州的摩尼教顯然已進入轉型的最後階段,即徹底華化,融入當地的民間宗教中。其主要表現,乃在於行爲方式上向中國傳統道教和民間宗教完全看齊、靠攏。正如《閩書》所載當時明教的現狀："今民間習其術者,行符呪,名師氏法,不甚顯云。"[1] 從宗教學的角度考察,"呪語",各種宗教,包括原始宗教,殆皆有之,摩尼教自不例外。但漢文古籍所提到的"符呪",乃"符籙"和"呪語"的合稱,屬道教範疇的術語,此處何喬遠所認知的符呪,亦當如此。

就符籙而言,粘良圖先生的田野調查,已發現草庵及其周遭迄今尚流行的二符一籙(見本書圖版 2.5a),顯然與摩尼教有關。第一張符(圖版 2.5a 左)據云讀爲"安摩尼以里奉",是否如此,尚有待符籙專家考證;但既出現"摩尼"這一字眼,恐怕就不是隨意杜撰,至少默示製符者刻意依託草庵摩尼佛之神力;第二張符(圖版 2.5a 右)尚未明讀法,但既同出草庵,其靈驗當亦離不開草庵所祀的摩尼佛。至於籙(圖版 2.5a 中),上刻"南無摩尼幢光佛"7 字,下刻"鎮宅平安"4 字;主體圖像即"摩尼幢光佛",其輪廓顯然脫胎於草庵摩尼座像。據"鎮宅平安"4 字,可斷言該籙乃用於住宅的驅鬼闢邪;其文字圖像雖有華化佛教的成分,但作爲籙的功能,與道教的淵源自應更深。

筆者曾疑草庵旁摩崖石刻的 16 字偈"清淨光明,大力智慧,無上至真,摩尼光佛"(見本書圖版 2.7a),屬於明教徒流行的呪語。[2] 粘良圖先生最新的田野調查有助於證實這一懷疑。其獲悉當地村民一向就把該石刻叫"呪石";[3] 是以,在該石刻下面,原來就放置著諸多骨灰甕。[4] 顯然,村民相信這一呪石能幫助死者超離苦海,能庇佑死者的在世親人免除災禍。而且,據蘇內村乩童曾天排說,這 16 個字叫"摩尼光呪",遇有邪怪之時,只要"催呪",便可以定心性,祛邪鬼。所謂"催呪",包括念呪和作手勢。曾氏還向粘先生演示手勢:右手當胸,豎掌齊鼻,屈中指貼於拇指內側,其餘三指豎起向上(見本書圖版 2.7e 上);左手前伸,掌心向外,五指張開豎直,號"五指山",與右掌成直綫

---

〔1〕〔明〕何喬遠《閩書》第 1 册,頁 172;就何氏這一記載的辨析,參閱本書第 4 篇《摩尼教華名辨異》一文。

〔2〕參本書第 4 篇《摩尼教華名辨異》。

〔3〕粘良圖先生 2006 年 7 月 25 日電子郵件賜示。

〔4〕吳文良原著、吳幼雄增訂《泉州宗教石刻》(增訂本),科學出版社 2005 年版,頁 442 – 443。

（圖版2.7e下）。據稱,與作手勢同時唸"摩尼光咒",便有红色光團飄然而至,護衛左右。[1] 當然,田野調查所發現的這一咒語内容和唸咒手勢,不可能在昔年中亞摩尼教團的宗教儀式活動中找到類似者,[2] 緣其已完全華化,一按中國的傳統模式。

上揭南宋道士白玉蟾與彭耜有關明教的對話中,提到明教"大要在乎清净光明、大力智惠八字"。因此,"清淨光明、大力智慧"此8個字,如業師蔡鴻生先生所指出,"是摩尼教義的口號化和綱領化",[3]但當這個綱領口號被附上"無上至真,摩尼光佛"這一神號後,其顯然就被當成具有靈驗神力的咒語;而勒刻這一咒語的石頭顯然也就具有了神力。難怪,福建的莆田市涵江區、莆田市北高鄉也先後發現了如是16大字的石刻(見本書圖版2.7c,2.7d)。特別是後者,據當地村民說,原石碑是豎立在一座實心石塔之尖端上,1966年石塔被拆毁後,始被棄置於古榕樹下。[4] 毫無疑問,該石碑原來也被認爲具有保護當地村民的神力,纔會被立於石塔之上。如果不是因政治運動拆毁該石塔,村民還一直在崇拜這塊石碑。

2.4 草庵籤詩的摩尼教遺痕

就明清之際摩尼教之最後融入民間宗教,更表現在下面所要辨析的草庵籤詩。

有關明教徒之籤詩求卜活動,《閩書》並未提及,但這並不等於說沒有。因爲在中國傳統寺廟裏,畫符唸咒和籤詩求卜活動十分常見。相對而言,前者的檔次要高些,因爲畢竟需要配備較"專業"的神職人

---

[1]粘良圖先生2006年7月23日電子郵件賜示。郵件還說曾天排稱:"催咒本來極有靈驗,村人多會應用,卻有一婦人夜間要出門倒淨桶,卻怕走夜路,催起咒來,自此咒語不甚靈驗。"當然,有關催咒的靈驗否,乃屬信者自信、疑者自疑之事,並非本文所要討論者。

[2]這16字的形成參閱拙文《福建明教石刻十六字偈考釋》,見《中古三夷教辨證》,頁5－32。關於中亞摩尼教的咒語,國人已有研究,見徐文堪、馬小鶴《摩尼教"大神咒"研究——帕提亞文書M1202再考釋》,刊《史林》2004年第6期,頁96－107。

[3]拙文《福建明教石刻十六字偈考釋》,見拙著《中古三夷教辨證》,頁28,註釋17。

[4]詳參拙文《從福建明教遺物看波斯摩尼教之華化》,附錄於〔德〕克里木凱特撰、拙譯《達·伽馬以前中亞和東亞的基督教》,臺北淑馨出版社1995年增訂版,頁123－137。

·歐·亞·歷·史·文·化·文·庫·

員,不論專職抑或兼職;後者則更爲普及,解籤的專業要求亦相對較低。是故,寺廟如有畫符唸咒者,則籤詩求卜活動就更不在話下了。

籤詩求卜,雖不像扶乩活動那樣吸引諸多學者的研究,但其屬華夏傳統文化的範疇,爲中國傳統文化所特有,應無疑問。[1] 其絕非西域傳入,更與原始摩尼教無涉。田野調查發現晉江摩尼教草庵也有籤詩求卜活動,完全是摩尼教融入當地傳統文化的結果。

中國摩尼教的籤詩求卜活動究竟始於何時,目前尚未能找到明確的文獻記載。但上揭何喬遠《閩書》有關摩尼教入閩的一段話,似乎也可以發現某些端倪:

> 會昌中汰僧,明教在汰中。有呼祿法師者,來入福唐,授侶三山,游方泉郡,卒葬郡北山下。至道中,懷安士人李廷裕得佛像於京城卜肆,鬻以五十千錢,而瑞相遂傳閩中。[2]

此處提到李氏在京城開封的卜肆購得摩尼佛像,這或許意味著在宋代,摩尼佛像是作爲可問事吉凶的神佛之一。若不,何以把其擺賣於卜肆?至於問事吉凶的方式是采用求籤抑或其他模式,尚難確定。既然摩尼佛在開封可以被問事吉凶,引入福建之後,當然亦應具備同樣功能。不過,上面已提到何喬遠稱"今民間習其術者,行符呪",即他所見到的泉州摩尼教徒有施行符咒的行爲,但並未提到籤詩求卜。或許,在士人看來,籤詩求卜與符咒之術,都是同類的迷信活動,可以舉一反三,而未必要一一臚列。既然何氏生活年代泉州摩尼教已確有符咒活動,而在此之前,摩尼佛像亦似已顯示具有預示吉凶、禍福、休戚、順逆的功能,因此,我們是否可以這樣推測:即便在何喬遠時代,泉州摩尼教尚未流行籤詩求卜活動,但爾後不久當應有之。

按,民間寺廟的籤詩,一般是逐條刻印,供善信抽籤後自行對號撕取。善信對籤詩的解讀如有困難,則可請教廟祝之類。籤解一般並不

---

〔1〕以籤詩求卜問休咎的活動,在 20 世紀 50 年代之前的中國大陸極爲流行,家喻戶曉;而今在海外,尤其是東南亞地區華人麇集的社區,這種活動仍然流行。據筆者所知,在東南亞地區,其甚至爲當地原住居民所接受,籤詩或被譯成當地民族文字。有關海外的籤詩求卜活動的最新研究,參閱林國平《籤譜在海外的傳播和影響》,刊《海交史研究》2006 年第 1 期,頁 1 - 14。

〔2〕〔明〕何喬遠《閩書》第 1 冊,頁 172。

刻印,只不過是解籤者自用的底本。但近代亦流行籤詩連同籤解一併印行者,在東南亞華人社會的廟宇中尤其多見,看來是爲了方便求卜者。查粘先生所得到的籤詩本,兩個係傳抄本:一爲 2000 年从草庵解籤人處徵集到的(以下稱"草庵抄本"),一爲 2005 年得自晉江蘇内村的曾仁忠家,其中附有籤解(以下稱"曾家籤解抄本")。另外一個版本則是來自東石(草庵附近地名)信徒的刻本(以下稱"東石刻本"),即目前草庵所印行使用的籤詩(見本書圖版 2.5b)。

　　草庵抄本和東石刻本都沒有籤解的内容,純爲籤詩。前者可能是當地民間私藏的籤詩,由於社會政治氣候的原因,不便刻印,故由"草庵解籤人"用便箋手抄給粘先生;而後者據云"根據的是早期的内容"。這兩個版本同樣都是 81 首詩,籤詩的主體文字,除個別詩句外,亦大體一樣,但詩題則有不同。抄本詩題完整,每詩必有題;刻本則第 2、第 4、第 6、第 7、第 8、第 81 首缺題。在已有的詩題中,同一籤詩兩者亦有所不同。細察這些不同,明顯的特徵是草庵抄本將詩題的意思明朗化,而且除第 81 首名爲《終籤》外,其他都規範成 7 個字,其完美性無疑顯示其製作的年代應較東石刻本爲晚近。至於曾家籤解抄本,據粘先生介紹:"以 16×14 釐米白紙訂成,每頁抄籤詩 1 首,計五言四句 42 首,七言四句 39 首,共 81 首。除第 1、第 4、第 6、第 7 籤外,皆記有故事名目,並附有籤解。籤解分'六甲、風水、婚姻、功名、天雨、往来、移居、耕作、作事、大命、求财、尾景'等門類。"爲便於比較,兹舉列這 3 個版本前 10 籤的題目如表 2−1。

　　通過對這些詩題的比較,東石刻本顯得粗糙簡單,而兩個抄本則顯然多有潤色。因此彼等原來所繼承的版本,應以刻本所繼承者爲最早。

　　據粘先生的調查,曾仁忠家中尚供奉摩尼光佛木雕像(見本書圖版 2.6)。據云,這種木雕像在當地不止一尊,有的還隨移民而帶到他地。"曾仁忠之母柯紅粉(50 多崴)說:該像自上代留下,已有百年歷史,只有她家翁曾德(1924—1986)纔能說清來歷。曾德原來是摩尼光佛的乩童,頗有名氣,經常有東石、石獅等地信眾來朝拜、問事,或在草

庵抽籤後請他解籤。"[1]如果柯氏所言屬實的話,則意味著籤解的内容
是曾德本人或其業師之類的作品。顯然,村民之信任曾氏解籤,相信在
扶乩活動時,曾氏能成爲神的代言人,是與他供奉摩尼光佛木雕像密切
相關的。至於被解的籤詩,就詩文主體,與原草庵抄本並無實質性的不
同。儘管粘先生比較兩者後,發現兩者有諸多字詞的寫法差異,但看來
多屬傳抄過程的筆誤。

表 2-1　3 個版本前 10 籤題目對比

籤詩序號	東石刻木	曾家籤解抄本	草庵抄本
第 1	郭子儀拜壽	故事　郭子儀拜壽	郭子儀皇恩拜壽
第 2	缺題	缺題	朱買臣五十富貴
第 3	劉備請龐統	故事　劉備請龐統	耒陽縣鳳雛理事
第 4	缺題	缺題	西伯朝商囚羑里
第 5	卡和獻玉	故事　卡和獻玉	卡和得璞獻楚王
第 6	缺題	缺題	石崇金谷園被難
第 7	缺題	缺題	商侯請伊尹就夏
第 8	缺題	故事　孔子遊學	孔夫子周遊列國
第 9	五使出家五台	故事　五使出家五台	楊五郎五台出家
第 10	光武復太平	故事　漢光武復太平	劉秀華夏復太平

　　粘先生根據草庵抄本中出現的"孫悟空大鬧天宫"、"李闖王大亂
明朝"、"魏忠賢結十八黨"、"施元倫稱官"等詩題,認爲"詩籤版本的
完成當在清代",因爲其間所提到的"李闖王大亂明朝"、"魏忠賢結十
八黨"都是發生在明季的事情。粘先生的判斷無疑可以成立。不過,
筆者認爲通過對第 25 籤 3 個版本的比較考察,還可以把詩籤產生的年
代更具體地追溯到明末清初。爲便於説明問題,茲將 3 個版本序號第
25 的籤詩過錄如表 2-2:

---

[1] 摘錄自粘良圖《新近發現的摩尼教光佛木雕像及籤詩》,未刊稿;參閱粘良圖《晉江草庵
研究》,廈門大學出版社 2008 年版,頁 83-84。

表 2-2　3 個版本第 25 籤詩詩題對比

東石刻本	曾家籤解抄本	草庵抄本
李闖亂大明	故事 李闖王造反令京大亂	李闖王大亂明朝
相對青山立	相對青山立	相對青山立
高峰碧月低	高峰碧月低	高峰碧月低
天機真造化	寸心千里外	寸心千里外
有喜慶之餘	如隔在東西	如隔在東西

比較這 3 個版本,詩題文字各有不同;至於詩句,則東石刻本的末兩句詩不同於曾家籤解抄本、草庵抄本。不過,既然詩題都是表述李自成反明的史事,則"寸心千里外,如隔在東西"要比"天機真造化,有喜慶之餘"更能反映動亂時期的社會情況。由此可窺見東石刻本可能源自較早、較原始的版本。不過,更能證明其產生時間早於其他版本的,乃在其以"李闖亂大明"爲題。按,古人對本朝的稱呼一般要冠以大字,尊明朝为"大明",足見作者若非明朝人,也當是清初的明朝遺民,出於對前朝的懷念或在前朝養成的表述習慣,仍稱明朝爲大明。由是,我們可以把該套籤詩的產生年代界定爲明末清初。這也就意味著至遲在明末清初,草庵就已出現求籤問卜活動。而歷史的實際當然有可能更早,因爲東石刻本未必就最原始,或許草庵還曾流行過更早的版本。

　　上揭存世的 3 种草庵籤詩,儘管文字內容與其他寺廟的籤詩有異,但形式上與傳統籤詩並無差別。因此,如果外人不知道該等籤詩乃出自草庵這一摩尼教寺廟,未必會對其產生特別的興趣。從現有的籤詩看,其詩題點明的內容多屬既往歷史事件或故事傳說,但具體詩句則不乏以明暗鬥爭爲借喻者。茲據東石刻本,過錄較爲明顯的若干籤詩如下:

　　籤詩第 11:"明来降伏暗, 德盛受恩波;道賈傳今古,圓峰绝頂高。"詩題作"晉文打獵遇趙武"。

　　籤詩第 14:"加被善神背,護法佑明使;勇健常隨護,報應決無私。"詩題作"朱弁征金國"。

　　籤詩第 17:"善神扶我背,剿绝暗魔军;福力宜收健,皓月出重雲。"

·欧·亚·历·史·文·化·文·库·

詩題作"宋江收賢才"。

籤詩第 34:"障碍為妖暗蠱生,家神引透外精神;可宜急作商量計,免被侵侵入骨城。"詩題作"黄妙應觀地理"。

籤詩第 41:"禮拜勸求功得力,須存方寸覓前程;黑雲捲盡生明月,回首江山萬里晴。"詩題作"孟母救子"。

籤詩第 50:"助法善神常擁護,持刀寶劍剉邪魔;太陽正照羣陰伏,萬里民心喜氣多。"詩題作"洪武誤殺狀元陳安"。

籤詩第 57:"正好樓前望明月,無端數陣黑雲行;何如點起銀台灼,自有光輝滿室生。"詩題作"楚王自刎烏江"。

籤詩第 62:"諸福迎春長,災迍一掃空;愁雲風捲盡,紅日掛天中。"詩題作"張隱二妃扶李淵"。

籤詩第 63:"靈威張法駕,佛日鎮長明;財寶豐盈足,家聲刻日成。"詩題作"仁貴下地穴得寶"。

上錄這組籤詩都表達了在明暗、善惡之爭中,明必勝暗、善必勝惡這一理念,而這正是摩尼教根本教義所在;正如《摩尼光佛教法儀略》所稱的"教闡明宗,用除暗惑","誅耶(邪)祐正,激濁揚清"。京藏《摩尼教經》的主要內容,更是集中敍述明暗兩種勢力的鬥爭,其間亦有類似籤詩第 11"明来降伏暗"這樣的表述方式,如行 217－218:

> 時惠明日,對彼无明重昏暗夜,以光明力降伏暗性,靡不退散。

英藏《下部讚》也一樣,如行 187:

> 真斷事者神聖者,遊諸世間最自在,能降黑暗諸魔類,能滅一切諸魔法。

當然,很多宗教的義理都離不開闡發善惡、明暗的關係,並非只有摩尼教纔關注這個問題。但是,這套僅有 81 首的籤詩中,較爲明顯地借喻該理念者已逾十分之一,實際便已默證其與摩尼教的内在聯繫。更有,其在闡發該理念時,尚保存了敦煌唐寫本漢文摩尼教經的一些特有的術語,除上面業已提到的"明使"這一典型的摩尼教術語外,還有一個很專業的摩尼教用語——"骨城"。

根據摩尼的創世說,明暗之爭的過程中,光明王國的 5 種光明分子,即《摩尼教經》所云的清淨氣、妙風、明力、妙水和妙火爲黑暗王國眾暗魔所吞噬,暗魔創造人類這一肉身,把這些光明分子分別囚禁在人體的骨、觔(筋)、脉、宍(肉)、皮5個城裏,而明神則努力把這些被囚禁的光明分子解救出來。有關的這段論述見京藏《摩尼教經》行30－68:

其彼貪魔,以清淨氣,禁於骨城,安置暗相,栽蒔死樹;又以妙風,禁於觔(筋)城,安置暗心,栽蒔死樹;又以明力,禁於脉城,安置暗念,栽蒔死樹;又以妙水,禁於宍城,安置暗思,栽蒔死樹;又以妙火,禁於皮城,安置暗意,栽蒔死樹。貪魔以此五毒死樹,栽於五種破壞地中,每令惑乱光明本性,抽彼客性,變成毒菓。是暗相樹者,生於骨城,其菓是惡;是暗心樹者,生於觔城,其菓是嗔;其暗念樹者,生於脉城,其菓是婬;其暗思樹者,生於宍城,其菓是忿;其暗意樹者,生於皮城,其菓是癡。如是五種骨、觔、脉、宍、皮等,以爲牢獄,禁五分身;亦如五明,囚諸魔類。又以惡憎、嗔恚、婬欲、忿怒及愚癡等,以爲獄官,放彼淨風五驍健子;中間貪欲,以像唱更說聽喚應;饞毒猛火,恣令自在,放宰路沙羅夷。其五明身,既被如是苦切禁縛,癈忘本心,如狂如醉。猶如有人以眾毒虵,編之爲籠,頭皆在內,吐毒縱橫;復取一人,倒懸於內,其人尒時爲毒所逼,及以倒懸,心意迷錯,無暇思惟父母親戚及本歡樂。今五明性在宍身中爲魔囚縛,畫夜受苦,亦復如是。又復淨風造二明舩,於生死海運渡善子,達於本界,令光明性究竟安樂。惡魔貪主,見此事已,生嗔妬心,即造二形雄雌等相,以放日月二大明舩,惑乱明性,令昇暗舩,送入地獄,輪迴五趣,備受諸苦,卒難解脫。若有明使,出興於世,教化眾生,令脫諸苦。先從耳門,降妙法音;後入故宅,持大神呪。禁眾毒虵及諸惡獸,不令自在;復賷智斧,斬伐毒樹,除去株杌,並餘穢草。並令清淨,嚴餝宮殿,敷置法座,而乃坐之。猶如國王破惡敵國,自於其中庄餝臺殿,安處寶座,平斷一切善惡人民。其惠明使,亦復如是。既入故城,壞惡敵已,當即分判明暗二力,不令雜乱。先降惡憎,禁於骨城,令其淨氣,俱得離縛;次降嗔恚,禁於觔城,令淨妙風,即得解脫;又伏婬慾,禁於脉城,令其妙水,即便離縛;又伏忿怒,禁於肉城,令其妙水,即便解脫;又伏愚癡,禁於皮城,令其妙火,俱得解脫。貪慾二魔,禁於中間;飢毒猛火,放令自在。猶如金師,將欲鍊金,必先藉火;若不得火,鍊即不成。其惠明使,喻若金師,其嗽嚕而云睡,猶如金鈒。其彼飢魔,即是猛火,鍊五分身,令使清淨。惠明大使,於善身中,使用飢火,爲大利益。其五明力,住和合體。因彼善人,銓簡二力,令各分別。如此宍身,亦名故人。即是骨、觔、脉、宍、皮、悆、嗔、婬、怒、癡,及貪、饞、婬,如是十三,共成一身,以像无始无明境界第二暗夜。

此處用骨、筋、脈、肉、皮這些人體結構的概念,喻5座囚禁光明分子的城圍,乃摩尼教經所特有。像"骨城"這樣的術語,並非其他宗教所有,更非世俗日常所用。[1] 籤詩第34出現"骨城"這一字眼,其與摩尼教的淵源,昭然若揭。

其次,還有一些術語雖非摩尼教所獨有,但在漢文摩尼教經典中常用,如"暗魔"、[2]"魔軍"、[3]"善神"[4]之類,若孤立考察,難以確認其源自摩尼教,但結合上述確證的例子整體透視,亦可窺見籤詩的創作源泉確不乏摩尼教成分。

除了摩尼教的專用或常用術語外,還有一些用詞或表述形式,雖屬教俗共有,但在漢文摩尼教經中使用特別頻繁,這一習慣必定在潛意識中多少影響到籤詩的作者。例如,在《下部讚》中,用"鎮"字凡5處:

行027:今還与我作留難,枷鑠禁縛鎮相縈。令我如狂復如

---

〔1〕馬小鶴《粟特文 t'mp'r(肉身)考》,提交2004年4月23—25日在北京舉行的《粟特人在中國國際學術研討會論文》,載榮新江等主編《粟特人在中國——歷史、考古、語言的新探索》,中華書局2005年版,頁478—502。

〔2〕京藏《摩尼教經》第010—013行:"其五類魔,黏五明身,如蠅著蜜,如鳥被黐,如魚吞鈎。以是義故,淨風明使以五類魔及五明身,二力和合,造成世界——十天八地。如是世界,即是明身醫療藥堂,亦是暗魔緊繫牢獄。"

〔3〕《摩尼光佛教法儀略》第一章起始部分:"佛夷瑟德烏盧詵者,本國梵音也,譯云光明使者,又号具智法王,亦謂摩尼光佛,即我光明大慧无上醫王應化法身之異号也。當欲出世,二耀降靈,分光三體;大慈愍故,應敵魔軍。"

〔4〕《下部讚》345行:"今日所造詣功德,請收明使盡迎將;一切天仙善神等,平安遊止去災殃。"《摩尼教經》317—318行:"諸天善神,有尋无尋,及諸國王、群臣、士女、四部之眾,无量无數,聞是經已,皆大歡喜。"

醉,遂犯三常四處身。

行 038：令我昏醉無知覺，遂犯三常四處身。无明癡愛鎮相榮，降大法藥令廖愈。

行 174：无上光明王智惠，常勝五明元歡喜，勤心造相恆真實，信心忍辱鎮光明，

行 275：彼无怨敵侵邊境，亦无戎馬鎮郊軍；魔王縱起貪愛心，於明界中元无分。

行 336：諸邊境界恆安靜，性相平等地无異。三常五大鎮相暉，彼言有暗元无是。

此間的"鎮"，多作爲"常、久"的意思用，看來是漢文摩尼教經的習慣。觀籤詩第 63 的"佛日鎮長明"，與上引經文比較，豈非似曾相識？

還有，漢文摩尼經中有一個修飾明神的常用詞"勇健"，如《下部讚》：

行 152：又啟真實平等王，能戰勇健新夷數，雄猛自在忙你尊，并諸清淨光明眾。

行 216：大雄淨風能救父，勅諸言教及戒約。福德勇健諸明使，何故不勤所應事？

行 240：復作上性諸榮顯，又作勇健諸伎能；是自在者威形勢，是得寵者諸利用。

行 249：復告善業明兄弟，用心思惟詮妙身，各作勇健智舩主，渡此流浪他鄉子。

京藏《摩尼教經》亦見：

行 139－141：惑時白鴿微妙淨風、勇健法子、大聖之男，入於此城，四面顧望，唯見煙霧周郭屈曲、无量聚落。

籤詩第 14："加被善神背，護法佑明使；勇健常隨護，報應決無私。"不但使用上面已提到的明使、善神等術語，也出現"勇健"這樣的用詞，更顯其與摩尼教的聯繫。

按，唐代漢譯摩尼教經，今僅剩 3 篇殘經；而宋代流傳的諸多摩尼

經今則不傳。[1] 上揭籤詩的摩尼教成分只是與少量殘存的經典比較而已,實際的情況很可能不止這些。我們目前不能排斥一種可能性,即現存籤詩的原始版本是糅合當時流行的明教讚詩而成的。

此外,2008 年 5 月 6 日粘良圖先生發來電子郵件賜示:

> 在整理草庵簽詩時忽然發現 81 首詩的首字可以綴合成句:"清新喜慶,大歡願從,無上明尊,降加天仙,善在此殿,居勤加踊,相冥一災永消,內安無障,廣歡榮新樂,敬禮及稱嗟,勇健諸明使,助善尊神背,扶持正法仁,土地諸靈相,加勤相保護,土地諸靈相,加勤相保護,靈護"其中大多句子意思是明確的,就是稱頌明尊、明使、尊神,後面四句重複,更證實它是適合頌念的讚詩。內中有個別讀不順的,如"相冥一災……"疑爲籤詩在流傳過程中順序被打亂。

粘先生就這一發現垂詢筆者的看法。竊以爲,這一發現無疑很有趣。粘先生顯然認爲草庵現存的 81 首籤詩,內含一首鶴頂詩(即藏頭詩),即每首籤詩的第一個字可連成詩句。不過,就所揭示的鶴頂詩句看,意思明確的並不多,即便意有可循,但除"無上明尊"、"勇健諸明使"、"土地諸靈相"可與明教掛靠外,其餘殆難確認;因此,如果沒有更多的資料佐證,便不能排除其偶然暗合的可能性。不過,筆者倒更傾向於另一種推測,即原始的籤詩,可能就是據當時流行的明教讚詩句子,刻意製作鶴頂詩,但後人數典忘祖,忽略前賢之本意,在籤文流傳過程中,爲迎合善信的需要,或因應社會的變化,或受其他宗教的影響,而屢加修改、增補或重排。粘先生所揭示有意可循的句子,便是原先鶴頂詩的殘迹。若然,則益證草庵現有之籤詩確本自明教,只不過隨時間的推移,而變得面目難辨。

總之,本屬摩尼教的草庵,至遲在明末清初時便已出現籤詩求卜活動,這從外表的行爲方式看,實與當地其他宗教或民間信仰並無二緻;

---

〔1〕新近見福建霞浦縣第三次全國文物普查小組《霞浦縣摩尼教(明教)史跡調查報告》,落款時間 2009 年 5 月 25 日,個中圖版刊布當地某法師秘藏的《無名經書》之一頁。觀其內容,疑傳抄自宋代摩尼經。冀早日公刊原件,俾便學界研究。

但就籤詩中的具體內容而言,卻明顯保持著本教的理念和習慣用語,尤其是教主摩尼明暗二宗的基本義理。

2.4　餘論

摩尼教本是一個具有完整體系的宗教,並是以完整的宗教體系的模式,經中亞地區傳入中國的,且在中國贏得了大量的信徒;但該教在華傳播近千年之後,卻逐步失去了作爲一個獨立宗教的地位,以至最後湮滅。本文所辨析的晉江新發現的摩尼教遺迹,證明該教在明清之際,其諸神從形貌到功能,與中國傳統民間信仰的諸神,已融成一體;而其所流行的符咒之術、籤詩求卜等活動,就行爲方式而言,則與中國傳統的民間宗教殆無差別。摩尼教作爲一個外來宗教,像其他異質文明一樣,其在中國變異華化,乃情理中事,但最後卻失去獨立地位,完全融入中華文明的大熔爐中,以致今人不得不通過深入的田野調查,借助有關文獻,始得辨認出其某些蹤迹,何由致之? 全面深入揭橥其間之複雜原因,包括內因、外因,始可望完善中國摩尼教史,而對於探討外來異質文明與中國傳統文明的互動和融合,無疑尤有典型意義。

(本篇初刊饒宗頤主編《華學》第 9、第 10 輯(2),上海古籍出版社2008 年版,頁 754 – 767。)

3　宋元濱海地域明教
　　非海路輸入辨

3.1　引言

　　古代中國通往外域的海路史稱南海道,在近代之前,本來就是一條十分險惡的航路,通過這條海路運往他邦的物產中,明明沒有多少中國絲綢;但近年來,這樣一條傳統海道被某些趨時文章渲染爲牧歌式的海上絲綢之路,[1]不少本來與海路交通並無實質性聯繫,甚或風馬牛不相及的事物,亦紛紛被掛靠到海上絲路,大加炒作。風起水生,明教源自外域,其某些遺迹又發見於海濱,亦就在厄難逃,被貼上舶來品的商標,當爲海上絲路的物證。社會的炒作自然有社會的需要,我們不能苛求;但學術只能惟真是求,曲學阿世、趨時媚俗,不應是學者之所爲。本文擬從純學術的角度,論證宋元時期福建濱海地域流行的明教,並非海路輸入,而是由陸路傳入的唐代摩尼教華化變異而來;庶幾有助於澄清非學術因素所造成的誤解。不妥之處,仰祈方家指正。

3.2　明教海路輸入說緣起

　　源自西亞波斯的摩尼教經由中亞,通過陸上絲綢之路輾轉東漸,在唐或唐之前進入中土,先由西北,而後東南,有唐一代曾盛行多時,領諸夷教之風騷;會昌遭迫害後,沉寂多時,宋元時期復以明教之名,勃興於福建爲主的濱海地域。對此,文獻記載鑿鑿,前賢已有詳考,並已達成

---

[1]詳參蔡鴻生《南海交通史研究若干問題淺探》,刊《海交史研究》2002 年第 1 期,頁 123 – 126。

共識。然其間令人不解的是：濱海地域勃起的明教，其模式與唐代中原摩尼教不無差異。昔年法國漢學泰斗沙畹、伯希和乃從摩尼教華化的角度來作解釋：

> 真正之摩尼教，質言之，大摩尼師自外來傳佈之教，已滅於八四三年之敕；尚存者爲已改之摩尼教，華化的摩尼教耳。[1]

國學大師王國維先生似乎不以沙、伯這一論斷爲然，其 1921 年在《亞洲學術雜誌》上發表的《摩尼教流行中國考》一文中稱：

> 東都盛時，其流蓋微。南北之交，死灰復燃。尋其緣起，別出三山。蓋海舶賈胡之傳，非北陸大雲之舊矣。[2]

揣摩王先生這段話，他是認爲唐宋兩個時期流行的摩尼教來源有別，福建沿海流行的摩尼教，並非像唐代那樣來自西域陸路，而是由海路重新傳入。但他用"蓋"這一文言虛詞，已表明他只不過是推測或懷疑而已，並非肯定如此；而在他的文章中亦並未就此問題展開論證。對這一觀點，20 世紀 80 年代前，國人鮮見呼應；倒是日本學者有認同此一看法者。20 世紀 30 年代，重松俊章《唐宋時代的末尼教與魔教》一文中，雖沒有提出具體證據，卻稱泉州一帶流行的摩尼教可能是從海道傳入。[3]至 70 年代，另有竺沙雅章教授據《宋會要輯稿》刑法 2—39 的一條記載而支持海路輸入說：

> [元祐六年（1091）]十月十二日，殿中侍御史楊畏言："近日布衣薛鴻漸、林明發，以妖妄文字上聞。詔送兩浙福建路轉運司根治。臣聞鴻漸教本自海上異域，入於中國，已數十年，而近者益熾。故其桀黠，至敢上書，以幸張大。願詔逐路監司，嚴切禁止"從之。

其評論道："此處言薛鴻漸之教由海上傳入中國，其教究爲何教，雖不

---

[1]沙畹、伯希和撰，馮承鈞譯《摩尼教流行中國考》，見馮譯《西域南海史地考證譯叢八編》，商務印書館 1958 年版，頁 80。Éd. Chavannes & P. Pelliot, "Un traité manichéen retrouvé en Chine, traduit et annoté (Deuxième partie, suite et fin)," *Journal Asiatique*, Mars-Avril 1913, p. 303.

[2]王國維《摩尼教流行中國考》，見氏著《觀堂集林》第 4 冊，中華書局，頁 1189 – 1190。

[3]重松俊章《唐宋時代の末尼教と魔教問題》，刊《史淵》第 12 輯，1936 年，頁 85 – 143；有關的提法見頁 102 – 103。

·歐·亞·歷·史·文·化·文·庫·

明確,但從當時狀況看來,摩尼教的可能性亦不小。"[1]

逮及 20 世紀 70—80 年代,由於泉州海上考古的重大發現,尤其是 1974 年泉州灣後渚宋代海船的出土,泉州作爲宋元時代海路交通的重要港口而聲名鵲起;以莊爲璣先生爲代表的一些學者,遂以摩尼教文物發見於港口附近爲由而力主泉州摩尼教係從海路輸入。[2] 爾後,由於"海上絲綢之路"熱掀起,非學術因素日益介入,泉州的摩尼教遺址遺物更被不少出版物當爲"海上絲綢之路"的文物進行渲染,甚至以唐代泉州海外交通亦頗發達爲據,把海路輸入的年代徑上溯到唐代。[3] 尤有甚者,爲申報聯合國"海絲文化遺產",力圖給海路輸入說定調,以致已籌備多時的相關國際學術會議爲之夭折。[4] 如是,一個純學術的問題被非學術化,對各國學者來說,不能不感到遺憾!

3.3　海路輸入說的"硬傷"

20 世紀 80 年代所正式提出的海路輸入說,並沒有任何可靠明確的文獻記錄可資支撐,而把海濱發現的文物就直當舶來品,顯然經不起

---

〔1〕〔日〕竺沙雅章《喫菜事魔について》,刊《青山博士古稀紀念宋代史論叢》,東京,1974年,頁 239－262;引文見頁 261,注 3。該文修訂稿見氏著《中國佛教社會史研究》(東洋史研究叢刊之 34)第 5 章《喫菜事魔について》,京都同朋會,1982(昭和五十七年),頁 199－227。

〔2〕莊爲璣《泉州摩尼教初探》,刊《世界宗教研究》1983 年第 3 期,頁 77－82。

〔3〕參閱高斌《泉州海市推動下的地區多元宗教文化》,刊《福建宗教》2003 年第 6 期,頁 31－33。

〔4〕事見《泉州摩尼教會議取消通知》:

各位同仁:

原定今年 10 月 20—24 日在泉州晉江舉辦的"摩尼教與古代中國"國際學術討論會,我中山大學歷史系參與主辦,負責會議的學術和邀請工作,現已有近四十位國外學者表示與會,國內也有三十多位學者表示參加,我們已進入整理、翻譯、排印與會學者的論文及其提要的階段;但最近又有新情況:作爲是次會議主辦單位兼東道主的泉州市、晉江市政府,迄今尚未完成是次國際會議的申報工作,而且又要求與會學者的論文必須證明泉州摩尼教是從海路輸入,以配合其申報"海絲"遺產;至於爲配合是次會議、早已完稿正待出版的《泉州摩尼教》一書,也必須按照這一口徑修改。我們作爲學術單位,當然不能接受這種要求。由是,這次會議的籌備工作已無從繼續進行下去,不得不向各位同仁通報。相信大家能夠理解。衷心感謝各位對是次會議的關注和支持。

中山大學 歷史系

2004 年 7 月 6 日

推敲;故問題提出後即遭質疑,[1]惟未見專文討論耳。

　　竊以爲,宋元時代是否有摩尼教由海路輸入濱海地域,關鍵不在於論者所强調的其時中外海路交通的發達情况,而是在於當時海外是否有摩尼教羣體或教會基地存在。就此,我們重翻波斯摩尼教西傳東漸的歷史便可了然。其西傳的第一路綫是從美索不達米亞,經敘利亞、阿拉伯半島北部、埃及、北非,然後進入西班牙、法國南部和意大利,亦就是說是在西羅馬帝國的領域傳播。公元5世紀末,隨著西羅馬帝國的滅亡,這一帶的摩尼教便日益失去立錐之地,以至最後絕迹。10世紀纔在中國濱海地域勃興的明教,自然不能溯源於6世紀便已絕迹的羅馬帝國摩尼教。摩尼教西傳的第二條路綫,是由阿爾明尼亞,直接傳到羅馬帝國的東部,即後來的拜占庭帝國。據研究,公元7—10世紀小亞細亞的保羅派運動和11—12世紀巴爾干半島的波高米爾運動都吸收了摩尼教的異端思想。[2] 這一路的摩尼教雖然與宋元明教有同時性,但前者是在東歐,後者是在東亞,在新航路還没有開闢之前,兩者顯然不存在通過海路直接聯繫的可能性。至於波斯摩尼教的東漸,其乃沿陸上絲綢之路進入中亞,唐代中國所流行的摩尼教,乃屬中亞的摩尼教會,這一點誠如上面所指出,已爲學者所確認。[3] 儘管唐代濱海地區與海外確存在頻繁的交通,泉州也是港口之一,因此,如果說,從海路而來的西域胡商,也有摩尼教平信徒——聽者,雖於史無徵,但也不能排除這種可能性。不過,即便有這類信徒,其與中亞教會的傳教活動無

　　[1]參閱拙文《宋代明教與唐代摩尼教》,刊《文史》第24輯,1985年,頁115–126;修訂稿見拙著《摩尼教及其東漸》,中華書局1987年版,頁120–134;臺北淑馨出版社1997年增訂本,頁141–165。

　　[2]西文論著參 Victor N. Sharenkoff, *A Study of Manichaeism in Bulgaria with Special Reference to the Bogomils*, New York, 1927;Steven Runciman, *The Medieval Manichee. A Study of the Christian Dualist Heresy*, Cambridge University Press, 1955. 中文論著詳參蔡鴻生《西羅馬帝國的巴高達運動》,刊《歷史教學》1963年第8期,頁20–25;《七至九世紀拜占廷的保羅派運動》,刊《歷史教學》1965年第4期,頁39–43。另參徐家玲《12—13世紀法國南部異端產生的社會條件》,刊《世界歷史》1991年第3期,頁101–108;《12—13世紀法國南部市民異端的派別及其綱領》,刊《東北師大學報》(哲學社會科學版)1992年第2期,頁49–53。

　　[3]參閱拙文《唐代摩尼教與中亞摩尼教團》,刊《文史》第23輯,1984年,頁85–93;修訂稿見拙著《摩尼教及其東漸》,中華書局1987年版,頁64–75;臺北淑馨出版社1997年增訂本,頁61–71。

·歐·亞·歷·史·文·化·文·庫·

涉。他們並非"白馬馱經",爲傳教而來,而是從事商業或其他活動。他們的信仰顯然也未爲當地社會所認知,迄今也未發現他們有留下任何信仰的痕迹。即便在唐代摩尼教最旺時期,文獻亦沒提及朝廷允許在福建濱海地區建寺,這是不爭的史實;現存福建的摩尼教遺物,亦無從追溯到唐會昌滅佛之前,這也是學界所週知。而在歷史上,摩尼教不像波斯瑣羅亞斯德教那樣,有過成批虔誠信徒爲逃避伊斯蘭教的迫害而移民印度西部海岸,形成本教的新基地。[1] 自 10 世紀西亞和中亞地區爲伊斯蘭教所征服,日益伊斯蘭化之後,無論在印度洋區域或東南亞地區,迄今未發現有任何地方曾成爲摩尼教徒的聚居地。因此,儘管宋元時代泉州或其他濱海都市,確曾聚居過大量的海外移民,其中即便間雜有由亞洲內陸地區或歐洲輾轉而來的摩尼教殘餘信徒,那亦屬個體行爲,並非羣體性移民,更非摩尼教會的刻意安排;如此個別、少量的信徒,絕對成不了氣候。故所謂海路輸入說,無論是在唐代,抑或是在宋元時期,充其量不過是哲學概念上的抽象可能性,而不存在實在可能性。[2] 正因爲如此,迄今主海路輸入說的學者,無非是强調考古所發現的摩尼教遺迹都位於古代港口附近,但卻不能舉示該等文物來自海外的應有特徵,或其作爲舶來品的任何內證。至於文獻依據,迄今論者所提出的惟一記錄僅上揭竺沙雅章所引的《宋會要輯稿》刑法條。其實,竺沙氏疑該段文字所述的鴻漸教爲摩尼教,顯然亦經不起推敲。按,薛鴻漸、林明發是地道的漢人姓名,其"以妖妄文字上聞",則更明其漢文程度之高,不可能是剛入華的域外人。而其時華人在海外的活動半徑並不出印度洋,所以他們不可能是在中亞或西亞殘餘的摩尼教徒中受法以後,再經由海路在中國東南沿海地區登陸。他們只可能是直接來自東南亞地區或印度等南亞國家,而這一帶,如上所述,並未有摩尼教團的活動,尤其是在薛鴻漸、林明發生活的公元 11 世紀,更不可

[1]參閱拙文《印度的瑣羅亞斯德教徒》,刊《世界宗教資料》1987 年第 1 期,頁 1–5;修訂稿見拙著《波斯拜火教與古代中國》,臺北新文豐出版公司 1995 年版,頁 11–22。

[2]倒是唐代的景教有從海路輸入的實在可能性,緣其傳教士可以從敍利亞總部直接通過海路來到中國,文獻也反映了唐代嶺南道確有"波斯僧"活動。詳參本書第 6 篇《西安景碑有關阿羅本入華事辨析》。

能有。因此,若鴻漸教果來本自海上異域,當不可能與摩尼教有何直接
關係。竊疑薛鴻漸、林明發本是中國濱海地區的"刁民",其教不過是
"國產出口轉內銷"耳。假如是"國產",則屬秘密會社式的民間宗教,
其中雜糅某些華傳摩尼教的成分,那倒不無可能。

　　對古代中西文化交流,業師蔡鴻生先生曾根據陳寅恪先生的治學
之道和有關識語,作出如下的提示:

> 中古時代的文化傳播,既是漸進的,又是曲折的。由於當時物
> 質技術條件的限制,來自"文化本原"的直接傳播不可能起主導作
> 用,"輾轉間接"纔是普遍存在的方式。因此,爲了探索一種文化
> 因緣在空間上的展開,也即爲何從此地傳入彼地,必須找出中間環
> 節,纔不致於架空立說。[1]

認爲公元 10 世紀之後,還有摩尼教重新由海路輸入中國濱海地域,似
乎就有這種"架空立說"之嫌。

3.4　宋元濱海明教與唐代中原摩尼教的
承繼關係

　　說濱海明教由海路重新輸入,無案可稽;但如果說是由唐代北方摩
尼教導入,則有文獻記載爲據。明代何喬遠《閩書·方域志》明確寫
道:

> 會昌中,汰僧,明教在汰中。有呼祿法師者,來入福唐,授侶三
> 山,游方泉郡,卒葬郡北山下。至道中,懷安士人李廷裕,得佛像於
> 京城卜肆,鬻以五十千錢,而瑞相遂傳閩中。真宗朝,閩士人林世
> 長,取其經以進,授守福州文學。[2]

儘管上引這段文字記錄並未註明資料來源,但幾十年來摩尼教學者對
這條史料多有考證,未聞有誰提出質疑,咸認爲可信。所謂會昌"汰
僧",亦就是中國宗教史上著名的"會昌滅佛",即唐武宗李炎迫害外來

---

〔1〕蔡鴻生《仰望陳寅恪》,中華書局 2004 年版,頁 77。另參閱氏文《〈陳寅恪集〉的中外關係
史學術遺產》,刊林中澤主編《華夏文明與西方世界》,香港博士苑出版社 2003 年版,頁 1–6。
〔2〕〔明〕何喬遠《閩書》第 1 冊,福建人民出版社 1994 年版,頁 172。

·歐·亞·歷·史·文·化·文·庫·

宗教的事件。這一事件,誠如蔡鴻生先生所指出:"其實是唐武宗發動的一場擴大化的法難,摩尼教首當其衝,會昌三年即被明令取締。除封閉寺院、沒收資產外,摩尼師不分男女,都在死亡的威脅面前作鳥獸散。"[1]呼祿法師之"來入福唐",正是在這種背景下。其選擇到福建傳教,蔡先生已從當時的外部形勢、教義本身作了令人折服的闡釋。[2]呼祿法師確有其人,其卒葬泉郡北山下事,前賢陳萬里先生於《古今圖書集成·方輿彙編》第 1052 卷《泉州府部》藝文下找到了南宋理學大師朱熹(1130—1200)參拜呼祿法師墓的詩作《與諸同僚謁奠北山》,

---

〔1〕蔡鴻生《唐宋時代摩尼教在濱海地域的變異》,刊《中山大學學報》(社會科學版)2004 年第 6 期,頁 114 – 117,引文見頁 114。

〔2〕有關論述如下:

據宋通慧大師贊寧撰《僧史略》(金陵刻經處刊本)卷下云:"武宗會昌三年,敕天下摩尼寺並廢入官。京城女摩尼七十二人死。及在此國回紇諸摩尼等配流諸道,死者大半。五年,再敕大秦、穆護、火祆等二千餘人並勒還俗。但未盡根荄,時分蔓衍。"摩尼教在濱海地域"蔓延"的一支,是由著名的呼祿法師傳承的。這位法師當時駐錫何處,不得而知;但他"來入福唐"是死裏逃生,則是顯而易見。人們也許會問:這位法師在水深火熱中不西闖、不南逃、不北去,卻偏偏東來,究竟是何由?其中似有待發之覆。我們認爲,呼祿法師流亡生涯的地理取向,選擇位於兩京之東的福建,並非隨心所欲,而是受到形勢和教義的雙重制約,捨此無他途。

會昌年間的摩尼教徒,面臨嚴峻的形勢。漠北的回鶻汗國,自 840—843 年敗於黠戛斯,分崩離析,已經不是摩尼教的庇護所了。西面的葛邏祿,雖曾接納過回鶻殘部,但路途險阻,難以投奔。原曾建置大雲光明寺的荊、揚、洪、越諸州,依制行事,張開法網,不可能讓摩尼徒眾絕處逢生。至於北邊的"汰僧"如何雷厲風行,日本僧人圓仁親歷其境,目睹過種種慘狀:

登州者,大唐東北地極也。枕乎北海,臨海立州。州城去海一二許里。雖是邊地,條流僧尼,毀拆寺舍,禁經毀像,收檢寺物,共京城無異。況乃就佛上剝金,打碎銅鐵佛,稱其斤兩。痛當奈何!(釋圓仁《入唐求法巡禮行記》卷 4。)

既然西、北兩邊無異絕境,可供呼祿法師選擇的流亡路線,就只有南方和東方了。至於他終於捨南取東的緣由,在缺乏他證的情況下,摩尼教的教義就成爲惟一的理據,可以用來充實歷史的推斷。按照基督教古典作家屢次轉述的摩尼教明暗二宗論,空間世界的劃分主次分明,光明勢力比黑暗勢力大三倍,並且分佈於明確的方位。以樹爲喻,光明寶樹繁殖於東、西、北,黑暗死樹則生於南方。既然南方意味著死路一條,難怪呼祿法師一反歷代中原遺民南下避亂的逃亡慣性,只好投奔法網較疏的濱海地域,向東尋求自己的歸宿:"來入福唐,授侶三山,游方泉郡,卒葬郡北山下。"(見蔡鴻生《唐宋時代摩尼教在濱海地域的變異》,頁 114 – 115。)

坐實了此事；[1]有關呼祿法師墓的遺址，近年也有線索見諸報端。[2]
至於有關李氏得佛像的記述，時、地、人、事，十分具體，細節亦很清晰，不由不信："至道"爲宋太宗年號，即公元 995—997 年；"懷安"，即今福建省會福州；佛像當謂摩尼佛像。此外，林氏進摩尼經事，則見於《佛祖統紀》卷 48"嘉泰二年"（1202）條下"述曰"所引《夷堅志》對摩尼教的評論：

> 其經名二宗三際。二宗者，明與暗也。三際者，過去未來現在也。大中祥符（1008—1016）興道藏，富人林世長賄主者，使編入藏，安於亳州明道宮。[3]

足見於史有徵，毋庸置疑。[4] 如是，學者把摩尼教入閩這條資料目爲信史，並非不妥。

　　就現有的研究看，宋元時代濱海明教的活動模式，大體可分爲兩類，其一是與當時"喫菜事魔"之類的農民運動有關者，其信徒乃運動的參與者或中堅；其二是寺院式的，信徒主要在寺院修煉，多與農民運動無涉。[5] 不論是哪種模式的摩尼教，有關的資料文獻都未見言其由海路而來，或有這方面的暗示。相反的，很多記載都顯示彼等的行爲、思想、經文等都與唐代摩尼教有關，或在唐代摩尼教的資料文獻中能找到影子。[6]直至元代，時人在追溯明教的由來時，都是一遵唐代文獻的記錄，用唐代的相關術語，對其時流行的明教完全沒有一種新鮮感。例

〔1〕陳萬里《閩南遊記》，上海開明書店 1930 年版，頁 49－51。詩云："聯車陟修阪，覽物窮山川。疏林汎朝景，翠嶺含雲煙。祠殿何沉（沈）邃，古木鬱蒼然。明釐自安宅，牲酒告恭虔。胏膋理潛通，神蚌（蚪）亦蜿蜒。既欣歲時（事）舉，重喜景物妍。解帶憩精廬，尊酌且流（留）連。縱談遺名蹟，煩慮絕拘牽。迅晷諒難留，歸念忽已騫。蒼蒼暮色起，反斾東城阡。"

〔2〕許添源《呼祿法師墓究竟在哪里》，刊《泉州政協報》1999 年 7 月 16 日第 4 版。相關的資訊參見林振禮《朱熹與摩尼教新探》，刊《泉州師範學院》（社會科學學報），2004 年第 1 期，頁 30－37。

〔3〕《大正藏》（49），頁 431 上。

〔4〕有關《閩書》該段文字的考證參閱拙文《泉州摩尼教淵源考》，見林中澤主編《華夏文明與西方世界》，頁 85－86；修訂稿見拙著《中古三夷教辨證》，中華書局 2005 年版，頁 375－398。

〔5〕拙文《宋元時代中國東南沿海的寺院式摩尼教》，刊《世界宗教研究》1985 年第 3 期，頁 103－111；修訂稿見拙著《摩尼教及其東漸》，中華書局 1987 年版，頁 145－158；臺北淑馨出版社 1997 年增訂本，頁 166－179。

〔6〕參閱上揭拙文《宋代明教與唐代摩尼教》。

如,元代陳高的《竹西樓記》,[1]記載了溫州平陽一所名爲潛光院的明教寺院,其間就明教的源流,但云:"明教之始,相傳以爲自蘇鄰國流入中土。"此乃承繼傳統的說法。內典見敦煌本摩尼教寫本《摩尼光佛教法儀略》第一章《託化國主名號宗教》:"摩尼光佛誕蘇鄰國跋帝王宮,金薩健種夫人滿豔之所生也。"外典見《佛祖統紀》卷48"嘉泰二年"(1202)條下"述曰"對摩尼教的評論,言及其教徒:"復假稱白樂天詩云:靜覽蘇鄰傳,摩尼道可驚。二宗陳寂默,五佛繼光明。日月爲資敬,乾坤認所生。若論齋絜志,釋子好齊名。"既然陳高對當時流行的明教,仍稱相傳來自蘇鄰國,足見時人視其爲"舊雨"而非"新知"。[2]

如果宋元濱海明教是重由海路輸入的西亞摩尼教,那就意味著其乃類乎明末清初海路輸入的基督教,屬於文化交流中直接傳播的一類;那麼,其時流行的明教,即便不是原汁原味的摩尼教,也應帶有明顯的西亞或其他外域的色彩,就像同時期泉州的伊斯蘭教那樣。但事實上並非如此。見於文獻的濱海明教,或混雜於當時各種民間秘密結社,或依託廁身於佛道之間,令教外人很難釐清其間的區別。該等文獻,前賢已詳加討論,此處不擬贅引。本篇所要著重指出的是:20世紀50年代以來考古所發現的明教遺址遺物,[3]不僅不能像論者那樣,把其目爲海路輸入說的證據,而且相反的,只能說明這一信仰乃間接傳播而來,早已移植中土,華化變異的程度已很深。晉江華表山草庵遺址(見本書圖版2.1)是該等發現中最重要者。草庵的建築,不論外型或內在結構,完全是按傳統閩式廟宇模式,沒有一點類乎當地著名清真寺那種外來色彩。而其庵內所供奉的摩尼佛石雕像(見本書圖版2.2a),造型更一按漢人面目,絲毫沒有吐魯番摩尼畫像(見本書圖版2.2b)那樣的胡

---

〔1〕〔元〕陳高《竹西樓記》,見氏著《不繫舟漁集》卷12;收入民國《平陽縣志文徵內篇》。《不繫舟漁集》,見1983年臺灣商務印書館發行的《景印文淵閣四庫全書》集部155別集類,即1216冊。

〔2〕詳參拙文《元〈竹西樓記〉摩尼教信息辨析》,見拙著《中古三夷教辨證》,頁142–160。

〔3〕拙文《20世紀的泉州摩尼教考古》,刊《文物》2003年第7期,頁71–77。

貌。[1] 如果說,該雕像的跌坐姿勢尚可在吐魯番的摩尼教圖畫中找到對應形象的話,那其所蓄的兩綹道士長鬚,則是外域摩尼教所絕無者。如是"道貌佛身"的雕像,已經完全中國化,自是長期華化變異的產物,海外何曾有過這樣的摩尼像? 至於庵前摩崖石刻的"清淨光明,大力智惠,無上至真,摩尼光佛"16 字偈(見本書圖版 2.7a),更是脫胎於唐代摩尼教經典,而參合道教的術語而成,絕非新經典的翻譯。[2] 如此等等,都在證明該等文物不是舶來品,而是"土特產"。其與西亞摩尼教的聯繫,乃通過唐代輸入的中亞摩尼教這一中間環節,而不是跨越重洋與域外教團直接掛鉤。其存世的面貌,乃是摩尼教扎根中土數百年,逐代繁殖變異的結果。

3.5 餘論

我們認為福建的摩尼教並非由海路輸入,這一結論,與當前當地的"海上絲路熱"似乎不太和諧,但完全是從純學術的角度、實事求是考證的結果。這一結論,實際是明確了源於公元 3 世紀中葉波斯的摩尼教,乃通過古代陸上絲綢之路東漸進入中國,由西北而東南,逐步傳播變異,最終到了福建地區,並在該地消亡。福建,特別是泉州地區所保留的摩尼教遺迹,展示了摩尼教的終極形態。福建摩尼教也成為了古代文化交流中間接傳播的典型例子。而值得注意的是,最近當地文博工作者的田野調查,發現摩尼佛的信仰迄今仍在晉江地區的某些村落流行,[3] 這就進一步啟示我們:摩尼教作為一個獨立的教派雖已不存在,但作為一種外來文明,卻已融匯到閩文化中。由是,摩尼教文明如何與閩文化交融,不失為歷史人類學的一個新穎課題,擺到中國學者面

---

〔1〕拙文《泉州草庵摩尼雕像與吐魯番摩尼畫像的比較》,刊《考古與文物》2003 年第 2 期,頁 76 – 80;修訂稿見拙著《中古三夷教辨證》,頁 33 – 41。另見拙文《元代泉州摩尼教偶像崇拜探源》,刊《海交史研究》2003 年第 1 期,頁 65 – 75;修訂稿見拙著《中古三夷教辨證》,頁 399 – 417。

〔2〕拙文《福建明教十六字偈考釋》,刊《文史》2004 年第 1 輯,頁 230 – 246;修訂稿見拙著《中古三夷教辨證》,頁 5 – 32。

〔3〕粘良圖《摩尼教信仰在晉江》,刊《福建宗教》2004 年第 6 期,頁 24 – 26;參本書第 2 篇《泉州晉江新發現摩尼教遺迹辨析》。

前。筆者深信,只要通過廣泛深入的田野調查,用陳寅恪先生"歷史演變及系統異同"之通識來對舊資料再認識,對田野資料作解讀,必能就這一課題作出良好的答卷。

末了,筆者要特別申明:肯定宋元摩尼教是由陸路傳入泉州,絕不會貶低當地摩尼教遺迹的文物價值;因爲該等遺迹自其發現公佈之時,就已成爲國際矚目、獨一無二、極爲寶貴的世界宗教文化遺產,其完全不必沾"海上絲路"之光。肯定摩尼教是由陸路傳入泉州,完全無損於泉州的歷史地位,相反的,這一結論,有力地證明了泉州不僅接納了海路直接輸入的阿拉伯、印度等外來文明,而且還吸收了由陸路間接傳播而來的西亞、中亞文明;如此明顯地、多方位地吸納外來文明,在古代都市中,泉州顯然是鶴立雞羣的。是故,我們否定宋元濱海明教海路輸入說,不僅絲毫無損於泉州作爲歷史名城的地位,相反的,卻進一步提高了泉州作爲世界文明匯聚地、世界宗教博覽會的國際聲望。

(本篇初刊《中山大學學報》(社會科學版)2005 年第 3 期,頁 67 – 71。)

4 摩尼教華名辨異

4.1 引言

    波斯摩尼教(Manichaeism)經由中亞入傳中國,屬於陳寅恪先生所說文化傳播中"輾轉間接"的一類,[1]學界蓋多有共識。中亞摩尼教與其本土原教旨宗教本來就已頗有差異,而入華後爲了適應中土的政治人文環境,求得生存發展,其間發生的變異就更不待言。唐代之後,一些華化摩尼教羣體,參與了農民運動,遂與各種有關的民間教派,被官方視爲"喫菜事魔"、"妖幻邪人"之流加以取締。受官方觀點的影響,時人把相類的教派與摩尼教混同,乃不足爲奇。更有,摩尼教是一個具有完整體系的宗教,經過華化後,對於那些企圖創立新教派的人來說,無疑頗可借鑑;因而有些新教派冒用其神號,借用其術語,或效法其某些禮儀,吸收其某些義理成分,儘管從宗教史的角度看,這是很平常的事,但卻益使人們把五花八門的宗教羣體與摩尼教相混淆,以至認爲該教有諸多別名。依筆者愚見,儘管這些新教派與摩尼教的關係甚爲撲朔迷離,但吾人不能輕易把其目爲華化摩尼教的一宗,猶如沒有人將洪秀全所創立的拜上帝會,當爲中國式的基督教一樣。本篇之爲摩尼教華名辨異,旨在考定該教的正式華名,在此基礎上,將其他有關的稱謂進行梳理,本著循名責實的原則,就其與摩尼教之間的實際關係,一一試加考辨,以利窺見摩尼教華化的真正形態。文中一些拙見絕非確論,不過是拋磚引玉,請益同仁,共同探討,庶幾進一步深化認識。

---

    〔1〕陳寅恪《高僧傳箋證稿本》,附錄於氏著《讀史劄記三集》,三聯書店 2001 年版,頁 293 - 314;有關論述見頁 307 - 308。

·欧·亚·历·史·文·化·文·库·

4.2 《閩書》摩尼教史料點校

　　考察摩尼教在華稱謂,不得不涉及該教在華傳播的整個歷史。就摩尼教在華傳播史,古籍中最爲清晰完整的記錄當數明代何喬遠(1557－1631)所撰《閩書》卷7《方域志》"華表山"條下(見本書圖版1.1)。所述凡467字,因鈌山麓草庵而追溯摩尼教之源流,介紹該教義理、禮儀之要旨,以至唐代入華歷史,入傳福建經過,及至作者生活年代流播的情況等。而就摩尼教的諸華名,該段文字亦多論及。按,何喬遠,傳見《明史》卷242《列傳》第130,其間有云:"喬遠博攬,好著書,嘗輯明十三朝遺事爲《名山藏》,又纂《閩書》150卷,頗行於世,然援據多舛云。"[1]不過,就何氏專述摩尼教這400多字,幾十年來學者們的研究,已越來越證明其所言不誣。[2]《閩書》撰成於萬曆四十七年(1619),藏本希見,該條史料係陳垣先生最先發現,在其1923年發表的名作《摩尼教入中國考》全文徵引,爾後伯希和據此全文法譯並考釋,[3]國内外其他學者亦多同樣轉引自陳垣先生。至1994年,廈門大學的校點本《閩書》刊印,學者們始易見該書全貌。由於該段文字與本文所要討論問題關係特爲密切,是本文討論的出發點,故特依據廈門大學南洋研究院藏本(見本書圖版1.1)過錄於下。其間個别字與陳垣先生原來的錄文[4]及廈門大學的校點本[5]有差,均夾註標出;至於標點,則由筆者參閱上述兩家及伯希和的句點酌定。

---

　　〔1〕《明史》卷242《何喬遠傳》,中華書局1974年版,頁6287。

　　〔2〕參閱拙文《泉州摩尼教渊源考》,刊林中澤主編《華夏文明与西方世界》,香港博士苑出版社2003年版,頁75－93;又見拙著《中古三夷教辨證》,中華書局2005年版,頁375－398。

　　〔3〕P. Pelliot, "Les traditions manichéennes au Fou-Kien", *T'oung Pao*, XXII, 1923, pp. 193-208;馮承鈞譯《福建摩尼教遺跡》,見馮譯《西域南海史地考證譯叢九編》,商務印書館1958年版,頁125－141。其時伯氏並未看到《閩書》,聲稱只是轉錄陳氏的引文。按,早年前輩學者之徵引史料,或有略引、節引、意引者,對非實質性的文字常有所增删,就《閩書》這條史料而言,陳垣先生便在條目之前酌增了"泉州府晉江縣"6字,伯氏亦同樣照錄了。

　　〔4〕陳垣《摩尼教入中國考》,載《陳垣學術論文集》第1集,中華書局1980年版,頁367－368。

　　〔5〕〔明〕何喬遠《閩書》第1册,福建人民出版社1994年版,頁171－172。

華表山

　　與靈源相連,兩峯角立如華表。山背之麓有草庵,元時物也,祀摩尼佛。摩尼佛,名末摩尼光佛,蘇隣國人;又一佛也,號具智大明使。云老子西入流沙,五百餘歳,當漢獻帝建安之戊子,寄形楱曅。國王拔帝之后,食而甘之,遂有孕。及期,擘胸而出。楱曅者,禁苑^{陳本作院,疑誤}石榴也。其說與攀李樹、出左脇^{陳本作肩}相應。其教曰"明",衣尚白,朝拜日,夕拜月;了見法性,究竟廣明。云即汝之性,是我之身,即我之身,是汝之性。蓋合釋老而一之。行於大食、拂菻、吐^{原著無此字,當屬脫漏或刪略}火羅、波斯諸國。晉武帝太始丙戌^{蘇本似誤刻爲丙戌},滅度于波斯,以其法屬上首慕闍。慕闍當唐高宗朝行教中國。至武則天時,慕闍高弟密烏沒斯拂多誕復入見。群僧妬譖,互相擊難。則天悅其說,留使課經。開元中,作大雲光明寺奉之。自言其國始有二聖,號先意、夷數,若吾國之言盤古者。末之爲言大也。其經有七部。有《化胡經》,言老子西入流沙,托生蘇隣^{陳本、校點本改爲蘇鄰}事。會昌中汰僧,明教在汰中。有呼祿法師者,來入福唐,授侶三山,游方泉郡,卒葬^{陳本、校點本改爲葬}郡北山下。至道中,懷安士人李廷裕,得佛像於京城卜肆,鬻以五十千錢,而瑞相遂傳閩中。真宗朝,閩士人林世長取其經以進,授守福州文學。　　皇朝太祖定天下,以三教範民,又嫌其教門上逼國號,擯^{校點本作擴}其徒,毀其宮。戶部尚書郁新、禮部尚書楊隆奏留之,因得置不問。今民間習其術者,行符呪,名師氏法,不甚顯云。庵後有萬石峰,有玉泉,有雲梯百級及諸題刻。

4.3　Manichaeism 之漢譯正名考

　　古代任何宗教的名稱,一種是本教的自稱,一種是教外人對其稱謂。本教的命名自是很嚴肅神聖的事情,一般而言,或以教主名字,或據本教義理,至於教外人對其稱謂,則當別論。摩尼教是公元三世紀中葉波斯人 Mani 所創立,遂以教主爲名,西文稱 Manichaeism,如今通用的漢譯名摩尼教,乃由來有自,並非現代學者譯自西文。

　　上錄何氏文字,稱 Mani 爲摩尼佛,而就摩尼教之與中國朝廷正式接觸，則云"慕闍當唐高宗朝行教中國。至武則天時，慕闍高弟密烏沒斯拂多誕復入見。羣僧妬譖，互相擊難。則天悅其說，留使課經"。其間，則天朝事，已有文獻佐證，宋釋志磐《佛祖統紀》卷39云延載元年（694）：

> 波斯國人拂多誕^{西海大}^{秦國人}持《二宗經》偽教來朝。

至於高宗朝事，目前雖未見其他文獻有載，但筆者曾辨析過，亦認爲可以徵信。[1] 這兩條史料中所提到的拂多誕和慕闍，都是摩尼教會中不同等級僧侶的稱謂。至於這兩位僧侶所傳入的宗教叫甚麼名稱，文中都沒有提及。但吾人可以相信，既然該教僧侶已向朝廷晉見說教，自然要把教祖的名諱、本教的名稱奏明，因爲這是最起碼的資訊。如果他們不說，即便朝廷只是禮貌性的接見，對其教並不感興趣，照中國人接待客人和一般求知心理，亦少不了要提問這方面的信息。因此，可以相信，至遲到了武后時代，朝廷對該教當已有一個明確的稱謂。不過，這一稱謂之見載官方文獻，於目前所知，只能追溯到玄宗開元二十年（732）七月敕：

> 末摩尼本是邪見，妄稱佛教，誑惑黎元，宜加禁斷。以其西胡等既是鄉法，當身自行，不須科罪者。[2]

據陳垣先生考證：

> 末摩尼之名之見於漢文載籍者，此爲最始。此以前但稱拂多誕，但稱慕闍，此云末摩尼，蓋以教祖之名名其教也。後此或稱摩尼，或稱末尼，數見於僧史略、佛祖統紀等。[3]

此處官方以"末摩尼"來稱摩尼教，顯然是來自該教僧侶。因爲在落款"開元十九年六月八日"（即比朝廷敕禁該教早一年），由"大德拂多誕奉詔集賢院譯"的敦煌摩尼教寫本《摩尼光佛教法儀略·託化國主名號宗教第一》（MS. Stein No. 3969），已把教祖 Mani 恭稱爲"摩尼光佛"，並就教祖的稱號作了一番闡釋：

---

〔1〕拙文《摩尼教入華年代質疑》，刊《文史》18輯，1983年，頁69-81；修訂稿見拙著《摩尼教及其東漸》，中華書局1987年版，頁46-63；臺北淑馨出版社1997年增訂本，頁44-60。

〔2〕《通典》卷40《職官二十二》，中華書局1988年版，頁229下。

〔3〕陳垣《摩尼教入中國考》，見《陳垣學術論文集》第1集，頁335。

佛夷瑟德烏盧詵者^{本國梵音也}，譯云光明使者，又号具智法王，亦謂摩尼光佛，即我光明大慧无上醫王應化法身之異号也。當欲出世，二耀降靈，分光三體；大慈愍故，應敵魔軍。親受明尊清淨教命，然後化誕，故云光明使者；精真洞慧，堅疑克辯，故曰具智法王；虛應靈聖，覺觀究竟，故号摩尼光佛。[1]

據此，來華的摩尼教高僧，當把其教祖名字正式音譯爲"摩尼"。如此音譯，可能是效法漢譯佛典常見的"摩尼"（巴利語 maṇi，意爲寶珠），緣 Mani 和 maṇi 兩者諧音。按，入華的摩尼傳教師乃來自摩尼教的中亞教團，而中亞地區亦盛行佛教，其在中亞已頗有佛教色彩，[2]不難發現佛典的 maṇi 正好與其教祖名字諧音，而 maṇi 已有"摩尼"這一現成的漢字音譯。至於摩尼光佛，則是借用釋家 Maniprabhatathāgatārhatsam-yaksambuddha 漢譯佛號。[3] 敕令中"摩尼"之前所冠的"末"字，上揭何氏已有解釋："末之爲言大也。"伯希和稱"末摩尼"爲叙利亞語 Mar Mani 之對音，Mar 爲"主"的意思。[4] 敍利亞語 Mar，是一種敬稱。[5] 顯然，摩尼教僧侶在與官方對話時，提及本教祖的名字時，少不了加上 Mar，而官方就用相應的音譯字"末"冠上。按，漢語"末"字意爲最後、末端，毫無敬意。官方用這個字冠在摩尼之前，是不明 Mar 的本意，抑或有意貶低，如今已難稽考。不過，當年來華摩尼教傳教師似乎並不喜歡這個"末"字，上揭《儀略》就沒有在摩尼之前加一"末"字。該經爲嫁接與李唐老子的因緣，援引《老子化胡經》云：

> 我乘自然光明道氣，飛入西挪玉界蘇隣國中，示爲太子。捨家入道．号曰摩尼。轉大法輪，說經戒律定慧等法，乃至三際及二宗

〔1〕本篇所徵引的漢文摩尼經，均據拙著《摩尼教及其東漸》，臺北淑馨出版社 1997 年增訂本《釋文》。

〔2〕拙文《唐代摩尼教與中亞摩尼教團》，刊《文史》第 23 輯，1984 年，頁 85－93；又見拙著《摩尼教及其東漸》，中華書局 1987 年版，頁 64－75；臺北淑馨出版社 1997 年增訂本，頁 61－71。

〔3〕G. Haloun and W. B. Henning, "The Compendium of the Doctrines and Styles of the Teachings of Mani, the Buddha of Light", *Asia Major III*, 1952, p. 192, Note 37. 就"摩尼光佛"一詞的語言學考證，可參閱馬小鶴《摩尼光佛考》，刊《史林》1999 年第 1 期，頁 11－15,82。

〔4〕Paul Pelliot, "Les traditions manichéennes au Fou-Kien", pp. 122-123.

〔5〕S. Muramatsu, "Eine nestorianische Grabinschrift in türkischer Sprache aus Zaiton", *Ural-Altaische Jahrbücher*, XXIV, 1964, pp. 394-395.

·欧·亚·历·史·文·化·文·库·

門。上從明界,下及幽塗,所有衆生,皆由此度。摩尼之後,年垂五

九,我法當盛者。

查20世紀初伯希和在敦煌所得的《老子西昇化胡經》卷1確有這麼一

段話,文字稍有不同耳,作"捨家入道．号末摩尼"。顯然,《儀略》的作

者是把《老子化胡經》原文的"末"字刻意刪去。[1]假如後代中國信徒

對教主有流行"末摩尼"這一稱謂,恐係不明原委、以訛傳訛的結果。

至於上揭何氏稱摩尼爲摩尼佛,則當在《儀略》正式把摩尼稱爲摩尼光

佛之後。緣在此之前,如摩尼有"摩尼佛"之稱,《儀略》作爲一個解釋

性的文件,[2]在上引解釋教主名號一章中,當應有所説明;而把摩尼光

佛縮稱爲摩尼佛,亦符合漢語詞組或專用術語先繁後簡的一般走向。

上揭何氏又稱"摩尼佛,名末摩尼光佛",在"摩尼光佛"這一稱謂之前

加一"末"字,這恐怕是唐之後華化摩尼教始有的稱謂,是國人根據唐

代官方文獻"末摩尼"之謂而想當然加上的。上揭《儀略》並無如是稱

法,其他文獻或考古田野資料亦但云"摩尼光佛",未見有一"末"字。

再有,如上面所指出,"摩尼光佛"乃借用釋家佛號,既稱教祖摩尼爲

佛,已就包含了崇高的敬意了,如果還在其前面加上"末",不惟顯屬多

餘,而且易生歧義。吾人固知,摩尼僧侶以譯經見長,就現今所知,其經

典就有十多種古代文字的譯本。唐代來華的摩尼僧諳於西域文字和漢

文,恐不至於犯如是低級的翻譯錯誤。

據此,漢籍之用"摩尼"音譯教祖Mani,應出自唐代來華的摩尼傳

教師。這一音譯實際亦得到朝廷的認同,因爲官方文獻也正式稱其爲

"摩尼教",如《會昌一品集》卷5的《賜回鶻可汗書意》就有"摩尼教天

寶以前,中國禁斷……"之語。至於外典,尤其是佛僧的著作,稱其"末

---

〔1〕詳參拙文《〈老子化胡經〉與摩尼教》,刊《世界宗教研究》1984年第4期,頁116－122;修
訂稿見拙著《摩尼教及其東漸》,中華書局1987年版,頁76－86;臺北淑馨出版社1997年增訂版,
頁172－182。近時關於《老子化胡經》的討論見劉屹《唐開元年間摩尼教命運的轉折——以敦煌
本〈老子西昇化胡經序説〉和〈摩尼光佛教法儀略〉爲中心》,刊《敦煌吐魯番研究》第9卷,北京大
學出版社2006年版,頁85－109。

〔2〕詳參拙文《敦煌本〈摩尼光佛教法儀略〉的產生》,刊《世界宗教研究》1983年第3期,頁
71－76;修訂稿見拙著《摩尼教及其東漸》,中華書局1987年版,頁168－176;臺北淑馨出版社
1997年增訂本,頁189－197。

尼"、"麻尼",是取用筆畫較簡單的同音字抑或心懷他意,吾人亦不必去臆測了。不過,我們還發現在敦煌唐寫本漢文摩尼經《下部讚》(MS. Stein No. 2659)中,教祖 Mani 被音譯爲"忙你"。這一瞥腳的音譯看來是出於無奈,因爲據考,該經文是譯於唐代後期,[1]而上揭開元二十年(732)七月敕,便是點摩尼之名禁斷之,或許譯者有所顧忌,遂迴避摩尼這兩個字而改諧音字"忙你",儘管這兩個字的組合無義可託,但作爲單字,均無貶義。

源於波斯的 Manichaeism 在唐代中國被漢譯爲摩尼教流行,如此準確,猶如今人翻譯,實乃該教傳教師之功。國際學者的研究已一致公認,摩尼教是中世紀一個擴張性很强的世界性宗教;從上引漢文史料關於摩尼教僧侶一再覲見朝廷傳教的記載,還有敦煌發現的漢譯摩尼教經典已可看出一斑。上揭何氏對於教主摩尼身世的介紹,如數家珍,熟悉程度殆如國人之熟悉釋迦牟尼;至於對該教義理、禮儀等的介紹,經與其他漢文獻和其他語種的摩尼教文獻參照比較,亦證明符合實際。國人有這些知識,對該教能有如此深入的了解,自是來自該教傳教師的宣傳。

同樣源於波斯的 Zoroastrianism,本來亦與摩尼教同樣是以教主的名字,即 Zoroastre 命名。按,Zoroastre 本應作 Zarathustra,缘古希臘人訛音而沿襲爲 Zoroastre. 儘管古代中國人亦知道 Zarathustra 這一名稱,並把其音譯爲"蘇魯支",[2]但在古漢籍文獻上,未見有用"蘇魯支"或類似音譯文字來指代該教者,而以"祆教"或"火祆"稱之。此名之產生,據陳垣先生的説法,乃因該教信徒"拜光又拜日月星辰,中國人以爲其拜天,故名之曰火祆。祆者天神之省文,不稱天神而稱祆者,明其爲外

〔1〕《下部讚》卷子本並無日期可稽,筆者據其内容和摩尼教在華傳播史,判斷該經譯於唐代後期,上限為大曆三年(768),下限爲會昌二年(842),參閲拙著《摩尼教及其東漸》,中華書局1987年版,頁213;臺北淑馨出版社1997年增訂本,頁234。虞萬里先生據諱字考該卷子書寫於唐建中元年(780)至貞元二十一年(805)之間,見氏文《敦煌摩尼教〈下部讚〉寫本年代新探》,刊《敦煌吐魯番研究》第1卷,北京大學出版社1995年版,頁37-46。

〔2〕北宋贊寧(919—1001)的《大宋僧史略》卷下"大秦末尼"條有云:"火祆(火煙切)教法本起大波斯國,號蘇魯支,有弟子名玄真,習師之法,居波斯國大總長,如火山。後行化於中國。貞觀五年,有傳法穆護何祿,將祆教詣闕奏聞。"此處的"蘇魯支",當爲 Zarathustra 之音譯。

國天神也"。[1] 如是命名,未見其本教的信徒提出異議,其間原因,自是與該教無意向漢人擴張有關。

至於入傳唐代中國的基督教,其像摩尼教那樣亦爲極具擴張性的宗教;而唐人對其稱謂,雖不像稱祆教那樣離譜,但其正名也頗有曲折。

西安景碑正文第8-9行有云:

> 太宗文皇帝,光華啓運,明聖臨人,大秦國有上德曰阿羅本,占青雲而載真經,望風律以馳艱險。貞觀九祀(635),至於長安。帝使宰臣房公玄齡,惣仗西郊,賓迎入內。翻經書殿,問道禁闈。深知正真,特令傳授。[2]

儘管在唐代中國流傳的基督教可能不止一個教派,[3] 但阿羅本所帶來的宗教,自來被認爲是屬於基督教東方教會的聶斯脱里派,而且目前也沒有根據可以推翻這一傳統看法。該派入傳唐代中國後,終以景教著稱。不過此一華名,是其傳教士自命的,朝廷從不這樣稱呼該教,而是按該教所來自的地理方位命其名,最初稱爲波斯教或波斯經教,而後又改为大秦教。正如《唐會要》卷49"大秦寺"條下所披露:

> 天寶四載(745)九月,詔曰:"波斯經教,出自大秦,傳習而来,久行中國。爰初建寺,因以爲名。將欲示人,必修其本。其兩京波斯寺,宜改为大秦寺;天下諸府郡置者,亦準此。"[4]

就上引景教碑文,抹去其中自我吹噓的成分,其實質性內容,即阿羅本曾帶著本教經典,到達長安並進行傳教譯經活動,就此迄今未見有人質疑,應可采信。[5] 至於其教的名稱,看來阿羅本並未提出一個朝廷所

---

[1]陳垣《摩尼教入中國考》,見《陳垣學術論文集》第1集,頁304。

[2]見本書第11篇附錄《西安景碑釋文》。

[3]或疑有基督教邁爾凱特派(Melkite)亦曾來到唐代中國,見林英《拂菻僧——關於唐代景教之外基督教派別入華的一個推測》,呈交2005年6月24—26日在上海舉行的"古代内陸歐亞與中國國際學術研討會"論文,刊《世界宗教研究》2006年第2期,頁103-112;另見氏著《唐代拂菻叢說》第2章《"拂菻僧"疑非"景士"說》,中華書局2006年版,頁37-56。竊以爲,從當時中西交通的情況以及基督教的擴張性看,西方基督教各教派的信徒曾到過中國,或在中土定居是不足爲奇的;但教徒到中國是一回事,其教派能否在中土傳播又是另外一回事,後者涉及了更多、更複雜的因素。

[4]《唐會要》卷49,中華書局1955年版,1998年第4次印刷,頁864。

[5]詳參本書第6篇《西安景碑有關阿羅本入華事辨析》。

能接受的華名,由是朝廷纔按該教之由來處命名。當然,皇帝下詔把該教名爲大秦教,意味著對該教的接納,作爲該教信徒,自然樂於接受,甚至或以爲榮;但本名不彰,難免要耿耿於懷。所以,景淨纔會在其撰寫的西安景教碑文上申明:"真常之道,妙而難名,功用昭彰,强稱景教。"一個"强"字,爲本教取華名用心之苦,躍然紙上。

何以取"景"爲名,自來意見不一。或稱"景者大也,炤也,光明也";[1]"殆因基督教常舉'生命之光',以啓喻衆人之故";[2]或把"景"釋爲"聖"之意。[3] 不過,據瑞典漢學家高本漢的研究,"景"字,古代以 King 等發音,均以 K 爲聲母,有 bright(光明),great(偉大)之意[4] 假如根據景教碑上下文意思,其之所以"强稱景教",乃因其"功用昭彰"也,亦即是説,"景"者,昭彰也。而據辭書,"昭"者,光明也;"彰"者,顯明也。竊以爲,此處"昭彰",蓋意含雙層,一謂該教有導向光明之功用,二謂這一功用非常顯著。若然,則昭彰一詞,既涵蓋高本漢所言的 bright,great,亦涵蓋漢語"聖"之意思。既然"景"字古音的聲母與西文 Christ 和 Catholic 相同,故以此字來作基督教的漢名,不失爲唐代來華聶斯脱里教士音譯孕義之傑作。[5] 發明此譯名者,其漢文程度自不同凡響,竊意很可能出自西安景碑碑文作者景淨之手筆。

據敦煌景教寫本 P.3847 的《尊經》所附"按語",景淨漢譯了不少經典:

> 謹案諸經目錄。大秦本教經都五百卅部,並是貝葉梵音。唐太宗皇帝貞觀九年,西域太德僧阿羅本屆於中夏,並奏上本音。房玄齡、魏徵宣譯奏言。後召本教大德僧景淨譯得已上三十部,卷餘大數具在貝皮夾,猶未翻譯。

---

〔1〕李之藻《讀景教碑後》,見陽瑪諾《景教碑頌正詮》,上海慈母堂 1878 年刻本,1927 年第 3 版,頁 14。

〔2〕羅香林《唐元二代之景教》,香港中國學社 1966 年版,頁 12。

〔3〕方豪《書評羅香林〈唐元二代之景教〉》,刊《現代學苑》第 4 卷第 10 期,1967 年;收入《方豪六十自定稿》下册,台北學生書局 1969 年版,頁 2433。

〔4〕Bernhard Karlgren, *Grammata Serca Recensa*, Stockholm 1972, p. 200.

〔5〕另參拙著《唐代景教再研究》,中國社會科學出版社 2003 年版,頁 54,註釋 1。

目前還存世的敦煌本《大秦景教宣元本經》,就是其譯作之一。[1] 就該譯經及西安景教碑文看,行文流暢,表述明晰,而且還頗有文采。當然,其間當有華族士人參與其事,但由於其基督教的專業性,原著敍利亞文與漢語的迥異,教外漢人可以協助潤飾,或在格義時提供諮詢,但絕無可能捉刀代筆。因此,我們可以相信景淨的漢文基礎相當扎實。上引《尊經》按語,實際亦披露景淨乃繼阿羅本之後最有學問的來華基督教士,景教碑文由他署名落款,亦足見他在當時教內地位之尊。以景淨深厚的漢文修養及其教內的崇高地位,景教一名之敲定,當非他莫屬。而就現有的資料看,景教一詞在景淨之前未見。上揭的敦煌景教寫本 P. 3847 中有題爲《景教三威蒙度讚》的經文,亦屬《尊經》開列的景淨譯經之一。至於《大秦景教宣元本經》與《大秦景教流行中國碑》冠以“大秦景教”4 個字,既照顧了朝廷命名的臉面,又維護本教的正名,更見景淨用心之良苦。在他所撰的碑文上,如上面已分析的,還特別就何以取名景教做了一番解釋。這些都表明景淨與本教取名事有密切的關係。假如在景淨之前,入華基督教就已有景教之稱,早已成爲週知的事實,則景淨誠不必在碑文上爲此多費口舌。

阿羅本初入華時,諒必想不到以這一“景”作爲其教的華名,而單純用甚麼發音接近的漢字來音譯基督之名。缺乏涵義的純音譯,對漢人來說難免格格不入。如上面已提到的,摩尼教以教主 Mani 爲名,而 Mani 一詞的發音,恰好與印度佛教的 maṇi(寶珠)諧音,漢語佛典早已有之,且爲多見,漢人不難猜度個大略意思,因此朝廷一開始便欣然接受這一名稱,爾後亦未給其另安華名。阿羅本時期的東方基督教到底不像中亞摩尼教團那樣,與佛教深深結緣,吸收佛教的成分,適應中國的佛教氛圍。不過,阿羅本畢竟已詳細向朝廷介紹其宗教的面目,朝廷對其宗教也有一定程度的了解,因此,按地理方位名其教,尚可接受。若不,該教“判十字以定四方”,以崇拜十字架而知名,很可能就像瑣羅

---

〔1〕參閱拙文《敦煌遺書〈大秦景教宣元本經〉考釋》,刊《九州學刊》第 6 卷第 4 期敦煌學專輯,香港,1995 年,頁 23–30;修訂稿見拙著《唐代景教再研究》,頁 175–185;並參本書第 8 篇《經幢版〈大秦景教宣元至本經〉考釋——唐代洛陽景教經幢研究之一》。

亞斯德教之名爲祆教那樣,被稱爲"十字教"之類。[1] 景教取名之煞費周章,爲下面辨析摩尼教在華的其他稱謂,或可提供一個參照系數。

4.4 "明教"考源

中國摩尼教的另一流行稱謂便是"明教"。陳垣先生早就說過:"明教爲摩尼教異名,猶基督教之名景教也。"[2] 以往學者或認爲摩尼教入傳唐代中國後,即有"明教"之名。持此看法者的惟一根據,乃立於唐長慶年間(821—824)漢文《九姓回鶻可汗碑》中之"明教"二字;[3] 但由於該詞之前有缺字,而從上下文的意思揣測,這兩個字更未必是作爲宗教的名稱使用,就此連立昌先生早在 1988 年就詳加辨釋了。[4] 其實,"明教"一詞在與摩尼教掛鈎之前,早已是世俗常用的一個普通詞彙,作"高明的教誨"、"明了的教導"等解。古人爲表示尊敬對方的言論時多用該詞。[5]《九姓回鶻可汗碑》所出現的"明教"一詞,從語境看,更類乎這一用法。唐代東京有"明教坊"[6],而宋代福建長樂的"明教堂",至今猶存。[7] 前者以"明教"爲坊名,後者則是培養人才的學校,均係取教誨之義,與摩尼教無涉。至於佛僧因精通佛理而被賜號"明教大師"者,稍爲檢索佛教文獻,便可知並非鮮見,如唐代僧利涉,宋代僧天息災、契嵩、義楚、法賢等,便均有此封號。佛寺亦不乏

〔1〕元代的基督教就有被稱爲"十字教"者,參閱陳垣《元也里可溫教考》,見《陳垣學術論文集》第 1 集,頁 43。

〔2〕陳垣《摩尼教入中國考》,見《陳垣學術論文集》第 1 集,頁 356。

〔3〕有關該碑的最新錄文見林梅村、陳凌、王海城《九姓回鶻可汗碑研究》,刊余太山主編《歐亞學刊》第 1 輯,中華書局 1999 年版,頁 151 - 171;收入林梅村《古道西風——考古新發現所見中西文化交流》,三聯書店 2000 年版,頁 285 - 320。

〔4〕連立昌《明教性質芻議》,刊《福建論壇》1988 年第 3 期,頁 39 - 43。

〔5〕如《戰國策》卷 22《魏策一·蘇子爲趙合從說魏王》便有"寡人不肖,未嘗得聞明教"之語;見上海古籍出版社 1978 年版,頁 791。

〔6〕〔清〕徐松撰、李健超增訂《增訂唐兩京城坊考》卷 5:"定鼎門街第一街,從南第一曰明教坊。"三秦出版社 1996 年版,頁 263。

〔7〕明教堂在長樂二十三都姚坑村,方志、族譜有載,遺址已得到修復。承蒙福建省人大常委會秘書處姚詩殷先生賜示有關資料。誌謝!

·歐·亞·歷·史·文·化·文·庫·

以"明教"爲名者,如利涉就曾被賜"錢絹助造明教寺",[1]安徽合肥市逍遙津公園旁的"明教寺",則爲著名的佛教旅遊景點。是以,吾人不可一見有"明教"二字,便望文生義,與摩尼教聯想。[2] 新近有人企圖把溫州平陽之北瑞安曹村鎮許岙村的佛教"明教寺"(據云始建年代可上溯至公元 904 年),追溯爲摩尼寺,[3]可能就是出於這種誤會,不贅。此處,筆者要補充强調的是,摩尼教本以教主名字命名,漢文的音譯名字亦已爲朝廷所接受,而《九姓回鶻可汗碑》立碑的長慶年間,正是中國摩尼教的盛期,時助唐平亂的回鶻人正在得意,摩尼教有皈依其教的回鶻可汗撐腰,是絕對不必隱晦本教正名而改稱明教的。從這一歷史背景考慮,益信碑文出現的"明教"二字並非指摩尼教。

中國摩尼教研究的奠基者法國漢學家沙畹、伯希和曾對中國流行的摩尼教作過一個很精闢的論斷:"真正之摩尼教,質言之,大摩尼師自外來傳佈之教,已滅於八四三年之敕;尚存者爲已改之摩尼教,華化的摩尼教耳。"[4]竊以爲,就明教之成爲摩尼教異名,恐應循沙、伯氏這一華化變異的思路來解讀。

考摩尼教到了會昌初元受迫害,來自中亞的傳教師被驅逐出境,中土殘餘的摩尼教徒失去了與中亞的組織聯繫,只能在中土自生自滅。該教要繼續在中土傳播,爲中土人士所接受,不得不加速華化進程,這個進程無疑既是被迫,亦是主動;既是自覺,又是自發的。爲避免采用原來名稱而招來麻煩,爲該教重改一地道的漢名,以本土宗教的面目出現,這顯然更有利於傳播,更易於民衆接受。新教名遂應運而生。

如上面所說,明教一詞,漢語古已有之,而且含義至褒,借用漢語固有的這一褒義詞來作爲教名,對本教的聲名顯然無損有益;而從摩尼教

---

〔1〕見〔宋〕贊寧撰、范祥雍點校《宋高僧傳》卷第 17《唐京兆大安國寺利涉傳》,中華書局 1987 年版,頁 420。

〔2〕參閱拙著《中古三夷教辨證》,頁 64。

〔3〕據網絡文章《揭秘真實的明教:白衣素食葵花爲圖騰》,見 http://book. QQ. com 2007 年 09 月 27 日 09:56,騰訊 Q 吧,毛劍傑。

〔4〕Éd. Chavannes & P. Pelliot, "Un traité manichéen retrouvé en Chine, traduit et annoté (Deuxième partie, suite et fin)", *Journal Asiatique*, Mars-Avril 1913, p. 303. 譯文引自沙畹、伯希和撰,馮承鈞譯《摩尼教流行中國考》,刊馮譯《西域南海史地考證譯叢八編》,頁 80。

"教闡明宗,用除暗惑"[1]這一崇尚光明的基本教義出發,改稱明教與本教的宗旨義理非常契合。此外,摩尼教有一重要禮儀,即上揭何氏所云的"朝拜日,夕拜月",[2]"明"字從日從月,正好包括了摩尼教徒所要禮拜的日月。查"明"字,古漢字或寫爲"眀",即從目從月。敦煌發見的唐寫本《摩尼光佛教法儀略》明字凡 22 見,均寫爲從目從月的"眀";但在泉州發現的宋代明教會用碗,晉江草庵門前的摩尼教石刻,福建莆田發現的兩方元代摩尼教石刻,其間的明字都是從日從月。這或可佐證華化摩尼教徒之改稱明教,不無寄意對日月的崇拜。倘單純寄崇拜光明之意,則漢字包含光明之意者甚夥,從日從火的衆多單字中,不少就含有此意。取"明"爲教名,或類乎武則天之造"曌"字作爲自己的名字,以日月當空照自況。就教名漢字的造型,摩尼教僧侶似乎比景淨更加刻意考慮。後者以"景"字名聶斯脫里派。"景,光也,從日京聲。"[3]但在西安景碑中的"景"字均從口,作"景",現存可見的唐代景教敦煌寫經、2006 年洛陽發現的唐代景教經幢,其"景"字亦均作"景"。可見景淨似乎不在乎該字的造型是否與光明有關。由是看來,明教作爲地地道道的華名,其取名用心之苦和高明程度,較之基督教之名爲景教,實未遑多讓。如是取名,當然不是初來的摩尼傳教師所能想到的;何況摩尼之名已被接受,這些傳教師實不必煞費苦心於更新稱謂。因此,只有該教已完全失去在華傳播的合法性,改名勢在必行,且其已具有一定華化基礎的前提下,這一名稱的出現和流行始有可能。

事實上,明教作爲摩尼教的異名出現,確鑿的文獻記載迄今只能追溯到昔年沙畹、伯希和、王國維、陳垣諸前輩均徵引過的五代末徐鉉(916—991)《稽神錄》,即卷 3"清源都將"目下所云清源(泉州)人楊某家鬧鬼事:"後有善作魔法者,名曰明教,請爲持經一宿。鬼乃唾罵某

---

[1]見敦煌本《摩尼光佛教法儀略·託化國主名号宗教第一》。

[2]有關這一禮儀的討論詳參马小鹤、芮传明《摩尼教"朝拜日夜拜月"研究》(上篇),刊王元化主編《學術集林》第 15 卷,1999 年 1 月,頁 263 - 281;《摩尼教"朝拜日夜拜月"研究》(下篇),刊《學術集林》第 16 卷,1999 年 10 月,頁 326 - 343。

[3][東漢]許慎《說文解字·日部》,中華書局 1963 年影印版,頁 138 上。

而去,因而遂绝。"[1]南宋陆游(1125—1210)是非常关注明教传播的一名官员,其《老学菴笔记》卷10有云:

> 闽中有习左道者,谓之明教。亦有明教经,甚多刻版摹印,妄取道藏中校定官名衔赘其后。烧必乳香,食必红蕈,故二物皆翔贵。至有士人宗子辈,众中自言:"今日赴明教斋。"予尝诘之:"此魔也,奈何与之游?"则对曰:"不然,男女无别者为魔,男女不亲授者为明教。明教,妇人所作食则不食。"然尝得明教经观之,诞谩无可取,真俚俗习妖妄之所为耳。又或指名族士大夫家曰:"此亦明教也。"不知信否。偶读徐常侍《稽神录》云:"有善作魔法者,名曰明教。"则明教亦久矣。[2]

陆游感慨明教由来已久,不过是由于偶读《稽神录》这条资料。如果作为宗教称谓的明教一词已在唐代流行的话,以陆游的博学及其对该教的关注,当然就不止追溯到《稽神录》这本书了。揣摩陆游这段话,吾人还可见明教之称,不惟流行于教外人,而且从教中人自我辩诬的口气,可见他们就是以明教自诩。是故,明教之名,应是源自该教的自称,而非外人给其安上的称谓。

就上引五代末徐铉所记泉州明教驱鬼事,是否可当为信史,抑或只能目为乱神力怪之说,自是见仁见智的事。但该事本身起码反映了其时泉州确有明教的活动,人们对其并不陌生,如是缠会作为故事的角色出现。明教徒进入了物语,当然应活动有时,且有相当的规模,始会为小说家所瞩目而成为其写作的素材。从这一角度推想,明教之称当早于徐铉生活的年代。就现有的文献资料和考古资料,会昌之后,福建乃摩尼教最为活跃的地区。如是,我们不由得怀疑宋元时期滨海地域明教的勃兴,可能源自福建。上引何氏文字就有"会昌中汰僧,明教在汰中。有呼禄法师者,来入福唐,授侣三山,游方泉郡,卒葬郡北山下"之语。连立昌先生曾指出,"这里称'明教在汰中'不妥,因当时还没有明

---

[1]徐铉撰、白化文点校《稽神录》,见《古小说丛刊》,中华书局1996年版,页46。
[2]李剑雄、刘德权点校本《老学菴笔记》,中华书局1979年版,页125。

教這一名稱"。[1] 這是不刊之論,因爲在會昌汰僧的所有朝廷詔敕中,惟有針對摩尼的字眼,完全沒有出現明教一詞。也許何氏是誤用當時流行的明教名稱來指代會昌所取締的摩尼教。不過,細思何氏之所以會出現這一誤用,有可能是因爲呼禄法師與"明教"一名的產生有著特別的聯繫。下面試作分析:

從上引何氏數百字的記述看,其對摩尼教的來龍去脈是清楚的,他不可能沒有讀過會昌汰僧的諸詔敕而犯下這樣一個低級的錯誤。竊以爲,明教之稱謂,很可能就是始於這位呼禄法師,正如業師蔡鴻生先生所提示,明教是"直接由摩尼師呼禄播種的"。[2] 按,"呼禄"二字,學者已考證爲中古波斯語 xrwhxw'n 的對音,即漢文法師之意。[3] 該法師無疑是來自西域。時朝廷明令驅逐西來的摩尼教僧侶,手段頗爲殘酷,多有死者。在這種惡劣的環境下,呼禄法師從當時的形勢及摩尼教的教義考慮,選擇東逃福建。[4] 其敢於抗旨不返西域,除了對傳教的執著之外,顯然於自身的漢語水平及對漢人社會的熟悉乃頗有信心。其作爲摩尼教的職業傳教師,必定諳於本教的善變傳統;[5] 到了福建後,當不至於"頂風作案",在大唐皇土下,繼續公開標榜摩尼之名傳教?較爲合乎邏輯的做法應是把摩尼教改名,如是,方得以"授侶三山,游方泉郡",最後善終,"卒蜕郡北山下"。如果不是把摩尼教改名換姓,

〔1〕連立昌《福建秘密會社》,福建人民出版社 1989 年版,頁 6。

〔2〕蔡鴻生《唐宋时代摩尼教在濱海地域的變異》,刊《中山大學學報》(哲社版)2004 年第 6 期,頁 117。

〔3〕S. N. C. Lieu, "Polemics against Manichaeism as a Subversive Cult in Sung China (A. D. c. 960-c. 1200)", *Bulletin of the John Rylands Univ. Library of Manchester* 1979/2, p. 138. Mary Boyce, *A Word-List of Manichaean Middle Persian and Parthian*, Leiden: E. J. Brill, 1977, p. 99. Moriyasu Takao, "On the Uighur čxčapt ay and the Spreading of Manichaeism into South China, " in: R. E. Emmerick, W. Sundermann and P. Zieme (eds.), *Studia Manichica. IV. Internationaler Konggress zum Manichäismus*, Berlin, 14.-18. Juli 1997, Berichte und Abhandlungen der Berlin-Brandenburgische Academie der Wissenschaften, Sonderband 4, Berlin 2000, Akademie Verlag, pp. 430-440.

〔4〕就呼禄法師何以選擇到福建傳教,蔡鴻生先生已有闡釋,詳見氏文《唐宋时代摩尼教在濱海地域的變異》,並參本書第 3 篇《宋元濱海地域明教非海路輸入辨》)。

〔5〕摩尼教爲求生存,不斷改變自己的面貌,在西方有"變色龍"之稱。Ch. Astruc et al. (eds.), "Les Sources Grecques pour l'Histoires des Pauliciens d'Asie Mineure?" *Travaux et Memoires* (*Centre de Recherche d'Historie et Civilisation Byzantines, Paris*), IV, 1970, p. 13.

·欧·亚·历·史·文·化·文·库·

當地官府即便無意積極執行朝廷敕令,也難以裝聾作啞,視而不見的。以呼祿法師的漢文修養及其對摩尼教教義、禮儀、傳統的精通,"明教"之名很可能就是出自他的傑作,猶如"景教"之名出自景淨手筆一樣。由於呼祿法師"來入福唐"之前是西域東來的摩尼傳教師,而之後則是福唐明教的始祖,如是導致何氏把摩尼教在汰中,寫成"明教在汰中"。

呼祿法師將摩尼教易名明教,實際標誌著來自波斯的摩尼教已嬗變爲華化摩尼教,扎根中國,成爲中國宗教之一門。

既然呼祿法師爲避免迫害,而改以明教之名,那麼,其所傳之教,難免對摩尼二字有所避諱,盡量淡化,這必定亦影響到爾後以明教標榜的教派。因此,我們注意到宋代文獻中凡是專論明教者,往往不提及摩尼之名,例如,《宋會要輯稿》刑法二宣和二年(1120)十一月四日"臣僚言":

> 明教之人所念經文,及繪畫佛像,號曰《訖思經》、《證明經》、《太子下生經》、《父母經》、《圖經》、《文緣經》、《七時偈》、《日光偈》、《月光偈》、《平文策》、《漢贊策》、《證明贊》、《廣大懺》、《妙水佛幀》、《先意佛幀》、《夷數佛幀》、《善惡幀》、《太子幀》、《四天王幀》。

所列明教經文 13 種,繪畫佛像 6 種,[1]均沒有冠以摩尼之名。如果說經文未必要像佛經常見那樣,標示"摩尼佛說",那麼其繪畫佛像居然未列摩尼佛幀,這要如何解釋? 按,摩尼之像,已見於8—9 世紀高昌回鶻的遺址(見本書圖版 2.2b),[2]至遲在 10 世紀末已流行,上引何氏文字也稱:"至道中(995—997),懷安士人李廷裕,得佛像於京城卜肆,

---

[1]上列的《證明經》、《日光偈》等,在現存敦煌唐寫本摩尼教經尚有迹可尋,斷非宋代憑空冒出的新經典。吳晗先生最先徵引該條史料,見氏文《明教與大明帝國》,原載《清華學誌》第 13 卷,1941 年,頁 49 - 85;收入氏著《讀史劄記》,三聯書店 1956 年版,頁 235 - 270。是文對經文名稱的點斷與後人有差。牟潤孫《宋代摩尼教》,刊《輔仁學誌》第 7 卷第 1、2 合期,1938 年,頁 125 - 146;收入氏著《宋史研究集》第 1 集,臺北,1958 年,頁 97 - 100;《註史齋叢稿》,中華書局 1987 年版,頁 94 - 116。A. Forte, "Deux etudes sur le Manichéisme chinois", *T'oung Pao*, LIX/1-5, 1973, pp. 227-253. Samuel N. C. Lieu, *Manichaeism in the later Roman Empire and medieval China*, Manchester University Press, Oxford 1985, pp. 234-235

[2][德]克里木凱特撰、拙譯《古代摩尼教藝術》,臺北淑馨出版社 1995 年增訂本,頁 56 - 57,圖版 10a、10b。

鬻以五十千钱,而瑞相遂傳閩中。"據考,該佛像即摩尼佛像。[1] 依筆者愚見,其間的《太子幀》,根據上揭摩尼經援引的《老子化胡經》"我乘自然光明道氣,飛入西挪玉界蘇隣國中,示爲太子"一句,很可能就是摩尼的畫像。無論如何,官方在對明教調查中,竟未發現其有供奉標榜摩尼的佛像,至少默證其信徒並不張揚摩尼之名。

明教徒有意避摩尼之諱,似乎到元代尚有迹可循。元代士人陈高(1315—1366)《不繫舟漁集》卷 12《竹西樓記》記及溫州平陽的潛光院,是爲明教寺院,文中對其時明教徒所保持的摩尼教傳統及其源流有明確的表述,但就是不提教主摩尼的名字:

> 潛光院者,明教浮圖之宇也。明教之始,相傳以为自蘇鄰國流入中土,甌越人多奉之。其徒齋戒持律頗嚴謹,日每一食,晝夜七時,咸瞑拜焉。[2]

潛光院應與泉州草庵那樣供奉摩尼佛,但此處卻隱晦爲"明教浮圖"。至於元末明初福建流行的摩尼教十六字偈,[3] 其中包括"摩尼光佛"4字,如上面所指出,這完全是借用釋家佛號,故明教徒不必有所顧忌。

儘管我們認爲明教一名的出現,應在會昌摩尼教慘遭迫害之後,此名的出現可能源於呼禄法師之逃至福建傳教。但這並不意味著會昌之後,摩尼之名便銷聲匿迹,爾後與摩尼教有關的個人或羣體都是源於呼禄法師播下的種子。緣《佛祖統紀》卷 41 和 54,載及唐代大曆三年(771),東南諸州已建立了摩尼教寺院:"回紇請於荊、揚、洪、越等州,置大雲光明寺。"陳垣先生曾就這條史料評論道:"洪爲今江西南昌,越爲今浙江紹興,當時洪越諸州,未必皆有回鶻人居住。可見摩尼傳教之廣遠,實較回鶻人之分佈爲盛也。"[4] 當會昌年間,摩尼教慘遭迫害之時,尚有呼禄法師不顧個人安危,逃到福建傳教;可以想象,當摩尼教有

---

〔1〕拙文《元代泉州摩尼教偶像崇拜探源》,刊《海交史研究》2003 年第 1 期,頁 65 – 75,修訂稿見拙著《中古三夷教辨證》,頁 399 – 417。

〔2〕參閱拙文《元〈竹西樓記〉摩尼教信息辨析》,刊曾憲通主編《華學》第 7 輯,中山大學出版社 2004 年版,頁 242 – 252;修訂稿見拙著《中古三夷教辨證》,頁 142 – 160。

〔3〕參閱拙文《福建明教石刻十六字偈考釋》,刊《文史》2004 年第 1 輯,頁 230 – 246;修訂稿見拙著《中古三夷教辨證》,頁 5 – 32。

〔4〕陳垣《摩尼教入中國考》,見《陳垣學術論文集》第 1 集,頁 343。

回鶻撑腰時,其僧侶是如何致力於在漢人中傳教。學者認爲,在呼禄法師到福建之前,福建已有摩尼教流傳。[1] 儘管目前能找到的證據不多,或不太明晰,但福建習俗向以"信巫鬼,重淫祀"著稱,從上面對唐代摩尼教傳播廣遠的歷史分析,閩人對摩尼教必定是來者不拒。特別是呼禄法師選擇到福建傳教,如果當地原來沒有摩尼教的教會組織,他對當地信仰狀況並不了然的話,未必會貿然把其作爲逃亡的首選地。中外宗教史的常識告知我們:宗教信仰往往不是單靠行政力量所能夠根除的。因此筆者相信,摩尼教在會昌取締後,雖然外來傳教師被驅逐,但原先民間傳習者,未必就範,必定由公開而隱蔽。吾人可以推想,由於缺乏公開的教會組織,或者教會組織不健全,以個體或小羣體爲單位自行傳習的信徒,自更容易依託當時當地的傳統宗教和信仰,披上其色彩,甚至逐步與之融合,使教外士人難以識別;更有,由於該等信徒羣體規模不大,並未在社會上造成大的影響,或對統治者造成潛在以至現實的威脅,因此更不易見載於史乘。即便是呼禄法師所傳下的福建明教,也有頗長時間的文獻空白。筆者認爲,唐會昌之後的摩尼教,除了呼禄法師這一宗外,至少有相當一批信徒借《老子化胡經》有老子"捨家入道,号末摩尼"之說,而以道教徒面目見世,但卻仍奉摩尼香火。其間最突出的例證有陳垣先生考證過的宋代四明(寧波)崇壽宮主持張希聲,[2]事見南宋末思想家黃震(1213—1280)落款"景定五年(1264)五月記"的《崇壽宮記》。張氏聲稱:"吾師老子之西入西域也,嘗化爲摩尼佛。其法於戒行尤嚴,日惟一食,齋居不出戶,不但如今世清淨之云。吾所居名道院,正一奉摩尼香火,以其本老子也。"[3]宋代必定有一批類似張氏這樣託隱道教的摩尼教徒,他們把自家的經典直稱摩尼經,以道教的一宗公開行世,以至朝廷編纂《道藏》時亦把摩尼經收入。这有天禧三年(1019)張君房所撰《雲笈七籤序》爲證:

> 真宗皇帝銳意至教,盡以秘閣道書出降於餘杭郡。除臣著作

〔1〕連立昌《福建秘密會社》,福建人民出版社1989年版,頁6-10。
〔2〕陳垣《摩尼教入中國考》,見《陳垣學術論文集》第1集,頁359-361。
〔3〕黃震《崇壽宮記》,見氏著《黃氏日鈔》卷86。

佐郎，俾專其事。臣於時盡得所降到道書，並續取到蘇州舊道藏經本千餘卷，越州、台州舊道藏經本亦各千餘卷，及朝廷續降到福建等州道書明使摩尼經等，與道士商較異同，詮次成藏，都四千五百六十五卷，題曰大宋天寶寶藏。[1]

摩尼經之入編宋《道藏》，尚見載於上揭《崇壽宮記》，其中提及《衡鑑集》"載我宋大中祥符九年(1016)，天禧三年(1019)，兩嘗敕福州，政和七年(1117)及宣和二年(1120)兩嘗敕自禮部牒溫州：皆宣取摩尼經入道藏"。顯然，這些傍依道教的摩尼教徒未必都是源自呼祿法師的明教，他們所傳的摩尼經典完全有可能由唐代留下的版本演變而來，當然其間的道教色彩必定比唐代的版本要濃烈得多，否則不可能都收入《道藏》。

就宋代的摩尼教，上揭託隱道教者實際並不爲官方所注意，現代學者只是閱讀《崇壽宮記》這類純文學性的著作纔偶然發現，[2]經過考證後始明白其所以然。官方文獻或正史均沒有刻意的紀錄。倒是兩宋之交，重新活躍在民間的明教，及相類以宗教爲紐帶的民間結社羣體，爲官方所警惕，文獻多有記載。

4.5　宋代摩尼教異名辨

兩宋之交，民族矛盾、階級矛盾，以及社會各階層、各利益集團之間的矛盾空前尖銳、複雜，這已成爲教科書的常識。天災人禍，民不聊生的社會環境，對於"带着一副'明、暗'二色眼鏡觀察世界，對現存社會秩序采取否定態度，成了世俗性王統和宗教性正統的反對派"[3]的摩尼教來説，最容易贏得民心，正是其重新活躍的最好時機。筆者始終認爲，對於"南北之交，死灰復燃"的濱海地域摩尼教，我們實不必求諸

---

〔1〕沙畹、伯希和最早注意到這段文字的摩尼教信息，見 Éd. Chavannes & P. Pelliot, "Un traité manichéen retrouvé en Chine, traduit et annoté (Deuxième partie, suite et fin)", *Journal Asiatique*, Mars -Avril 1913, pp. 326-327.

〔2〕胡適先生最早意識到《崇壽宮記》的摩尼教信息，見其 1924 年 6 月 3 日致陳垣先生函，是函收入陳智超編註《陳垣來往書信集》，上海古籍出版社 1990 年版，頁 173－174。

〔3〕蔡鴻生《〈唐代景教再研究〉序》，見氏著《學境》，香港博士苑出版社 2001 年版，頁 158。

69

·歐·亞·歷·史·文·化·文·庫·

"海舶賈胡之傳"[1]，唐代遺留的火種有了這一適當的氣候，就足以燎原了。[2]

在南宋如火如荼的農民運動中，華化摩尼教徒成爲最活躍、最引人注目的羣體。《佛祖統紀》卷48云：

> 嘗考《夷堅志》云，喫菜事魔，三山尤熾。爲首者紫帽寬衫，婦人黑冠白服。稱爲明教會。所事佛衣白，引經中所謂"白佛言，世尊"。取《金剛經》一佛二佛三四五佛以爲第五佛。又名"末摩尼"，采《化胡經》"乘自然光明道氣，飛入西那玉界蘇隣國中，降誕王宮爲太子，出家稱末摩尼"，以自表證。其經名《二宗三際》：二宗者，明與暗也；三際者，過去未來現在也。大中祥符興道藏，富人林世長略主者，使編入藏，安於亳州明道宮。復假稱白樂天詩云："靜覽蘇鄰傳，摩尼道可驚。二宗陳寂默，五佛繼光明。日月爲資敬，乾坤認所生。若論齋絜志，釋子好齊名。"以此八句，表於經首。其修持者，正午一食，裸屍以葬，以七時作禮，蓋黃巾之遺習也。[3]

按，此處的"喫菜事魔"，以往學界或有把其目爲摩尼教之異名，這未必穩妥。[4] 實際上，南宋農民運動的很多參加者往往都遵守素食的戒律，並崇拜某些不爲官方或傳統認可的神祇，因而均被目爲"喫菜事魔"。是以，"喫菜事魔"應是官方對帶有宗教色彩的民間結社羣體的統稱，其中當然亦包括摩尼教羣體，現在學界對此的看法已漸趨一致。《夷堅志》所述喫菜事魔之具體表現，蓋以其時的摩尼教爲主要參照物，雖然特別點"明教會"的名字，但刻意把摩尼經典混入《道藏》的，如上面所已論證的，當屬那些寄隱道教的摩尼教徒，其與保持獨立信仰的

---

〔1〕王國維《摩尼教流行中國考》，見《觀堂集林》第4冊，中華書局1959年版，頁1189－1190。

〔2〕參閱本書第3篇《宋元濱海地域明教非海路輸入辨》。

〔3〕《大正藏》(49)頁431上。洪邁(1123—1202)撰《夷堅志》420卷，今存行本206卷。釋志磐《佛祖統紀》成書於咸淳五年(1269)，其所引之文，不見今行本，係據原本轉錄抑或純屬自己假託，學界尚有存疑者。

〔4〕拙文《喫菜事魔與摩尼教》，刊《文史》第26輯，1985年，頁149－155；修訂稿見拙著《摩尼教及其東漸》，中華書局1987年版，頁135－144；臺北淑馨出版社1997年增訂版，頁156－165。

明教畢竟有所不同。不過，無論如何，上引文字點名明教，集中針對整個摩尼教羣體，可見當時其活動最引起外界的注目，被作爲"喫菜事魔"者的代表；既然如此，其他類似的以非主流、非正統宗教爲紐帶的形形色色羣體，難免亦要被歸入其旗下。這有陸游的《條對狀》爲證：

> 自古盜賊之興，若止因水旱饑饉，迫於寒餓，嘯聚攻劫，則措置有方，便可撫定。必不能大爲朝廷之憂。惟是妖幻邪人，平時誑惑良民，結連素定，待時而發，則其爲害，未易可測。伏緣此色人，處處皆有。淮南謂之二襘子，兩浙謂之牟尼教，江東謂之四果，江西謂之金剛禪，福建謂之明教、揭諦齋之類。名號不一，明教尤甚。至有秀才、吏人、軍兵，亦相傳習。其神號曰明使，又有肉佛、骨佛、血佛等號，白衣烏帽，所在成社。僞經妖像，至於刻版流佈，假借政和中道官程若清等爲校勘，福州知州黃裳爲監雕。更相結習，有同膠漆。以祭祖考爲引鬼，永絕血食；以溺爲法水，用以沐浴。其他妖濫，未易概舉。燒乳香，則乳香爲之貴；食菌蕈，則菌蕈爲之貴。更相結習，有同膠漆。萬一竊發，可爲寒心。漢之張角，晉之孫恩，近歲之方臘，皆是類也。欲乞朝廷戒勅監司守臣，常切覺察，有犯於有司者，必正典刑。毋得以"習不根經教"之文，例行闊略。仍多張曉示，見今傳習者，限一月，聽賷經像衣帽，赴官自首，與原其罪。限滿重立賞，許人告捕。其經文印版，令州縣根尋，日下焚毀。仍立法，凡爲人圖畫妖像，及傳寫刊印明教等妖妄經文者，並從徒一年論罪。庶可陰消異時竊發之患。[1]

陸游這段文字列舉了各地"妖幻邪人"羣體的名稱。他顯然認爲，無論是淮南之"二襘子"、兩浙之"牟尼教"、江東之"四果"、江西之"金剛禪"，抑或是福建之"明教"、"揭諦齋"等，名號不同，但本質上都是"妖幻邪人"；而他心目中所謂妖幻邪人，無非就是那些"平時誑惑良民，結連素定，待時而發"的羣體。照陸游這個標準，凡是帶有宗教色彩的民間結社都可以被戴上這頂帽子，而在南宋這個危機四伏的社會現實下，何處沒有這種羣體？由於明教較爲活躍，陸游對其所知較多，因此他點

〔1〕見陸游《渭南文集》卷5，據《陸放翁全集》上冊，中國書店1986年版，頁27－28。

名"明教尤甚",與洪邁一樣特別針對明教,並同樣以摩尼教作爲主要的参照物,[1]以其某些具體活動表現代表一切"妖幻邪人"。這亦就同樣給人造成一種錯覺,仿佛"二檜子"、"牟尼教"、"四果"、"金剛禪"、"揭諦齋"等,與"明教"一樣,均爲中國摩尼教的變種,名稱各異耳;當今的一些通俗讀物或網絡文章,正是把這些稱謂作爲摩尼教的異名介紹。其實,在同一個時期,同一個文化區域的环境下,對同一個宗教,假如是教外人對其有不同的稱法,這是可以理解的;但如果是該教信徒各行其是,標新立異,那就不可理喻了。緣宗教最强調的是虔誠,對本教最高神、教主、經典、教義等的虔誠,對戒律、禮儀的遵守;其形態在各個時期、各個地區可能發生變異,但萬變不離其宗,數典不能忘祖;由於種種原因派生出來的新門派,其名稱必定應有所本,就如上面所分析的"明教"一名那樣。而就現有的資料看來,宋代摩尼教還是保持自己的宗教體系的,是一個獨立的教派,擁有本教大量的經典,有自己的禮儀、戒律;亦有自己的教會組織,儘管是較爲分散,未必統一。當然,宋代摩尼教的活動模式已分化,有寺院式,有民間結社式,各地具體表現形式亦各有不同;但作爲一個宗教實體,是獨立於別的宗教的。因此,就摩尼教徒本身,可自稱摩尼教、明教,但如果另立門戶,自改名號,則屬叛教行爲,根據宗教史,這類新門派往往被目爲原教派的異端。從這個角度看,假如"二檜子"、"牟尼教"、"四果"、"金剛禪"、"揭諦齋"等都與明教一樣,是由摩尼教嬗變出來的,那麼,封建專制統治者既把摩尼教斥爲異端,該等自也逃脫不了這頂帽子。不同的是,明教是"異端中的正宗","因爲它是直接由摩尼師呼禄播種的"。[2]

　　不過,陸游所列的"二檜子"、"牟尼教"、"四果"、"金剛禪"、"揭諦齋"等名號,實際無從在摩尼教已知的經典或教義中找到依據,其羣體

---

〔1〕陸游所列妖幻邪人的言行表現,其中有些顯然與明教有關,如"其神號曰明使。又有肉佛、骨佛、血佛等號",因爲該等可在唐代漢文摩尼教經中找到出處或痕迹;有關研究可參閱馬小鶴《"肉佛、骨佛、血佛"與"夷數血肉"考——基督教聖餐與摩尼教的關係》,刊《史林》2000 年第 3 期,頁 40－47。"以溺爲法水,用以沐浴",則疑間接效法波斯瑣羅亞斯德教。參閱拙文《瑣羅亞斯德教之淨化儀式》,見拙著《波斯拜火教与古代中國》,臺北新文豐出版公司 1995 年版,頁 61－69。

〔2〕蔡鴻生《唐宋時代摩尼教在濱海地域的變異》,頁 117。

是否由摩尼教徒派生出來，其活動模式保有甚麼摩尼教的特徵，目前尚未見新資料可資説明，故很難把該等羣體與明教劃一。其間的"二襘子"、"金剛禪"，連立昌先生已力辨其乃屬彌勒教派，"五代已有，宋初轉盛"。[1] 至於"牟尼教"，至明代尚有流行，吳晗先生認爲"牟尼即摩尼"，[2]恐係想當然。因爲教祖摩尼的寫法早已定型，宋代可確認與該教有關的文獻，都寫作摩尼，把教祖的名字改寫爲釋家的"牟尼"，斷非本教教徒之所敢爲。若是一些新自立的秘密會社，以模棱的手法，取"牟尼"爲教名，則完全有可能。更有，假如牟尼教就是摩尼教的話，陸游當會立刻聯想到唐代所敕禁的摩尼教，以古鑒今，進一步提請皇上警惕。總之，在未有更多的資料足以證明該派的摩尼教性質之前，將此"牟尼"當爲摩尼的又一個華名，似不能目爲定論。至於"四果"，吳晗先生已言其"爲佛教的白雲宗，非明教"。[3] 按，該詞爲佛教術語，"指小乘聲聞修行所得之四種證果"，[4]摩尼教未聞有四果之概念，殊難掛靠。至於"揭諦齋"這一稱號，吳晗先生釋"以明教徒齋食之故"，[5]未作論證，似屬推測之詞。竊以爲，"揭諦"二字，如果不是訛傳誤寫的話，則應是來自梵文 Gate 的音譯，佛典或作"揭帝"，有行、往、度、等意。玄奘譯的《般若波羅蜜多心經》便有咒語"揭諦揭諦，波羅揭諦，波羅僧揭諦，菩提薩摩訶"。[6] 伯希和在《志雅堂雜鈔》卷下誌 18 世紀末年符咒一條，發現有所謂"揭諦呪"；[7]這"揭諦呪"是否與上揭《心經》有

〔1〕連立昌《福建秘密會社》，頁 22－30。

〔2〕吳晗《明教與大明帝國》，見《讀史劄記》，頁 268。

〔3〕吳晗《明教與大明帝國》，見《讀史劄記》，頁 246。

〔4〕星雲監修、慈怡主編《佛光大辭典》，頁 1713。

〔5〕吳晗《明教與大明帝國》，見《讀史劄記》，頁 246。

〔6〕就這一咒語佛界和學界多有解讀，較爲通俗的解釋亦見諸網上："依法藏大師所説，此四句分別可以釋如下：'揭諦'者，此處爲'去'或'度'之意，這也就是深般若的本有功能，度眾生於彼岸；重復'揭諦'二字，無非是自度度他的意思；'波羅'意爲'彼岸'；'波羅揭諦'者，'度到所欲之彼岸'的意思；至'僧揭諦'的'僧'，意爲'總'或'普'，因而'波羅僧揭諦'的意思便是'普度自我及他人都到彼岸'；'菩提'爲'覺'；'娑婆訶'即'速疾'也，意謂依此心咒，速疾得成大覺。只要默誦此密咒，就在不覺不知的狀態下超凡入聖，所以纔説，此咒即般若，而般若即是咒。"見《般若波羅蜜多心經》，http://www.xici.net/b167635/d19857986.htm。

〔7〕Pelliot，"Les traditions manichéennes au Fou-Kien"，p.207. 此處譯文轉錄自伯希和撰、馮承鈞譯《福建摩尼教遺蹟》，見馮承鈞譯《西域南海史地考證譯叢九編》，頁 139，註 47。

關,缺考。佛教文獻或佛教文學作品,亦把"揭諦"作爲神名,即所謂揭諦神。但作爲齋名,在古文獻中尚檢索不到其他相應的用例。竊以爲,既然揭諦可以作爲咒名、神名,那麼,某些民間教派或民間習俗效法之,把其作爲齋名,自亦未嘗不可。不過,若要把"揭諦齋"與摩尼教聯繫,則求證殊難。緣素食禮俗,並非摩尼教所獨有;摩尼教有素食戒律,但域外文獻未見有對其素食禮俗冠以"揭諦"者。"齋"冠以"揭諦"二字,從字面理解,當指某一特定節日或場合的齋戒;如是齋戒,以往中國民俗甚多,海外華人羣體尚多有保存。我們沒有理由一定將其納入明教特有的禮俗。何況明教的齋戒是長年堅持的,而不是一年僅若干天耳。即便"揭諦齋"與摩尼教有關係,但這僅僅指其諸多禮俗之一,該教信徒斷不會以此作爲教名自稱。觀上引"條對狀"文字,陸游力主對"妖幻邪人"嚴加鎮壓,但其所羅織的罪名中,未見有現行的,完全是出於一種防患於未然的心態。正如陳高華先生對南宋官員王質《論鎮盜疏》的評論:

> 根據王質所述,喫菜事魔的教義"不過使人避害而趨利,背禍而向福",顯然並無反抗封建統治的要求。那麼,爲什麼迭遭禁止呢?道理很簡單,一是因它"聚衆",有自己的領袖和一定的組織形式;二是因爲它"暮聚曉散",活動隱蔽,不易察覺。有了這兩條,就有可能被人利用來從事反抗政府的活動。封建統治者爲了防患於未然,非加取締不可。[1]

實際上,在封建專制統治者看來,任何民間宗教信仰,只要有一定的組織,擁有不少人在傳習,而不接受官府控制,便都是"妖幻邪人",至於其有何教義、宗旨,那並不重要。陸游主張取締所列名號的教派,不過是因爲其有組織性和羣衆性這兩條,而對彼等所持經典的内容實際並不關心,更不會去分辨其異同;其特別針對明教,不外是因其聲勢較大而已。

---

[1]陳高華《摩尼教與喫菜事魔——從王質〈論鎮盜疏〉說起》,見《中國農民戰爭史論叢》第4輯,河南人民出版社1983年版,頁97-106;又見《陳高華文集》,上海辭書出版社2005年版,頁536-542,引文見頁542。

吾人認爲"二襘子"、"牟尼教"、"四果"、"金剛禪"、"揭諦齋"等羣體未必脫胎於摩尼教,但並不等於排斥該等羣體與摩尼教存在某些聯繫的可能性。從宗教史的角度看,任何一個新宗教的創立和發展,都免不了要吸收現有或既往某些宗教的成分。而在南宋,除了佛教、道教這些主流宗教外,在非主流宗教中,摩尼教無疑是民間中較有影響的一門,如是纔會那麼引起官方的重視。作爲一門獨立的宗教,由來有自,儘管屢遭迫害,但其無論在教義、經典、禮儀和教團組織等,都要遠較其時那些非正統的民間宗教完善得多。因此,當宋代社會催生各種民間秘密會社時,摩尼教無疑在理論和實踐方面成爲彼等的一個重要仿照樣本,各種披著宗教外衣的秘密羣體組織,在不同程度上吸收、糅合其某些教義、禮儀等成分都是大有可能的。就這一方面,有的表現得較爲明顯,學者易於分辨;有的囿於資料,尚難以確認。另一方面,摩尼教在各地民間化的過程中,亦免不了吸收糅合當地其他宗教信仰某些教義、禮儀等成分。由是,上揭宗教羣體,在對現政權的潛在威脅方面,與民間結社式的摩尼教並無不同;而其宗教模式的表現,亦當不乏類似之處。亦正因爲如此,教外人即便有意加以區別,也頗感困難,遑論作爲專制官員,本來就無意去甄別他們。

4.6　釋元代"蘇鄰法"

　　元代對於尚在流行的摩尼教的主流叫法,應是明教。這有泉州海交史博物館收藏的當地一方元代墓碑爲證(見本書圖版2.8),碑文稱:

　　　　管領江南諸路明教秦教等,也里可溫,馬里失里門,阿必思古八,馬里哈昔牙

　　　　皇慶二年歲在癸丑(1313 年)八月十五日帖迷答掃馬等泣血謹誌

但除了"明教"這一稱謂外,學者還發現有"蘇鄰法"之名,見於泉州文博專家李玉昆先生所發現的一條資料:

　　　　[莊]惠龍,生前元至元辛巳四月初三日,卒至正己丑年十月廿一日。幼失怙恃,勵志自強,從遊鄉先生丘鈞磯之門,孝友刑於

75

家,文章名扵册,詠诗百首,皆可刊後。拓業千里,以遺子孫。晉邑主簿歐陽賢甚器重之,稱之为林泉逸老。晚年厭觀世諦,托以蘇鄰法,搆薩壇以爲娛賓优友之所。

按,該史料見載於晉江圖書館收藏的泉州明崇禎續修抄本《青陽莊氏族譜》,新近晉江博物館的粘良圖先生,還從當地文獻《青陽科甲肇基莊氏族譜》集外篇中,查到元至正年間晉江主簿歐陽賢爲莊惠龍撰的墓誌銘,其間稱主人"晚年厭觀世諦,托以蘇鄰法,搆薩壇於其里之右,往来優游,自適己志而已"。[1] 足見上揭族譜有關莊惠龍晚年信蘇鄰法之說,乃據元代至正年間的墓誌銘。

按,摩尼教與蘇鄰國的聯繫,最權威的根據應是上揭的敦煌寫本《摩尼光佛教法儀略·託化国主名号宗教第一》,其間"蘇鄰國"一詞凡兩見:

> 摩尼光佛诞蘇鄰國跋帝王宫,金薩健種夫人滿艷之所生也。

另一見於寫本所引的《老子化胡經》,上面已過錄,不贅。

宋元文獻中之把摩尼教與老子、與蘇鄰國相聯繫,當應源自這兩段史料。不過,上錄何氏文字,稱"摩尼佛,名末摩尼光佛,蘇隣國人;又一佛也,號具智大明使。云老子西入流沙,五百餘崴,當漢獻帝建安之戊子,寄形椶暈。國王拔帝之后,食而甘之,遂有孕。及期,擘胸而出。椶暈者,禁苑石榴也。其說與攀李樹、出左脇相應"。把摩尼的誕生與神話傳說中老子的出世完全合二爲一,當然不是唐代摩尼教經典所有,因爲上引《儀略》"摩尼光佛诞蘇鄰國跋帝王宫,金薩健種夫人滿艷之所生也"這一句,西方學者已根據古伊朗文獻考證清楚,[2] 絕無"寄形椶暈"之說。但何氏所述,亦並非訛傳誤聽;因爲據晉江博物館粘良圖先生的田野調查,當地摩尼教草庵遺址所在地的蘇内村村南有境主宫,摩尼佛作爲主神,與其他四位神被供奉其中,"據云,境主皆屬'菜佛',

---

〔1〕衷心感謝粘良圖先生賜告他的這一重要發現。

〔2〕蘇鄰國即 Sūristān,谓巴比倫;跋帝谓摩尼的父親,即 Patig 的音譯;滿艷即摩尼母親 Maryam 的音譯;金薩健即 Kamsarakan,4 世纪亞美尼亞歷史經常提到這個家族,該家族聲稱源自帕提亞王室,故一般都認爲摩尼的母親是帕提亞王室的公主。見 W. B. Henning, "The Book of Giants", *Bulletin of the School of Oriental and African Studies*, XI, Part I, 1943, p. 52.

上供筵碗要用素菜、水果、蜜餞。但水果中的番石榴（土名‘梣拔’），即相傳摩尼光佛從中託生的‘梣暈’，是不能用來上供的。”[1]可見摩尼光佛“寄形梣暈”之說確實是來自當時的摩尼教徒。筆者推測，很可能是宋代託隱道教的摩尼教徒根據道藏的《玄妙內篇》、《上元經》之類進一步糅合的產物，旨在確認摩尼教與道教本是一家，俾便他們繼續修持摩尼之道。但無論如何，中國摩尼教徒認爲教祖摩尼誕生於蘇鄰國，這是毋庸置疑的。

就古代中國流行的諸多宗教，與“蘇鄰國”有關的，迄今文獻可考者惟道教與摩尼教耳；而道教的內外典甚多，從未見有被稱或自稱蘇鄰教或蘇鄰法者。因此，莊惠龍所托的“蘇鄰法”，當謂摩尼教或明教無疑。不過，這個“蘇鄰法”，從語境看，應是第三者對摩尼教或明教的稱謂，而不是信奉者莊惠龍對是教的叫法。而從道理看，摩尼教在中國已有正名，異名明教又已得到確認流行，如是，其教徒何必按本教發源地重新命名爲“蘇鄰法”呢？這種按發源地來命教名，猶如唐代之名基督教爲大秦教，顯爲教外人之所爲。這種命名法，不襃亦不貶，其教徒尚可接受。既然時人對摩尼教、明教有“蘇鄰法”之稱，諒必亦有“蘇鄰教”之謂。溫州平陽縣所發現的元碑《選真寺記》，就稱該“選真寺”，“爲蘇鄰國之教者宅焉。”[2]按，“蘇鄰國之教者”，如果照簡略的習慣，自可省謂“蘇鄰教”。不過，就現有的資料，以“蘇鄰”名教，僅見上揭兩例，而且均出自元代後期的資料。蓋其原因，諒必與其時社會的某些輿論有關。緣在宋代官方文獻上，明教往往被歸入“喫菜事魔”、“妖幻邪人”一類，這必定形成社會主流輿論對其不利，儘管元代對各種宗教采取較爲寬容的政策，官方亦未見明確針對明教的禁令，但宋代形成的社會主流輿論，作爲歷史的積澱，對元代或仍有影響；更有，蒙古人征服中國的過程，亦帶來了諸多外來宗教，尤其是基督教的各個教派，彼等信

---

[1]粘良圖《摩尼教信仰在晉江》，刊《福建宗教》2004年第6期，頁24－26，引文見頁26。參閱本書第2篇《泉州晉江新發現摩尼教遺迹辨析》。

[2]有關該碑的討論，詳參本書第1篇《宋元溫州選真寺摩尼教屬性再辨析》。

徒即所謂也里可温,蓋多爲色目人,享有漢人和南人所無的特權,[1]這亦可能導致社會輿論以外來宗教爲尚。由是,在碑石這類傳世的文字載體上,提及先祖或親友的明教信仰時,與其被誤爲邪教,寧可突出其外來的本源。

4.7 "明尊教"辨析

以往學界或認爲,摩尼教到了明代又有新的異名,其中最被認同者是"明尊教"。沙畹、伯希和昔年關於中國摩尼教的文章認爲,摩尼教元時似已絕迹,而"在 14 世紀末又以一個新的名字出現"。[2] 儘管原文並沒有直接指出該新名字何謂,但由於文章後面討論明代文獻中的"明尊教"時,肯定"明尊教"就是摩尼教,所以馮承鈞先生的譯文就徑作"摩尼教似已絕迹於元時。但全明代,其教又一變而爲明尊教。"[3]遂給中國讀者的印象:摩尼教在明代中國已改稱明尊教。沙、伯二氏撰該文時,尚未得睹上揭何喬遠的《閩書》,亦不知有陳高的《竹西樓記》,更不知道有《選真寺記》,故疑元時摩尼教已絕迹,這並不奇怪。但馮先生之理解爲摩尼教在明代變爲明尊教,無論是否符合沙、伯的原意,與歷史的實際當有距離。

有關明尊教的資料,迄今所知尚局限於官方的法律條文,其間把明尊教列入禁止之列。沙、伯最早依據一條當年國人難見的資料,即藏於英國劍橋大學圖書館和巴黎國家圖書館的《洪武實錄》鈔本,個中載及洪武三年(1370)敕禁諸秘密教派:

> 其僧道建齋設醮,不許奏章上表,投拜青祠,亦不許畫天神地祇。及白蓮社、明尊教、白雲宗、巫覡、扶鸞、禱聖、畫符、呪水諸術,並加禁止。庶幾左道不興,民無惑志。詔從之。

---

〔1〕參閲殷小平《從〈大興國寺記〉看元代江南景教的興起》,刊《中華文史論叢》2006 年第 4 輯,總第 84 輯,頁 289 - 313。

〔2〕Éd. Chavannes & P. Pelliot, " Un traité manichéen retrouvé en Chine, traduit et annoté (Deuxième partie, suite et fin) ", p.364.

〔3〕沙畹、伯希和撰,馮承鈞譯《摩尼教流行中國考》,見馮承鈞譯《西域南海史地考證譯叢八編》,頁 96。

這條敕令頒發於洪武三年,但醞釀的時間可能是在洪武元年(1368)。緣王世貞《名卿績紀》卷3《李善長傳》有云:

> 高帝幸汴還。……又請禁淫祀白蓮社、明尊教、白雲,巫覡、扶鸞、聖書、符咒水邪術,詔可[1]。

而據灣學者王見川先生的考證,"高帝幸汴"正是在洪武元年。[2] 李善長的主張顯然是付諸實施,並最後形成"禁止師巫邪術"的法律條文,收入大明律中:

> 凡師巫假降邪神、書符、咒水、扶鸞、禱聖,自號端公太保、師婆,及妄稱彌勒佛、白蓮社、尊明教、白雲宗等會,一應左道亂正之術,或隱藏圖像、燒香集衆、夜聚曉散、佯修善事、煽惑人民,爲首者絞;爲從者各仗一百,流三千里。若軍民裝扮神像、鳴鑼擊鼓、迎神賽會者,杖一百,罪坐爲首之人。里長知而不首者,各笞四十;其民間春秋義社,以行祈報者,不在此限。[3]

根據上考敕令醞釀和頒發的時間,明尊教當非明初始有;但檢索明之前的文獻記載,又未見其蹤迹。由是,筆者懷疑其應創於元末,並且像白蓮社、白雲宗之類的教派一樣,與朱元璋一夥,一道推翻元朝。朱元璋及其臣僚在奪取政權的過程中,與該等教派打過交道,深知其潛在的威脅,建立新王朝後自然要及時采取防患措施予以取締。就敕令中

---

〔1〕該條史料吳晗先生於1940年在《明教與大明帝國》最先徵引,見《讀史劄記》,頁267。

〔2〕王見川《從摩尼教到明教》,臺北新文豐出版公司1992年版,頁348。按,《明史》卷2《太祖本紀》有洪武元年四月"甲子,幸汴梁"之句。

〔3〕[明]應檟《大明律釋義》卷11"禁止師巫邪術"條,明嘉靖刻本。當年沙、伯氏亦曾引證該條法令,不過是據《大明律集解·附例》卷11《禮一》:

凡師巫假降邪神、書符、咒水、扶鸞、禱聖,自號端公太保、師婆,及妄稱彌勒佛、白蓮社、尊明教、白雲宗等會,一應左道亂正之術,或隱藏圖像、燒香集眾、夜聚曉散、佯修善事、扇惑人民,爲首者絞,從者各杖一百,流三千里。

原註:西方彌勒佛、遠公白蓮社、牟尼尊明教、釋氏白雲宗是四樣。

此處條文及其註釋之"尊明教",沙、伯認爲係明尊教之誤,見 Éd. Chavannes & P. Pelliot, "Un traité manichéen retrouvé en Chine, traduit et annoté(Deuxième partie, suite et fin)", pp. 368-369;馮承鈞譯《摩尼教流行中國考》,見馮承鈞譯《西域南海史地考證譯叢八編》,頁98。其他學者亦多以爲然,引證時徑行改之。明尊乃中國摩尼教最高神的稱謂,時人耳熟能詳,以爲教名,理所當然。當然教以"尊明"爲名,取意崇尚光明,亦未嘗不可。不過,檢索明清其他文獻,提到禁止信奉的諸名號教派中,均作明尊教,未見另有尊明教的用例。當然不能絕對排除以訛傳訛的可能,因未見該教內典,姑存疑。

列舉的非法活動諸表現,其實在歷代官方文獻所指斥的邪門左道中,多有提及;華化摩尼教或亦有之,但絕非其獨家專有。至於明尊教的教義、組織、禮儀、活動地域等等,多年來似未見有新資料發現。因此,若據既往已徵引的記載,除了教名可疑與摩尼教有關外,實際無從確認其就是明教的替身。而學者論說該教即摩尼教,不外是在"明尊"二字做文章。當年沙、伯的考證便是如此:

> 此明尊教即摩尼教。京師圖書館之摩尼教殘經及《老子化胡經》,皆稱摩尼爲明使。明使,明尊,義相近也。由是觀之,十四世紀末年,摩尼教在中國,尚有信徒也。[1]

按,沙、伯文章最初發表於 1913 年,而上引解釋摩尼稱號的《儀略》上半截,雖已在 1907 年被斯坦因取得並入藏大英博物館,但時到 1923年,始爲日本學者矢吹慶輝和石田幹之助定性爲摩尼教經典。[2] 因此,沙、伯當時並沒有讀過這段文字,所以纔會把摩尼與明尊等同。根據上引《儀略》的解釋,教祖摩尼的稱號音譯爲"佛夷瑟德烏盧詵",意譯爲"光明使者";另外又號"具智法王","亦謂摩尼光佛,即我光明大慧无上醫王應化法身之異号也",他是"親受明尊清淨教命",然後降生人間的。因此,他是明尊的使者,而不是明尊本人。在《下部讚》中,明尊一詞凡 9 見,從出現的語境看,亦斷非指教主摩尼。其實,明尊一詞亦見於沙、伯法譯的京藏漢文摩尼經,計有兩處,其一見於 77 行,整句如下:

> 其氣、風、明、水、火、憐愍、誠信、具足、忍辱、智惠,及呼嚧瑟德、嘍德、與彼惠明,如是十三,以像清淨光明世界明尊記驗。

其二見於 133 行,整句如下:

> 《應輪經》云:若電郍勿等身具善法,光明父子及淨法風,皆於身中每常遊止。其明父者,即是明界无上明尊;其明子者,即是日

---

〔1〕Éd. Chavannes & P. Pelliot, " Un traité manichéen retrouvé en Chine, traduit et annoté (Deuxième partie, suite et fin)", p. 366. 譯文據沙畹、伯希和撰,馮承鈞譯《摩尼教流行中國考》,見馮承鈞譯《西域南海史地考證譯叢八編》,頁 97。

〔2〕參閱拙文《20 世紀敦煌漢文摩尼教寫本研究述評》,見段文傑主編《敦煌學與中國史研究論集:紀念孫修身先生逝世一周年》,甘肅人民出版社 2001 年版,頁 430 – 435。

月光明;淨法風者,即是惠明。

體味這兩句,亦可知明尊即明父,乃摩尼教所認爲的最高神。當然,由於當時沒有更明確的漢文資料參證,沙、伯的誤釋自屬難免。爾後,學者根據上揭《儀略》的解釋,結合西方摩尼教文獻,已確認摩尼創世說中有關光明王國的最高明神,在漢文摩尼教經中稱爲"明尊";[1]至於教祖摩尼確有明使之稱,但顯然不能稱明尊。不過,無論明尊是指摩尼還是指摩尼教的最高神,該詞無疑是摩尼教所專用,沙、伯據此而把明尊教直接等同摩尼教並非沒有根據,這一看法因而一直影響中國摩尼教的研究。

如上面所論,摩尼教在中國已有定名,唐之後,若不以教祖之名稱之,從教義禮俗出發稱明教亦可。而時到明代,明教的血脈尚存。上揭何氏云:"皇朝太祖定天下,以三教範民,又嫌其教門上逼國號,擯其徒,毀其宮。戶部尚書郁新,禮部尚書楊隆,奏留之,因得置不問。"儘管《明史》的太祖本紀及相關官員的傳記[2]上都未見提及該事件,明律亦沒見有明確針對明教的條文,但明初曾一度取締明教,這應當是事實,因爲有宋濂《芝園續集》卷4《故歧寧衛經歷熊府君墓銘》爲證:

> 明年改元洪武,上即皇帝位,凡創制更革之典,君多預聞。上遇君厚,每字前而不名。……溫有邪師曰大明教,造飾殿堂甚侈。民之無業者,咸歸之。君以其瞽俗眩世且名犯國號,奏毀之。官沒其產而驅其眾爲農。

吳晗先生首先徵引這條史料,[3]王見川先生據此而進一步考證:事件的主角即爲時任浙江安察司僉事的熊鼎。[4] 儘管《明史・熊鼎傳》[5]未提及此事,但墓誌銘所云"名犯國號"與何氏所云同,足見應有其事。既然明初有禁毀明教之舉,則說明當時明教尚頗有勢力,纔引起官方注

〔1〕參閱拙文《摩尼的二宗三際論及其起源初探》,刊《世界宗教研究》1982年第3期,頁45－56;修訂稿見拙著《摩尼教及其東漸》,中華書局1987年版,頁12－34;臺北淑馨出版社1997年增訂本,頁12－32。許地山《摩尼之二宗三際論》,刊《燕京學報》第3卷,1928年,頁383－402。

〔2〕《郁新傳》見《明史》卷150《列傳第三十八》,中華書局1974年版,頁4157－4158。

〔3〕吳晗《明教與大明帝國》,見《讀史劄記》,頁268。

〔4〕王見川《從摩尼教到明教》,頁350。

〔5〕《明史》卷285《列傳第一百七十七・忠義一》,頁7417－7418。

目,予以取締。當然,專制統治者對民間教派的取締,實質性的原因未必是其教名犯國號,而是如上面已討論的,是其對專制統治是否有現實或潛在的威脅。明太祖之一度取締明教,實質性的原因自當在此。墓誌所云的"君以其瞽俗眩世且名犯國號,奏毀之",就已透漏這一點。"瞽俗眩世"是實質性的罪名,"名犯國號"是欲加之罪,多一個藉口耳。請看彌勒佛、白蓮社、白雲宗等名號,與國號何涉,豈不照樣被明令取締。戶部尚書郁新和禮部尚書楊隆之"奏留之",究竟是用甚麼理由,儘管資料闕如,無從知道,但照理當著眼於辨清"瞽俗眩世",而且結果是成功的:"因得置不問。"明代的官方文獻未見有明確針對明教的敕令,亦可資佐證。"得置不問"的明教,至少仍在泉州一帶活動。20世紀50年代的泉州考古,除找到上揭何氏所述及的草庵石廟及其供奉的摩尼佛石雕像外,尚在庵前約40米處,發現了落款正統乙丑年(1445年)的摩崖石刻——"清淨光明 大力智慧 無上至真 摩尼光佛"16大字,[1]這"摩尼光佛"自是屬於何氏所指的明教。公然勒石宣傳,説明官府並不過問該教的活動。新近草庵周遭村落的田野調查,除發現摩尼佛被當爲地方保護神——境主祭祀外,當地民居尚有供奉其偶像者。[2]文獻、考古和田野調查的資料證明了至少在明代,明教還堂而皇之地在泉州活動。由是,在明代,明教正朔尚在,血脈尤存,不存在著沙、伯或馮承鈞先生所說的"其教又一變而爲明尊教",即由明尊教取代的可能性。

新近張君淑瓊借助電腦檢索古文獻中涉及明尊教的條目,並在相應古籍中一一查對。其間有的既往未見使用,或有助於澄清問題。

應檟(1493—1553)《大明律釋義》卷11,爲上揭"禁止師巫邪術"條下所作的釋義中,稱:

---

〔1〕其與唐代摩尼教的淵源詳參拙文《福建明教石刻十六字偈考釋》,見拙著《中古三夷教辨證》,頁5-32。

〔2〕粘良圖《摩尼教信仰在晉江》,頁24-26。詳參本書第2篇《泉州晉江新發現摩尼教遺迹辨析》。

明尊教則男女修行齋戒,今奉牟尼光佛法也。[1]

此處云明尊教"男女修行齋戒",可能是照搬前朝界定"邪教"行爲方式的套語。上揭陸游《老學菴筆記》卷10關於明教的記述,已經隱含著這種指控;但如陸游所載,明教人已加自辯曰:"不然,男女無別者爲魔,男女不親授者爲明教。明教,婦人所作食則不食。"因此,此處的"男女修行齋戒"不足以證實明尊教即明教。倒是下半句的"奉牟尼光佛法",或與摩尼教有關,緣上揭《儀略》就是把教主摩尼稱爲"摩尼光佛",福建的明教石刻也勒刻"摩尼光佛"這一稱號。不過,明尊教用的是釋迦牟尼的"牟",而不是"摩"。這並非刻版印刷的錯誤,因爲上面的討論已提到宋代有"牟尼教"。沙·伯引證的《大明律集解附例》原註亦把"牟尼"與明尊教連在一起,明尊教之奉牟尼光佛,或許旨在暗示其與明教或摩尼教的微妙區別。假如應檟所云的明尊教所奉的"牟尼光佛法"確與明教有實質性關係的話,那麼,他卒後四年纔出生,以"博覽好讀書"見稱的後輩何喬遠,諒必不會忽略這一釋義。更有,假如明尊教所奉的"牟尼光佛"就是泉州明教徒所祭祀的摩尼光佛的話,何氏對當時流行的明教是那麼清楚,來龍去脈及現狀都記述得那樣細緻,焉會對其與"明尊教"的因緣,隻字不提。這至少默證在何氏心目中,"明尊教"與明教乃非親非故。

從張君所檢得的史料中,尚可發現大清律繼承前朝明律"禁止師巫邪術"這一條。清代諸多相關的法律文獻,自然亦少不了照點明尊教之名,諸如三泰修《大清律例》、沈之奇《大清律輯注》、薛允昇《讀例存疑》、周夢熊《合例判慶雲集》等皆然;由是,造成一種錯覺,仿佛時至清代,明尊教還相當活躍似的。但事實上,明尊教並不像白蓮教之類那樣案例眾多,迄今鮮見有學者能舉出可以確認的明尊教個案。清人薛允昇(1820—1901)的《唐明律合編》,對明律"禁止師巫邪術"條有如下"箋釋":

師者,即今行法之人稱法師者;巫者,降神之人;端公太保,男

---

〔1〕〔明〕應檟《大明律釋義》,明嘉靖三十一年刻本;收入《續修四庫全書》,史部,第863冊,頁89上。

·歐·亞·歷·史·文·化·文·庫·

巫之偽號;師婆,女巫之偽號。白蓮教,稱彌勒下生,救衆生刀兵刮難,蠱惑生民,故曰彌勒佛白蓮社,此教世俗最尚。明尊教、白雲宗,不聞有習之者。無爲教,起於近代,而不如白蓮之甚。示掌,此與造妖書、妖言律參看,重在煽惑人民上。[1]

"明尊教、白雲宗,不聞有習之者"這一箋釋,意味著至遲在薛允昇編書年代,明尊教已名存實亡。

即便在明代,在諸多延引"禁止師巫邪術"條文的判例中,其實亦很難確認犯案者有明尊教徒。如明朱燮元(1566—1633)《少師朱襄毅公督蜀疏草》卷9,有天啓四年(1624)五月十三日上奉聖旨"擒治妖教疏",內有判決案詞云:

> ……又該本府署印重慶府余同知,覆審相同,將王時問擬妄稱彌勒佛、白蓮社、明尊教,左道亂正,煽惑人民爲首律,絞;王偉、楊梧、周文忠、范廷智、王霞、張明清、李尚續,俱依爲王時從律,各杖一百,流三千里,免其徒杖,發口外爲民……[2]

所云案件是發生在蜀地,按明律"禁止師巫邪術"條治罪,但觀整個案情,一干人犯與明尊教實無關係。由是,實際上,對於明代明尊教的活動具體情況,特別是地域範圍,我們蓋無所知。不過,我們已確認福建是明教的根據地,時至明代,當地明教尚在合法活動。福建向以"信鬼巫,重淫祀"著稱,自20世紀80年代以來,當地學者對歷代福建宗教,尤其是民間宗教信仰、秘密會社廣爲研究,著述甚夥,但迄今未聞曾有明尊教活動的痕迹。溫州亦曾是明教活動的重要地區,當地學者也很關注明教的研究,成績斐然,同樣亦未見有明尊教的文獻或考古發現。由是聯想到宋代濱海地域的"喫菜事魔"運動,文獻記載的各種名號教派五花八門,獨未見有明尊教者,我們不得不懷疑明尊教與濱海地域的明教存在有甚麼實質性的聯繫。據此,筆者認爲,所謂明尊教,很可能是在元末社會極度動蕩的時期,某些亂世英雄借鑑傳世的某些摩尼教

---

〔1〕〔清〕薛允昇《唐明律合編·明律卷第十一·禮律一》"禁止師巫邪術"條,民國退耕堂徐氏刊本,商務印書館民國25年(1936)版,卷9,頁151-152。

〔2〕〔明〕朱燮元《少師朱襄毅公督蜀疏草》,清康熙五十九年朱人龍刻本。見《四庫存目叢書》,史部,第65冊,齊魯書社1996年版,頁301下。

術語或教義而創立的新教派,並非直接脫胎或派生於當時尚在流行的正宗明教;其在明律中,既被等列於白蓮社之類的民間宗教結社,與巫覡、扶鸞、禱聖、書符、呪水之類的左道邪術一道被禁止,則至少表明該教派即便與摩尼教有關,那亦是效法那種秘密結社式,而非寺院修持式。由於資料闕如,吾人尚無從評估該教派究竟吸收、糅合或改造摩尼教的多少成分,但無論如何,吾人不宜簡單化,以其名稱有摩尼教的味道,而將明教與明尊教劃一等號或箭號。

4.8 "師氏法"辨析

以往學界或認爲福建明教最後改名爲"師氏法",其根據即爲上所過錄何氏文字的最後一句:

今民間習其術者行符呪名師氏法不甚顯云

由於古漢語的特點,就這一句18字,依各人的理解,是可以有多種句點方式的。至於誰家句點可靠、正確,實際與句點者的古漢語程度無甚關係,倒是取決於對相關背景資料的認識。句點不同,釋讀可能就不同;但即便句點一樣,理解亦可能有差。對這18字的句點,陳垣先生的點斷作:

今民間習其術者,行符呪,名師氏法,不甚顯云。[1]

而廈門大學校點本則爲:

今民間習其術者,行符呪,名師氏,法不甚顯云。[2]

但兩家都沒有就文字內容提出闡釋,故無從進行比較討論。目前對這18個字有不同闡釋者,就筆者閱讀所及,蓋以法國漢學家伯希和與中國史學家吳晗教授爲代表。

伯希和《福建摩尼教遺蹟》把一句法譯爲:

A présent, dans le peuple, ceux qui suivent les pratiques des [manichéens] se servent de formules d'incantation qu'on appelle "rec-

---

〔1〕陳垣《摩尼教入中國考》,見《陳垣學術論文集》第1集,頁368。

〔2〕〔明〕何喬遠《閩書》,頁172。

ette du maitre"（?）；ils ne sont pas trés en vue.[1]

如果把這句法文直譯成漢文，似可作："當今，奉行（摩尼教）的人使用名爲'師傅處方'（?）的符咒；他們並非很顯露。"

馮承鈞先生漢譯伯文時，根據伯氏上引的法譯，把該句點斷爲"今民間習其術者，行符呪名師氏法，不甚顯云。"[2]顯然符合伯氏對這句話的理解。1998 年華裔學者劉南强（Samuel N. C. Lieu）教授的《中亞和中國的摩尼教》一書，把何氏"華表山"條下全文英譯，他將這 18 個字英譯爲：

> At present those among the people who follow its（Manichaean）practices use formulas of incantation called "The master's prescripition"，（but）they are not much in evidence.[3]

從這句英譯看，劉氏對這 18 字的理解一遵伯氏，英譯時很可能是參照伯氏的法譯本。

就"師氏法"一詞，伯氏把其意譯爲"recette du maitre"，不過是爲了使西人理解而很勉强的意譯。他對這一意譯顯然並不放心，所以用括號打了個問號，同時加了個註釋：

> 師氏法未詳。《志雅堂雜鈔》卷下誌十八世紀末年符呪一條，言及揭諦呪；案陸游《條對狀》有"福建謂之明教揭諦齋"一語，師氏法疑此類也。[4]

伯氏這一註釋，雖未明確"師氏法"的内涵，但更進一步表明他把師氏法目爲符咒的一種，即界定爲一種符咒的名稱。

按，符咒，辭書一般解釋爲"'符籙'和'咒語'的合稱"。"符籙"原爲道教所特有；至於"咒語"，古代世界各種宗教，包括原始宗教，往往

---

〔1〕P. Pelliot, "Les traditions manichéennes au Fou-Kien", p. 207.

〔2〕伯希和撰、馮承鈞譯《福建摩尼教遺蹟》，見馮承鈞譯《西域南海史地考證譯叢九編》，頁 131。

〔3〕Samuel N. C. Lieu, *Manichaeism in Central Asia and China*, NHMS XLV, Leiden: Brill, 1998 p. 195.

〔4〕Pelliot, "Les traditions manichéennes au Fou-Kien", p. 207. 引文據伯希和撰、馮承鈞譯《福建摩尼教遺蹟》，頁 139，註 47。

都有咒語,學者的研究已證明摩尼教亦不例外。[1] 但在古籍中,"符咒"往往是作爲道教的專用術語使用,並成爲道教辭書的條目:

　　謂符命咒語之法。[漢天師世家]張道陵天師,教民信奉黄老之道。常以符咒治病,有病者使飲符水即愈! 著有效驗,從者甚衆。[2]

何氏所認知的符咒,當應屬於常見的道教範疇的符咒。就符籙而言,粘良圖先生的田野調查,已證明草庵及其周遭迄今尚流行著摩尼佛的符籙,並取得二符一籙的樣本(見本書圖版 2.5a)。第一張符據云讀爲"安摩尼以里奉",是否如此,尚有待符籙專家考證;第二張符則未明。至於籙,刻以"摩尼幢光佛"之像,依筆者看,其貌狀顯然脱胎於草庵摩尼座像,儘管細察兩者也多有不同。此外,該籙尚刻有"鎮宅平安"4字,無疑是用以驅鬼闢邪。[3] 這 3 張符籙的模式顯與道教相類。至於其版本源自甚麼朝代,則尚有待考證。但無論如何,該等符籙的存在佐證了何氏所言不虚。而草庵旁摩崖石刻的"清淨光明、大力智慧、無上至真、摩尼光佛"16 個字,據田野調查的資料,當地村民把其作咒語用。[4] 該 16 字的元明石刻,在福建已有 3 處發現(見本書圖版 2.7a,2.7c,2.7d),[5] 説明其曾被廣爲勒刻,很可能被相信賦有某種神力,具有咒語的功能。其作爲咒語,顯然與道教的影響分不開,其間"無上至真"4 字,無疑就是脱胎於道教經典。[6] 這 16 字咒語看來是最爲流行,而且公開;當然,也許還有一些秘密流行不爲外人所知的。

　　道教的符咒,類乎巫術。本非摩尼教所固有,中亞摩尼教就有"不行邪道巫術"之明確戒律。[7] 摩尼教初入中國時,亦鮮見有這方面活動的記載。上面提到的《稽神録》所載明教驅鬼事,靠的是本教經典的

　　[1]參閲徐文堪、馬小鶴《摩尼教"大神咒"研究——帕提亞文書 M1202 再考釋》,載《史林》2004 年第 6 期,頁 96－107。

　　[2]李叔還《道教大辭典》,浙江古籍出版社 1987 年影印版,頁 502－503。

　　[3]詳參本書第 2 篇《泉州晉江新發現摩尼教遺迹辨析》。

　　[4]詳參本書第 2 篇《泉州晉江新發現摩尼教遺迹辨析》。

　　[5]詳參拙文《福建明教十六字偈考釋》,見拙著《中古三夷教辨證》,頁 5－32。

　　[6]詳參拙文《福建明教十六字偈考釋》,見拙著《中古三夷教辨證》,頁 5－32。

　　[7]J. P. Asmussen, *X^u āstvānīft. Studies in Manichaeism*, Copenhagen, 1965, p. 195.

法力,而不是道教式的符咒。[1] 這至少默證時至五代,明教尚未廣爲流行符咒之術。足見符咒之術本與摩尼教無緣。到了宋代,由於摩尼教華化益深,特別是向道教和其他本土民間宗教靠攏,其逐步接受本土信仰的符咒術,自屬順理成章之事。

按,福建宗教之龐雜,衆所周知。明清之際,不惟道教、佛教廣爲流行,更有各種民間信仰、帶有宗教色彩的秘密會社,多如牛毛。各門各派自有相應的符咒,形形式式,不一而足。伯希和把何氏的話理解爲當今民間傳習明教之術者,流行某一門派(師氏)符咒,當然不悖當時歷史的可能性。不過,照伯氏的理解,該 18 字的點斷就只能如馮承鈞先生的譯文那樣:"今民間習其術者,行符呪名師氏法,不甚顯云。"這雖然可以讀通,但總令人感到有點彆扭,不如陳垣先生"今民間習其術者,行符呪,名師氏法,不甚顯云"那樣點斷,語氣更順,合乎古人的表達習慣。因爲把定語放在被修飾名詞的後面,畢竟並非漢語的傳統模式,是引進歐式表述法始常見。何況,要確證伯氏的説法成立,必須能夠證實明代福建曾流行一種名曰"師氏法"的符咒術。伯氏當然明白這一點,因而在註釋中,疑"師氏法"爲《志雅堂雜鈔》所載的"揭諦呪",陸游所云的"明教揭諦齋"之類,這畢竟純屬推測之詞;而且,如上面已質疑的,揭諦齋與明教有何關係,迄今尚無從證實。

吳晗先生並未專門對這 18 字進行過考釋,惟在其 1940 年發表的《明教與大明帝國》中徵引之。至於在此之前,他是否讀過上揭伯氏的文章,筆者尚不清楚;但他的理解顯然與伯氏有差,茲轉錄有關文字如下:

> 溫泉之明教均相繼以"教名上逼國號"被禁斷。溫之明教自後遂不見於記載。閩則易名为師氏法,亦式微矣。何氏又记:
>
> > "今民間習其術者,行符呪,名師氏法,不甚顯云。"[2]

根據吳晗先生的這段話,他是把"師氏法"當爲明代福建明教的一個新

---

[1]從宗教學的角度考察,各種宗教的信徒,除相信咒語外,一般亦自信本教的經典具有非凡的神力,誦念本教的經典就能產生奇迹,化險爲夷,逢凶化吉,甚至闢邪驅鬼等。

[2]吳晗《明教與大明帝國》,見氏著《讀史劄記》,頁 268。

稱謂,而且不是別人對該教的改稱,而是該教自己易名;亦就是說,"師氏法"並非當時流行的某種符咒術法的名稱。

吳晗先生的這一解讀似乎也影響到後輩學者,上揭王見川先生的《從摩尼教到明教》一書就寫道:

> 雖然明教在明代沒有合法存在,但也沒有被專立條文禁止。在地方官及士人的眼中,明教並不等於《明律》上禁止的"明尊教"。由於這個認知上的誤差,讓他們避開了官憲的追查,可以默默的活動,建堂立碑。可是,時間逐漸讓這個派別式微,萬曆年間"習其術者"已改名師氏法,而其時明教也"不甚顯"。[1]

此處論者顯然認爲明代的明教改名稱"師氏法"。

上面伯氏與吳晗先生對 18 字解讀的不同,關鍵是在對"名師氏法"的理解上有分歧。儘管筆者不以伯氏上述的説法爲盡然,但感吳晗先生這一解讀亦未必穩妥。如果單從字面上來判斷,吳晗先生的解讀自可成一家之言;但如果結合文獻相關的敍述,更有從宗教傳播史的角度考察,我們便可發現其間不乏可質疑之處。

其一,據上揭何喬遠所述,明太祖雖曾"以三教範民,又嫌其教門上逼國號"而對明教迫害,"擒其徒,毀其宫",但後來由於"戶部尚書郁新、禮部尚書楊隆奏留之,因得置不問";亦就是說,對明教的迫害已到一段落,明教在這種形勢好轉的情況下,何以還要自改本教的名稱,棄"明"就"師"呢?

其二,儘管何喬遠的著作因"援據多舛"而受到後人的詬病,但本文所討論的 18 個字,以"今"字開始,則表明所記之事乃何氏本人所耳聞目睹者,而不是依據輾轉傳抄的第二手或第三手的文獻資料,不存在"援據"有誤的問題。如果當時他所見到或所聽説的明教已經改名換姓,這是件大事,其既然專門介紹明教的歷史,對此當應有明確記錄,記載時恐應作"今該教易名師氏法,民間習其術者,行符呪,不甚顯云"之類,不會是含含糊糊一筆帶過。

其三,如本文前面所指出,宗教徒對於本教的稱謂是很嚴肅的,如

---

〔1〕王見川《从摩尼教到明教》,頁352。

明教徒竟然把本教名稱改爲"師氏法",即便不是數典忘祖,亦是無根之名;緣"師氏"之謂,既與教主名字無關,亦與教義無涉。

其四,上揭粘良圖先生對泉州晉江地區的田野調查,證明當地鄉民稱草庵供奉的石雕佛像爲摩尼佛、摩尼公或摩尼光佛,絕無"師氏佛"之謂。[1] 現存石刻及歷年考古發掘的遺物亦未見有"師氏"之類的字樣。如該教已改稱"師氏法",當應有迹可循。

鑒於以上4點理由,云明代福建明教已改名"師氏法"之說,若沒有新資料的發現,惟以上述《閩書》這一句不太明晰的話爲根據,看來未必可以采信。相比之下,倒是伯希和的解讀似乎更合邏輯。

既然吳晗先生對這句話的解讀值得質疑者有4條之多,而伯氏的理解亦非十全十美,這就意味著就該句的理解尚有斟酌的餘地。筆者是偏向陳、吳兩位前輩對該18字的點斷的,認爲其更符合古漢語的習慣。不過,正如上面所已指出,同樣的句點也是可以作出不同的解讀的。筆者認爲,按陳、吳氏的點斷,根據古漢語的語法,該句的"名"字,作爲動詞,其施動者,可以是第三者。"師氏法"之稱,應是出自時人。由於當時傳習明教之人行符咒之術,故時人稱之爲師氏法。從何氏的行文看,"師氏法"這一稱謂的出現是果,而行符咒之術是因。如果習明教之人沒有行符咒之術,就不存在被稱爲師氏法的問題。因此,對師氏法一名的解讀,自然要從行符咒之術這個方面去尋找。

按,古代士人從儒家的角度看,往往把符咒與巫術目爲同類,而巫又常常與師相聯繫,成語有"師巫邪術"者,謂"巫覡惑人之邪術也"。[2] 而上面已指出,大明律就有"禁止師巫邪術"之條,條下所列的"書符、咒水",正好可與泉州明教徒之"行符咒"者對號入座。因此,"師氏"之"師",令人首先聯想到的應是"師巫"的"師"。"行符咒"的明教徒,當然對此應更敏感,不會以"師氏"自命。是故,曰"師氏",曰"師氏法",應是第三者對當事者的指稱。另外,符咒與占卜、星相等活動實際也是同類,而對從事占卜、星相職業之類的術士,古代亦有以

---

〔1〕粘良圖《摩尼教信仰在晉江》,頁24-26。
〔2〕參閱《中文大辭典》第11冊,臺灣中國文化研究所1956年印行,頁257。

"師人"稱之者。[1] 這些只要通過電腦檢索相關數據庫,即多可找到,不贅。如是,古人對從事今人視爲迷信職業者之稱謂,多冠以"師"字。那麼,時人把明教之符咒行爲以"師氏法"稱之,似乎就不是無根之名。從純語言學的角度,師氏是個中性名詞,並無褒貶;歷代也不乏以"師氏"作爲專有名詞者。[2] 根據上揭何氏的記載,並徵之其他文獻,可以說,在元、明時代,福建,特別是泉州地區的民間心目中,明教徒的形象一直是較爲正面的。因此,時人對他們從事符咒的宗教行爲,客氣地稱之爲"師氏法",應不悖民情。不過,更有一種可能性是:傳習明教的人行符咒之術,行爲本身與道士相似,因而在時人眼裏,把他們劃入道士一類。據溫州文博方志專家林順道先生惠示,"當地有道教派別稱'師公',應屬閭山派,明代從福建傳入平陽"。粘良圖先生的田野調查,亦證明當地把道士稱爲"師公"。粵地民間亦常稱道士爲"師公"。如果從這個角度考慮,我們也就不必刻意去尋找一個固有的"師氏法",來與福建明教對號入座。該詞實際就是當時泉州人對那些行符咒之術的明教徒的專稱,而這一稱謂不過是與當地"師公"聯想的產物,認爲彼等屬於"師公"那一類的門派。

總之,筆者認爲泉州明教徒自改教名爲"師氏法"是不大可能的。至於"師氏法"的解讀,如果未能確認名曰"師氏"或"師氏法"的符咒術的存在,則上述拙見或可聊備一說。

4.9 結語

唐代經由中亞入華的波斯 Manichaeism,最初以摩尼教作爲本教的華名;而後華化,以明教自命,這兩個華名均爲朝野所通用。明教作爲摩尼教在華的異名,是一個地地道道的華化名稱,該名稱的流行應在唐

---

[1]"師人","指占卜、星相等術士",詳參《漢語大詞典》第 3 卷相應詞條,漢語大詞典出版社 2001 年版,頁 716。

[2]"師氏"作爲周代官名之一,"掌輔導王室,教育貴族子弟及朝儀得失之事","亦指學官或教師",又"指撫育古代貴族女子並教授其女德者"。(詳參《漢語大詞典》第 3 卷,頁 717。)此外,蒙何方耀先生惠告,大陸的氣功流派亦有名曰"師氏"者,乃託名春秋晉國樂師師曠所創。舉一反三,類似的例子諒必不少。

·歐·亞·歷·史·文·化·文·庫·

會昌宗教迫害之後。

學界所認爲的摩尼教諸多其他稱謂中，大概惟有與教主誕生地相聯繫的"蘇鄰法"或"蘇鄰教"，乃確指該教。其他的稱謂，諸如宋代"喫菜事魔"、"妖幻邪人"之類的叫法，是官方對於帶有宗教色彩的民間羣體組織的惡稱，在官方心目中，摩尼教當然是包括其中，但實際則並非單指該教。宋代之"二襘子"、"牟尼教"、"四果"、"金剛禪"、"揭諦齋"等名號下的羣體組織，可能吸收、效法摩尼教的某些成分，但不大可能是直接脫胎於該教。至於傳統認爲明代的明尊教就是明教，實際只是就名字的推測，兩者之間即便有聯繫，也不能替代。此外，或認爲福建明教最後易名爲師氏法，則可能是緣於原始文獻表述欠明晰所導致的誤會。

摩尼教自其東漸以來，就一直因應東方社會的人文政治環境而自我變異。本文所考察的名稱變化，畢竟只是變異的表象；而更實質的變異，是其行爲方式與中國傳統宗教或主流宗教的靠攏和融合。就涉及中國摩尼教的各種稱謂，我們在考察時，必須注意識別究竟是摩尼教自身華化而產生的異名，抑或是他人冒用摩尼教某些術語或吸收其某些成分而創立的新教派。後者雖然與摩尼教也不無聯繫，但只能看成是受摩尼教影響的門派，而不是摩尼教本身嬗變的產物。重視彼等之間的聯繫和區別，謹慎地使用彼等相應的文獻或實物資料，對於準確地認識摩尼教的華化及最後消亡的歷程，無疑是必要的。

（本篇初刊香港《九州學林》2007 年春季 5 卷 1 期，頁 180－243。）

5 李白《上雲樂》景教思想質疑

5.1 問題的提出

《上雲樂》是李白樂府詩中著名的一首,全詩如下:

> 金天之西,白日所沒。康老胡雛,生彼月窟。嶵巖容儀,戌削風骨。碧玉炅炅雙目瞳,黃金拳拳兩鬢紅。華蓋垂下睫,嵩嶽臨上唇。不覩詭譎貌,豈知造化神。大道是文康之嚴父,元氣乃文康之老親。撫頂弄盤古,推車轉天輪。云見日月初生時,鑄冶火精與水銀。陽烏未出谷,顧兔半藏身。女媧戲黃土,團作愚下人。散在六合間,濛濛若沙塵。生死了不盡,誰明此胡是仙真?西海栽若木,東溟植扶桑。別來幾多時,枝葉萬里長。中國有七聖,半路頹洪荒。陛下應運起,龍飛入咸陽。赤眉立盆子,白水興漢光。叱咤四海動,洪濤爲簸揚。舉足蹋紫微,天關自開張。老胡感至德,東來進仙倡。五色師子,九苞鳳凰。是老胡雞犬,鳴舞飛帝鄉。淋漓颯沓,進退成行。能胡歌,獻漢酒。跪雙膝,並兩肘。散花指天舉素手。拜龍顏,獻聖壽。北斗戾,南山摧。天子九九八十一萬歲,長傾萬歲杯。[1]

作爲一首樂府詩,學者自多從文學的角度進行探討評論;不過,把其作爲宗教史資料加以闡發者間亦有之。發其端者,似可溯至 1924 年上海《申報》所刊署名邠牟的《李太白與基督教》一文。是文把該詩作爲李白與基督教關係之例證,並高度評價該詩的重大史料價值,曰:"此唐

---

[1]過錄自瞿蛻園、朱金城校註《李白集校註》,上海古籍出版社 1980 年版,頁 258–259。

·歐·亞·歷·史·文·化·文·庫·

代基督教輸入之徵也。其價值不在景教流行中國碑之下。"[1]受這篇文章的啓發,日本文學博士中村久四郎於 1926 年發表文章,[2]進一步對這首詩逐句解釋,闡發其中的景教内涵,把詩中的"老胡"界定爲"老景教師",[3]認爲該詩乃描述景教徒到唐朝廷爲皇帝祝壽。[4]

李白這首樂府詩,陳垣先生也早已注意到。1930 年 6 月,他在師範大學講授宗教史所印發之講義《基督教入華史》公刊於《青年會季刊》第 2 卷第 2 期,其間特别提到這首詩:

最近在李白集第三卷中,有一篇叫上雲樂裏,蛛絲馬迹,不無發現。這裏是講異教外人替皇祝壽事。所描寫外人則眼深鼻高,我想這指的是景教僧,然無確實證據。[5]

揣摩陳垣先生這段話,他之所以懷疑詩中所描寫外人是景教僧,不過是因其"眼深鼻高"這一胡貌耳;而我們知道,胡人之宗教信仰是多元的,景教不過是其中一種,其流行的程度至少比不上祆教,故要確認該外人爲景教僧,無疑尚需其他證據。所以陳垣先生並没有像上揭邪牟和中村久四郎那樣把話說死;而且,更没有像他們那樣去演繹詩中的基督教内涵。以陳垣先生當時對基督教史的關注,以及他與日本學者的密切交往,很難認爲他並未讀過他們的文章,其謂"然無確實證據",恐有可能就是不以他們的論證爲然,儘管他亦懷疑詩中所寫外人可能是景教僧。其實,就景教於唐代文化的影響,在該首詩未被提出來討論之前的 1924 年 7 月,陳垣先生就已說過,唐代景教除"以醫傳道"外,"於當時文化,無何等影響"。[6] 即便他已注意到李白《上雲樂》中所留下的蛛絲馬迹,也未因此修正自己前此的看法。

倒是專治唐代中外交通史的名家向達先生,在他 1933 年刊行的

---

〔1〕邪牟《李太白與基督教》,刊《申報》民國 13 年(1924)10 月 2 日第 2 張常識版"宗教"欄。

〔2〕中村久四郎《李太白樂府の景教的解釋》,刊《史學雜誌》第 37 編第 2 號,1926 年,頁 143 –148。

〔3〕中村久四郎《李太白樂府の景教的解釋》,頁 147 下。

〔4〕中村久四郎《李太白樂府の景教的解釋》,頁 148 下。

〔5〕《陳垣學術論文集》第 1 集,中華書局 1980 年版,頁 96。

〔6〕陳垣《基督教入華史略》,初刊《真理周刊》第 2 年第 18 期,1924 年 7 月;收入《陳垣學術論文集》第 1 集,頁 83–92,引文見頁 85。

《中外交通小史》中，表達過類似邨牟和中村久四郎的觀點。其在該書第7章《景教與也里可溫教》中"附註"道：

> 唐朝的景教對當時的思想界究竟發生甚麼影響，以材料不足，很難考索。但是從當世人的著作中偶然可以窺見一二，如李白的《上雲樂》一詩，據近人的研究，其中所詠，便屬景教教理也。[1]

向達先生過錄了李白《上雲樂》全詩後指出：

> 所謂大道元氣，即是景教的上帝。而撫頂弄盤古以下十二句，則爲基督教的創世說同中國相傳的神話糅雜而成。全書中充滿了異國情調，同景教的風趣，以前註釋家多未注意及此。[2]

就向達先生所云，看來只是認同並轉述他人的觀點耳。作爲治中外交通史的專家，對唐代景教的思想文化影響問題，正苦於材料匱乏，一旦有學者在李白《上雲樂》中發現某些蛛絲馬迹，自然很樂於轉介，甚或接納。但對向先生所述觀點，任半塘先生很不以爲然：

> "大道"、"元氣"，中國自有其名，自有其義，難於移屬外國。創世說中國原自有之；既表外教之說，何爲糅雜中國化？李辭全篇所含者，究爲異國情調，抑本國情調？最多還是見仁見智，同一不足以爲定論。[3]

其實，邨牟和中村久四郎文章發表後，學術界像向達先生這樣呼應者並不多，尤其是研究中國古代基督教的權威學者，對他們的觀點似乎一直持保留態度。例如，英國穆爾1930年出版的《一五五〇年前的中國基

---

〔1〕向達《中外交通小史》，商務印書館民國22年（1933）版，頁67。由於向達先生沒有指實"近人"是誰，對上述立論也未加以論證，故頗受詬病。任半塘先生在其20世紀50年代完成的著作《唐戲弄》中批評道："按景教對唐代思想界曾發生何等影響，材料並非不足，而是闕如。向氏指近人曾有此說，然未指實何人。向氏書内引近人之說而指實何人者頗多，此說果出何人，不應獨不指實。"（任半塘《唐戲弄》下册，上海古籍出版社1984年版，頁1270。）任先生看來是懷疑他在自彈自唱。竊以爲，向達先生所謂"近人的研究"，很可能就是指邨牟和中村氏的文章，因爲筆者尚未發現前此有誰提出過這一問題。

〔2〕向達《中外交通小史》，頁67－68。

〔3〕任半塘《唐戲弄》下册，頁1270－1271。

督教史》[1]就完全沒有提及李白這首詩。假如說,穆爾在撰寫這部著作時尚無從讀到上揭中村氏用日文發表的文章的話,那麼,同屬日本學者、畢生研究景教的佐伯好郎,當應知道中村氏 1926 年的文章,但無論在他用英文撰寫的 1937 年初版、1951 年再版的《中國景教文獻和遺物》,[2]抑或用日文撰寫 1943 年出版的《支那基督教研究》,[3]均未論及該詩。這即便不足以說明佐伯不以中村氏的觀點爲然,至少也默證他並未多措意。

不過,到了 1965 年,香港羅香林教授發表文章《景教入華及其演變與遺物特徵》,[4]其中有一大段文字專門討論李白《上雲樂》與基督教的關係。羅教授肯定詩中包含著基督教内容:

> 聶派基督教在西土,雖亦重視君主,然無爲樂舞以祝君主壽年者。而唐代景教據李白所擬作之《上雲樂》一樂府,原註云"老胡文康辭",竟借一景教徒口吻。其樂名雖沿襲於梁武帝時所作原名,演奏時由樂人扮作胡人狀況,牽珍禽奇獸,演爲胡舞,以祝天子萬壽,然李白所擬之内容,則迥與前異,此實反映唐代景教徒或嘗有特殊禮節,以祝君主壽年諸表現。不然,則李白與樂人,亦何能如是爲歌爲舞耶。[5]

羅教授就該詩的一些用詞,從基督教的角度加以解讀,他認爲"大道是文康之嚴父"一句的"大道"一詞,"當指'天父',即'上帝'而言,蓋即《聖經新約·約翰福音》所謂'太初有道,……道就是上帝'之意也"。[6] 這一解釋與上揭的中村久四郎同。[7] 羅教授又稱:

〔1〕A. C. Moule,*Christians in China before the Year* 1550,London,New York and Toronto,1930;repr. New York 1972,Taipei 1972.〔英〕穆爾著、郝鎮華譯《一五五〇年前的中國基督教史》,中華書局 1984 年版。

〔2〕P. Y. Saeki,*The Nestorian Documents and Relics in China*,Tokyo 1937,repr. 1951.

〔3〕佐伯好郎《支那基督教の研究》,東京春秋社昭和十八年(1943)版。有關唐代基督教部分見第 1 卷第 1 篇。

〔4〕羅香林《景教入華及其演變與遺物特徵》,刊臺灣《華岡學報》第 1 卷 1 期,1965 年;收入氏著《唐元二代之景教》,香港中國學社 1966 年版,頁 1-55。

〔5〕引文據羅香林《唐元二代之景教》,頁 17-18。

〔6〕羅香林《唐元二代之景教》,頁 18。

〔7〕中村久四郎《李太白樂府の景教的解釋》,頁 145 下。

所謂"中國有七聖",殆指唐之高祖、太宗、高宗、武后、中宗、睿宗及玄宗,蓋唐人多如是稱也。所謂"陛下應運起"之陛下,殆指平定安祿山禍亂之肅宗,即《景教流行中國碑頌並序》所云之"重立景寺"者,以樂舞爲天子祝壽,"跪雙膝,並兩肘","拜龍顏,獻聖壽",乃中國禮俗,景教徒或亦受當日風氣所左右也。此其變異者四。[1]

此處對"七聖"的解釋亦同中村氏;[2]而對肅宗的認定,作者有另加註釋曰:

見王琦輯註《李太白全集》卷三《上雲樂》"天闕自開張"句下詳註。

這亦與中村氏一樣。通過比較,我們不難發現,羅教授對該詩基督教內涵的討論,可能與中村氏不謀而合,更可能是對中村氏觀點的進一步闡發,儘管他並沒有提到中村氏的文章。至於上揭任半塘先生的觀點,其時定居香港的羅教授當然無從獲悉。

1995 年,内地學者劉陽先生發表專文《李白〈上雲樂〉宗教思想探》。[3] 文中提到任先生的觀點,但並未接受。作者依據古代中西交通以及景教入傳唐代中國這一大背景,論證景教思想進入李白詩作的可能性;除對羅教授所持觀點多所闡發外,最後還明確得出結論:"李白此篇樂府實爲基督教創世說與我國神話糅雜而成,說明基督教思想已逐步滲入中國文學之中。"[4]這顯然與上揭向達先生所表述的觀點類同,儘管文章並沒有提及向氏的有關著作。

論者把李白《上雲樂》目爲唐代景教的重要史料,認爲這篇樂府實際是描述來華景僧爲肅宗祝壽的情景,裏面包含了某些景教概念和思想。言下之意,就是不可低估景教對唐代社會思想文化的影響。但事實上,自 20 世紀 20 年代以來,儘管學術界對唐代景教的本土化現象不

〔1〕羅香林《唐元二代之景教》,頁 18 - 19。

〔2〕中村久四郎《李太白樂府の景教的解釋》,頁 146 下。

〔3〕劉陽《李白〈上云樂〉宗教思想探》,刊《解放軍外語學院學報》1995 年第 3 期,頁 101 - 104。

〔4〕劉陽《李白〈上云樂〉宗教思想探》,頁 104。

無發現,認識亦不斷深化,[1]但對其思想文化影響,如果把本篇正討論的李白《上雲樂》苟置不論,則殆無新文獻或新文物可資實質性的證明。亦正因爲如此,到了 21 世紀伊始,業師蔡鴻生先生對唐代景教仍提出這樣一個評價:"如果著眼於一種文明的命運,建中二年(781)建立的景教碑就不是甚麼流行中國的光荣榜,而是一塊驗證大秦景教從流亡到流產的墓誌銘了。"[2]這一評價與上引陳垣先生認爲唐代景教"於當時文化,無何等影響"的論斷,實際是一脈相承,異曲同工。職是之故,論者對李白《上雲樂》基督教內涵的論證是否能得到確認,關係到我們對唐代景教歷史地位、社會影響的整個評價,我們不得不加以謹慎檢驗。

檢驗李白《上雲樂》是否果有基督教的內涵,似不必贅證李白生活年代是否有景教在中土傳播的問題。因爲自明季西安發現《大秦景教流行中國碑》以來,近三百年來經中外衆多學者的研究,該問題已徹底解決了,毫無懷疑的餘地。檢驗李白《上雲樂》是否果有基督教的內涵,亦不在乎考證唐代景教徒是否"嘗有特殊禮節,以祝君主壽年"。因爲中國向無國教,自來宗教只能服從政治,尤其是在唐代中國,朝廷至上,皇帝至尊,各種宗教無不爭相討好宮廷,即便西方基督教根本沒有祝君主壽年的特殊禮節,但進入中土後,亦自可發明創新。[3] 檢驗李白《上雲樂》是否果有基督教的內涵,關鍵是考證詩中所描寫的主體情節,即老胡爲唐天子祝壽事,是寫實或接近寫實,抑或純屬文學虛構;在這個基礎上,進一步釐清論者所云的其中一些術語是否果與景教有關。如是,問題始可望迎刃而解。

〔1〕學界有關該問題討論的概況詳參胡戟等主編《二十世紀唐研究》,中國社會科學出版社 2002 年版,頁 607 – 608。

〔2〕蔡鴻生《〈唐代景教再研究〉序》,見氏著《仰望陳寅恪》,中華書局 2004 年版,頁 209。

〔3〕葛承雍教授提交 2006 年 6 月 1—6 日在奧地利薩爾茨堡舉行的"中國與中亞的景教"國際學術研討會論文《景教歌詠音樂在唐元時代的傳播與影響》中,特別注意到西安景教碑所載天寶三載(744)的事件:"大秦國有僧佶和,瞻星向化,望日朝尊。詔僧羅含、僧普論等一七人,與大德佶和於興慶宮修功德",認爲"這條錄文表明來自叙利亞的新主教佶和到達中國的第 1 年,便接到了皇帝的詔書,與大秦寺僧羅含、普論等 17 人前往興慶宮修功德"(該文修訂稿《唐元時代景教歌詠音樂思想考述》發表於《中華文史論叢》2007 年第 3 輯,頁 157 – 178)。既然能爲君主舉行修功德的儀式,爲君主祝壽自然也就不在話下了。

在歷史學家心目中,詩歌、小說、戲劇、散文等古代文學作品,都可以反映或折射某些歷史的真實,都可以作爲史料使用。不過,史籍的使用,尚且要甄別真僞或差錯,文學作品作爲史料使用,自然更應注意其所寫內容的真實程度,是否虛構,有無誇張或隱諱等等。論者既然要把李白《上雲樂》目爲史料,認爲其反映的是西域老景教士東來向唐天子拜壽,這自然首先要鑑定其內容的可信度。在這個大前提解決後,始能進一步討論其宗教內涵。下面擬就該問題略作考察。

5.2　老胡祝壽是史實還是文學虛構

諸多討論李白《上雲樂》的文章,都注意到清代學者王琦輯註的《李太白文集》在該詩題下有如下註釋:"原注:老胡文康辭,或云范雲及周捨所作,今擬之。"郭沫若先生認爲李白《上雲樂》是"根據梁代周捨的原辭發展了的"。[1] 學術界大體是這樣認定的。因此,吾人無妨將其與被擬的周捨(?—524)《上雲樂》略作比較。今把周捨《上雲樂》迻錄如下:

> 西方老胡,厥名文康。遨遊六合,傲誕三皇。西觀濛汜,東戲扶桑。南泛大蒙之海,北至無通之鄉。昔與若士爲友,共弄彭祖扶牀。往年暫到崑崙,復值瑤池舉觴。周帝迎以上席,王母贈以玉漿。故乃壽如南山,志若金剛。青眼智智,白髮長長。蛾眉臨髭,高鼻垂口。非直能俳,又善飲酒。簫管鳴前,門徒從後。濟濟翼翼,各有分部。鳳皇是老胡家雞,師子是老胡家狗。陛下撥亂反正,再朗三光。澤與雨施,化與風翔。覘雲候呂,志遊大梁。重馴修路,始居帝鄉。伏拜金闕,仰瞻玉堂。從者小子,羅列成行。悉知廉節,皆識義方。歌管愔愔,鏗鼓鏘鏘。響震鈞天,聲若鵾皇。前卻中規矩,進退得宮商。舉技無不佳,胡舞最所長。老胡寄篋中,復有奇樂章。齎持數萬里,願以奉聖皇。乃欲次第說,老耄多

〔1〕郭沫若《李白與杜甫》,人民文學出版社 1971 年版,頁 13。

所忘。但願明陛下,壽千萬歲,歡樂未渠央。[1]

比較李、周兩篇《上雲樂》,都是以西方老胡向中國天子祝壽爲主題,儘管作爲祝壽的具體對象不同。周捨生活在梁武帝時代,心目中的壽翁自是梁武帝蕭衍;而李白撰詩的具體年代,學術界的意見尚不統一,但可以肯定,不是在玄宗朝,便是在肅宗朝,[2]亦即是説,其心目中的壽翁不是唐玄宗李隆基,就是唐肅宗李亨。兩篇樂府所描述的祝壽活動,其主要祝壽者均是老小胡人,而且均非一般凡人。在周詩中,老胡的形貌是"青眼智智,白髮長長。蛾眉臨髭,高鼻垂口";在李詩中,則描寫爲"巉巖容儀,戌削風骨。碧玉炅炅雙目瞳,黃金拳拳兩鬢紅。華蓋垂下睫,嵩嶽臨上唇。不覩詭譎貌,豈知造化神"。益顯神仙風貌。總之,都是以西域非凡人來向中國天子祝壽爲主題。祝壽舞蹈中亦都突出西域獅子和鳳凰的形象。兩篇詩歌的文辭雖不同,但情節無疑類似。因此,即便歷史上果有老胡向梁武帝祝壽引發周捨詩興,亦很難想象李白適有同樣緣遇,因睹老胡向唐天子拜壽遂擬周捨《上雲樂》以誌。較合理的解釋是:李白沿襲一個以華夏爲中心、四裔歸順、頌揚聖上豐功偉績的傳統主題,根據周詩的基本情節進行再創作。假如歷史上果有西域老胡以特有的技藝表演來向中國皇帝祝壽,並且已經形成習慣定式,那歷代的史書應有所記錄纔是,何以僅見於文學作品呢? 因此,就老胡拜壽事,與其目爲史實,毋寧視爲文學的虛構,視爲李白刻意向皇帝獻媚的一種借託。

其實,多年來文藝理論家對周捨、李白這兩首《上雲樂》十分關注,

---

〔1〕〔宋〕郭茂倩《樂府詩集》卷51《清商曲辭八》,中華書局1979年版,頁746-747。

〔2〕分歧的理據之一是對詩中"陛下應運起,龍飛入咸陽。赤眉立盆子,白水興漢光"的解讀,或釋讀爲"將肅宗之定亂與繼統,比作漢光武之中興",見任半塘《唐戲弄》下冊,頁1254;或認爲"謂玄宗舉兵平韋后之亂","以光武喻玄宗",見安旗主編《李白全集編年注釋》,巴蜀出版社1990年版,頁474-475。另一理據是對"中國有七聖"的解讀不同,有的認爲是指"唐之高祖、太宗、高宗、武后、中宗、睿宗及玄宗",有的排除非李姓的武后,則包括肅宗。按《舊唐書·王縉傳》有云:"五臺山有金閣寺,鑄銅爲瓦,塗金於上,照曜山谷,計錢巨億萬。縉爲宰相,給中書符牒,令臺山僧數十人分行郡縣,聚徒講説,以求貨利。代宗七月望日於内道場造盂蘭盆,飾以金翠,所費百萬。又設高祖已下七聖神座,備幡節、龍傘、衣裳之制,各書尊號于幡上以識之,异出内,陳於寺觀。"見《舊唐書》卷118,中華書局1975年版,頁3418。據此,則"七聖"乃排除武后而包括肅宗也。緣與本篇主旨無關,不詳細討論。

作過很深入的研究。一般都把《上雲樂》當爲一種文學體裁,源於6世紀的梁武帝,作爲"致語",誦於神仙向天子拜壽舞蹈之前。[1] 著名的戲曲理論家周貽白先生根據周捨《上雲樂》,對詩中老胡作了具體的詮釋:

> 所謂"老胡文康",不過裝扮成一個西域老翁,帶領一班門徒,還用人扮成的鳳凰、獅子、孔雀、文鹿等禽獸的形兒。主要的表演卻是舞蹈,其間或有隊舞、獨舞,禽獸的形兒舞。有器樂伴奏,也許有歌唱。[2]

周先生進一步點明該"老胡文康","係由當時的俳優所扮裝,或戴面具,或化裝成白髮長眉,高鼻垂口"。[3] 如果周先生這一判斷不錯,則老胡不過是當時流行樂舞中"僞作假形,謂如神也"的"仙倡",[4] 絕非真來自西域的神仙或甚麼高人。就老胡的角色功能,伏俊璉先生根據前輩學者的研究,更明確表述道:

> 在舞蹈之前,由文康先誦一段開場白,誇述其來歷,並自表形貌和技藝,並借機頌揚"聖德"。[5]

李白的《上雲樂》無疑是繼承這一套式。不過,由於作爲拜壽對象的具體天子不同,所頌的"聖德"各自有別,歌辭也就相應翻新,但主旨都是一致的:獻媚天子。

當然,作爲"西方神仙"的創作源泉是否與基督教有關,這還有進一步討論的餘地。不過,假如像論者認定的那樣,李白詩中的"老胡文康"就是"老景教師"的話,那周捨所寫的"老胡文康"又是甚麼? 難道在梁武帝時代就已有景教師入華並專門向他祝壽? 難道周捨對基督教也有所了解? 基督教入華的年代當然有可能早於傳統所認爲的唐代,

---

〔1〕就這方面,任半塘先生作過很專門深入的研究,見氏著《唐戲弄》下冊,頁 1250–1287。

〔2〕周貽白《中國戲劇的形成和發展》,見氏著《中國戲曲論集》,中國戲劇出版社 1960 年版,頁 4。

〔3〕周貽白《中國戲劇的形成和發展》,見氏著《中國戲曲論集》,頁 4。

〔4〕《文選》張平子《西京賦》薛綜註,見饒宗頤編《敦煌吐魯番本文選》,中華書局 2000 年版,圖版,頁 16。

〔5〕伏俊璉《〈漢書·藝文志〉"雜行出及頌德"、"雜四夷及兵"賦考》,刊《西北師大學報》(社會科學版)2001 年第 38 卷第 4 期,頁 53。

但目前還沒有發現確鑿的證據。[1] 而上錄周捨的詩明顯是"演王母與穆天子故事",[2]其中,"師子是老胡家狗",尤與基督教《聖經》格格不入。檢索《聖經》(英文版),提及獅子(lion)凡175處,[3]從各種語境中,不難看出《聖經》賦予獅子的主要品性是勇猛,而且亦多次提到人與獅子你死我活的搏鬥。正如學者所指出:"《聖經》是西方文學的一大源泉,是《聖經》確立了獅子與勇猛之間的聯繫。"[4]如果周捨所寫的老胡與基督教有關的話,恐不可能把獅子當爲馴服的家犬。而李白的詩更突出對獅子的描寫:"五色師子,九苞鳳凰。是老胡雞犬,鳴舞飛帝鄉。淋漓颯沓,進退成行。"研究舞蹈史的學者認爲,此間所描寫的獅舞乃是古代獸舞之一。"獸舞,與百戲中弄獸不同,以舞者扮獸類舞,或模倣獸類跳躍回旋的動作。"[5]一提到獅舞,學者往往把其與《西涼伎》聯繫起來。[6] 一般認爲,"《西涼伎》是古代西域音樂、歌舞進入玉門關後,在河西走廊長期流傳並吸收了部分漢族文化而定型的一個極富有地域特色的文化品類,其內容起初包括音樂、舞蹈、雜技等。到了中唐時期,它又成了元稹、白居易"新樂府"詩歌中"即事名篇"的詩題"。[7] 此處提到的元白"即事名篇",即元稹《和李校書新題樂府十二首·西涼伎》(《全唐詩》卷419)和白居易《西涼伎》(《全唐诗》卷427,《樂府詩集》卷98《新樂府辭九》)。學者又認爲:"在《西涼伎》中,最有名也最具有生命力的藝術形式莫過於獅子舞了。"[8]此語良有以也。請看白居易《西涼伎》首節:"西涼伎,西涼伎,假面胡人假師子。刻木爲頭絲作尾,金鍍眼睛銀帖齒,奮迅毛衣擺雙耳,如從流沙來萬里。

---

〔1〕學界有關該問題討論的概況詳參胡戟等主編《二十世纪唐研究》,頁606右。

〔2〕任半塘語,見《唐戲弄》下冊,頁1251。

〔3〕網址爲 http://www.hti.umich.edu/r/rsv/simple.html,主網址爲:http://www.hti.umich.edu/r/rsv/,版本爲 Bible, Revised Standard Version.

〔4〕傅存良《李白〈上雲樂〉中的獅子形象》,刊《中國比較文學》1996年第2期,頁65–74;引文見頁67。此文對《聖經》中有關獅子的經文多有引證,不贅。

〔5〕中國舞蹈藝術研究會舞蹈史研究組編《全唐詩中的舞蹈資料》,人民音樂出版社1958年版,頁196。

〔6〕參陳寅恪《元白詩箋證稿·西涼伎》,上海古籍出版社1982年版,頁223–232。

〔7〕陳國學《西涼伎瑣議》,刊《社科縱橫》1999年第2期,頁44–45;引文見頁44左。

〔8〕陳國學《西涼伎瑣議》,頁44右。

紫髯深目兩胡兒,鼓舞跳樑前致辭。"元稹《西涼伎》:"獅子搖光毛彩
豎,胡騰醉舞筋骨柔。"兩詩都突出了獅子舞。吐魯番考古亦發現了唐
代獅舞俑,[1]可見當時流行的普遍。又據楊憲益先生考證,17 世紀顧
景星的《蘄州志》記載其時蘄州民間社戲尚保存唐代的《西涼伎》,其間
顯著的特色就是獅子舞。[2] 當今各地民間所流行的舞獅,據業師蔡鴻
生先生的考證,乃"唐宋時代的遺風餘韻"[3]。中日學者的研究也證明
獅子舞曾傳到日本。[4] 不過,必須强調的是,儘管獅子來自西域,但獅
子舞實際是一種頗爲華化的舞蹈。因爲古代波斯藝術中流行的風格是
"人獅搏鬥",而"人獅共舞",顯然是爲適應中國人文環境而產生的變
異,"因爲,按華夏文化的傳統,人(人文界)與天(自然界)的關係,應該
是和諧的,而不是對抗的"[5]。

　　以上所論,無非是要説明景教藝術中是不可能出現人獅共舞的場
面的。當然,無論是李白抑或周捨的《上雲樂》,除了老胡是西域打扮
外,所描寫的種種技藝表演亦確有不少異域情調,尤其是李詩。其所寫
"五色獅子"舞,很可能出自龜兹。正如陳寅恪先生考證上揭"白(居
易)詩首節敍舞獅戲情狀諸句"時,引"樂府雜錄龜兹部"條云:

　　　　戲有五常獅子,高丈餘,各衣五色。每一獅子,有十二人。戴

　　紅抹額,衣畫衣,執紅拂子,謂之獅子郎,舞太平樂曲。[6]

這裏的"五常獅子"、"各衣五色",當即李白詩中的"五色師子"。"五
色",照辭書的傳統解釋,謂"青黃赤白黑"。在周詩裏,雖提到獅子、鳳
凰,但對其舞姿並無具體描述;而李詩不僅有具體描述,而且特別指出
參加舞蹈的獅子有五色。這實際暗示我們,在李白撰詩的年代,獅舞比

　　〔1〕王克芬《中國宮廷舞蹈發展的歷史軌迹及深遠影響》,見榮新江主編《唐研究》第 10 卷,
北京大學出版社 2004 年版,頁 94。
　　〔2〕楊憲益《民間保存的唐〈西涼伎〉》,見氏著《譯餘偶拾》,三聯書店 1983 年版,頁 67 – 71。
　　〔3〕蔡鴻生《唐代九姓胡與突厥文化》,中華書局 1998 年版,有關考證見《獅在華夏》章,即頁
195 – 211。
　　〔4〕參閱葛曉音、戶倉英美《日本吳樂"獅子"與南朝樂府》,刊榮新江主編《唐研究》第 10 卷,
頁 111 – 138。
　　〔5〕蔡鴻生《唐代九姓胡與突厥文化》,頁 203。
　　〔6〕陳寅恪《元白詩箋證稿·西涼伎》,頁 230。

周捨所生活的年代更有所發展,至少是在演出規模上更加壯觀。正如著名的舞蹈史家王克芬先生所指出:

> 唐代的"獅舞"已從"百戲"的綜合性表演中"獨立"出來,不僅在服飾化妝上做到形似,並采用豐富的舞蹈辭彙,刻畫獅子的各種情態,力圖做到神似。"獅子舞"已發展到一個新的水平。[1]

當然,這種發展與盛唐年代胡漢交往的空前密切自不無關係。更有,李白的"五色師子",實際亦暗示我們,其所描述的樂舞表演確是面向天子,屬於舞蹈史家所指的"隋、唐宮廷宴享典禮所用樂舞",即所謂隋唐"燕樂"。[2] 因爲據陳寅恪先生的考證,"黃獅子者,非天子不舞也"。[3] 既然是"五色師子",自然包括黃獅子。李白對"五色師子"表演的渲染,顯然是爲了彰顯唐天子的崇高地位。此外,其詩中所云的"中國有七聖",儘管今人對七聖的認定是包括武則天抑或肅宗尚有疑義,但指大唐開國以來諸皇帝則無爭議。突出中國諸皇帝,同樣是爲了強調大唐爲中心、四裔來朝的帝國思想。就這一點來説,是周詩所無的,也是周詩所不可能有的,因爲畢竟梁朝的國力遠不可與唐朝倫比。

誠如任半塘先生所指出,白詩中"含有不少百戲情形","並可能暗示一些幻術表演"。[4] 這些在某種程度上亦反映了異域情調。王克芬先生把"百戲"定義爲"雜技、武術、幻術、滑稽表演、音樂演奏、演唱、舞蹈等多種民間技藝的綜合表演"。[5] 若然,則任先生所提到的幻術表演,當亦屬於百戲内容之一。王克芬先生還在西漢桓寬所編著的《鹽鐵論》中找到有關百戲的詳細記載,並認爲百戲在漢代已頗爲盛行:"'百戲'中的各種表演項目,不僅廣泛盛行於民間,還以最具代表性,最能顯示漢王朝表演藝術形式經常出現在宮廷,出現在皇帝招待域外使節及少數民族首領的宴會上。"[6]"漢代匯集了前代和外來的多種民

---

〔1〕王克芬《中國舞蹈史》(隋、唐、五代部分),文化藝術出版社1987年版,頁152-153。

〔2〕參閲王克芬《中國舞蹈史》(隋、唐、五代部分),頁89。

〔3〕大唐傳載(參唐語林伍補遺)云:"王維爲太常丞,被人嗾令舞黃獅子,坐是出官。黃獅子者,非天子不舞也。"見陳寅恪《元白詩箋證稿·西涼伎》,頁230。

〔4〕任半塘《唐戲弄》下册,頁1251。

〔5〕王克芬《中國舞蹈發展史》(增補修訂本),上海人民出版社2003年版,頁81。

〔6〕王克芬《中國舞蹈發展史》(增補修訂本),頁82。

間表演技藝,組成大型的綜合性表演——‘百戲’,廣泛流傳在宮廷、貴族和平民中間,這是漢代最主要的表演藝術形式。”[1]根據這些經過嚴謹考證的結論,我們認爲李白所描寫的唐代百戲,固然由於唐代中西交通的發達增加了不少異域情調,但基調還是對前代的繼承和發展。新增加的一些異國情調可能來自基督教教派流行的地區,如拜占庭、敍利亞等,但與基督教都沒有甚麼直接或内在的聯繫,緣在基督教進入該等地區之前,早就有這些百戲表演了,何況該等表演的形式和内容,於基督教的教義或禮儀均無徵。其無疑屬於西域文化,但非景教文化。在漢籍文獻的記載中,來華從事這些技藝表演的西域胡人,確有祆教徒,[2]但迄今未聞有任何學者能指證其中也有景教徒。即便論者認爲李詩中百戲表演的胡人就是景教徒,那亦不過是孤證,缺乏説服力。

當然,否定周捨《上雲樂》中有景教的成分,否定李白《上雲樂》中老胡拜壽事的歷史真實性,不等於就能否定李白在《上雲樂》的再創作過程中可以添加某些新的宗教成分,即如論者所云的景教教理。下面擬就該詩的所謂教理問題略作探討。

5.3 “大道”、“元氣”有無可能指
景教的上帝

在李白《上雲樂》中,“大道是文康之嚴父,元氣乃文康之老親”兩句被認爲最具景教的味道。按,“大道”本來就是道家固有的術語,“言道乃萬物之母也”。[3]《老子道德經》有云:“大道氾兮,其可左右,萬物恃之以生而不辭。”“元氣”亦爲道家的術語,謂“大化之始氣也”,[4]即“天地未分前混一之氣”。[5]《漢書·律曆志》第1上有云:“太極元

〔1〕王克芬《中國舞蹈發展史》(增補修訂本),頁85。

〔2〕如陳寅恪先生所考證的“伎女石火胡”的雜技表演,見氏著《元白詩箋證稿》,頁156;陳垣先生在《火祆教入中國考》所考證的唐張鷟《朝野僉載》卷3河南府立德坊、南市西坊胡天神廟以及涼州祆神祠祆主的幻術表演,見《陳垣學術論文集》第1集,頁317。

〔3〕參閱李叔還《道教大辭典》,浙江古籍出版社1987年影印版,頁210上。

〔4〕參閱李叔還《道教大辭典》,頁93下。

〔5〕參閱《辭源》修訂本,商務印書館1987年版,頁271右。

氣,涵三爲一。"〔1〕這些均爲辭書的常識。本來從字面上是不難解讀這兩句詩的,因爲學者們已確認這位祝壽的老胡名曰"文康",那麼既然稱大道和元氣是他的父母,無非就是言其於開天闢地時就已誕生,是名符其實的"仙真"。其與基督教毫無關係,因爲按基督教的創世說,萬物爲上帝所造,造物主只有一個,如果李白有意借用基督教的創世說,就不會把造物主變成爲"大道"和"元氣"一對父母。更有,如果李白知道並認同基督教上帝造人之說,在其詩中就不可能再來胡謅甚麼"女媧戲黃土,團作愚下人。散在六合間,濛濛若沙塵"。因爲把女媧當爲人類始祖,不過是古代中國母性崇拜的產物,〔2〕與基督教上帝造人說絕對不相容,斷不能"雜糅"在一塊。如果說,李白是借道教"仙真"來爲唐天子祝壽,那就完全順乎情、合乎理。道教之所以對歷代統治者有吸引力,實際不在其教理,而在於其講究長生不老之術。像文康這樣一位開天闢地就已有之的仙真,都來向天子拜壽,那麼天子自然是長生不老了。亦正因爲如此,任半塘先生認爲李白《上雲樂》"道教思想濃厚"。〔3〕其實,李白心目中老胡的宗教屬性在詩裏已夫子自道了:"生死了不盡,誰明此胡是仙真?""仙真",是道教對那些修煉得道、已經超脫凡俗的人,即所謂仙子、真人的稱謂,並無半點景味。而唐代基督教史的常識告訴我們,傳入的基督教派最初被官方稱爲波斯教或波斯經教,至天寶四載(745)九月,又被官方改稱大秦教。〔4〕假如李白果認爲該老胡就是老景教師的話,恐怕就不該用"仙真"稱之,起碼應有來自大秦或波斯之類的某些暗示。

被李白附會到老胡身上的這些地道的道教或道家術語,卻被論者解讀成是指代上帝的景教術語。最初提出這一說法的邵牟和中村久四郎並沒有就此作出甚麼解釋,倒是上揭羅香林教授稱,"蓋即《聖經新約·約翰福音》所謂'太初有道,……道就是上帝'之意也"。劉陽先生

---

〔1〕中華書局1962年版,頁964。

〔2〕參閱楊堃《女媧考——論古代的母性崇拜與圖騰》,見《楊堃民族研究文集》,民族出版社1991年版,頁497–520。

〔3〕任半塘《唐戲弄》下冊,頁1251。

〔4〕有關唐代基督教在華的稱謂,參閱本書第4篇《摩尼教華名辨異》。

除引證了這一段《聖經》的漢譯文外，同時並著錄其英文："In the beginning was the Word, and the Word was with God, and the Word was God."[1]按，此處所引的漢譯《聖經》，並非唐代譯本，而是今人的譯本。其中把西文的 Word 意譯爲"道"，爲"上帝"，這完全是諧於中國傳統文化的近現代傳教士的傑作，絕非是繼承唐代景教徒的譯法。如此引用近人的譯例來證明古人亦必如此理解，乃以後證前也。嚴謹的論證應是援引唐代以"道"或"元氣"來指代景教上帝的譯例，惜迄今沒有學者能就此作出成功的舉證。論者復云：

> 《聖經》中說上帝用泥土造人，始有人類。景教碑說："先先而無元，鼓元風而生二氣，暗空易而天地開，日月運而天地作。匠成万物，然立初人。"可見"大道"、"元氣"有指稱胡人創造萬物的"天父"的意思。[2]

此處論者並沒有忠實引證景教相關碑文，現據中山大學圖書館所藏景教碑乾隆朝的拓片著錄如下：

> 先先而无元，窅然靈虛，後後而妙有。惣玄摳而造化，妙衆聖以元尊者，其唯我三一妙身无元真主阿羅訶歟！判十字以定四方，鼓元風而生二氣，暗空易而天地開，日月運而晝夜作，匠成万物，然立初人。[3]

就這個問題的論證，上揭論者在引證相關的西安景教碑文時，漏了中間最關鍵的一句，而正是這一句，明確地道出立景教碑時，在華的景教徒把其心目中的造物主，即上帝乃稱爲"阿羅訶"，而不是甚麼"大道"或"元氣"。在敦煌發現的唐代景教寫本《宣元本經》，還用了114個字來解釋這個"阿羅訶"：

> 吾曰太阿羅訶，開無開異，生無心浼，藏化自然渾元發。無發，無性，無動，靈虛空買，因緣機軸。自然着爲象本，因緣配爲感乘。剖判紊羅，三生七位，浼諸名數，无力任持；各使相成，教了反元真

---

〔1〕劉陽《李白〈上云樂〉宗教思想探》，頁103。
〔2〕劉陽《李白〈上云樂〉宗教思想探》，頁103。
〔3〕見本書第11篇附錄《西安景碑釋文》第1－2行。

體。夫爲匠無作以爲應旨,順成不待而変,合无成有,破有成无;諸
所造化,靡不依由,故号玄化匠帝无覺空皇。[1]

從這一解釋中,表明當時的景教徒無疑是以“阿羅訶”來指造物主。
“阿羅訶”一詞,係敘利亞語 Aloha 的音譯,相當於希伯來語 Eloh 或 E-
lohim,即今通稱的耶和華,這在學界已成定論。由於這個名稱畢竟是
音譯,中國人未必樂於接受,故又給其安上了一個頗有道教味道的漢文
稱謂——“玄化匠帝无覺空皇”。在這篇討論萬物起源的經文中,儘管
借用了不少道家的術語、概念,但未見采用“大道”和“元氣”這兩個詞。
筆者曾考釋過該經,認爲其出自景淨的手筆。[2] 該經曾流行於唐代,
亦爲新近文物發現所證實。[3] 在現存的敦煌本唐代景教寫經中,一般
被認爲是同屬景淨作品的《景教三威蒙度讚》(P. 3847),也是用“阿羅
訶”來指造物主:

> 无上諸天深敬歎,大地重念普安和,人元真性蒙依止,三才慈
> 父阿羅訶。[4]

同樣被認爲屬景淨作品的《志玄安樂經》,道味甚濃,全經沒有出現阿
羅訶一名,但也未見使用“大道”和“元氣”二詞。如果學者對這些經文
撰譯者的判斷無誤的話,則益證明至少在景淨年代,景教徒對造物主的
稱謂,並不習慣用“大道”或“元氣”來指代。由是,吾人不得不認爲論
者的立論,正是應了陳垣先生“無確實證據”那句話。

由於現存的唐代景教文獻,確實攪雜了某些道家的成分,因此,如
果文獻中出現某些帶有道家色彩的域外高人,難免引起懷疑其或與景
教有關。既然李白筆下的老胡頗類“仙真”,論者懷疑其爲景士,亦是
可以理解的。但大膽的假設,需要小心地求證,慎下結論。要徹底落實

---

〔1〕錄文參閱本書第 8 篇《經幢版景教〈宣元至本經〉考釋——唐代洛陽景教經幢研究之
一》。

〔2〕拙文《敦煌遺書〈大秦景教宣元本經〉考釋》,初刊香港《九州學刊》第 6 卷第 4 期敦煌學
專輯,1995 年,頁 23－30;修訂稿見拙著《唐代景教再研究》,頁 175－185。

〔3〕詳本書第 8 篇《經幢版景教〈宣元至本經〉考釋——唐代洛陽景教經幢研究之一》。

〔4〕參閱拙文《敦煌景教寫本伯 3847 之再研究》,刊《敦煌吐魯番研究》第 5 卷,北京大學出
版社 2000 年版,頁 59－77;修訂稿見拙著《唐代景教再研究》,中國社會科學出版社 2003 年版,頁
123－145。

這個問題,吾人不但得釐清在李白生活的年代,中國境內的景教徒是否曾經,或有無可能把這"大道"、"元氣"這兩個道家術語用於指代其所崇拜的最高神,還得查清李白本人在生時,是否曾與景教師接觸,是否曾讀過或研究過景教的經典,以至認爲景教的造物主就相當於道家的"大道"、"元氣"。

按,一般認爲李白出生於武則天長安元年(701),卒於代宗寶應元年(762),但新近亦有學者認爲李白應生於神龍初年(約705),卒於大曆初年(約766),[1] 即無論如何,他一生主要活動於玄宗朝(712—755)和肅宗朝(756—761)。而景淨之立景教碑是在唐德宗建中二年(781),時李白已去世多年。有關景淨活動的另一個可考年代,見日本學者高楠順次郎所發現的《貞元新定釋教目錄》卷10的有關記載,云景淨於貞元年間(785—804)與迦畢試高僧般若合譯佛經,結果吃力不討好,遭到皇上批評。[2] 由是看來,景淨之活躍於中土傳教譯經,應在肅宗之後,應爲李白的後輩。從西安景教碑的碑文和景淨撰譯的一系列經文看,學界咸認爲景淨爲景教的本土化做出了巨大的貢獻。但由於李白所處年代早於景淨,殆不可能接觸景淨,亦不可能讀到他這些道化的作品。因此,即便論者所舉證的景淨用語能與李白的作品"對號入座",亦缺乏説服力,更遑論用以比附的例證都"貨不對板"。

既然李白主要生活於玄宗、肅宗年代,其時所已流行的景教經文中,是否有或可能有采用"大道"或"元氣"這類道家術語或概念呢? 就迄今已知的唐代景教寫經中,不僅已確認爲真品的經文無從找到這些用語,就是那些疑爲贋品的敦煌寫本中,[3] 亦未能找到。例如學界所

<hr>

〔1〕見舒大剛《再論李白生卒年問題》,刊《四川大學學報》2005年第5期,頁101-108。

〔2〕原文爲:"時爲般若,不嫻胡語,復未解唐言;景淨不識梵文,復未明釋教。雖稱傳譯,未獲半珠;徒竊虛名,匪爲福利。錄表聞奏,意望流行。聖上睿哲文明,允恭釋典,察其所釋,理昧詞疏。且夫釋氏伽藍、大秦寺,居止既別,行法全乖。景淨應傳彌師訶教;沙門釋子,弘闡佛經。欲使教法區分,人無濫涉;正邪異類,涇渭殊流。"參閱 J. Takakusu, "The Name of 'Messiah 'Found in a Buddhist Book; the Nestorian Missionary Adam, Presbyter, Papas of China, Translating a Buddhist Sutra", *T'oung Pao*, Vol. VII, 1896, pp. 589-591.

〔3〕有關敦煌景教寫經的收藏及研究詳參拙文《敦煌漢文景教寫本研究述評》,初刊余太山主編《歐亞學刊》第3輯,中華書局2002年版,頁251-287;修訂稿見拙著《中古三夷教辨證》,中華書局2005年版,頁161-214。

熟悉的小島文書,其屬贗品,已沒有甚麼人提出異議;但其依據甚麼文本,現在尚未確認。其《大秦景教大聖通真歸法讚》,首句便是"敬禮大聖慈父阿羅訶",對造物主的稱呼乃與景教碑同,用音譯"阿羅訶"。另外兩個寫本向被目爲唐代景教的早期譯經,即日人富岡謙藏氏收藏的《一神論》和高楠順次郎氏藏的《序聽迷詩所經》,但依筆者的考證,現存的寫本顯爲今人僞造的贗品,但其內容或依據已佚失的敦煌古本。[1] 在這兩個抄本上,都提到造物主,但均未見有關的兩個術語。《序聽迷詩所經》起始 7 行有云:

> 尒時弥師訶說天尊序娑法云,異見多少? 誰能說經義難息事? 誰能說天尊在後顯何在? 停止在處其何? 諸佛及非人平章天、阿羅漢。誰見天尊;在扵衆生,無人得見天尊,何人有威得見天尊? 爲此,天尊顏容似風,何人能得見風? 天尊不盈少時,巡歷世閒居徧,爲此人人居帶天尊氣,始得存活。[2]

在這段話中,"天尊"無疑是指造物主。"天尊"乃道教術語,也就意味著該寫本即便抄自唐代景教的早期譯本,亦只能證明其時景教徒乃借用道教術語"天尊"來稱造物主。

富岡謙藏氏收藏的《一神論》寫本,其中也有專論造物主之神力,起始 7 行有云:

> 万物見一神。一切万物既是一神一切所作,若見所作,若見所作之物,亦共見一神不別。以此故知一切萬物,並是一神所作,可見者不可見者,並是一神所造。之時當今,現見一神所造之物,故能安天立地,至今不變天。無柱支託,若非一神所爲,何因而得久立不從上落? 此乃一神術妙之力,若不一神所爲,誰能永久住持不落?[3]

這裏的"一神"指的無疑也是造物主,該詞屬於漢語一般詞彙,並非某

---

[1]參閱拙文《富岡謙藏氏藏景教〈一神論〉真僞存疑》,初刊荣新江主編《唐研究》第 6 卷,北京大學出版社 2000 年版,頁 67 – 86;《高楠氏藏景教〈序聽迷詩所經〉真僞存疑》,刊《文史》第 55 輯,2001 年,頁 141 – 154。修訂稿見拙著《唐代景教再研究》,頁 186 – 230。

[2]見拙著《唐代景教再研究》,頁 387 圖版。

[3]見拙著《唐代景教再研究》,頁 350 圖版。

個宗教所專用。是以,假如古本確有這樣的經文,則證明當時景教師對本教經典的漢譯,亦力圖用現成漢字組成適當的詞彙,以表述自己的概念。這即意味著其對關鍵術語的"格義",亦未必惟道家或道教的經典是瞻。

其實,要把"大道"、"元氣"這類比較複雜的道家哲學概念納入景教的思想體系中,與簡單借用某一具體事物的名稱不同,必需對其有過相當的研究,有較深入的了解始能辦到。因此,景教是否能吸收、引入這些概念,實際亦標誌著其華化的深度。景淨所撰寫的西安景教碑文,所撰譯的景教經文,儘管不排斥有中土士人幫助潤色,但讀後無不令人感嘆其漢文造詣之高,其對中華傳統文化思想了解之深。以景淨如此高的漢文程度,尚且未見其領會、接納、運用"大道"和"元氣"這樣的概念,以常理推測,在他之前的傳教師當然更難於做到,儘管目前還找不到甚麼具體資料可資佐證。

當然,儘管排除了李白生活的年代景教已引進"大道"和"元氣"這類道門概念的實在可能性,但還不足以證明李白心目中,不可能把這些概念雜糅到景教中,假如他對兩者都感興趣、都有所領會的話,特別是像他這樣一位充滿想象力的大詩人。問題在於:李白生前是否曾對景教有過興趣,曾與景教徒有所過從。眾所周知,李白以"謫仙人"著稱,就迄今的資料,吾人可以找到李白與道教關係密切、深受其影響的種種證據,正如郭沫若先生所指出:

> 李白在出蜀前的青少年時代,已經和道教接近。在出蜀後,更常常醉心於求仙訪道、采藥煉丹。特別在天寶三年在政治活動中遭到大失敗,被"賜金還山",離開了長安以後,他索性認真地傳受了《道籙》。[1]

儘管學界對郭老有關李白的觀點和評論未必認同,但對其所舉列李白與道教關係的史實殆無疑問。本篇不擬另加贅證。李白作為一個道教迷,單從古代宗教的排他性角度考慮,吾人便難以想象他會對外來的基督教信仰亦感興趣。事實上,歷代有關李白研究的論著汗牛充棟,有關

---

〔1〕郭沫若《李白與杜甫》,頁134。

李白的生平年譜等資料，學者也作了很詳細的爬梳整理，但迄今未見有任何涉及李白與景教徒過從的蛛絲馬迹。依筆者觀之，李白在生時恐連景教都未曾關注過，更遑論與景教徒有所交往。

按，入傳唐代中國的景教，自太宗朝就被正式承認，在會昌武宗滅法之前，亦一直與李唐各朝皇帝保有密切關係，獲允在兩京和全國諸多州府建寺。[1] 李白經常出入朝廷，應當知道朝廷對景教的態度，對該教必有所聞；他又周遊各地，對兩京和各州的大秦寺諒必不至於一無所知。應當說，李白是生活在一個很容易接觸到景教的環境氛圍之中，以他當時的地位、名氣、才學，只要他願意，他完全有條件與景教師對話溝通，他亦完全可以得到該教的漢譯甚或原版的經典。但看來，他對該教毫無興趣，毫不關注，否則，在他傳世的近千首詩篇中，詠懷抒情、敍事述物、記人寫景，無所不包，吾人至少可找到一些與基督教有關的詩篇進行互證，但遺憾的是，迄今卻僅有論者所舉證的《上雲樂》這一很難"確診"的"疑似病例"。

在唐代中國，不僅李白對景教不在意，其他的士人，即便由於種種原因，與景教徒有所交往，但亦未必以景教信仰爲然，或情有所鍾。假如他們對景教有所留意，少不了要形諸文字，特別是形諸當時最盛行的詩歌。然而數量浩瀚的唐詩，儘管已被學者紛紛用以證史，但能用以證唐代景教史者，以筆者所知，唯沙畹、伯希和首先注意到的杜甫作於乾元二年（759）的詩歌《石笋行》：[2]

> 君不見益州城西門，陌上石笋雙高蹲。古來相傳是海眼，苔蘚蝕盡波濤痕。雨多往往得瑟瑟，此事恍惚難明論。恐是昔時卿相墓，立石爲表今仍存。惜哉俗態好蒙蔽，亦如小臣媚至尊。政化錯迕失大體，坐看傾危受厚恩。嗟爾石笋擅虛名，後來未識猶駿奔。安得壯士擲天外，使人不疑見本根。[3]

該詩實際並未提到大秦寺，亦沒有對所寫"益州城西門陌上石笋"與大

---

〔1〕詳參本書第6篇《西安景碑有關阿羅本入華事辨析》。

〔2〕Éd. Chavannes & P. Pelliot, " Un traité manichéen retrouvé en Chine, traduit et annoté (Deuxième partie, suite et fin)", *Journal Asiatique*, Mars-Avril 1913, p. 308, n. 5.

〔3〕《全唐诗》卷219，中華書局1960年版。

秦寺的關係作出任何暗示,他只是把石筍作爲一個景點,藉以抒發個人的情懷。學者們是通過宋代趙清獻《成都古今集記》等有關該地大秦寺的記載,[1]遂得以對號入座。[2] 因此,該詩不僅不能説明杜甫對景教有所關注,相反的,恰好證明他對景教也毫不在意。

按,康熙版《全唐詩》輯入唐代詩人1966位,詩作5萬多篇,爾後還不斷有所發現,加以輯補。該等詩篇反映了唐代社會歷史的方方面面,但迄今尚未見有誰能從中找出景教入詩的確實例證,這無疑反證了唐代的知識階層——士人對當時基督教的淡漠。

5.4 餘論

論者之所以力證李白《上雲樂》包含著基督教思想,竊以爲,這恐怕與某種學術情結有關。緣照景教碑所述,景教在唐代中國頗爲興盛、備受禮遇,但吾人卻看不到其於當時思想文化的影響,作爲研究者,即便自身並非基督教徒,於此亦難免耿耿於懷,對疑似的資料自特別敏感。這完全可以理解,畢竟景教作爲一種外來的思想體系,既然已傳入中土,對當時的思想文化是應有影響的,問題是多還是少,大還是小。我們不能因爲資料稀缺、年代久遠、難以稽考,就斷言其毫無影響;但也不能想當然,認爲既然在唐代中國興盛過,就必定多所影響。依筆者觀之,景教傳入中國是一回事,朝廷對景教的態度寬容甚或優禮又是一回事,景教對中國思想文化有多大影響更是另一回事,三者之間當然有聯繫,但並非有必然的因果關係。景教能否傳入中國,主要取決於該教在

---

[1]"石筍在衙西門外,二株雙蹲,云真珠樓基,昔有胡人,於此立寺,爲大秦寺;其門樓十間,皆以真珠翠碧,貫之爲簾……蓋大秦國多璆琳琅玕,明珠夜光壁,多出異物,則此大秦国人所建。"

[2]學者有關的考證參閲 A. C. Moule, *Christians in China before the year 1550*, London 1930, pp. 71-72. F. S. Drake, "Nestorian Monasteries of the T'ang Dynasty and the site of the Discovery of the Nestorian Tablet", *Monumenta Serica*, II. 2, 1936-1937, pp. 328-330. P. Y. Seaki, *The Nestorian Documents and Relics in China*, Tokyo 1937, repr. 1951. pp. 473-474, 476-479. 榎一雄《成都の石筍と大秦寺》,刊《東洋學報》第31卷第3号,昭和22年(1947)10月,頁247-261;謝海平《唐代留華外國人生活考述》,臺灣商務印書館1978年版,頁372-373;榮新江《〈歷代法寶記〉中的末曼尼和彌師訶》,見氏著《中古中國與外來文明》,三聯書店2001年版,頁358-359;黃蘭蘭未發表之博士論文《唐代景教與宮廷——圍繞西安景教碑文内容的歷史考察》,中山大學,2003年11月。

·欧·亚·历·史·文·化·文·库·

西域的擴張及當時中西交通的狀況；朝廷對景教的態度主要取決於當時朝廷對自身地位、實力的自我評估及其對外政策；至於景教對中國思想文化的影響，這則涉及更複雜的原因。以當時中國所處的"高勢文化"，作爲中華傳統文化的主要載體——士人，要接受當時尚處低勢的西方基督教思想，談何容易？唐武宗《毀佛寺制》有云：

> 況我高祖太宗以武定禍亂，以文理華夏，執此二柄，是以經邦。豈可以區區西方之教與我抗衡哉！

> 收奴婢爲兩稅戶十五萬人，隸僧尼屬主客，顯明外國之教。勒大秦穆護祆三千餘人還俗，不雜中華之風。[1]

玩味這兩段制文，就不難想象唐代景教除非像宋元摩尼教那樣，徹底華化，成爲中國的民間宗教，否則，是很難在古代中國的思想文化中產生實質性的影響的。其實在唐代，不惟景教，摩尼教亦是如此。唐代摩尼教曾借助回鶻的勢力，其盛行尤勝於景教矣，但有誰能舉證摩尼教對當時思想文化有何影響呢？倒是祆教，迄今雖未見其翻譯甚麼經典，但其種種禮俗，作爲胡俗的重要組成部分，卻流行於華夏民間，見載於士人筆端。有鑑於此，如果我們能找到唐代景教影響當時思想文化的某些蛛絲馬迹，甚或明確證據，固然是好事，是成績；但找不到，實在也不必去湊合或附會。竊以爲，與其勉强去尋找唐代基督教影響當時思想文化的痕迹，毋寧去深入探索其對當時思想文化難以產生大影響的原因。

（本篇初刊《文史》2007 年第 2 輯，總 79 輯，頁 169 – 186。）

---

[1]《唐會要》卷 47，中華書局 1955 年版，1998 年第 4 次印刷，頁 840、841。

6 西安景碑有關阿羅本
入華事辨析

6.1 問題的提出

　　儘管學者認爲唐代之前,中國應有基督教徒活動,但作爲基督教的
一個重要教派聶斯脱里派(Nestorianism),即漢文所稱波斯教、大秦教、
大秦法、景教等,其有文獻可考的入華年代,則只能追溯到唐太宗貞觀
年間。首位有名可考的來華景教僧侶是阿羅本,就中國景教史而言,阿
羅本無疑是中國景教會的開山祖。阿羅本到達長安的時間,大多數學
者都相信是在唐太宗貞觀九年(635)。根據是西安景碑正文第 8 至 9
行所云:

　　　　太宗文皇帝,光華啓運,明聖臨人,大秦國有上德曰阿羅本,占
　　青雲而載真經,望風律以馳艱險。貞觀九祀,至於長安。帝使宰臣
　　房公玄齡,惣仗西郊,賓迎入內。翻經書殿,問道禁闈。深知正真,
　　特令傳授。[1]

不過,此事教外典籍尚未見錄,景碑所云,不過是孤證一條。是以,陳垣
先生早在 1927 年講演“基督教入華史”時便已質疑道:

　　　　唐貞觀九年,景教傳至今陝西省城。這樣興盛的教,同時中國
　　大詩人杜甫、李白,對這樣的事,無論贊成、反對或批評,總應有意
　　見發表才對,然而他們沒有,這是很奇怪的一件事。[2]

事隔 80 年,儘管有先進的古籍數據庫檢索技術可資利用,但仍未能在
明代天啓年前的歷代官方文獻或詩文筆記中,找到阿羅本入華事迹的

---

〔1〕見本書第 11 篇附錄《西安景碑釋文》。
〔2〕引文據《陳垣學術論文集》第 1 集,中華書局 1980 年版,頁 96。

相關綫索,遂更令人懷疑景碑所述的可信度。

按,景碑立於德宗建中二年(781),碑文的記述,距阿羅本之來華約一個半世紀,但作者景淨對中國景教史如此光輝的開篇,居然全不引經據典,惟以"講古"的形式加以陳述,這不可能是景淨一時疏忽,或認爲無此必要;緣其在碑文,就不厭其詳地引錄貞觀十二年認可景教的詔令,還徵引"《西域圖記》及漢魏史策"有關大秦國的記載。[1] 然像"帝使宰臣房公玄齡,惣仗西郊,賓迎入內"這樣體面的禮遇,假如有典可據的話,焉會不加援引,以增可信度、權威性。是以,前賢質疑此事,良有以也。竊以爲,如此一次高規格的官方外事活動,史籍絶無失載之理,即便當時官方記錄佚失,歷代士人亦不可能"集體失語"。由是提示吾人:對景碑這段文字所述事件的真實性,或真僞程度,不得不持審慎的態度,細加檢驗。下面擬就有關資料作一辨析,庶幾有助於更實事求是地構建唐代基督教史。

6.2　景碑版貞觀十二年詔辨析

阿羅本確有其人,不過,見於官方文獻的最早記錄是貞觀十二年,《唐會要》卷49有載:

> 貞觀十二年七月詔曰:道無常名,聖無常體,隨方設教,密濟群生。波斯僧阿羅本,遠將經教,來獻上京,詳其教旨,玄妙無爲,生成立要,濟物利人,宜行天下。所司即於義寧坊建寺一所,度僧廿一人。[2]

此詔文未見於現存宋敏求所輯《唐大詔令》,馮承鈞先生推測"或在所闕二十三卷之中"[3]。該詔令對景教在華傳播的劃時代意義,景淨比教外人自更清楚,爲譜寫其中國教區的"光輝歷程",遂在碑文正文第9

---

〔1〕景碑正文第13至14行:"案《西域圖記》及漢魏史策,大秦國南統珊瑚之海,北極眾寶之山,西望仙境花林,東接長風弱水。其土出火浣布、返魂香、明月珠、夜光壁,俗無寇盜,人有樂康。"參見本書第11篇附錄《西安景碑釋文》。

〔2〕《唐會要》卷49,頁864。

〔3〕馮承鈞《景教碑考》,商務印書館1936年版,頁59。

至 11 行,詳加徵引:

　　貞觀十有二年秋七月,詔曰:道無常名,聖無常體,隨方設教,
密濟群生。大秦國大德阿羅本,遠將經像,來獻上京,詳其教旨,玄
妙無爲,觀其元宗,生成立要。詞無繁說,理有忘筌,濟物利人,宜
行天下。所司即於京義寧坊造大秦寺一所,度僧廿一人。

只要仔細比較上面《唐會要》和碑文兩者的引錄,就會發現如下的
差異:

其一,《唐會要》稱阿羅本爲"波斯僧",景碑卻冠以"大秦國大
德";

其二,《唐會要》稱阿羅本帶來中國的是"經教",景碑稱作"經
像";

其三,對阿羅本所攜"經教"的詞章義理,《唐會要》沒有"詞無繁
說,理有忘筌"8 字褒評;

其四,《唐會要》但云"建寺一所",景教碑明確爲"造大秦寺一
所"。

上揭詔令景碑版與會要版的 4 點差異,看來並非像前賢以爲的那
樣,"不過稍改過幾個名詞而已",[1]亦未必如西方學者所判斷的那樣,
即《唐會要》是對原詔文的節錄,景碑版則是完整著錄原文,而稱大秦
則是按當時的一般叫法。[2] 竊以爲,兩者的不同應是徵引者對原詔令
刻意增改的結果,理由如次。

其一,《唐會要》尚保有天寶四年(745)的改名詔令:

　　波斯經教,出自大秦,傳習而來,久行中國。爰初建寺,因以爲
名。將欲示人,必修其本。其兩京波斯寺宜改爲大秦寺。天下諸
府郡者亦準此。[3]

據該詔令,要到天寶四年之後,亦即上揭貞觀十二年詔之後 107 年,景

---

〔1〕陳垣《基督教入華史略》,見《陳垣學術論文集》第 1 集,頁 84。

〔2〕Cf. Antonino Forte, "The Edict of 638 Allowing the Diffussion of Christianity in China", in P.
Pelliot, *L'inscription Nestorienne de Si-ngan-fou*, edited with supplements by Antonino Forte, Kyoto, Par-
is 1996, pp. 349-367.

〔3〕《唐會要》卷 49,頁 864。

教始與"大秦"掛靠。在此之前,在漢人心目中,其不過是源自波斯的一種胡教,其寺亦相應稱爲波斯寺、波斯胡寺。即便在此改名詔頒佈以後,方志著作仍沿襲原先的叫法,對天寶四年之前所建的景寺,照稱波斯寺不變。[1] 查中古波斯不過是基督教的傳播地之一,如果按宗教的發祥地或宗教最高教主駐錫地來命教名,亦沒有理由將阿氏帶來的宗教稱爲波斯教。把基督教這一企圖使中華歸主的普世宗教,當爲波斯人所信奉的一種胡教,即族羣宗教,對華人來說,自是無所謂,不過是出於誤解;但在景士們看來,則當認爲是被大大矮化,勢必耿耿於懷。

就天寶四載這道詔令,儘管在現存唐代文獻,尚未能找到其起草的背景綫索,但只要仔細審視,便可看出其應非朝廷所主動頒發,而是對景教徒奏請的回應。按,詔文既稱波斯經教已久行中國,則意味著朝野已接受了這一稱謂,把其寺相應稱爲波斯寺亦就無可厚非;而今竟鄭重其事,爲其正本清源,修正先朝的叫法,改稱"大秦",如果不是景士一再向朝廷澄清,當今皇上或其近臣已得到景士的好處,朝廷何以會發現當初命名之不確,而且居然不爲先皇諱,下詔正名? 詔文中用以正名的理由是:"將欲示人,必修其本。"該教早在逾百年前便已正式在中國亮相,並非到天寶年間始"將欲示人",難道在既往的百年裏,該教的信徒都沒有"修其本"? 是以,這一理由不過是不成理由的理由,很可能是按景士"辯本"的口氣擬的。因此,吾人蓋可肯定地說:景士在詔令下達之前,必定曾有千方百計討好朝廷、獻媚玄宗的行動。正如碑文正文第 16 至 17 行文字所披露:

> [天寶]三載,大秦國有僧佶和,瞻星向化,望日朝尊。詔僧羅含,僧普論等一七人與大德佶和於興慶宮修功德。於是天題寺榜,額載龍書。

此事雖不見載正史,但與次年爲景教正名事聯繫起來考察,不由令人相信所述並非憑空編造。據段晴教授的考證,佶和是敍利亞大主教派來

---

〔1〕如清代董祐誠編纂的《長安縣誌》,成書於嘉慶十七年(1812),其卷 22 云及長安義寧坊的景寺,仍稱波斯胡寺:"案《長安志》,皇城西第三街,從北第三善寧坊波斯胡寺,太宗爲大秦國胡僧立,其地正鄰唐城西垣,直今城西五里。今大秦景教碑在崇聖寺中,疑即古波斯胡寺也。"

唐朝的第三任主教。[1] 由是筆者推測這位新任主教來華伊始,諒必對其宗教在華被矮化成波斯胡教特別敏感,因此力圖與朝廷溝通,澄清其教的本源。其必定是抓到某一機緣,主動奏請帶一批高僧到宮裏爲玄宗"修功德"(當爲祈禱之類的宗教儀式),最後獲允。此事到了景淨筆下,自然就變成玄宗主動詔請了。無論如何,新任主教這一行動必定使龍顏大悅,遂得以乘機提出正名的請求,結果亦如願以償:"於是天題寺榜,額載龍書。"所題的"寺榜"當然不再是"波斯寺",而是"大秦寺"了。不過,這一題字很可能是到次年改名詔頒下後纔得到。

景士們勒石刻碑,旨在讓其宗教流芳百世,名垂青史。竊以爲,碑文不引錄上揭天寶四年的詔文,徑自修改貞觀十二年的詔文,目的無非是掩飾景教入華早期的尷尬處境,塑造其教一貫體面的形象。

其二,上揭《唐會要》貞觀十二年和天寶四年的兩個詔令,都明確表述阿羅本帶來的是波斯"經教",這"經教"二字,意味著其帶來的是文字經典。這暗示阿氏初到時,必沒有向官方展示甚麼聖像。碑文本身敍述阿氏貞觀九年到長安時,亦但言"占青雲而載真經",而不是"載經像",這實際是景淨無意中露出的破綻。其實,基督教本來就不尚神像崇拜,上帝無形不可見,自不待言;而聶斯脫里派更認爲基督有二主體,一爲有形可見之人,一爲無形不可見之天主聖子,既然聖子是無形的,就更不用設像崇拜了。該派認爲聖母"僅爲天主聖子所結合之人之母","聖母不能稱爲天主之母",因而其教徒亦不拜瑪麗亞。[2] 可見,即便基督教的其他教派有拜耶穌、有拜聖母,但阿氏所奉聶派,亦不會流行聖像崇拜。阿氏來華前,爲知其未來的教民乃崇尚形象化的神,而且爲遷就他們,竟違反教規,製作神像隨身攜帶呢?

當然,阿氏之教,入華初期不可能流行聖像崇拜,但不等於爾後亦堅持不拜聖像。其教必定要因應華情,始可望有所成就。1908 年,斯坦因在敦煌第 17 窟發現唐代一幅高 88 英寸、寬 55 英寸的絹畫,畫的

〔1〕段晴《唐代大秦寺與景教僧新釋》,收入榮新江主編《唐代宗教信仰與社會》,上海辭書出版社 2003 年版,頁 434–472,有關討論見頁 446。
〔2〕參閱羅香林《唐元二代之景教》,香港中國學社 1966 年版,頁 2–3。

是一位頭戴十字架王冠,手持十字架權杖,背有光環的景僧形象,學者多認爲其應是耶穌(見本書圖版 4.1)。[1] 若然,則當時中國較爲流行的應是耶穌行教的圖像。這顯然是投中國人之所好,緣古代國人所塑造、描繪的諸神形象,多爲“菩薩低眉”那樣慈悲衆生,或是“金剛怒目”那樣威鎮四魔。至於是否有耶穌受難的圖像,目前考古尚未發見;不過,竊意即便有,亦不會很流行,緣其垂死於十字架的形象,與國人所想象法力無邊之神,截然不同,難以接受爲宗教儀式的崇拜對象。[2] 上揭的絹畫,看來是用於祈禱等宗教儀式。由是,可以推測,至遲到了景淨時代,中國景教已有聖像崇拜;否則,景淨不會把“經教”改爲“經像”。這一改動,實際暗示吾人,就中國景教徒的聖像崇拜的行爲,即便敍利亞總會鞭長莫及,未加責難,但新來的傳教士當不以爲然。景淨身爲中國教區的領袖人物,[3] 把中國景教聖像崇拜之源,直溯至開山祖阿氏身上,至少可以減少或省卻内部的爭論。

其三,“大德”一詞,爲中國佛教的術語,原係對長輩僧侶的敬稱。[4] 阿羅本所屬的基督教聶斯脱里派,對各級神職自有一套稱謂,對尊者亦不無敬稱,但格義成佛門“大德”,無疑不在入華伊始的時候。何況,教外文獻在行文中對景僧一直惟稱“波斯僧”、“胡僧”耳,未見采用過“大德”或“上德”之類的尊稱。即便到了景淨年代,亦不例外,如貞元三年(787)前後,迦畢試(罽賓)國僧人般若曾與其合譯《六波羅蜜經》,佛典但云“乃與大秦寺波斯僧景淨依胡本譯成七卷”[5]。時至宋

---

〔1〕該畫復原圖見佐伯好郎(P. Y. Saeki)的《景教の研究》(東方文化學院東京研究所,1935年)、《支那基督教の研究》第 1 卷(東京春秋社,1943 年)及 *The Nestorian Documents and Relics in China*(Tokyo 1937, repr. 1951);近時出版物則見載於克里木凱特著、拙譯《達‧伽馬以前中亞和東亞的基督教》(臺北淑馨出版社,1995 年),川口一彦編著《景教》(東京桑原製本有限會社 2003年版)、顧衛民《基督宗教藝術在華發展史》(上海書店出版社 2005 年版)等。

〔2〕在元代松州地區(今内蒙古赤峰市松山區松州古城遺址)曾發現一枚青銅製帶鏈十字架,十字架上有基督受難像(見《道出物外——中國北方草原絲綢之路》,香港大學美術博物館,2007 年 2 月,頁 222–223),就造型看,應爲歐洲正宗基督教徒的佩戴物,可能是到蒙古活動的歐洲傳教士之遺物。

〔3〕有關景淨身份的考證詳參本書第 11 篇《唐代景僧名字的華化軌迹‧景淨名考》。

〔4〕詳參本書第 7 篇《唐代“景僧”釋義》。

〔5〕《大唐貞元續開元釋教錄》卷 17,見《大正藏》(55),頁 755 下。

代,亦未改變這一習慣。宋敏求《長安志》,撰成於熙寧九年(1076),其卷10所記唐義寧坊波斯胡寺,註稱阿羅本爲"大秦國胡僧":

義寧坊^{本名熙光坊}_{義寧元年改}街東之北,波斯胡寺。^{貞觀十二年大宗爲大[1]}_{秦國胡僧阿羅斯立}

足見原詔令不可能出現"大德"這樣的字眼,景淨顯然是以其時教會對阿氏的敬稱,套到早年的詔令上。竊以爲,如此添改,並非單純出於對先賢的敬畏,其下意識是向教内外人士昭示朝廷對其景教的一貫尊崇。就行爲本身,實際就是假詔令之名,擡高景教在中國的社會地位。

其四,西方學者或以爲景碑版是詔令完本,而會要版則爲略本。竊以爲未必也。其實,兩個版本的詔文,除對阿羅本和景寺稱謂不同、"經教"和"經像"不同外,就詔令的實質性内容,會要版較景碑版不過是少了"詞無繁説,理有忘荃"8字。難道《會要》編者會出於個人的好惡,輯此詔令時獨略此8字? 若就現存詔令的上下文看,這8個字應非原來固有,而是景淨擅自添加的,理由如下。

按,會要版詔令陳述阿羅本宗教"宜行天下"的原因,不外是"詳其教旨,玄妙無爲,生成立要,濟物利人"16個字。其中"生成立要,濟物利人"8個字,並非是對其教的特有評價,因爲任何宗教何嘗不可這樣自我標榜,統治者要批准哪一宗教,實際都可以套用這一評語。而"玄妙無爲"4字,本是道教的自我標榜。如唐代著名道士吳筠所云:"夫道者,無爲之理體,元妙之本宗,自然之母,虛無之祖。"[2]吾人固知,原教旨的基督教,無論是其核心,抑或是外表的特色,實際都很難與"玄妙無爲"相聯繫;而阿氏時期的譯經,亦未必能像景淨所譯的那樣華化,充滿道味。不過,阿氏在自我推介宗教時,可能爲迎合朝廷口味,刻意以道教的"玄妙無爲"自況,詔文起草者亦信以爲然,遂亦用之。從評價阿氏宗教這16字,吾人實在看不出朝廷對該教有多少了解;相反的,倒可透視出朝廷對該教的誤會或無知。竊意太宗之所以同意"宜行天下",自權衡過利弊,認爲尚可讓其在華流行,而詔令的起草者遂揣摩聖意,苟美言幾句,權作理由,並借以搪塞那些有異議之人士,尤其是站

---

〔1〕學者咸認爲阿羅斯應爲阿羅本之誤。

〔2〕《全唐文》卷926《吳筠二‧守道》,中華書局1983年影印本,頁9653。

在儒釋道立場持反對態度的臣僚。至於"詞無繁説,理有忘荃"8字,對該教辭章義理揄揚有加,並非應酬客氣之話。若未對其經典認真讀過,或對該教確有感情的話,斷難口出此言。如上面已論及的,朝廷連該教的源流宏旨都一無所知,把其矮化爲波斯胡教,説明臣僚們根本就未讀過或讀不懂其經文,而今何以竟會對其經文褒獎若是?試想,阿羅本之前,景教全無漢譯經典的經驗,而其甫入華譯經,焉能以辭章折服朝廷飽學之士?因此,竊意這8字與其説是朝廷對阿氏宗教的佳評,毋寧説是景淨自我欣賞之詞。查敦煌本《尊經》臚列35部景經名稱,據按語所云,該等經典係"本教大德僧景淨"所"譯"(其實應爲撰、撰譯或編譯);[1]從現存可歸景淨名下的漢文景經看,應當説,文筆是不錯的;而他所撰的碑文,辭章亦未必有多可訴病者。因而,在景淨的潛意識中,或許對自己的説教,蓋以"詞無繁説,理有忘荃"自詡;在篡改先皇詔令時,便自覺不自覺地把此8字植入。

按,原詔令頒於公元638年,景淨勒碑則在公元781年,兩者相隔143年。他或許通過什麼關係,從朝廷的檔案過録該詔令。此外,當時適逢蘇弁、蘇冕兩兄弟,正在類輯唐初至德宗時事,編纂《會要》,上揭有關大秦寺的這兩道詔令,正好見諸蘇氏兩兄弟所編《會要》的最後一卷,即第49卷;景淨或許找到蘇氏兄弟過録該詔令。不過,上述這兩種做法都涉及教外人士,亦容易引起他人對該詔令的關注,這難免使景淨添改詔文不得不有所顧忌,故可能性不大。竊以爲最大的可能性是:這一道專爲景教頒發的詔令,長安大秦寺世代保存著;景淨諒必以爲事隔幾朝,教外人當不會關注,遂在撰寫碑文時敢於隨意"加工"。

以上的分析如果尚可接受,則至少可目景淨爲篡改朝廷詔令的"疑犯"。景碑之立,諒必有一番隆重儀式,但畢竟是教内盛事,教外士人未必參與,朝廷亦未必有官員光臨。即便有,亦可能惑於碑文中頌揚諸皇帝的諛詞,未必會注意到其篡改詔令的行徑。實際上,其所篡改的是逾百年前的詔令,與當今皇上無關,與當時現實無關,所以,即便被發

---

〔1〕詳參拙文《敦煌景教寫本 P.3847 再考察》,見拙著《唐代景教再研究》,中國社會科學出版社 2003 年版,頁 175–185。

現,亦未必會受追究。吾人之所以"偵查"此"陳年舊案",無非是要說明:景淨出於宣揚本教的目的,連引錄詔文都敢隨意改動,那麼其關於阿羅本貞觀九年入華的記述,未必就會忠實於歷史,會不會亦出於同一目的,或是杜撰,或加誇張渲染呢?

6.3　貞觀九年禮遇阿羅本事質疑

　　儘管景淨對貞觀十二年的詔令有所增改,但朝廷認可阿氏宗教這一基本內容,《唐會要》與景碑是一致的,足見確有其事。當然,據該詔令,亦可以合理推想:阿氏可能在此之前一段時間到達中國,對華情已有所了解,並努力與朝廷溝通,終於在貞觀十二年取得認可。正因爲存在這種實在可能性,在景淨之前,如果教會內部有流傳祖師在貞觀九年到達長安一說,是事出有因,而非空穴來風。不過,碑文所云的"帝使宰臣房公玄齡[1],惣仗西郊,賓迎入內",則未必就是事實。因爲照常理推測,帝使宰臣到西郊迎接阿羅本,說明朝廷對阿氏十分敬重,對其宗教早有深知,認爲很有必要請其來傳教,始會如此隆重接待。假如事情果是如此,則貞觀十二年詔令的內容當應在貞觀九年頒發,何以待到三年後始下詔認可其教,爲其建寺度僧呢? 我們無妨把阿羅本所受之的禮遇,與十年後,即貞觀十九年接待玄奘法師歸國到京作一比較,後者是由"京城留守左僕射梁國公房玄齡","遣右武侯大將軍侯莫陳實、雍州司馬李叔眘、長安縣令李乾祐等奉迎,自漕而入,舍於都亭驛"。[2] 兩者很相似,主角都是房玄齡。不過前者似乎規格更高,因爲是房玄齡親自到城郊迎接。其實,在唐代佛教史上,儘管求法歸來的高

---

　　[1]貞觀三年,房玄齡"拜太子少師,固讓不受,攝太子詹事,兼禮部尚書";次年"代長孫無忌爲尚書左僕射,改封魏國公,監修國史";"九年,護高祖山陵制度,以功加開府儀同三司"。(《舊唐書》卷66,頁2461。)

　　[2]慧立、彥悰著,孫毓棠、謝方點校《大慈恩寺三藏法師傳》卷6,中華書局1983年版,頁126。

僧不少,但享有朝廷如此高規格接待的僧人除玄奘外,惟義淨耳。[1]
至於外來高僧,諸如被稱爲"开元三大士"金剛智、善无畏、不空等,還
有見諸《宋高僧傳》的其他衆多著名梵僧,在彼等初到京城時都未受到
如此禮遇。我們實在無從想象當時阿羅本以何德、何能、何功,竟能先
聲奪人,震動聖聽,以至勞動宰臣到城郭恭迎。筆者懷疑,對阿羅本禮
遇之高,既於史無徵,於理不通,但碑文卻又言之鑿鑿,時、地、人俱全,
很可能是參照接待玄奘法師歸國的規格編造出來。至於碑文所稱"翻
經書殿,問道禁闈。深知正真,特令傳授"這些話,似乎就不必另有版
本參照,直由貞觀十二年詔便可演繹而出。

此外,就阿羅本帶來的"波斯經教",貞觀十二年詔令雖給予肯定
的評價,但行文中對阿氏本人並沒有表示特別的崇敬,但稱其爲"波斯
僧"耳。如果貞觀九年確已高規格接待他,經三年的"考察",更"深知
正真"的話,對阿氏即便不稱聖僧、神僧,恐怕至少亦得尊稱大德、上德
之類。由此益見阿羅本即便是在貞觀九年到達長安,朝廷亦不當一回
事。

當然,景淨所述,雖可筆下生花,但未必純係自己杜撰,亦或有所
本。竊意這個"本",只能求諸教會內部歷代景士的口頭傳說。其實,
這一口碑在景淨之後,隨著時間的推移,還不斷被加工。見諸敦煌景教
寫本 P.3847《尊經》之後的"按語"有云:"唐太宗皇帝貞觀九年,西域
大德僧阿羅本,屆於中夏,並奏上本音。房玄齡、魏徵宣譯奏言。"這
裏,把魏徵也攫出來了! 魏徵乃一代諍臣,身後尤有令名。[2] 假如當
時連他亦出來爲阿羅本捧場,景淨在上揭碑文中焉會漏其大名? 由於
該按語是唐亡後、敦煌景教徒抄錄整理景教經文時所撰,[3]是以,其說
無疑是景碑之後的新版本。

〔1〕義淨"慕玄奘之高風"而求法,"經二十五年歷三十餘國,以天后證聖元年乙未仲夏,還至
河洛,得梵本經律論近四百部,合五十萬頌,金剛座真容一鋪、舍利三百粒。天后親迎于上東門
外,諸寺緇伍具旛蓋歌樂前導,勅於佛授記寺安置焉"。見〔宋〕贊寧撰、范祥雍點校《宋高僧傳》
卷1"譯經篇第一之一"《唐京兆大薦福寺義淨傳》,中華書局1987年版,頁1。
〔2〕魏徵本傳見新舊《唐書》。《舊唐書》卷71載:太宗即位其年(627)"遷尚書左丞",貞觀
二年"遷秘書監,參與朝政",貞觀十六年(642)薨;《新唐書》卷97則稱其卒於貞觀十七年(643)。
〔3〕詳參拙文《敦煌景教寫本 P.3847 再考察》,頁175-185。

阿羅本貞觀九年到達長安事,儘管孤證難立,但不少學者還是信以爲真。諸前輩學者亦曾力圖從同時代的中西交通史事中,尋找事情的綫索和根據。就陸路交通而言,馮承鈞先生尤力排他説,獨倡于闐説,即據《新唐書·于闐傳》,推測介紹阿羅本到中國者乃"是年入侍之于闐王子","阿羅本隨于闐王子到長安"。[1] 若此論得實,而一代名相房玄齡又確到城郊迎接的話,則教會可能把朝廷對于闐王子的高規格接待,用移花接木的手法,説成是對其祖師的禮遇。不過,筆者對此不無懷疑。按,《新唐書·于闐傳》對此事的有關記載是:

> 王姓尉遲氏,名屋密,本臣突厥,貞觀六年,遣使者入獻,後三年,遣子入侍。[2]

馮承鈞先生據此處的"後三年",把于闐王子入侍事推算爲貞觀九年,正好與景碑所云阿羅本到達長安的時間同年。但成書更早、資料更翔實的《舊唐書》,其《于闐傳》有關的記載卻作:

> 先臣于突厥。其王姓尉遲氏,名屈密,貞觀六年,遣使者獻玉帶,太宗優詔答之,十三年,又遣子入侍。[3]

這就是説,如果按《舊唐書》的記載,于闐王子入侍事,完全與阿羅本掛不上鈎。即使于闐王子是在貞觀九年入侍,那亦未必帶阿氏同來。按,7世紀的于闐王室尊崇佛教,文獻記載鑿鑿,且有當年翻譯的于闐語佛典爲據;[4] 若云其亦信基督,則於史無徵,亦乏考古遺物可證。[5] 故如果説,于闐王向唐朝推介一位佛教高僧,吾人不敢不信;若云推介的是一位基督教傳教士,則令人懷疑。或云,開元七年(719),吐火羅國王

---

〔1〕馮承鈞《景教碑考》,商務印書館 1931 年版,頁 56。

〔2〕《新唐書》,頁 6235。

〔3〕《舊唐書》,頁 5305。

〔4〕參閲張廣達、榮新江《于闐史叢考》,上海書店出版社 1993 年版,頁 14－19。

〔5〕有關新疆基督教的記載和考古遺物,就目前所知,殆未有可追溯至 7 世紀初葉者。參閲 E. C. D. Hunter, "Syriac Christianity in Central Asia", *Zeitchrift für Religions-und Geistesgeschichte*, Vol. 44, 1992, pp. 362-368; "The Church of the East in Central Asia", *Bulletin of the John Rylands University Library of Manchester*, Vol. 78, No. 3, 1996, pp. 129-142.

不亦推薦摩尼高僧給唐朝嗎?[1] 同理,于闐王推介景僧亦無不可。竊以爲,兩者不可相提並論也。吐火羅之流行摩尼教,已被 19 世紀末 20 世紀初吐魯番考古發現所證明,其間出土了吐火羅文摩尼教寫本殘片;是以,當地有該教高僧活動,王室與之有過從,這不難理解;何況國王是否爲摩尼教信徒,與其推薦該僧並無實質性之關係,緣其推薦的首要理由乃該僧能"解天文",亦就是說,其有實用本領,可爲朝廷效力。至於阿羅本,無論内典外典,均未提及其有何實用本領可資效力朝廷。即便他本人或隨行人員兼有這方面之才幹,但未見推薦者著力介紹,何能取悅太宗?

此外,無論新舊《唐書》,對于闐王子入侍事,都是一筆帶過,並沒有提及受到甚麽禮遇。其實,所謂"入侍",不過是入質唐朝示忠。于闐乃區區小國,朝廷實無必要以上賓之禮去隆重接待其王子。因此,阿羅本即便隨于闐王子到京,亦叨不了甚麽光。反過來,如果是于闐王子帶著阿羅本進京,那倒是前者叨後者之光。因爲于闐王子所帶來的阿氏後來畢竟成就一番功業。尤其是在高宗朝,由於阿氏的努力,其宗教臻於"法流十道,國富元休;寺滿百城,家殷景福"鼎盛局面。此外,碑文還特別提到高宗"仍崇阿羅本爲鎮國大法主"。[2] 儘管對"鎮國"二字的解讀尚有疑義,[3]但整句的意思當爲:高宗仍承認阿羅本爲中國景教徒的最高領袖。這應是無毋庸爭議的。該等記述,雖屬景士一家之言,其中不無浮誇之詞,但畢竟貞觀十二年詔已正式認可景教,天寶四年又下詔爲該教正名,修史者於此恐不至一無所知。從詔文看,太宗、玄宗對阿羅本是予以肯定的。因此,阿氏作爲一代名僧,如其入華

---

〔1〕事見《册府元龜》卷 971(中華書局 1960 年版):"(開元七年)六月,大食國、吐火羅國南天國遣使朝貢。其吐火羅國支汗那王帝賒上表獻解天文人大慕闍。其人智慧幽深,問無不知。伏乞天恩喚取慕闍,親問臣等事意及諸教法,知其人有如此之藝能,望請令其供養,並置一法堂,依本教供養。"並見同書卷 997 及《太平寰宇記》卷 186。法國沙畹、伯希和最早把這一記載當爲摩尼教史料徵引,見 É. Chavannes et P. Pelliot, "Un traité manichéen retrouvé en Chine, traduit et annoté (Deuxième partie)", *Journal Asiatique*, Jan.-Feb. 1913, pp.152-153.

〔2〕見景碑正文第 13 行:"高宗大帝克恭纘祖,潤色真宗,而於諸州各置景寺,仍崇阿羅本爲鎮國大法主。"

〔3〕參閱段晴《唐代大秦寺與景教僧新釋》,見榮新江主編《唐代宗教信仰與社會》,頁 450 – 463。

是由于闐王室推介,隨于闐王子入朝,修史者恐不至吝筆不提。那麼,這豈非成全了該王子的美名? 讓其在中國景教史上留芳,不至於連名字亦不爲後人所知。

由是,上述馮先生有關阿羅本隨于闐王子入華的推測,即便被證實,亦無助於解釋阿氏備受禮遇的原因。

6.4 阿羅本海路入華之蠡測

有唐一代,中西交通頻繁,由西亞到中國不惟可取磧路(絲綢之路),亦可取海道。隨商隊或商舶而來西域移民何其多,見載史籍者萬中無一。既然無數西域人能移民華夏,由宗教精神支撐的阿羅本之到中國,當更不在話下。阿羅本來華,無疑是由其上級教會領袖所派遣,但在貞觀年代,朝廷根本不知道西域的基督教會是怎麼回事,亦不會去承認教會的什麼遣派文書;而迄今我們又無從證明西亞、中亞諸世俗王權,曾經或有可能推介阿羅本給中國皇帝;因而,不難想像,阿氏不過像歷朝成批西域人那樣,以私人身份來華。一旦撇開其特別背景,在他初到中國時,必定像其他大量西域移民那樣籍籍無名。其實,摩尼教、祆教又何嘗不是如此? 明代何喬遠《閩書》"華表山"條下有云:"慕闍當唐高宗朝行教中國。至武則天時,慕闍高弟密烏沒斯拂多誕復入見。羣僧妬譖,互相擊難。則天悅其說,留使課經。"[1]宋姚寬《西溪叢語》亦載:"至唐貞觀五年,有傳法穆護何祿,將祆教詣闕聞奏,敕令長安崇化坊立祆寺。"[2]無論是摩尼教的"慕闍"、"密烏沒斯拂多誕",還是祆教的"穆護何祿",都當是從中亞隨商隊來華的,他們沒有任何官方背景,故均未見受過甚麼隆重接待;其最終能爲朝廷所聞,當係他們入華後通過種種途徑活動的結果。因此,在阿羅本未被官方認可之前,其活動亦不太可能見諸官方文獻;而教內的傳說,如上所述,實不宜當爲信史。但這並不意味著對阿羅本入華的路綫完全無從蠡測。通過對現有

---

〔1〕〔明〕何喬遠《閩書》第1冊,頁172。
〔2〕〔宋〕姚寬撰、孔凡禮點校《西溪叢語》卷上,中華書局1993年版,頁42。

資料文獻的辨析,進行邏輯的推理,相信還是可以勾勒出一個粗略的概貌的。下面姑作一嘗試。

按,"阿羅本"一名,無疑純係音譯的胡名,因華夏鮮見"阿"姓,而"羅本"亦乏義可尋。阿氏初來中土,要與華人,尤其是官方打交道,自應有漢字姓氏可報。其名字看來是由譯人據其西域發音,按漢人姓名多以三字爲度的通例,酌情略音而成。西方學者多認爲其名源自敍利亞語,[1]佐伯好郎則認爲源自中古波斯語[2]。但即使我們未能確認其名字的語源,照隋唐的習慣,移民中土的九姓胡,以母國名稱爲姓。譯人在爲阿氏定漢名時,不取康羅本或米羅本之類,蓋已暗示其非中亞人士,而朝廷直云其爲"波斯僧",則益明其應來自西亞。其實,假如阿氏原屬中亞的基督教團,則其奉行的應是被佛教徒視爲"外道"的"彌師訶"或"波斯佛"之類。[3] 古代中亞地區,諸多宗教匯聚,基督教在此流傳,粘上其他宗教成分,尤其是染上佛教色彩,在所難免。正因爲如此,佛僧始刻意甄別其爲"外道"。佛教作爲源自印度的外來宗教,在朝野留下極爲深刻的印象,對朝廷來說,任何新傳入的外來宗教,最容易引起聯想的,自是佛教。阿氏離家來華傳教,即以佛教之"僧"稱之,就是明證。假如阿氏來自佛教流行的中亞,其在推介自己宗教時,

---

〔1〕參 P. Pelliot, *Rechérches sur les Chrétiens d'Asie Centrale et d'Extrême-Orient*, II, 1: *La Stèle de Si-ngan-fou*, Oeuves posthumes de Paul Pelliot, Paris, 1984, p. 21. A. C. Moule, *Christians in China before the Year* 1550, p. 38, n. 22.

〔2〕P. Y. Saeki, *The Nestorian Documents and Relics in China*, pp. 84-85.

〔3〕大約成書於大曆九年(774)至十四年的《曆代法寶記》提到西域的罽賓國,"其王不信佛法,毀塔壞寺,殺害眾生,奉事外道末曼尼及彌師訶等"(《大正藏》(51),頁179上)。參見榮新江《〈曆代法寶記〉中的末曼尼和彌師訶——吐蕃文獻中的摩尼教和景教因素的來歷》,收入氏著《中古中國與外來文明》,三聯書店2001年版,頁343－368;並參氏文《唐代の佛・道二教から見た外道——景教徒》,收入京都大學人文科學研究所編《中國宗教文獻研究》,京都臨川書店2006年版,頁427－445。完稿時間約在公元930年前後的一篇佛教講經文(敦煌文書 S. 6551)記載了西州回鶻早期的有關情況:"門徒弟子言歸依佛者,歸依何佛?且不是磨尼佛,又不是波斯佛,亦不是火祆佛,乃是清淨法身,圓滿報身,千百億化身釋迦牟尼佛。……且如西天有九十六種外道,此間則有波斯、摩尼、火祆、哭神之輩,皆言我已出家,永離生死,並是虛誑,欺謾人天,唯有釋迦弟子,是其出家,堪受人天廣大供養。"(參閱張廣達、榮新江《有關西州回鶻的一篇敦煌漢文文獻——S. 6551講經文的歷史學研究》,見張廣達《西域史地叢稿初編》,上海古籍出版社1995年版,引文見頁219。)儘管上引《曆代法寶記》和敦煌講經文的撰寫年代都晚於阿羅本,但信仰的形成和流行並非一朝一刻,往往由來有自,故可資借鑑。

難免習慣於與佛經格義,自覺不自覺地流露某種中亞佛味,使朝廷易參以佛教。然而其給朝廷的印象顯然不是類乎佛教,而是貌似本土的道教,始被稱以"玄妙無爲"。這實際亦暗示阿氏並未受過中亞佛教氛圍的熏染,其與中亞教團應無隸屬關係,其散發的道味當屬來華後始蓄意添加,以迎合朝廷尊老子、先道教的政策傾斜。

段晴教授據景碑判定,阿羅本是唐朝景教會的第一任主教,又據東方教會文獻,斷言"主教必須由聶斯脫利派基督教會本部派出"。[1] 若然,則益證明阿氏乃來自位於波斯西端之敍利亞。而由敍利亞到中國,當然可以走陸路穿越西亞、中亞廣袤地帶,但更可以直接選擇海路,即由濱臨教會總部所在地泰錫封(Ctesiphon)的波斯灣下海,越印度洋,入太平洋,經"南海道",從中國嶺南廣州等口岸登陸,然後再北上到長安。姑不論當時海路相對陸路的艱險度如何,對於阿氏及其隨行人員來說,他們是到中國開闢新教區,而不是單純的旅行考察或移民,因此,除生活用品,其無疑還必須攜帶大量的傳教用品,以及交際用的種種禮物,這就迫使其首選的交通工具是海舶,而不是駱駝或馬。陳垣先生早就懷疑阿羅本係由海路來華:

> 景教於唐貞觀九年至中國今陝西省城,傳教者爲阿羅本。彼時中華與波斯大食交通頻繁,伊大約由海路來也,景教碑有"望風律以馳艱險"句。[2]

此間陳先生可能是把"風律"當海上的季風解,遂將該句碑文作爲阿氏經由海路而來的證據。所引碑文,即出自本篇開篇所引一段文字,如就整句"太宗文皇帝,光華啓運,明聖臨人,大秦國有上德曰阿羅本,占青雲而載真經,望風律以馳艱險"的語境看,把"風律"作風教律令解,[3]

〔1〕段晴《唐代大秦寺與景教僧新釋》,見榮新江主編《唐代宗教信仰與社會》,頁446、454。

〔2〕陳垣《基督教入華史略》,引文據《陳垣學術論文集》第1集,頁84。

〔3〕《管子·宙合第十一》:"君失音則風律必流,流則亂敗。"上海古籍出版社1989年版,頁40。

藉以頌太宗治國有方,亦未嘗不可。[1] 雖然,憑這句意蘊模糊的碑文,尚不足以證明阿氏之來華與海路有關,但景僧曾活躍在唐代嶺南沿海,則記載是明確的,見於前賢已徵引的《冊府元龜》卷546《諫諍部·直諫》:

> 柳澤,開元二年,爲殿中侍御史、嶺南監選使。會市舶使右衛威中郎將周慶立、波斯僧及烈等,廣造奇器異巧以進。澤上書諫曰:……

此事《舊唐書》玄宗本紀亦有載,但略去了"及烈"的名字:

> [開元二年十二月乙丑]時右威衛中郎將周慶立爲安南市舶使,與波斯僧廣造奇巧,將以進內。監選使、殿中侍御史柳澤上書諫,上嘉訥之。[2]

《新唐書·柳澤傳》有關此事的記述,則連"波斯僧"都略去:

> 開元中,轉殿中侍御史,監嶺南選。時市舶使、右威衛中郎將周慶立造奇器以進,澤上書曰:……[3]

而《唐會要》對此事的相關記述則較詳備,曰:

> 嶺南市舶司右威衛中郎將周慶立、波斯僧及烈等,廣造奇器異巧以進。監選司殿中侍御史柳澤上書諫曰:……[4]

儘管《唐會要》把"市舶使"訛爲"市舶司",把"監選使"訛爲"監選司",[5]但實質性內容並無二緻,尤其是與本篇討論有關的"波斯僧及烈等,廣造奇器異巧以進"一句,更是一字不差。由是,就"及烈"等波斯僧參與"廣造奇器異巧以進"一事,竊以爲應可采信。

按,唐市舶使之設,就現在所見,最早的記錄莫早於"開元二年十

---

[1] 法國夏鳴雷曾考釋此處碑文所謂"青雲"和"風律",認爲當與氣候無關,而是喻太宗之德行。見 H. Havret, *La stèle chrétienne de Si-ngan-fou. Quelques notes extraites d'un commentaire inédit*, Leiden, 1897, pp. 21-24. 英國穆爾亦注意到夏氏的觀點,見 A. C. Moule, *Christians in China before the Year 1550*, p. 38, n. 22.

[2]《舊唐書》卷8,頁174。

[3]《新唐書》卷112,頁4176。

[4]《唐會要》卷67,頁1078。

[5] 有關考證見寧志新《唐代市舶制度若干問題研究》,刊《中國經濟史研究》1997年第1期,頁 114 – 121、160。

二月"這一條。據寧志新先生的研究,"唐代市舶使設置之初,只不過是一個拱手監臨地方官向宮廷進奉海外珍品的督察官而已"[1]。那麼,透過上述記載的文字,竊以爲可以解讀出如下幾點信息。

其一,周慶立本來不過是"拱手監臨地方官向宮廷進奉海外珍品的督察官",而他竟不避"求媚聖意,搖蕩上心"之嫌,"廣造奇器異巧以進"。該等"奇器異巧",必非傳統的海外奇珍,亦非本地能工巧匠所能製作,始被周氏所青睞,以爲可作邀寵之物進獻宮廷。

其二,其時嶺南沿海地區,確有一批波斯僧在活動。[2] 因爲行文中有"廣造"二字,即意味所造並非少量,亦正因爲並非少量,柳澤上書直諫始有理由。由於是批量製作,那就不是個別波斯僧參與,是以,文中在及烈的名字之後加一"等"字,意味著"及烈"不過是知名者或爲首者,除他之外,尚有其他波斯僧。

其三,參與製作奇珍異巧的波斯僧們,應是由海路到達嶺南沿海的,因爲彼等不可能是周慶立從北方請到嶺南,或者彼等本在北方,風聞周氏有此好,專門南下應募。合理的解釋應是周氏出任嶺南市舶使後,得知當地有一批能製作奇珍異巧的波斯僧,遂利用他們。而當地有擅長製作奇珍異巧的波斯僧,應是由來有自,而周氏到嶺南後即有所聞。

其四,該等由海路而來的波斯僧,顯然是有備而來。如果說,那些奇珍異巧確是他們製作的,那就意味著他們來華前已先練就一番製作奇巧的專門技能;如果實際不是他們在華製作,則意味著他們已事先備好成品隨舶來華。竊以爲,實際情況恐是兩者兼有之,柳澤但指控其"造",當據周氏本人的進獻表章;而周氏稱所獻奇巧之物是嶺南波斯僧所"造",推其原因,可能有二:一是顯示所獻奇巧,自己有策劃組織之功,並非單純搜羅或轉手耳,以此自表赤誠忠心;二是受了及烈的好處,因而在表章中刻意提到他的名字,實際就是爲及烈說話,婉轉地向皇上推薦他有這方面的藝能,冀望皇上會予賞識。當然,周氏如此煞費

〔1〕寧志新《試論唐代市舶使的職能及其任職特點》,刊《中國經濟史研究》1996年第1期,頁9-14,引文見頁10。

〔2〕有關唐代嶺南景教的傳播,參閱羅香林《唐嶺南道之景教流傳與劉蜕父子不祀祖等關係》,見氏著《唐元二代之景教》,頁71-86。

苦心,進獻奇珍異巧,最後落得被柳澤彈劾的下場,這是他始料所未及的。但無論如何,波斯僧與奇珍異巧相連繫,這暗示我們:來華波斯僧乃職業傳教士,與明季耶穌會士一樣,他們除了有專業的神學素養外,也在教會内部接受了專門的世俗職業訓練,除製作"奇珍異巧"外,有案可稽的更有醫術方面的專長。[1] 景士們正是憑藉這類絶技作爲傳道的手段,以達到傳教的目的。簡言之,及烈等人,不是以商賈或藝人之類身份來華的基督教平信徒,而是奉教會之命,直接從波斯本部取海路而來的職業傳教士。

上述嶺南濱海地區波斯僧參與進獻奇珍異巧一事,見於記載乃開元初年之事;吾人之所以有幸知道這回事,不過是因爲當事人周慶立過於張揚,遂遭殿中侍御史、嶺南監選使柳澤的彈劾,史家爲表彰柳澤的直諫精神、頌揚玄宗登基初年樂於納諫的雅量氣度,始刻於汗青。而在開元二年之前,難道没有波斯僧製作奇巧之物,饋送官員,收買皇上寵信,輾轉進獻聖上? 回答應是肯定的,只因爲該等活動並未造成大的影響,並未涉及其他引人矚目的事件,因而也就没有被特別或附帶記録下來。

及烈一名,顯爲音譯,是地道胡名,這暗示我們,其人是外來僧侣,而非在華經歷過世代的胡裔;而景碑正文第 14 – 15 行亦提到一位名曰"及烈"的高僧:

> 聖曆年(688—700),釋子用壯騰口於東周;先天(712—713)末,下士大笑訕謗於西鎬。有若僧首羅含、大德及烈,並金方貴緒、物外高僧,共振玄綱,俱維絶纽。

碑文"聖曆年,釋子用壯騰口於東周;先天末,下士大笑訕謗於西鎬",披露了一個重要信息,即在武周後期到玄宗即位初年,景教遭遇了重大挫折。而開元初波斯僧之進獻行動,顯然應與這一情況有關。因爲景士要扭轉這一局面,惟有依靠即位不久的玄宗,進獻顯然是爲接近玄宗、溝通玄宗所采取的策略。姑不論碑文中的"大德及烈"是否如段晴

---

〔1〕參閱拙文《唐代三夷教的社會走向》,見榮新江主編《唐代宗教信仰與社會》,頁 359 – 384;修訂稿見拙著《中古三夷教辨證》,中華書局 2005 年版,頁 361 – 366。

教授所說,爲唐代景教會的第二任主教,[1]其無疑屬於教會的領袖人物,而且爲重振景教作出重要的貢獻。名字相同,不一定是同一個人,尤其是音譯名字。[2]但其活躍的年代,正好與開元二年參與進獻奇珍異巧的"波斯僧及烈"吻合,這就不無同一的可能性。後者已經聞名於朝,儘管其所參與的進獻活動被彈劾,但並不等於沒有積極的效果。因爲玄宗肯定柳澤對周慶立的彈劾,不過是出於政治的考慮,如柳澤諫文所云"陛下新即位,固宜昭宣菲薄,廣示節儉,豈可以怪好示四方哉!"[3]但内心未必就不喜歡那些奇珍異巧,未必不賞識及烈的藝能。而當時景士中有可能與玄宗溝通者,首選自非這位有藝能的"及烈"莫屬。因此,竊以爲,這兩個"及烈"很可能就是同一個人。該"及烈"之由海路而來,並以方伎作爲傳教媒介,作爲交際手段,爲本教爭取權益,未必是其首創,而當有前驅可效法。

上面不厭其煩,剖析及烈進獻奇珍異巧一事,不過是要借鑑此事,就當年阿羅本如何來華並爭得傳教權益作一遊思冥想。

阿氏一行受總會之派遣,取道海路到中國傳教,由於搭乘海舶,除生活和宗教物資外,還有可能攜帶大批海外奇珍,作交際之用;儘管阿氏本人未必有特別的藝能,但其隨行人員必定多有一技之長者,足可爲朝廷所用。他們到達嶺南沿海,逐步北上,沿路了解風俗人情,用中土所無之物或技藝,鋪墊通向宮廷之路,最後得以奏請行教中國,並如願以償,在貞觀十二年得到太宗的認可。太宗本人未必有收受阿氏什麼特別厚禮,其認可阿氏宗教的根本原因,當然更不是由於得到什麼"奇珍異巧",即使他賞識阿氏本人或其隨員的甚麼特別藝能,亦不會因此而認同其宗教。但在專制皇權下,阿氏等如沒有自下而上疏通各個關節,根本就不可能有通向皇帝的渠道,更遑論"詣闕聞奏"。爲了和太

〔1〕段晴《唐代大秦寺與景教僧新釋》,見榮新江主編《唐代宗教信仰與社會》,頁446。

〔2〕前賢尚發現唐代景僧名爲"及烈"者,見載於《册府元龜》卷971,云:"開元二十年九月,波斯王遣首領潘那密與大德僧及烈朝貢。"又卷975:"開元二十年八月庚戌,波斯王遣首領潘那密與大德僧及烈來朝。授首領果毅,賜僧紫袈裟一副及帛五十疋,放還蕃。"或以爲該"及烈"即爲景碑上的"及烈",馮承鈞則不以爲然,詳參氏著《景教碑考》,頁62。

〔3〕《新唐書》卷112,頁4176。《唐會要》作"陛下即位日近,萬邦作孚,固宜昭宣菲薄,廣教節儉,則萬方幸甚。"(《唐會要》,頁1078。)恐輾轉抄錄有誤。

宗有共同的語言,阿氏抵達長安後,必定還千方百計、直接間接地通過皇帝近臣寵幸,了解太宗個人的經歷、愛好,尤其是最新的心態。查李世民登基之前,殺人無數,爲奪皇位,甚至殺弟殺兄殺叔。就尋求心靈安寧這一點而言,太宗未嘗不可與基督教有所溝通。[1]竊意基督教宣稱懺悔自己的罪孽便可得到神的寬恕,畢竟要比佛教的輪回報應更易爲太宗所接受。或許,阿氏正是點到太宗這一“穴位”,使他有興趣與之對話。當然,作爲中國歷史上一位大有作爲的皇帝,其對待外來宗教的政策,自然首先取決於當時形勢下政治外交的需要,具體到太宗時期,無疑是出於“招徠西域”的政治目的;但在這個大前提下,並不排斥個人某一時期心態對某一宗教取捨的重大影響。

對阿羅本取道海路來華的蠡測如得以成立的話,那景碑所云的“占青雲而載真經,望風律以馳艱險”兩句話,不無可能語帶雙關,既獻媚太宗,表示阿羅本之來中國,是因爲景仰太宗是個有道之君;但亦暗示,阿羅本冒著航海之風險到達中土,藉以彰揚祖師爲主獻身的無畏精神。若然,則阿氏之最終到達長安,當然不是由西城門而進,而應是由南門或東門,但後來景士把對玄奘法師的接待禮儀移植到自己祖師身上,就把其說成是由西郊而來。既暗示阿羅本由海路而來,又稱其受歡迎於京城西門,如此自相矛盾的破綻,顯然是傳說歷經多人加工的結果。

若阿羅本如陳垣先生所推測,上面筆者所論證那樣,是取道海路來華的話,則意味著:作爲基督教在華傳播的第一時期——唐代景教,[2]其總會派出的傳教士是取海道到達嶺南濱海地區,而後北上進京;這與

[1]早年馮承鈞先生在分析唐太宗優容各種宗教時,已提到這個心理因素:“太宗或因父死,天良激發,懺悔其從前殺弟殺兄殺叔之罪惡,一反其以前‘詔私家不得輒立妖神、妄設淫祀,嗣禱一皆禁絕;其龜易五兆之外,諸雜占卜亦皆停斷’(《舊唐書》卷2)之行爲,故於諸種宗教皆優容之。而阿羅本適應時而至,乃有翻經問道之舉。”(馮承鈞《景教碑考》,頁56-57。)爾後羅香林先生亦持有類似看法:“意阿羅本或先居盤屋,以認罪悔改之基督福音,傳之華人,值貞觀九年,太上皇(唐高祖)去世,太宗中懷懺悔,故魏徵等得將阿羅本事奏知太宗,因得命宰臣房玄齡迎入大內傳宣也。”(羅香林《唐元二代之景教》,頁49,註9。)

[2]陳垣先生把基督教入華史分爲4個時期:“第一期是唐朝的景教。第二期是元朝的也里可溫教。第三期是明朝的天主教。第四期是清朝以後的耶穌教。”(陳垣《基督教入華史》,見《陳垣學術論文集》第1集,頁93。)

明末來華的耶穌會士,由海路於澳門登陸並逐步潛入內地正好類同。
這一歷史的巧合,適爲嶺南沿海在古代中西文明交流中的重要地位又
添一例證。

6.5　結語

　　貞觀十二年詔確認了阿羅本的來華,其所攜"經教"同時得到了朝
廷的承認。基於這一事實推想,阿羅本可能在此前就已到達長安,但限
於在民間活動,還未進入官方的視野。所以,景教碑稱阿羅本在貞觀九
年便到了長安,未必純屬無稽之談,但這畢竟是教會內部的口碑。事件
本身,本無形諸文字的記錄,在教內歷代相傳過程中,必多經文學加工,
最後又被景淨刻意渲染,遂顯得有枝有葉,仿佛阿羅本未來華之前,便
已蜚聲長安,以至太宗使宰臣到城郊恭迎,待以特高禮遇似的。這無非
是給景教在華歷史增光,爲中國景教的祖師添輝。類似這種"加工"本
教歷史,或爲本教名僧,尤其是開山祖塗脂抹粉的現象,在各種教派乃
司空見慣的事;即便是世俗社會,爲先人、爲英雄,或爲成功奪權的帝皇
及其將相等,炮製虛構早年的超凡事迹,比比皆是,不足爲奇。

　　如上所述,景碑記載阿羅本於貞觀九年到達長安事,不過是景士一
面之詞,尚缺乏其他資料支撐。把教會的傳說作爲基督教最早入華的
依據,從學術研究的角度看,顯然有欠謹嚴。這猶如:耶穌十二宗徒之
一的聖多默,早就被傳說到過中國;但學者畢竟未予采信,因爲查無實
據。其實,在唐之前,已有大量西域人移民中國,其中無疑包括一些西
亞、中亞的基督教信徒;但他們在華的宗教信仰活動,顯然未對漢人社
會有何影響,遂未見載於文字,即便有吉光片羽,考證坐實亦殊不易,因
而如果把他們移民中土的年代界定爲基督教入華之始,亦難爲學界所
普遍認同。職是之故,竊以爲,就景教入華濫觴之標誌,與其據景碑所
云貞觀九年事,倒不如以貞觀十二年詔爲妥。

　　陳垣先生早年推測阿羅本係由海路來華,從當時海路交通的情況,
這是很有可能的事;開元年間波斯僧在嶺南沿海活動的記載,無疑佐證
了這一可能性。而據 12 世紀阿拉伯旅行家遊記《中國印度見聞錄》,

公元 879 年黃巢攻克廣府 (廣州) 時, 曾屠殺 12 萬外來移民, 其中包括回教徒、猶太人、基督教徒和瑣羅亞斯德教徒。[1] 如果這個記載屬實的話, 則益證明唐代嶺南道確有不少基督教徒在活動, 他們很可能是由沿海直接登陸的。而阿羅本作爲聶斯脫里派波斯本部派往中國傳道的主教, 更可能是直接由波斯灣航海而來。照此類推, 唐代景教會中相繼接任主教的外來僧侶, 很可能亦是效法阿羅本, 取道印度洋, 經南海道在嶺南登陸。這一蠡測當然尚有待地方考古發現的佐證, 有待學者, 尤其是南粵學者發掘地方文獻加以證實。

如果唐代景教有取海道傳入之一路得以確認, 則意味著基督教之首期入華, 既有像摩尼教那樣經由陸路的間接傳播, 又有像明季耶穌會士那樣經由海路直接來華傳播。就唐代基督教的陸路傳播而言, 應以西域移民爲主要載體, 他們多來自中亞的教團, 所信奉的基督教實際已在中亞的傳播過程中, 爲適應當地佛教的生態環境而發生變異, 這種變異了的基督教自然較容易在中土生存和發展。而由敍利亞教會直接傳播而來的基督教, 自然較習慣於保持原教旨的面目。由是, 基督教在唐代中國的表現未必千孔一面。不同地區、不同時期的景教羣體, 難免自多所差異。這一認識, 對於我們解讀新近發現的唐代洛陽景教經幢的濃郁佛味, [2] 揭示其與西安景碑迥異的原因, 或許會有所幫助。因此, 本篇辨析阿羅本入華的真相, 其學理價值就不止局限於恢復歷史的本來面目, 而且更有助於我們對歷史複雜性、多樣性的深化認識。

末了, 筆者還要特別申明: 就阿羅本貞觀九年到達長安備受禮遇事, 筆者雖不以爲然, 但絕非借此質疑明季西安景碑發現的重大意義, 尤其是碑文對解讀唐代景教史的巨大歷史價值。碑文無疑可與文獻互爲參證, 於構建唐代基督教史有不可替代的作用。筆者所要借題提示的是: 對碑文所述的諸多人和事, 如要用於補史料之不足, 則審慎爲尚。務必先下功夫, 綜合考察, 由表入裏, 細加辨析, 如是始能從中發現真正

---

〔1〕穆根來、汶江、黃倬漢譯《中國印度見聞錄》, 中華書局 1983 年版, 頁 96。有關這條資料的發現和引用, 詳參 A. C. Moule, *Christians in Asia before the Year AD 1500*, London et al. , 1930, p. 76; 郝鎮華譯中譯本《一五五〇年前的中國基督教史》, 中華書局 1984 年版, 頁 82－83。

〔2〕參閱本書第 9 篇《〈幢記〉若干問題考釋——唐代洛陽景教經幢研究之二》。

的歷史；切忌在甄别真僞程度之前，便視爲信史，並演繹出其他種種的
結論。

（本篇初刊《文史》2008 年第 1 輯，總 82 輯，頁 149 – 165。）

7 唐代"景僧"釋義

7.1 引言

　　"景僧"者,顧名思義,景教之僧侶也。不過,至少在唐代,不惟官方文獻未見采用該術語來指稱景教之僧侶,教外詩文亦難檢索到如是用例,衹是近現代的詩文始見常用。學者使用該術語時,往往用以指代景教神職人員。一般認定景教就是傳入中國的基督教聶斯脱里派,而聶派只限定主教以上的神職人員不能結婚,其他人可以娶妻生子;[1] 由是,如果將"景僧"用於指代景教神職人員,亦就意味著在中國,景僧與佛僧不同,前者可以結婚,後者則非出家不可。是以,段晴教授近年在解讀西安景碑諸多僧人的教内身份時,對景教之"僧"的内涵,重新作出界定:

> "僧"字源於梵文的 saṃgha,原本指佛教的出家人。佛教的出家人經過受戒等儀式,成爲和尚,稱爲僧。唐之景教,借用佛家的"僧"字來表示景教的僧俗信教者,但這個字卻無法揭示景教内部頗爲豐富和複雜的神職體系[2]

根據這一新釋,所謂"景僧",便是泛指所有信仰景教的人,而不在乎出家與否。如此,則他們的家庭生活,或與俗人無異。竊思"景僧"一詞的解讀界定,與吾人認識景教的華化問題,實有密切的關係。是以,本

---

〔1〕參閱朱謙之《中國景教》,東方出版社1993年版,頁134-135、140。另參段晴《唐代大秦寺與景教僧新釋》,刊榮新江主編《唐代宗教信仰與社會》,上海辭書出版社2003年版,頁434-472,有關論述見頁440。

〔2〕段晴《唐代大秦寺與景教僧新釋》,刊榮新江主編《唐代宗教信仰與社會》,頁439。此處謂"佛教的出家人經過受戒等儀式,成爲和尚,稱爲僧",似不夠準確。一般來說,經過受具足戒,只可稱沙門、比丘或比丘尼,還不能稱和尚,一個寺院一般只有住持、方丈纔可稱和尚或大和尚。

文擬在段文基礎上,吸收前賢和諸同仁研究的成果,就漢文"景僧"的內涵,作一專門考察,以就教方家。

7.2　唐代官方文獻對景僧
身份之認定

按,漢文的"僧"字,源於梵文的 saṃgha,原意爲"和合之眾"或"法眾",本指一個團體,而非指個人,後來漢語之"僧"始可指個人。"和合之眾",意味著必須離家獨身,與同修者結成一個團體。[1]　僧人若有妻室,即不得稱"僧"。西域龜茲高僧鳩摩羅什(343—413 年)的故事可資爲證,其被後秦姚興派人迎入長安,翻譯佛典:

> 姚主常謂什曰:"大師聰明超悟,天下莫二,若一旦後世,何可使法種無嗣?"遂以妓女十人,逼令受之。自爾以來,不住僧坊,別立廨舍,供給豐盈。每至講說,常先自說譬喻:"如臭泥中生蓮花,但采蓮花,勿取臭泥也。"[2]

因此,以理度之,朝廷倘要借用這個"僧"字來指其他宗教人士,起碼應認爲其人係出家者,斷不至於明知其有妻室,但仍以"僧"稱之。考唐代官方文獻之稱景教徒爲"僧",顯據此準則。

按,唐代官方稱景教徒爲"僧",迄今可稽的確鑿文獻,莫早於《唐會要》卷 49 所載貞觀十二年(639)詔令:

> 貞觀十二年七月詔曰:道無常名,聖無常體,隨方設教,密濟羣生。波斯僧阿羅本,遠將經教,來獻上京,詳其教旨,玄妙無爲,生成立要,濟物利人,宜行天下。所司即於義寧坊建寺一所,度僧廿一人。[3]

此處,朝廷把漢人所熟悉的"僧"字用到阿羅本身上,顯然是認爲阿羅本與佛教的僧人相類,不過是來自波斯耳。這個相類,起碼應有兩點:

---

〔1〕義淨謂"僧是僧伽,目乎大眾,寧容一己輒道四人,西方無此法也"(義淨著、王邦維校注《南海寄歸內法傳校注》卷 3《受戒軌則》,中華書局 1995 年版,頁 130);又贊寧《僧史略》謂"若單云僧,則四人以上方得稱之。今謂分稱爲僧,理亦無爽"(《大正藏》(54),頁 251 中)。本篇對"僧"的釋義,曾請益何方耀教授。誌謝!

〔2〕釋慧皎撰、湯用彤校注《高僧傳》卷 2,中華書局 1992 年版,頁 53。

〔3〕《唐會要》卷 49,中華書局 1955 年版,頁 864。

其一，以宗教爲業；其二，出家獨身。

阿氏爲宗教職業者，朝廷十分清楚，緣詔令云其“遠將經教，來獻上京”，若非像佛教僧侶那樣專事奉神，不可能不遠萬里，把自家宗教的經文來獻朝廷。其時阿氏來華，若非頂沙暴由磧路而來，便是冒風浪越重洋而至；其旨在中華傳教，而非一般移民那樣到中土定居創祖；姑不論其原籍有無家室，[1]但在他的隨行人員中，當不會有其家眷。故在華人心目中，他乃過著獨身生活，這恰與佛教出家人一樣。是以，朝廷借用佛教之“僧”字稱阿羅本，可謂得當。

詔令末句還借用佛教的“度僧”一詞：“所司即於義寧坊建寺一所，度僧廿一人。”這意味著建寺是朝廷批准的，而且數量限於一所；“度僧”亦得到朝廷批准，人數限於廿一個。從行文看，“度僧”顯爲建寺的配套行動。古代中國佛教，僧和寺往往是相互依存，不可分割。沒有僧，不能成其寺，故有“僧寺”之謂；沒有寺，則不能成其僧，故有“寺僧”之稱。“度僧廿一人”，意味著吸收廿一個信徒作爲職業人士，住到寺裏，以成“和合之眾”，一同修持。如果所“度”者只是一般平信徒，“度”後不必住寺，家庭生活與常人無異，那何必要朝廷批准？緣朝廷既認可該教“宜行天下”，則一般人受洗入教，成爲平信徒，自不受官方干預。官方所要控制備案的是那些職業人士。是故，詔令既稱“度僧”，即意味著將俗人變成出家人。儘管在“度”的儀式上，景教與佛教必有不同，但讓被度化者正式出家、獻身宗教，應無二緻。正因爲如此，詔令纔會把佛家這個術語用到阿氏的宗教上。

上面對貞觀十二年詔令的剖析，説明朝廷心目中的“僧”，乃指出家奉行阿氏宗教的職業人士。

唐代官方文獻稱景教徒爲僧者，尚有數例。《冊府元龜》載曰：

> 柳澤，開元二年（714），爲殿中侍御史、嶺南監選使。會市舶使右衛威中郎將周慶立、波斯僧及烈等，廣造奇器異巧以進。澤上

---

[1]段晴教授據景碑判定，阿羅本是唐朝景教會的第一任主教（段晴《唐代大秦寺與景教僧新釋》，頁446），若然，按聶派的規定，其必獨身者。

書諫曰……[1]

此處的"波斯僧"當與先期而來的阿羅本同道,否則不會被官方文獻采用同樣的稱謂。該等波斯人活躍於嶺南道,當係海路而來。彼等以奇器異巧,取悅官府、朝廷,無非是要爭取傳教的權益。既然獻身於主,跨越重洋,來到中土,很難想像他們會攜帶家眷。因此,至少在官府心目中,他們是一羣出家人,官方始會以"僧"稱之。

此外,《冊府元龜》卷971云:

> 開元二十年九月,波斯王遣首領潘那密與大德僧及烈朝貢。[2]

同書卷975又云:

> 開元二十年八月庚戌,波斯王遣首領潘那蜜與大德僧及烈來朝。授首領爲果毅,賜僧紫袈裟一副及帛五十疋,放還蕃。[3]

《冊府元龜》這兩條記載說的應是同一事件。[4] 另所提到的"及烈"與上揭開元二年參與進奇珍異巧的"及烈"未必是同一人,緣兩者活動的時空與內容均存在差異。馮承鈞先生認爲此處"及烈"是敍利亞文鄉主教(korappiqopa)之省譯;[5] 姑不論是否如此,但"及烈"一名既見於開元二年之記載,亦見於西安景教碑,[6] 故應是唐代基督教徒常見的漢文音譯名;是以,以往學者們咸把這位"及烈"定性爲景士。不過,其既爲景士,又何以竟成爲波斯王的使節,卻令人懷疑。按,公元651年,哈里發奧斯曼已徹底征服伊朗,從公元661至867年,伊朗由哈里發統治。其時所謂波斯,不過是阿拉伯帝國的一個行省。開元二十年,正是

---

[1]《冊府元龜》卷546,中華書局1960年版,頁6547-6548。此事並見《舊唐書》卷8,中華書局1975年版,頁174,《唐會要》卷62"御史臺下",頁1078。《新唐書》卷112《柳澤傳》有關此事的記述,略去"波斯僧"一語(中華書局1975年版,頁4176)。

[2]《冊府元龜》,頁11409。

[3]《冊府元龜》,頁11454。

[4]詳參本書第11篇《唐代景僧名字的華化軌迹》。

[5]馮承鈞《景教碑考》,商務印書館1931年版,頁62。

[6]景碑正文第14至15行:"聖曆年,釋子用壯,騰口於東周;先天末,下士大笑,訕謗於西鎬。有若僧首羅含、大德及烈,並金方貴緒、物外高僧,共振玄綱,俱維絕紐。"

·歐·亞·歷·史·文·化·文·庫·

阿拉伯倭馬亞王朝(661—750)統治時期,何來波斯王使節之有?[1] 竊意"潘那蜜"不過是一介胡商,其跋涉來華,假朝貢之名,行貿易之實,是中古"朝貢貿易"的一例典型。不過,該等商胡亦有可能信奉景教,及烈始會被邀入夥,參加"朝貢"。作爲"隨團人員",其即便原有家室,亦不太可能攜帶同行。因此,從朝廷的角度來看,完全是按照慣例將其目爲僧侶。至於"大德",則可能是朝廷出於對及烈的敬重,仿照佛教的敬稱而冠上的;而賜以紫袈裟,則是比照對佛僧的禮遇。假如及烈乃攜眷同行,朝廷焉會以佛僧之禮待之?

以上考察説明,在唐代,被官方文獻稱爲"僧"的景教徒,很難確認其有家室;相反,給人的印象倒是不可能有。該等稱"僧"的教徒,不惟以宗教爲業,而且至少在華期間形同出家。這就意味著,儘管基督教聶派允許其一般神職人員結婚,但官方在認定景教徒的僧侶身份時,並未因此忽略其婚姻狀況,而是比照佛教,仍然把出家作爲基本條件。

唐代歷朝皇帝,除武宗李炎外,其餘諸帝即便置道教於先,對佛教亦予隆待。作爲佛教出家人專稱的"僧"字,在社會的主流意識中,並非一個隨便的稱謂,朝廷對這個字的使用,亦因教而異。依目前所見,除景教外,對其他夷教的職業人士,朝廷就頗吝用該字。摩尼教的職業教徒以嚴持戒律著稱,絕對是出家住寺修行,在漢文經典中亦借用

---

〔1〕馮承鈞先生據《新唐書》卷 220 以下所載,尼涅師病死長安以後,波斯"西部獨存,開元天寶間,遣使十輩,獻碼碯牀火毛繡舞筵",認爲"此波斯使者,應爲大食藩鎮或薩珊遺族"。(馮承鈞《景教碑考》,頁 61 - 62。)按,"碼碯牀火毛繡"確屬西亞波斯和中亞之物產(參〔美〕勞費爾著,林筠因譯《中國伊朗編》,商務印書館 2001 年版,頁 328 - 329;〔美〕愛德華·謝弗著、吳玉貴譯《唐代的外來文明》,陝西師範大學出版社 2005 年版,頁 289 - 290),當與南海波斯無涉。竊疑《新唐書》云薩珊波斯時至開元天寶年間仍"西部獨存",乃不諳當時西亞之政治格局;而云"遣使十輩",則係朝廷爲假冒使節的商胡所騙。

“僧”字自稱；[1]但由於李唐各朝對該教持否定態度，[2]官方文獻對其僧侶，但稱“摩尼”、“大摩尼”、“小摩尼”等，惟對回鶻所支持的摩尼教僧侶較爲客氣，時或稱僧耳。至於祆教，其職業人士在唐代文獻上，稱祆正、祆祝、祆主、穆護等，惟未見稱“祆僧”者。宋代文獻亦如是，姚寬《西溪叢語》卷上有云：“至唐貞觀五年（631），有傳法穆護何祿，將祆教詣闕聞奏，敕令長安崇化坊立祆寺。”[3]按，古漢語的表述惟簡練是求，倘祆教職業人士有“祆僧”之謂的話，則對何祿就不必贅稱爲“傳法穆護”了。竊意祆教之不稱僧，乃緣其源頭波斯瑣羅亞斯德教不尚禁慾，對婚姻持積極態度。其《阿維斯陀經》訓示信徒曰：“有妻者勝於無妻者，有家者勝於無家者，有兒女者勝於無兒女者。”“我寧要有兒女者，而不要無兒女者。”[4]是以，作爲神職人員，更是要帶頭繁衍後代。經過變異入華的祆教亦如此。宋代有史世爽者，其世襲祆廟廟祝，直可溯至唐代，便是明證：

> 東京城北有祆（呼煙切）廟。祆神本出西域，蓋胡神也。與大
> 秦穆護同入中國，俗以火神祠之。京師人畏其威靈，甚重之。其廟
> 祝姓史，名世爽，自云家世爲祝累代矣。藏先世補受之牒凡三：有
> 曰懷恩者，其牒，唐咸通三年（862）宣武節度使令狐綯，令狐者，丞
> 相絢也；有曰溫者，周顯德三年（956）端明殿學士、權知開封府王

---

[1]摩尼教徒除一般平信徒即“聽者”外，其餘都是奉行嚴格戒律的出家僧侶，該教的漢文經典亦使用“僧”，如英藏《下部讚》行109載：“衆生多被王明覆，不肯勤修眞正路；謗佛毀法慢眞僧，唯加損害不相護。”法藏《摩尼光佛教法儀略·寺字儀第五》載：“經圖堂一，齋講堂一，禮儀堂一，教授堂一，病僧堂一。”京藏《摩尼教經》079至082行：“第三日者，自是七種摩訶薩本，每入清淨師僧身中，從惠明處，受得五施及十二時，成具足日，即像宰路沙羅夷大力記驗。如是三日及以二夜，於其師僧乃至行者，並皆具有二界記驗。”以上引文據拙著《摩尼教及其東漸·釋文》，臺北淑馨出版社1997年增訂本。

[2]安史之亂以前，惟武后出於篡權變天的意圖，善待摩尼教外，其他各朝均對該教嚴加控制，不准在漢人中傳播。安史之亂以後，迫於回鶻的要求，始允其在内地建寺。回鶻國破後，旋對該教嚴加取締。參拙文《唐代三夷教的社會走向》，見拙著《中古三夷教辨證》，中華書局2005年版，頁346–351。

[3]〔宋〕姚寬撰、孔凡禮點校《西溪叢語·家世舊聞》，唐宋史料筆記叢刊，中華書局1993年版，頁42。

[4]詳參拙文《瑣羅亞斯德教婚姻觀述略》，見拙著《波斯拜火教與古代中國》，臺北新文豐出版公司1995年版，頁73–77。

所給，王乃樸也；有曰貴者，其牒亦周顯德五年（958）樞密使、權知開封府王所給，亦樸也。自唐以來，祆神已祀於汴矣，而其祝乃能世繼其職，逾二百年，斯亦異矣。[1]

既然祆教的神職人員可以娶妻生子，世人自然認爲他們不配稱僧，朝廷的詔令對他們亦相應刻意避用"僧"字，有《唐大詔令集》卷113《拆寺制》爲證：

> 其天下所拆寺四千六百餘所，還俗僧尼二十六萬五千人，收充兩稅戶。拆招提蘭若四萬餘所，收膏腴上田數千萬頃，收奴婢爲兩稅戶十五萬人，並隸僧尼屬主客，顯明外國之教。勒大秦穆護祆二千餘人，並令還俗，不雜中華之風。[2]

此處的"二千餘人"，另有作"三千餘人"，而"大秦"則謂景教無疑，"穆護祆"則指祆教。[3] 詔令所要勒令還俗之人士，當然是指職業的宗教人士，要他們放棄宗教職業，從事世俗工作，過一般世俗人的生活。如果是針對所有信徒，要他們放棄原來信仰的話，那人數就斷不止二三千或數千人，因爲在唐代中國，新老西域移民及其後裔中信教者不知凡幾。詔令中之所以有一個大略的具體數字，必定是根據在官方備案的職業人士數字；至於平信徒，在當時的條件下，實際無從統計。司馬光在編修《資治通鑑》"武宗滅佛"一事時，似乎注意到詔令只點示教名，以爲表述不夠明確，遂在"大秦穆護祆"後補一"僧"字：

> 上惡僧尼耗蠹天下，欲去之，道士趙歸真等復勸之；乃先毀山野招提、蘭若，敕上都、東都兩街各留二寺，每寺留僧三十人；天下節度、觀察使治所及同、華、商、汝州各留一寺，分爲三等：上等留僧二十人，中等留十人，下等五人。餘僧及尼並大秦穆護祆僧皆勒歸俗。寺非應留者，立期令所在毀撤，仍遣御史分道督之。財貨田產

---

〔1〕〔宋〕張邦基著、孔凡禮點校《墨莊漫錄》卷4，中華書局1993年版，頁110–111。

〔2〕〔宋〕宋敏求編《唐大詔令集》，商務印書館1959年版，頁591；並見《唐會要》卷47，頁841，文字略有出入。

〔3〕詳參拙文《唐季"大秦穆護祆"考》（上、下），分載《文史》1999年第3輯、第4輯，頁39–46、101–122；修訂稿見拙著《中古三夷教辨證》，頁284-315。

並沒官,寺材以葺公廨驛舍,銅像、鐘磬以鑄錢。[1]

在司馬光看來,被勒令還俗的顯然是指大秦(景教)和祆教的職業者,爲把其明確化,遂稱爲“大秦穆護祆僧”。不過,此舉似類畫蛇添足。竊意《拆寺制》中的“大秦”,本可明確爲“大秦僧”,但制文既求簡省,與“穆護祆”連書,遂不便再示以“僧”字,緣“穆護祆”是職業人士,但畢竟有妻室,令其還俗,不過是要他們放棄宗教職業,撤離寺廟耳。可見制文起草者用心良苦。

上面對《拆寺制》“勒大秦穆護祆二千餘人,並令還俗”一句的分析,反證了在朝廷心中,景僧不惟是該教的職業人士,而且應是在籍的出家人。

7.3 唐朝對景僧管理之蠡測

中國歷代專制皇朝,都有約束僧侶的種種措施,包括設僧官、立僧籍等。[2] 有唐一代自不例外,對各種宗教也有較爲嚴格的管理制度。《唐會要》“僧籍”條載:

> 天下寺五千三百五十八,僧七萬五千五百二十四,尼五萬五百七十六。兩京度僧尼,御史一人涖之。每三歲,州縣爲籍,一以留州縣,一以上祠部。

> 新羅日本僧人入朝學問,九年不還者,編諸籍。

> 會昌五年,勒祠部檢括天下寺及僧尼人數,凡寺四千六百,蘭若四萬,僧尼二十六萬五百人。[3]

此處所錄者乃佛僧籍册,其統計的精確度已具體到個位數;而籍册登錄的內容,太和四年(830)祠部奏摺有所披露:“起今已後,諸州府僧尼已得度者,勒本州府具法名俗姓,鄉貫戶頭,所習經業,及配住寺人數,開

---

〔1〕《資治通鑑》卷248,中華書局1956年版,頁8015-8016。

〔2〕詳參嚴耀中《佛教戒律與中國社會》第9章《官方約束僧侶的制度》,上海古籍出版社2007年版,頁125-144。

〔3〕《唐會要》卷49,頁863。

項分析,籍帳送本司,以明真偽。"[1]可見整個審批備案的程序並非馬馬虎虎。上引《拆寺制》數字也很明確:"其天下所拆寺四千六百餘所,還俗僧尼二十六萬五千人,收充兩稅戶。拆招提蘭若四萬餘所。"唐代僧人不僅要持有祠部頒發的度牒,還必須登錄於僧尼冊籍,敦煌石窟所發見的數百件佛教寺院文書,亦包括了諸多僧籍和度牒,爲唐代的宗教管理提供了考古實物證據。[2]唐制僧人必隸"僧籍",這在時人亦是常識,以至入詩:劉禹錫《送僧仲剬東遊兼寄呈靈澈上人》云"西游長安隸僧籍,本寺門前曲江碧";[3]張祜《贈貞固上人》云"南國披僧籍,高標一道林",[4]均是明證。

就唐代宗教管理體制的沿革,《資治通鑑》卷248"會昌六年"條下胡三省有詳註,曰:

> 唐初,天下僧尼、道士、女官皆隸鴻臚寺。武后延載元年,以僧、尼隸祠部。開元二十四年,道士、女官隸宗正寺。天寶二載,以道士隸司封。貞元四年,崇玄館罷大學士後,復置左、右街大功德使、東都功德使、脩功德使,總僧、尼之籍及功役。元和二年,以道士、女官隸左、右街功德使。會昌二年,以僧、尼隸主客。太清宮置玄元館,亦有學士,至六年廢,而僧尼復隸兩街功德使,即是年也。[5]

此處說的是對佛道二教的管理,但以理度之,對其他宗教,尤其是三夷教,當亦有相應的管理。如祆教,該教源遠流長,在阿拉伯征服之前,乃是西胡的主流信仰,亦是唐代在華胡人、胡裔的主流信仰,對該教的管理和對移民的管理實際密切相關,因此朝廷在管理西域僑民的機構即薩寶府中,[6]專設祆正、祆祝二職以主其事,事見《通典·職官典》:

---

〔1〕《全唐文》卷966,中華書局1983年影印本,頁10032。

〔2〕有關唐代對佛教僧尼、寺院的管理,詳參白文固、趙春娥《中國古代僧尼名籍制度》,青海人民出版社2002年版,頁48-79。

〔3〕《全唐詩》卷356,中華書局1960年版,頁4005。

〔4〕《全唐詩》卷511,頁5802。

〔5〕《資治通鑑》卷248,頁8024。

〔6〕參拙文《20世紀中國瑣羅亞斯德教研究述評》,刊余太山主編《歐亞學刊》第2輯,中華書局2000年版,頁243-265。

視流內,視正五品,薩寶;視從七品,薩寶府祆正。……武德四年,置祆祠及官,常有羣胡奉事,取火呪詛……視流外,勳品,薩寶府祓(祆)祝;四品,薩寶率府;五品,薩寶府史。[1]

至於摩尼教,《通典》亦有載,開元二十年七月敕云:

末摩尼本是邪見,妄稱佛教,誑惑黎元,宜加禁斷。以其西胡等既是鄉法,當身自行,不須科罪者。[2]

既然詔令明確禁斷摩尼教在漢人中傳播,則意味著不存在對漢人僧徒管理的問題,一旦發現,地方官府自當取締。詔令又把該教目爲西胡鄉法,允許其自行信奉,不需科罪,這即意味著對該教的胡人僧徒,亦不必由甚麼專門機構去管理。因此,嚴格地說,把摩尼教納入朝廷的宗教管理體系,應在其借助回鶻勢力,自大曆三年(768)始,先後獲允在華多處建寺之後。既然允其建寺傳教,對其僧徒、寺院自然亦相應地加以管理。不過與祆教不同,對摩尼教的管理,似無另立機構,而是由上揭朝廷管理佛道的部門兼管。《舊唐書》所錄會昌三年二月制披露了這一點:

其回紇既以破滅,……應在京外宅及東都修功德回紇,並勒冠帶,各配諸道收管。其回紇及摩尼寺莊宅、錢物等,並委功德使與御史臺及京兆府各差官點檢收抽,不得容諸色人影占。如犯者並處極法,錢物納官。摩尼寺僧委中書門下條疏聞奏。[3]

領銜點檢的"功德使"已見上引《資治通鑑》的胡註,説明該管理佛道的機構,平時亦掌控摩尼教。

而景教,據貞觀十二年詔,是年被獲允"宜行天下",亦即享有佛道那樣的合法性;一些景士亦被看成佛教出家人一類,被稱爲僧;其禮拜修持的場所亦像佛教那樣被稱爲寺,而且景僧亦像佛僧那樣,向皇帝"請額"——題寫寺名,結果亦如願以償;[4]至於教義,則又被目爲像道

---

〔1〕《通典》卷40,中華書局1984年版,頁229-230。

〔2〕《通典》卷40,頁229。

〔3〕《舊唐書》卷18上,頁594。參見李德裕《討回鶻制》,見《全唐文》卷698,頁7166。

〔4〕景碑正文第16至17行文字披露(天寶)三載,玄宗"詔僧羅含、僧普論等一七人與大德佶和於興慶宮修功德。於是天題寺榜,額載龍書"。

教那樣的"玄妙無爲"。尤其是在會昌滅佛之前,景教與李唐歷朝皇帝都有良好的關係,如是,其很可能享有類乎佛道那樣受保護的權益,像回鶻摩尼教那樣,亦由朝廷管理佛道的機構兼管。

官方既稱景教的一些職業人士爲僧,自按佛教的標準,登錄入僧籍;上引《拆寺制》勒令大秦穆護祆還俗時,能夠道出"二千餘人"這一具體數字,無疑證明這一點。至於是否有像佛僧那樣,由祠部頒發度牒,則目前尚無資料可資判斷。

正如上引《唐會要》卷49"僧籍"條和"拆寺制"條所披露,唐代佛寺數以千計,僧尼數以萬計,在社會已形成舉足輕重的影響力,是以有關他們的管理體制等,即便官方文書佚失,由於士人多加措意,亦會有所記錄存世;而他們雖也曾偶遭挫折,但畢竟不像三夷教那樣,在唐季受到毀滅性的打擊;是以,彼等遺物遺迹存世亦很多,且時有新的發現。相反的,像景教這樣的夷教,其僧侶殆爲佛僧人數的零頭,會昌遭取締後便一蹶不振,故有關的原始文獻被忽略,不被士人重視整理保存下來,這是可以理解的。因而,就景教的管理,如上面所考,只能參照佛道的管理,參照其他夷教管理的零星記錄,以及有關文獻中的某些雪泥鴻爪進行推度。但無論如何,可以相信的是,唐代對景教的管理,即便不比佛道嚴格,亦沒有理由較爲寬鬆;緣佛道乃朝廷扶植的主流宗教,景教不論與宮廷有多密切的關係,都無從與佛道比肩。

假如我們承認唐朝對於景教並無疏於管理的話,那麼,在華的景教人士若要稱僧,就得一遵華情,按朝野對僧人認同的標準去修行,並像佛僧那樣,按規定登入冊籍。朝廷不可能因大秦教允許一般神職人員結婚而苟且之,爲其另立僧人標準。試想,唐人尚且不稱祆教的職業人士爲祆僧,怎麼會把有家室的景教徒載入僧籍呢?

漢語中的"僧"與"俗",猶如天與地,是對立的概念,區分的一個基本標準就是"出家"與否。在古代中國,能夠稱僧的人,必須是信徒,而且要求出家,兩者不可或缺。否則就是冒牌僧人、花和尚、淫僧,爲社會輿論所不容,固不待言;而遭懲戒取締、革除僧籍者,亦屢見不鮮。《大唐西域記》撰人辯機被唐太宗處以腰斬,儘管另有隱情,但表面的理由無非是其觸犯淫戒。[1] 武宗滅佛,甚至對過往曾"犯淫養妻"的僧人進行追究。會昌二年十月九日敕:"天下所有僧尼解燒煉咒術禁氣、背軍身上杖痕鳥文、雜工巧、曾犯淫養妻不修戒行者,並勒還俗。"[2] 職是之故,竊以爲,儘管西亞的聶派規定除主教以上神職人員外,餘者包括牧師等均可結婚,但到了中國,一旦要以僧人身份進行傳教,就得出家,至少在形式上要過獨身生活。因此,聶派教徒有無擔任神職或結婚是一回事,其在唐代中國能否稱僧又是另一回事,兩者不能混淆。

論者認爲唐代景僧可以娶妻生子,依筆者所知,迄今所能舉的惟一例證,乃榮新江教授所考"僧文貞",見西安景碑碑體左側題名第三行。榮教授據"新發現的波斯人李素及夫人卑失氏墓誌",認爲李素是個景教徒,而其"字文貞",恰好與景碑的"僧文貞"對上號。[3] 據墓誌,李素不僅一再娶妻,而且生有多個子女,諸子之名,均取"景"字;於是陳懷宇博士進而據唐音,把李素墓誌所云的"季子景伏"與景碑的右側第二行的"僧景福"對號。[4] 查景碑上的"僧文貞"和"僧景福"所匹對的敘利亞文都僅有教名,前者爲 Lûqâ,後者爲 Íšôˋdāʰ,均無神職。[5] 是否可將此二僧與李素父子對號入座,固然要排除名字巧合的可能性,還不得不面對一個問題,即:假如李素父子都是碑上有名的景僧,其家族對景教的虔誠程度自不待言;那麼,在爲李素製作墓誌時,何以沒有像一般宗教徒那樣,留下其信仰的標識,諸如勒刻十字架、宗教套語之類?這個問題如果找不到合理的解釋,則彼等的劃等號尚有疑問;而作爲疑似的孤證,自不足以確認在華景教徒即便不棄婚姻,亦可自稱爲"僧"。

---

〔1〕參陳垣《大唐西域記撰人辯機》,見《陳垣學術論文集》第 1 集,頁 449 – 473。

〔2〕釋圓仁著,白化文、李鼎霞、許德楠修訂校注《入唐求法巡禮行記校注》卷 3,花山文藝出版社 1992 年版,頁 408。

〔3〕榮新江《一個入仕唐朝的波斯景教家族》,刊葉奕良編《伊朗學在中國論文集》第 2 集,北京大學出版社 1998 年版,頁 82 – 90;另見氏著《中古中國與外來文明》,三聯書店 2001 年版,頁 238 – 257。

〔4〕陳懷宇《景教在中古中國的命運》,刊饒宗頤主編《華學》第 4 輯,紫禁城出版社 2000 年版,頁 286 – 298,有關論證見頁 296 註 16。

〔5〕P. Pelliot, *Rechérches sur les Chrétiens d'Asie Centrale et d'Extrême-Orient*, II, 1: *La Stèle de Si-ngan-fou*, Oeuves posthumes de Paul Pelliot, Paris,1984, pp. 59, 61. (以下縮略爲 *Pelliot* 1984)

·歐·亞·歷·史·文·化·文·庫·

7.4　西安景碑碑文中"僧"字的使用

上面考察了唐代官方對景僧身份的認定,乃參照佛僧,即應是景教的職業人士,而且必須出家;同時亦論證了唐代中國景教,像佛教道教那樣,被納入朝廷宗教管理的體制。如果以上的論證得以成立的話,那就意味著景教會想在華生存,就得與官方保持一致;其教徒若要稱僧,必須得到官方的認同,符合官方既定的標準。西安景碑上對"僧"字的使用,正好印證了這一點。

按,西安景碑,主體文字用漢文書寫;而書寫者,乃一位朝廷命官,見碑文末端落款的"朝議郎前行台州司士參軍呂秀巖書"。更有,碑文下端右起第一行題以"助撿挍試太常卿賜紫袈裟寺主僧業利"16個漢字。太常卿係九卿之一,掌宗廟祭祀、禮樂諸事務;而前面所冠的"助檢校"和"試",當係表示臨時或署理的意思,檢索唐代文獻便可知該等用詞並非罕見。朝廷之所以賜給業利這個臨時官銜,很可能就是認同他主持景碑的開光儀式。從碑上這兩行落款,吾人有理由相信景碑之立,絕非背著朝廷的教內事務,而是爲朝廷所認可。這就意味著,碑不僅是立給教內人看的,更是展示給華人社會衆人看的,難怪碑文不惜筆墨頌揚歷朝皇帝。正因爲如此,碑上題名的人物,誰能稱僧,誰不能稱僧,必須符合官方的認定規範,與唐代社會的主流觀念一致。立碑之時,景教已正式入華傳播約一個半世紀,教徒之中,自不乏在華土生土長的胡人後裔,而景教會之諧於華情,更是毋庸置疑。試想,西安景碑全高 279 釐米,碑身上寬 92.5 釐米,下寬 102 釐米,在如此令人矚目的巨碑上所見的僧人,若不倫不類,就算瞞得了官府,亦難逃周遭羣眾之譏笑,更少不了授人以柄,成爲當時主流宗教,即佛道兩家攻擊的口實。由是,教會斷不至於無知若是,將一些保有家室的神職人員或教徒,冠以"僧"字,勒於碑上,自討世人之譏。下面,無妨就碑上"僧"字的使用,略作辨釋。

首先考察碑文正文中的"僧"字,其出現凡 8 處,其中用於泛指者 3處,即:

正文第11行，"所司即於京義寧坊造大秦寺一所，度僧廿一人"；

正文第23行，"更効景門，依仁施利：每歲集四寺僧徒，虔事精供，備諸五旬"；

正文第14行，"有僧首羅含，大德及烈並金方貴緒、物外高僧，共振玄綱"。

按，第11行的"度僧廿一人"係轉引詔令，是與造寺相應的行動，上面已有討論，不贅。而第23行的"集四寺僧徒"，更暗示景僧亦像佛僧那樣，與一般平信徒不同，乃隸籍於某一寺院，即所謂"寺僧"，當應在寺修持。第14行的"物外高僧"，本來"高僧"已指修持有素的僧人，而冠以"物外"，自更應超脫塵俗。

其餘5個"僧"字，均冠於具體人身上，即：

正文第14行，"僧首羅含"；

正文第16行，"大秦國有僧佶和，瞻星向化，望日朝尊。詔僧羅含、僧普論等一七人，與大德佶和，於興慶宮修功德"；

正文第20至21行，"大施主、金紫光祿大夫、同朔方節度副使、試殿中監、賜紫袈裟僧伊斯"。

"僧首羅含"與"僧羅含"，無疑指同一個人，因此，上揭提到的具體僧人實僅4位耳。據碑文，僧羅含與僧普論、僧佶和，都爲拓展本教在華的生存空間做出貢獻，彼等曾應詔進宮，爲玄宗"修功德"。這意味著此3位的僧人身份，已得到朝廷認可，當屬出家人。其中的佶和，據段晴教授考，還是唐代中國教區的第三任主教，[1]若然，則更應獨身無疑。

碑文中的僧人，以伊斯最爲顯赫，頭戴3頂世俗官帽。景碑正文的第21至24行對伊斯備加讚揚，有關他的記述逾250字，竟佔全碑正文

〔1〕段晴《唐代大秦寺與景教僧新釋》，見榮新江主編《唐代宗教信仰與社會》，頁464。

1700 餘字的 15%,以至前賢或以爲該碑乃爲伊斯墓碑。[1] 不過,在這
200 多字中,不像常見碑文那樣,在頌揚碑主時當提及其子孫後裔,以
彰顯碑主後輩昌盛。就此一點,若非暗示伊斯乃爲出家者,則是顯明該
碑並非墓碑。其實,碑文稱伊斯"効節於丹庭"、"策名於王帳",爲朔方
軍首領郭子儀之爪牙,其戎馬倥傯的生活自然不可能帶家眷。因此,其
給人的印象應是出家獨身的,朝廷始會像對待上揭開元二十年來華朝
貢的大德僧及烈那樣,以其軍功而比照佛僧賜紫袈裟。

　　除碑文正文所出現的"僧"字外,碑文的撰者署名、時間落款,還有
碑文下端的漢文、敍利亞文字,以及碑體兩側的題字中,亦多有"僧"字
出現。據筆者檢視,發現凡漢文僧名,均配有敍利亞文;但敍文的題名,
則未必均配有漢文名字。由於該等並非景碑的主體文字,以往國人少
有專門考察。按,碑體上的敍文,國外有諸多摹本、轉寫本並翻譯,目前
被認爲最權威者似推法國著名學者 Jean Dauvillier 整理的伯希和遺著
《遠東和中亞基督教再研究》第 2 卷第 1 分冊之《西安府石碑》,[2] 故下
面有關敍文的拉丁轉寫謹據伯氏本,至於釋讀,除引錄伯氏的法譯外,
並參考穆爾名著《一五五〇前的中國基督教史》。[3] 當然,對有疑問
者,亦盡量斟酌其他各家,尤其是近年學者的觀點,但不一定一一臚列。
就敍文的教名,學者不過是加以轉寫音譯耳,不存在什麼爭議,惟若干
名字的族源尚待確認,蓋與本篇主旨無關,不加評介;至於身份,尤其是
具體職務的解讀對譯,則不乏歧見,與本篇主旨關係不密切,或順便提
及,惟不多加討論。

　　景碑碑文在"景教流行中國碑頌並序"題下次行,即署:

　　大秦寺僧景淨述　'Adʰàm qaššîsâ wᵉkʰôr 'appèsqôpâ wᵉpʰapšê

〔1〕法國夏鳴雷神父因碑文末尾有"建豐碑兮頌元吉"一句,遂把該碑理解爲墓碑,疑即碑文
所頌揚的伊斯其人之墓碑,見 H. Haveret, *La Stèle Chrétienne de Si-ngan-fou*, Ⅱᵉ *Partie*: *Histoire du
Monument*, Varivétés Sinologiques N° 12, Imprimèrie de la Mission Catholique, Changhai 1897, p. 135.
馮承鈞先生考證伊斯乃爲景教徒,徵引碑文頌揚其功德的有關文字,更明確地把該碑定性爲"伊
斯之墓碑"(馮承鈞《景教碑考》,頁 69)。

〔2〕*Pelliot* 1984,pp. 55-61.

〔3〕A. C. Moule, *Christians in China before the Year 1550*, pp. 34-52. London, New York and To-
ronto, 1930; repr. New York 1972, Taipei 1972, pp. 34-52. (以下縮略爲 *Moule* 1972)

d^{he}Sinèstân^[1]

據敍文,景淨本名'Ad^hàm(亞當),是位 qaššîšâ(牧師、敎士或長老),而且是位 k^hôr'appèsqôpâ(鄉主敎,或譯爲省主敎),至於其在中國(Sinèstân)的具體職務,即 p^hapšê,伯氏認爲是中國佛敎術語"法師"的音譯,[2]由是,把該行敍文法譯爲 Adam〔moine King-tsing〕prêtre,chorévêque et《maître de Loi》de la Chine,即"亞當,牧師、鄉主敎兼中國的法師";[3]穆爾英譯爲 Priest and country-bishop and fapshi of Zinistan,[4]意思同。不過,對景淨在華具體職務的比定,多年來學界是有分歧的。[5] 近年日本學者川口一彥把其譯爲"長老兼地方主敎兼中國總主敎"。[6] 當然,在唐代華人中,不會用"總主敎"之類的現代術語稱景淨,稱他爲"法師"則更有可能,猶如唐人稱一位摩尼敎領袖爲"呼祿法師"那樣。[7] 景淨在當時中國基督敎會中的地位是否爲至尊,現有的資料似乎還不足以下結論,但其屬於最高層,則應無疑;若不,其便沒有資格以碑文撰寫人之身份,在立於京城長安這樣高規格的本敎歷史性碑刻上署名。景淨在中國敎會中的崇高地位亦有敦煌寫本《尊經》所臚列的諸多景敎經名爲證。據該經按語所云,該等經典均係"本敎大德僧景淨"所"譯"。[8] 像他這樣一位敎會的代表人物,如果竟然有妻室,當然更不可能爲中國朝野所接受。景淨之所以特別自我標示爲"大秦寺僧",把"僧"與"寺"密切聯繫,顯然是效法佛僧,表明其爲寺僧,出家無疑。敦煌寫本之稱其爲"大德僧",更是強調其僧人的身

---

〔1〕*Pelliot* 1984,p.55.

〔2〕見 P. Pelliot, "Deux Titres Bouddhiques Portés par des Religieux Nestoriens", *T'oung Pao*, Vol. XII, 1911, pp.664-670;馬幼垣漢譯《景敎所用之二佛敎稱謂》,刊《景風》第 14 期,1967 年,頁 49 – 58。

〔3〕*Pelliot* 1984,p.56.

〔4〕*Moule* 1972,p.35.

〔5〕詳參段晴《唐代大秦寺與景敎僧新釋》,見榮新江主編《唐代宗敎信仰與社會》,頁 456 – 463。

〔6〕川口一彥《景敎》,東京桑原製本有限會社 2003 年版,頁 45。

〔7〕詳參〔明〕何喬遠《閩書》卷 7《方域志》"華表山"條下,頁 171 – 172。

〔8〕詳參拙文《敦煌景敎寫本 P.3847 再考察》,見拙著《唐代景敎再研究》,中國社會科學出版社 2003 年版,頁 175 – 185。

份。另據《貞元新定釋教目錄》卷 17 載,貞元三年(787)前後,迦畢試(罽賓)國僧人般若翻譯佛經,"乃與大秦寺波斯僧景淨依胡本《六波羅蜜經》譯成七卷"。[1] 既然連佛僧都承認景淨爲"僧",並願意與之合作譯經,其出家人的身份益可定讞。

碑文末端落款:

時法主僧寧恕知東方之景衆也 Bᵉyàumai 'abbâ dʰᵉ'abbàhtʰâ Màr(i) Hᵉnànîŝôʻ qatʰôlîqâ patrîyarkîs...[2]

伯希和法譯爲 Dans les jours du Père des Pères Monseigneur Henànîŝôʻ [moine Ning-chou], catholicos patrireche.[3] 即"時尊者 Hᵉnànîŝôʻ 職居衆主教之長總主教"。諸多學者都把漢文"寧恕"考定爲曾任聶派巴格達總主教 Hᵉnànîŝôʻ 的省譯,而 Hᵉnànîŝôʻ 之在位時間,或認爲是公元 774—778 年,[4]或作 774—780 年,[5]或作 773—780。[6] 但無論如何,在建中二年(781)景淨撰畢碑文時,尚不知道其已蒙主寵召。碑文把總主教意譯爲"法主",頗爲得當,符合古代譯經"格義"的原則。其遠離中土,云其爲"法主僧",不必朝廷認可。何況總主教肯定是不結婚的,正類乎中國僧人,稱之爲僧,不亦宜乎?

綜上所述,碑文上"僧"字的使用,無論在正文或落款均並不存在有悖漢文規範的現象,即符合華人社會主流意識對僧人內涵的認定——出家專事奉神之人。至於碑文下端和碑體兩側的諸多題名,看來是屬於景淨的同時代人或其後輩,而不是像正文所提到的某些僧人及其行狀,乃屬"過去式"。是以,該等人士是否可以稱僧,就不止是要符合當時社會認識規範,更是事關是否遵循朝廷法度的問題,因此益不可能馬虎造次。

從外表形式看,碑文下端文字是以敍文爲主,直行書寫,由左而右,

---

〔1〕《大正藏》(55),頁 892 上。

〔2〕*Pelliot* 1984,p.55.

〔3〕*Pelliot* 1984,p.56. 穆爾英譯爲 In the days of the father of fathers Mar Hananishu Catholicos Patriarch (*Moule* 1972,p.47). 意思與伯氏法譯同。

〔4〕James Legge, *The Nestorian Monument of Hsî-an Fû in Shen-hsî, China*, London, 1888, p.29.

〔5〕*Moule* 1972,p.47.

〔6〕*Pelliot* 1984,p.56,n.3.

間以漢字署名(見本書圖版 3.3)。爲便於討論,茲據其意思,加標序號,過錄敘文轉寫[1]和漢字如下:

(1) Baš^enat^h ' àléph w^et^heš ' în w^et^hartên d^{he} Yàunàyê Màr (i) Yazdbôzêd qaššîšâ w^ek^hôr 'appèsqôpâ d^{he} K^hûmdân m^ed^hînat^h malkût^hâ bar nîh nap^hšâ Mîlês qaššîšâ d^{he}mèn Balh M^ed^hî(n)ttâ d^{he}T^hahôrèstan 'aqqîm lû hâ hànâ d^{he} k^hêp^hâ d^hak^{he} t^hîb^hàn bèh m^ed^hab^hrànût^héh d^ep^hàrôqan w^ek^hàrôzûth^hôn d^eab^hàhain dal^hwàt^h malkê d^{he}Sinàyê...

(2) 'Ad^hàm m^ešamm^ešànâ bar Yazdbôzêd kôr 'appèsqôpâ 僧霊寶

(3) Màr Sargîs qaššîšâ w^ek^hôr 'appèsqôpâ...

(4) Sab^hranîšô' qaššîšâ[2] 撿挍建立碑僧行通

(5) Gab^hrî'él qaššîšàâ w^earkîd^hîyaqôn w^eréš 'é(d)ttâ d^{he}K^hûmdân wad^{he} Sarag^h[3] 助撿挍試太常卿賜紫袈裟寺主僧業利

第 1 節敘文,據伯氏解讀,[4]可漢譯爲“希臘紀元 1092 年(781),吐火羅(T^hahôrèstan)巴爾赫(Balh)城米利斯(Mîlês)牧師之子、京城長安主教尊者耶茲卜茲(Yazdbôzêd)牧師立此石碑,以誌救世主之法並吾等景士對中國諸皇帝所宣之道”。根據這節敘文,結合第 4 節的漢字“撿挍建立碑僧行通”,吾人似可相信,碑文下端所勒敘漢文字,是專爲直接參與立碑事務的頭面人物而設的。因此,其與碑文之間,應有内在聯繫,不是可有可無的附加部分。從漢字書體看,亦同屬書寫碑文的呂秀巖手筆。勒刻時,按照漢文直行書寫規範,由右而左,依身份高低次序排列,正好與敘文相反(見本書圖版 3.3)。看來,是先刻漢字,中間預留敘文的空間,然後始行補入。筆者疑漢字勒刻者或出於什麼原因,並未準確估算將要補入的敘文篇幅,因而空間的留置顯得欠協調,影響

---

[1]*Pelliot* 1984, p. 55.

[2]伯希和法譯爲:Sabhranîšô' [moine Hing-t'ong] prêtre, *Pelliot* 1984, p. 57.

[3]伯希和法譯爲:Gabriel [moine Ye-li], prêtre et archidiacre, chef de l'église de Kumdān et Sarage. *Pelliot* 1984, p. 57

[4]伯希和法譯爲:En l'année mille quatre-vingt-douze des Greces, Monseigneur Yazadbōzīd, prêtre et chorévêque de Kumdān, vill impériale, fils de feu Mîlês, prêtre de Balkh, ville du Tahorèst, a fait élever cette stèle de Pierre, sur laquelle sont écrites l'Éconmie de Notre Sauveur et prédication de nos pères aux empereurs des Chinois. *Pelliot* 1984, pp. 56-57.

了版面文字鋪排的勻稱。是以,竊意碑文下端的文字內容,漢字部分在勒刻碑文時便已敲定,敘文部分則是經反復斟酌後纔定稿補刻。畢竟該等文字,見於碑體正面,令人矚目,主事者勢必持很審慎的態度。

或以爲碑文第 21—24 行所述的伊斯,即此 Yazdbôzêd 之省譯。[1]有些非專業性的宣傳資料,亦直把該伊斯當立碑人介紹。竊以爲事實未必如此。即便敘文 Yazdbôzêd 在唐代可以省譯爲"伊斯",但在下面將討論的敘文人名中,可發現多有同名而不同人者,因此,如要確認碑文正文中所提到的"伊斯",就是作爲立碑者 Yazdbôzêd 的漢字音譯,實還需要排除同名而不同人的可能性。何況,古代漢文碑刻,一般多有立碑人之落款,像景碑這樣的巨型碑刻,自更少不了;而碑文中既稱僧伊斯爲"金紫光祿大夫、同朔方節度副使、試殿中監、賜紫袈裟僧",即有漢名,又有諸多官方頭銜,若其果爲立碑人,則照此直書,再配以敘文,豈不更爲完美,何必隱諱,單用敘文示人。更有,碑文中既然對伊斯其人備加讚揚,照常理推度,焉有自己立碑頌揚自己者? 故此,竊意伊斯蓋與立碑者 Yazdbôzêd 殊難劃以等號。無論如何,耶茲卜茲(Yazdbô-zêd)沒有以漢文亮相,顯然不無苦衷。竊意立碑者耶茲卜茲的父親米利斯既是吐火羅巴爾赫城牧師,其本人則大有可能屬中亞某教區的神職人員。而在公元 7—8 世紀的中亞地區,聶派教會不惟允許牧師結婚生子,連鄉主教亦同樣照准。下面即將提到的僧靈寶,其父即爲鄉主教。因而,耶茲卜茲在出任京城長安主教之前,或許就已結過婚;來華後,恐怕並未取得僧人資格。是以,儘管身爲立碑人,貴爲長安主教,但仍不便以漢文明示。

第 2 節敘文是與僧靈寶相匹對的,伯氏釋爲 Adam, diacre, fils de Yazadbōzīd, le chorévêque,[2]即"鄉主教耶茲卜茲(Yazdbôzêd)之子、助祭教士亞當"。由此可見,在敘文中,亞當('Adʰàm)乃基督教徒的常用名,僧靈寶和景淨都名此;而耶茲卜茲(Yazdbôzêd),也很常見,不惟立碑者以此爲名,靈寶的父親亦然。靈寶的父親身爲鄉主教,照樣結婚生

---

〔1〕段晴《唐代大秦寺與景教僧新釋》,見榮新江主編《唐代宗教信仰與社會》,頁464。

〔2〕*Pelliot* 1984, p.57.

子。在敍文中,對靈寶的介紹文字緊挨在立碑者之後,顯示靈寶之得以在碑體正面留名,當直接與立碑事務有關。其神職爲助祭教士,也許在碑的開光儀式上,扮演著一個重要角色。靈寶出身景教世家,其父是否早已入華並不清楚,但明顯不合華俗之僧人身份,倒是其本人必定已遵華俗,出家入僧籍,遂得以在碑上稱僧。

第 3 節敍文 Màr Sargîs qaššîšâ wᵉkʰôr 'appèsqôpâ...,並無漢字匹對,Màr 在敍文或其他西亞、中亞文字中常見,表尊敬之意;而 Sargîs 也屬常見教名。就該節敍文,伯氏釋爲 Monseigneur Serge, prêtre et chorévêque,[1] 即"尊者薩吉斯(Sargîs),牧師兼鄉主教"。薩吉斯其人可能曾參與立碑事而敍文失載,但亦可能敍文有載而因碑體風化失拓,緣從拓片看有空白處,當年伯氏似乎也懷疑有脫漏,故敍文轉寫時用省略號。但無論如何,其與 Yazdbôzêd 一樣,居鄉主教之尊而竟沒有用漢文稱僧留名,看來只能以不符中國僧人的資格作解釋。

第 4 節敍文 Sabhranîšô' qaššîšâ[2] 乃匹對漢文"撿挍建立碑僧行通"。但在敍文中,只道出僧行通的教名爲薩卜拉寧恕(Sabhranîšô'),神職爲牧師(qaššîšâ)。按,行通不但稱僧,且名字冠以"撿挍建立碑"5字,竊意此 5 個字乃指行通在立碑事上所起的作用,即"撿挍"。19 世紀西方漢學家就已認定此處的"撿挍"2 字爲"檢校"的異寫,[3] 不過,卻狹義地理解爲"檢查校對"之意[4] 倒是 20 世紀的穆爾始把"檢校"理解爲監督、管理的意思,把該行漢字英譯爲 Superviser of the erection of the stone tablet, the monk Hsing T'ung.[5] 顯然,穆爾認爲僧行通

---

〔1〕*Pelliot* 1984, p. 57.

〔2〕伯希和法譯爲:Sabhranîšô'〔moine Hing-t'ong〕prêtre, *Pelliot* 1984, p. 57.

〔3〕見夏鳴雷《西安府基督教碑》的景碑異體字比較表(見本書圖版 3.5),H. Haveret, *La Stèle Chrétienne de Si-ngan-fou*, Ⅱᵉ *Partie*: *Histoire du Monument*, Varivétés Sinologiques N°. 12, Imprimèrie de la Mission Catholique, Changhai 1897, pp. 234-235.

〔4〕如英國漢學家理雅各(J. Legge, 1814—1897)把"撿挍建立碑僧行通"直譯爲 Examiner and Collator at the erection of the stone tablet, the priest Hsing T'ung, 即"立碑的檢查校對者行通牧師"(James Legge, *The Nestorian Monument of Hsî-an Fûin Shen-hsî*, *China*, London, 1888, p. 31.),日本學者佐伯好郎亦照抄這一英譯(見 P. Y. Saeki, *The Nestorian Documents and Relics in China*, Tokyo 1937, repr. 1951, p. 69)。

〔5〕*Moule* 1972, p. 48.

爲整個立碑工程的監督管理者。既然有這等身份,與立碑者一道勒名於碑文下端,當然合適。不管怎樣,行通無疑具體參與甚或主管大秦寺立碑事務;其既被稱"僧",則意味著他應與景淨一道同修於長安大秦寺。

匹對"助撿挍試太常卿賜紫袈裟寺主僧業利"的敍文,被伯希和法譯爲:Gabriel〔moine Ye-li〕, prêtre et archidiacre, chef de l'église de Kumdān et Sarage. 伯氏還加註指明 K^{h}ûm dân(Kumdān 克姆丹)即長安,Sarag^h(Sarage 薩拉格)即洛陽。[1]如是,該節敍文可譯爲"迦伯列(業利, Gab^{h}rî'él, Gabriel),牧師(qaššîŝàâ)兼副主教,長安、洛陽兩地教會的領袖"。西方學者多認同伯氏這一解讀。段晴教授則把業利身份解讀爲"牧師、執事長及長安、洛陽的教堂主"。[2] 無論對敍文的神職如何解讀,都可看出並非是碑上漢文銜頭的對譯。"助撿挍試太常卿"乃世俗官銜,固不待言。而"賜紫袈裟",亦非僧銜,緣唐代尚紫,朝廷遂以紫袈裟賜某些佛僧,以示嘉勉,而佛僧亦以得賜紫袈裟爲榮。按,僧伊斯、僧業利均以"賜紫袈裟"冠於名字之前,顯然,朝廷對彼等,乃比照佛僧,給以同樣賞賜,而景教亦像佛教那樣,把"賜紫袈裟"當成一種榮銜。從"賜紫袈裟"一事,可窺見朝廷、景門與佛門對"僧"的認知,並不存在實質性的迥異。至於"寺主"一銜,無疑是效法佛教,梵音作"摩摩帝",或云"毘呵羅莎弭"。[3] 作爲景教會的一種職務,亦見於2006年洛陽發現的唐代景教經幢石刻,其《大秦景教宣元至本經幢記》第20行便出現該詞。[4] 在佛教,寺主統掌一寺之庶務,[5]景教的寺主是否亦如此,目前還未有其他文獻資料可資説明。不過,其在碑上以漢

〔1〕*Pelliot* 1984, p. 57

〔2〕段晴《唐代大秦寺與景教僧新釋》,收入榮新江主編《唐代宗教信仰與社會》,頁466。

〔3〕《大正藏》(54), No. 2131《翻譯名義集一》,頁1074下。

〔4〕見本書第9篇《〈幢記〉若干問題考釋——唐代洛陽景教經幢研究之二》。

〔5〕《大正藏》(54) No. 2131《翻譯名義集一》,頁1074下。據佛教辭書,"寺主:梵語 vihāras-vāmin,指統掌一寺之庶務者。與'住持'、'住職'同義。亦爲統領寺院内綱規之'三綱'之一。我國東晉即有此種職稱,以梁武帝任命法雲爲光宅寺寺主爲始,唐以後稱爲監寺;日本則以大化元年(645)敕命惠明爲百濟寺寺主最早(《續高僧傳》卷5、《敕修百丈清規》卷4)。"見星雲監修、慈怡主編《佛光大辭典》,臺灣佛光出版社1989年版,頁2410下至2411上。

文亮出"寺主"這一職銜,其所主之寺,當應是長安的大秦寺,即便亦主洛陽的大秦寺,恐怕僅屬掛名耳。業利既爲寺主,當駐錫大秦寺裏修持,若保有家眷,朝廷焉會賜紫袈裟?

按,上揭漢字碑文下面題字,交待與立碑事相關的一些景士的姓名、身份等,作爲對碑文的補充,因此,學者一般都把其目爲碑文的組成部分加以著錄,儘管景淨所撰碑文原來未必就有該等文字。

7.5 西安景碑兩側題名考察

西安景碑碑體兩側題名凡 70 人,其中敍漢二文對配者凡 62 人,僅有敍文而乏漢文者 8 名。[1] 漢文很簡單,除一名稱"大德曜輪",一名稱"老宿耶俱摩"外,其餘 60 名但稱"僧××"耳,沒有其他任何漢文榮銜或僧銜。至於敍文內容,除教名外,有的還加上教內之身份。現先檢視 60 名稱"僧××"者。

(1)所匹對的敍文,僅有教名而無職務身份者凡 38 名:

左第 3 行:僧乾祐、僧元一、僧敬德、僧利見、僧明泰、僧玄真、僧仁惠、僧曜源、僧文明、僧文貞、僧居信、僧來威。

左第 4 行:僧敬真、僧還淳、僧靈壽、僧靈德、僧英德、僧沖和、僧凝虛、僧普濟、僧聞順、僧光濟、僧守一。

右第 2 行:僧太和、僧景福、僧和光、僧至德、僧奉真、僧元宗、僧利用、僧玄德、僧義濟、僧志堅、僧保國、僧明一。

右第 3 行:僧廣德、僧去甚、僧德健。

其中,左第 4 行的僧靈德、僧凝虛的敍文均作 Màr Sargîs,伯希和法譯作 Monseigneur Serge,[2] 可漢譯爲"尊者薩吉斯"。

(2)所匹對的敍文除教名外,還有教內職務 qaššîšâ(牧師、長老、教士)者凡 17 人:

左第 1 行:僧日進、僧遙越、僧廣慶、僧和吉、僧惠明、僧寶達、僧拂

〔1〕詳參本書第 11 篇附錄《西安景碑釋文》。

〔2〕*Pelliot* 1984,p.60.

林、僧福壽。

右第 1 行:僧寶霊、僧審慎、僧法源、僧立本、僧和明、僧光正、僧内澄。

(3)所匹對的敍文除教名、教内職務 qaššîšâ 外,還兼有 îhîdhšyâ(修士)身份者凡 2 人:

左第 2 行:僧崇敬、僧延和。

(4)所匹對的敍文除教名外,另有其他神職者凡 3 人:

左第 2 行第 6 名的僧惠通,伯氏序列第 17,其所匹對的神職敍文作 mešamm°šànâ w°î[hî]d°[ày]â,伯希和法譯爲 diacre et moine,[1]即助祭教士兼修士。

右第 1 行第 2 名的僧景通,伯氏序列第 43,其所匹對的神職敍文作 qaššîšâ w°k°ôr'appèsqôpâ šî'angtswâ,[2]伯希和法譯爲 prêtre et chorévêque, supérieur de monastère,[3]即"牧師兼鄉主教、修道院院長";穆爾英譯爲 priest and Country -bishop shiangtsua;[4]郝鎮華漢譯爲"長老兼鄉主教上座";[5]段晴教授認爲 w°k°ôr'appèsqôpâ 應對譯爲"準主教"。[6]

右第 1 行第 3 名的僧玄覽,伯氏序列第 44,其所匹對的神職敍文作 qaššîšâ w°°arkîd°îaqôn d°K°ûmdân w°maqr°yànâ,[7]伯希和法譯爲 prêtre, archidiacre de Kumdān (Khumdān) et maître de lecture,[8]即"牧師、克姆丹(長安)副主教兼宣講師";段晴教授認爲應作"牧師及長安的執事長及講師"。[9]

---

〔1〕*Pelliot* 1984 , p.58.

〔2〕據伯希和考證,Šîangtswâ 係音譯,借用漢語佛教詞匯"上座"。見 P. Pelliot, "Deux Titres Bouddhiques Portés par des Religieux Nestoriens", *T'oung Pao*, Vol. XII, 1911, pp.664-670;馬幼垣漢譯《景教所用之二佛教稱謂》,頁 49 - 58。

〔3〕*Pelliot* 1984 , p.60.

〔4〕*Moule* 1972 , p.51.

〔5〕〔英〕穆爾著、郝鎮華譯《一五五〇年前的中國基督教史》,中華書局 1984 年版,頁 51。

〔6〕段晴《唐代大秦寺與景教僧新釋》,見榮新江主編《唐代宗教信仰與社會》,頁 465。

〔7〕*Pelliot* 1984 , p.60.

〔8〕*Pelliot* 1984 , p.60.

〔9〕段晴《唐代大秦寺與景教僧新釋》,見榮新江主編《唐代宗教信仰與社會》,頁 453。

上面對 60 名漢字題名僧及與其匹對的敍文的考察,可以發現,稱僧者,有作爲人數最多的牧師這一基層神職人員,個中尚有若干兼任更高神職者,或兼有修士身份者。除此之外,更有過半人士並沒有擔任神職,其中還有兩位名字之前冠以 Màr,顯示其資深地位。由此可見,能否在碑上勒名稱僧,實際與其在教內是否有神職或地位資深高低無關。但這並不意味,凡受洗入教者,皆可稱僧。碑上的漢文題名除上述稱僧某某的 60 位外,就還有兩位未稱僧者。

其一,左第 1 行首位之"大德曜輪",伯氏序列第 1,敍文作 Màr(i) Yôhannân 'appèsqôpâ ,伯譯 Monseigneur Jean, évêque,[1]穆爾譯 My lord Iohannan Bishop,[2]即"尊者約翰主教"。儘管就兩側題名的次序而言,曜輪居先,但以其主教之尊,名字本應出現在碑體正面纔是,但卻刻於碑體側面。竊意可用於解釋的一個原因是:在立碑之前,他尚未到任。段晴教授認爲曜輪是最新一任主教,[3]不無道理,緣碑文歷數中國教會各屆領袖,惟未提及其名,因而,其之就任主教,應在立碑之後,名字可能是立碑後始補刻上去的。不過,其漢文名惟冠以"大德",而未稱僧。按,曜輪作爲最新一任的中國主教,必定保持獨身,即便其時聶派教會允許某些異域教區的主教結婚,亦不可能任命有妻室者出任中土主教,因爲碑文中景淨之自我稱僧,便已明示其時教會對華情已深有了解,知道取得僧人資格的重要性。因此,就出家而言,曜輪應符合中國僧人的條件,如果不是勒碑脫漏的話,則可能因其剛到中國履新,還未在官方僧籍備案,不便擅自稱"僧",惟冠以"大德"二字。"大德"一詞,原出梵文佛經 Bhadanta,音譯"婆檀陀",意譯"大德",是爲佛僧,尤其是小乘派佛僧的尊稱。[4]中國的佛教徒也用來稱長輩僧侶。唐義淨譯《根本說一切有部毘奈耶雜事》卷 19 曰:"年少苾芻應喚老者爲大

---

〔1〕*Pelliot* 1984,p.57.

〔2〕*Moule* 1972, p.49.

〔3〕參段晴《唐代大秦寺與景教僧新釋》,見榮新江主編《唐代宗教信仰與社會》,頁 446 – 447。

〔4〕Ernest J. Eitel, *A Sanskrit-Chinese Dictionary*, Tokyo 1904, p.29a.

德,老唤少年爲具壽,若不爾者得越法罪。"[1]唐代摩尼教亦曾借用該詞,尊稱教内高僧。漢文摩尼教經《摩尼光佛教法儀略》卷首題下落款云:"開元十九年六月八日大德拂多誕奉詔集賢院譯。"[2]由是看來,在唐代宗教界中,大德一詞蓋以特指高僧。唐代景教會顯然是借用該詞來尊稱教内高層或資深人物。[3] 如果曜輪是刻意但稱大德不稱僧的話,則當旨在避開僧籍這個敏感問題。

其二,右第 1 行首位之"老宿耶俱摩",伯氏序列第 42,敍文作 Ya'qôb^h qaššîšâ,伯譯 Jacques,prêtre, 即"雅各,牧師"。按,"耶俱摩"當爲 Ya'qôb^h 的唐代音譯,今譯"雅各";"老宿"在古漢語中乃謂年長資深者。"老宿"之謂,在全碑衆多漢文景門名字中,獨此一例,與其餘稱"僧某某"相較,別具一格。如果單就敍文 qaššîšâ(牧師)身份看,耶俱摩顯然並無特別之處,與他同具此職者,甚至職位高於他的大有人在。其被用漢文尊爲"老宿",但卻沒有地道的漢名,而是取音譯名字。這可能暗示其在華有年,地位資深,但又未能入僧籍,不便稱"僧"。至於未能入僧籍的原因,看來只能求諸其婚姻狀況了。也許其早已成家,亦無意放棄原有的家庭生活。

總而言之,景教碑中是否稱僧,與其在教内的身份地位無關。這意味著所謂僧人的標準,並非源自本教總會的規定,而是惟獨中國教區所

---

〔1〕《大正藏》(24),頁 292 上。

〔2〕該寫本圖版見《英藏敦煌文獻》(5),四川人民出版社 1992 年版,頁 223－225。

〔3〕若以大德曜輪的敍利亞文職銜 évêque 義指主教,遂推定唐代景教會把主教格義爲"大德",則有簡單化之嫌。按,敦煌景教寫本《尊經》(P.3847)的按語也提到"西域大德僧阿羅本"("太"通"大")、"本教大德僧景净"。2006 年 5 月洛陽發現的唐代《大秦景教宣元至本經》石幢的幢記亦出現兩個"大德"字,見第 20 行"大秦寺寺主法和玄應俗姓米威儀大德玄慶俗姓米九階大德志通俗姓姓康"。若唐代景教會果借用"大德"一詞來指主教,則中國教區的主教何其多?因而羅炤先生質疑把"大德"對等"主教"的觀點,不無道理。(羅炤《洛陽新出土〈大秦景教宣元至本經及幢記〉石幢的幾個問題》,刊《文物》2007 年第 6 期,頁 30－42、48。)竊以爲,從語境看,與其把"大德"目爲古代景教會主教職銜的漢文對譯,毋寧把其視爲對包括主教在内的資深景士的一種尊稱。其實,學界把"大德"等同"主教"的觀點,由來有自,近年出版的《泉州宗教石刻》(增訂本),披露了 1963 年 6 月 3 日日本順天堂大學、日本語言學會委員村山七郎先生致郭沫若院長信,其間辨釋"大德黃公墓碑"時,就認爲"大德"是 episkupa 的譯文,意爲聶斯脱里教的主教。見吳文良原著、吳幼雄增訂《泉州宗教石刻》(增訂本),科學出版社 2005 年版,頁 401－404。村山氏有關泉州聶斯脱里碑刻的文字研究後來以德文發表,即 S. Muramatsu, "Eine nestorianische Grabinschrift in türkischer Sprache aus Zaiton", *Ural-Altaische Jahrbücher*, XXIV, 1964, pp.394-396.

不得不遵守的另一套準則。竊以爲,這套準則就是:能否符合唐人所認同的僧人條件,並在官方備案,名登僧籍。

爲了進一步支撐上述觀點,即碑上題名、能否稱僧取決於是否僧籍有名,下面就碑側 8 個不配漢文的敍文名字續加考察。該等名字可分 3 種不同情況:

其一,本已出家成修士而不加漢文稱僧者,凡 2 例:

(1)左第 2 行第 3 名,伯氏序列第 14 名,敍文 Môšê qaššîšâ wᵉîhîdʰàyâ,伯氏法譯爲 Moïse, prêtre et moine,[1] 即"摩西,牧師兼修士"。

(2)左第 2 行第 4 名,伯氏序列第 15,敍文 'Abʰdîšô qaššîšâ wᵉîhîdʰšyâ,伯氏法譯爲 'Abʰdîšô', prêtre et moine,[2] 即"阿巴迪索,牧師兼修道士"。

其二,身爲牧師而不配漢文稱僧者,凡 4 例:

(1)左第 1 行第 9 名,伯氏序列第 9,敍文 'Abʰ ày qaššîšâ,伯氏法譯爲 Abʰāy, prêtre,[3] 即"阿比,牧師"。

(2)左第 1 行第 10 名,伯氏序列第 10,敍文 Dàwîdʰ qaššîšâʰ,伯氏法譯爲 Dàwîd, prêtre,[4] 即"大衛,牧師"。

(3)左第 2 行第 4 名,伯氏序列第 16,敍文 Šèmᶜôn qaššîšâ dʰᵉ qabʰrâ,伯氏法譯爲 Simon, prêtre du tombeau,[5] 即"西蒙,聖墓牧師"。

(4)右第 1 行第 11 名,伯氏序列第 52,敍文 Šèmᶜôn qaššîšâ wᵉsàbʰâ,伯氏法譯爲 Simon, prêtre et doyen,[6] 即"西蒙,資深牧師"。

其三,僅具敍文名字而乏神職者,凡 2 例:

(1)右第 3 行第 2 名,伯氏序列第 67,敍文 Yôhannân,伯氏法譯爲 Jean,[7] 即現代漢譯常見的基督教名字"約翰"。

(2)右第 3 行第 4 名,伯氏序列第 69,敍文 'Ishàq,伯希和法譯爲 I-

〔1〕*Pelliot* 1984, p.58.
〔2〕*Pelliot* 1984, p.58.
〔3〕*Pelliot* 1984, p.57.
〔4〕*Pelliot* 1984, p.57.
〔5〕*Pelliot* 1984, p.58.
〔6〕*Pelliot* 1984, p.60.
〔7〕*Pelliot* 1984, p.61.

saac,[1]即現代漢譯常見的基督教名字"以掃"。

上揭有漢名匹對的 62 人,實際亦存在以上 3 種類型,即有神職兼修士身份者、有神職者以及無神職者。像第一類有神職兼修士身份者,本來最能與"僧"對號,但未能稱僧,看來只能解釋爲來華不久,未及入僧籍,或只是游方長安,無意在華定居入籍,遂不以"僧"留名。至於其他兩類,自是因爲本來就不合中國僧人的條件。

上揭碑體兩側所題人士,無疑均屬教中人,儘管大多數冠以"僧"字,但畢竟亦有少數人與僧無緣,這正好反證景教會本身對漢文"僧"的内涵是明確的,對朝廷有關僧人的規定是清楚的。並非凡是教徒,或凡是神職人員都可以在碑上以僧人身份留名。

觀兩側所勒文字,僅限於名字、身份,與碑文或立碑事毫無關係。儘管其中不少是神職人員,甚至有像"大德曜輪"這樣的主教,但畢竟亦有不具任何神職的平信徒。所以,碑體兩側所勒人名,雖然不乏長安大秦寺的神職人員,但顯然並非都屬於該寺的"在編人士"。由於所刻名字僅 70 人耳,而當時長安的景教徒,尤其是平信徒,斷不止於此數,因此,沒有理由認爲是按長安教徒名冊刻勒。而其勒刻該等名字的原因,似應從宗教心理學的層面去探尋。按,宗教信徒,常常通過各種形式,希望在本教建築物上留名甚至留下形象,以表達自己的虔誠,更以爲由是可得相應的功德。比如,佛教和基督教都本著"隨緣樂助"的精神,組織募捐錢款、建寺刻經,在類似的慈善活動中,教會或寺院往往用刻石留名或者繪畫故事的形式,來表彰捐助人。無論是西方哥特式教堂的浮雕和彩色玻璃畫題材,還是中國佛教寺院的功德碑,都是這一宗教文化的產物。竊意西安景碑作爲景教徒心目中的聖物,信徒們若能在碑上留名,自是他們無上的光榮,景福無量也。因此,其時的長安大秦寺或許有一套相應措施,鼓勵信徒在碑側勒名;居於長安或路過長安的教徒,必定亦趨之若鶩,爭取這一機會。是以,碑上有名者,固然可能與其在教會中的地位、身份有關,更可能緣其對教會有所貢獻,特別是經濟上的施助。筆者細察兩側所勒文字的拓本,乃以敍文爲先、爲主,

---

漢字不過是其搭配,而各行漢字大小間隙有差,顯欠工整;手迹亦不統一,與碑文不同,很可能不是出自同一人之手筆。是以,筆者懷疑兩側的題字,即便不是全部,至少亦有部分是在景碑開光以後,始陸陸續續刻上去的。由於側面的漢字部分"僧××"是刻於敍文之下的,所以不排除一種可能性,即漢敍兩種文字未必是同步進行勒刻的,有的可能是在僧人身份被官方確認後始予補刻。在碑石補刻名字或其他内容,古今均非罕見,宗教石刻自不例外。承蒙故宮博物院碑拓專家施安昌先生賜示,這種補刻的情況,在古代造佛像碑拓本中的善信題名,時有發現。竊以爲,西安景碑之續刻信徒名字,如果不是遭遇會昌法難(845年)的話,可能還不止現有的人數,緣現存碑體尚餘不少可供勒名的空間。

在"僧"字的使用上,唐代景教會是與朝廷保持一致的,並未把"僧"的内涵擴大化。這從景碑上未見"景僧"一詞,亦可得到反證。查阿羅本所帶來的宗教,朝廷最初稱之爲"波斯教",爾後始正名爲"大秦教"。景碑正文第 8 行云:"真常之道,妙而難名,功用昭彰,强稱景教。"這看來是景淨的夫子自道。"景教"一名,顯係該教人士所自命。而由景教一詞,派生出諸多帶景字頭的專用術語,見於西安景碑者,有"景尊"、"景宿"、"景日"、"景風"、"景門"、"景寺"、"景福"、"景眾"、"景命"、"景力"、"景士"等。其間"景士"、"景眾"顯然是專指景教信徒,前者見正文第 24 行,把所頌揚的伊斯稱爲"白衣景士"。從語境看,"景士"看來是對具有神職者之尊稱。後者出現凡 2 處,其一見正文第18 行,"代宗文武皇帝,恢張聖運,從事無爲,每於降誕之辰,錫天香以告成功,頒御饌以光景眾";其二見上引的碑文落款,即"時法主僧寧恕知東方之景眾也"。此兩處之"景眾",從語境看,當泛指所有教徒,不論有無神職,不論是否出家修道,涵蓋了所有領洗入教之人。值得吾人注意者,儘管景碑出現"僧"字的頻率達 70 次,景字則凡 21 見,但從未把"景"和"僧"兩字連用而出現"景僧"一詞。這絕非唐代景教會中並未流行該詞,緣洛陽新出土的景教石幢的幢記就有出現該稱謂,見碑文

·欧·亚·历·史·文·化·文·库·

第 18 行"弟景僧清素"。[1] 倘所有信徒都可稱"僧"的話,則碑文何不直用"景僧"指代衆信徒,卻反復使用"景衆"一詞? 唐代景教會對"僧"字之慎用,由此可窺一斑。

按,景碑題名,用漢字亮出僧人身份,實際亦是向異教宣示本教之力量,張揚朝廷對其認可的程度。因此,凡有資格稱僧者,當必盡量以"僧××"顯示,不會含糊,不至脫漏。至於不用漢文標示神職,竊意不外乎兩個原因:其一,當時長安景教團尚未將本教複雜的神職體系完全華化,未能一一以漢文的稱謂相對應,這與上揭景教幢記所見洛陽景教團不同,後者已出現"威儀大德"、"九階大德"之類的佛化神職稱謂;[2]其二,教內的身份、職務畢竟由本教內部決定,與朝廷所授予的官銜或榮銜性質不同,因此對教外漢人昭示該等身份意義不大。這兩個原因,前者恐怕更有可能,或者更爲主要,然耶? 當有待新資料來確認。

7.6　餘論

對中國古代外來宗教的研究,前輩學術大師,無論是陳寅恪先生、陳垣先生抑或法國的沙畹、伯希和,無不著眼於其華化的表現和過程。所謂華化,用當今時髦的術語,即與中華傳統文化"接軌";而所謂中華傳統文化,在唐代中國,乃以儒釋道三家爲主體。儘管武宗仍把浮屠當爲"外夷之教"加以取締排斥,但實際上,其時中國流行的佛教,尤其是惠能所創的禪宗,已把印度佛教和中國儒家、道家文化融爲一體了,成爲中華文化的一個有機組成部分,絕非"外夷"之物。景教的華化,實際就是走佛化、道化、儒化的道路。這種華化,以往學界多著重其經文的傳譯、教義的表述等方面,而於該教的教規、教儀、修持制度等是否有

---

〔1〕參張乃翥《跋河南洛陽新出土的一件唐代景教石刻》,刊《西域研究》2007 年第 1 期,頁 65–73。

〔2〕張乃翥《跋河南洛陽新出土的一件唐代景教石刻》,刊《西域研究》2007 年第 1 期,頁 65–73,並參羅炤《洛陽新出土〈大秦景教宣元至本經及幢記〉石幢的幾個問題》,刊《文物》2007 年第 6 期。

實質性變化,則未多措意,或囿於資料,無從研討。

唐代景教之稱僧,並非局限於古代翻譯的"格義",即不是僅僅借用一個佛教名詞而已。聶斯脫里教徒在中土濃烈之佛教氛圍下,得以稱僧,敢於稱僧,實際暗示著該教的教階制度、教士戒行制度等已發生微妙的變化。看來,景教爲了與佛教、道教並存發展,除了學者們業已注意的一些華化表現外,更實質性的是:其不得不遵華情、循華俗,效法佛教,在神職人員以及有志獻身於神的虔信徒中,推行禁慾主義,像佛僧那樣出家,過獨身的生活,以取得僧人的資格,擴大本教的社會影響。對此,景碑正文實際已有所披露,其第 7 行有云:

存鬚所以有外行,削頂所以無內情。不畜臧獲,均貴賤於人。

不聚貨財,示罄遺於我。齋以伏識而成,戒以靜慎爲固。

對這段話的真正詮釋當然尚需一番工夫,但至少從字面看,其所強調的禁慾修持理念與佛教似無多大差異。如果景士們果是如此修持,自不難登入官方僧籍。冀望日後有新文獻或新金石資料發現,使這個問題得以深入探討下去。

正如段晴教授所指出,景教使用"僧"這個字,"無法揭示景教內部頗爲豐富和複雜的神職體系"。本篇不過是在這一提法的啓發下,從另一個角度考察,認爲唐代景教之稱"僧",暗示了基督教聶斯脫里派在中土傳播過程中所發生的實質性華化,證明了傳入中國的基督教聶派,亦像其他入華的異質文明那樣,要因應華情而發生變異。

本篇認爲"景僧"一詞,在唐代應指那些出家修持的景教徒,而且一般還要名入僧籍。若此論得實,則意味著唐代景教之稱"僧",包含著頗爲豐富的文化內涵。有鑑於此,本篇對"景僧"一詞的討論,其學理價值當就不止於咬文嚼字耳。

(本篇與殷小平合撰,初刊《文史》2009 年第 1 輯,總 86 輯。)

8 經幢版景教《宣元至本經》考釋
——唐代洛陽景教經幢研究之一

8.1 引言

早在 70 多年前,前輩學者馮承鈞先生研究西安景教碑時曾寄望道:

又據碑文,高宗時諸州各置景寺,則當時景教不止一寺,亦不止一碑。將來或有第二碑之發見歟![1]

2006 年 5 月洛陽唐代景教經幢面世,形制雖與碑有別,但同屬石刻,上勒《大秦景教宣元至本經》(以下簡稱《宣經》,見本書圖版 4.3);就景教石刻而言,是爲繼西安景教碑之後的最重大發現;[2]於關注中國基督教史研究者,自是欣喜莫名。[3] 目前所見石刻,雖僅剩殘半(見本書圖版 4.2),但有經文、有題記、有圖像,包含了豐富的信息。就該石刻的研究,以張乃翥先生的《跋河南洛陽新出土的一件唐代景教石刻》(以下簡稱"張文")爲發軔之作,[4]是文著錄石刻的文字(其錄文以下簡稱"張本"),發佈拓本照片,並就經幢有關的問題發表了諸多灼論。數月後,羅炤先生在《文物》雜誌發表《洛陽新出土〈大秦景教宣元至本

---

〔1〕馮承鈞《景教碑考》,商務印書館 1931 年版,頁 60。

〔2〕有關發現的最早報導見張乃翥《一件唐代景教石刻》,載《中國文物報》2006 年 10 月 11 日第 7 版。

〔3〕2007 年 3 月 26 日至 28 日在北京舉行的世界漢學大會上,有以"景教文典與新近發現的《景教宣元至本經幢》"爲專題的圓桌會議。見《世界漢學大會將首次在中國舉行》,載《光明日報》2007 年 3 月 20 日第 6 版。

〔4〕張乃翥《跋河南洛陽新出土的一件唐代景教石刻》,刊《西域研究》2007 年第 1 期,頁 65 -73;後張氏又發表《補正説明》(刊《西域研究》2007 年第 2 期,頁 132),就石刻的文字錄文作了若干修訂。

經及幢記〉石幢的幾個問題》(以下簡稱"羅文"),[1]披露石刻發現的一些祕辛,[2]詳細報道經幢形制的諸多數據,並刊出拓本和幢體的正面照片,重新著錄文字内容,並與敦煌發見的《宣經》合校(其合校本以下簡稱"羅本"),文章更就石刻的文字和圖像所披露的信息多所闡發;而後不久,又在《世界宗教研究》續發表《再談洛陽唐朝景教經幢的幾個問題》,再次著錄該經幢的文字並相關照片,並進而就經幢文字内容進行縱向、橫向的探討。[3] 上揭諸文爲他人的繼續研究導夫先路。不過,把這一重要發現推向社會,真正產生社會影響的,應歸功老前輩馮其庸先生的《〈大秦景教宣元至本經〉全經的現世及其他》一文,該文首發於 2007 年 9 月 27 日《中國文化報》"國學專欄"上,2007 年 10 月 6 日黃安年的博客轉發,復轉載於《新華文摘》2007 年第 23 期,爾後,地方報刊、網絡文章紛紛引用。筆者深信,隨著研究的深入,該石刻的歷史價值必日益爲學者所認識。[4] 倘失落的另一半殘石他日現身,爲延津之合,則洛陽景教經幢與西安景碑必將東西輝映,媲美人間!

竊以爲對該石刻的研究,實有賴不同學科學者之通力合作,斷非短時間内便可畢其功。筆者願盡綿力,就經幢所勒刻的《宣經》,在張、羅二文的基礎上,再略作考釋,期以抛磚引玉。衷心感謝張、羅兩先生,在大作發表前便將電子文本賜讀,並賜示經幢有關照片;衷心感謝文物出版社總編葛承雍教授,遙寄賜覽經幢拓本。本篇之得以撰成,首先得歸功上述 3 位先生的真摯幫助。

8.2 洛陽經幢《宣經》錄文校勘

經幢的《宣經》對敦煌學界來説,並不陌生,緣 20 世紀初發見的敦

〔1〕羅炤《洛陽新出土〈大秦景教宣元至本經及幢記〉石幢的幾個問題》,刊《文物》2007 年第 6 期,頁 30 – 42、48。

〔2〕羅炤《洛陽新出土〈大秦景教宣元至本經及幢記〉石幢的幾個問題》,註釋 1。

〔3〕羅炤《再談洛陽唐朝景教經幢的幾個問題》,刊《世界宗教研究》2007 年第 4 期,頁 96 – 104。

〔4〕國内學者有關該經幢研究的初步成果,以及與經幢有關的清晰照片,業已匯編成冊出版,見葛承雍主編《景教遺珍——洛陽新出土唐代景教經幢研究》,文物出版社 2009 年版。

煌文書,就包括一個題爲《大秦景教宣元本經》的殘本(以下簡稱"敦煌本"),題目與經幢《宣經》,僅一"至"字之差。殘本原由李盛鐸藏,後流入日本,原件照片於 1958 年公刊於京都出版的《羽田亨博士史學論文集》(見該書下卷圖版 7,本書圖版 4.4)。[1] 經幢《宣經》計 19 行。從其第 1 至 11 行的殘文看,無疑對應了敦煌的殘本,儘管文字間有差異;餘行內容則爲現存敦煌殘本所缺錄。由於有敦煌本參照,經幢本《宣經》前 11 行的殘缺部分,可以得到推補;而其 11 行以降部分,則補充了敦煌本的殘缺。因此,就《宣經》的研究,洛陽經幢本的發現,無疑提供了不可多得的新資料,使對整個經文的了解,得以跨進一大步。

《宣經》勒刻於經幢的第 2、3、4 面和第 5 面的第 1 行。幢體勒刻《宣經》部分每面均書寫 6 行,字距大體劃一,粉本諒必是按格填寫,頗顯恭敬。儘管幢體下半失落,但由於有敦煌本可資比勘,可推斷滿行應爲 48 字。[2] 幢體各面的寬度有差(約 14—16 釐米),[3] 各行字的行距亦不盡一致。至於書寫的板面長度,據拓本測量推算,大概爲 116.5 釐米,即接近 46 寸,製作者可能就是按這個尺寸來劃格的。[4]

按,經幢的文字,張、羅二文的著錄,公刊時或囿於采用簡體字,或囿於常用電腦字庫之不足,未能盡現原貌。爲便於討論,謹直接據經幢拓片,本著盡量忠實原件的原則,重新過錄,並參考張本、羅本,試加標點。需説明的是:本錄文前 11 行乃與敦煌本比對,不同之處以雙行小字夾註;石刻失落部分之經文,據敦煌本補,並以下劃綫標示;不能確認之字以示缺符"□"標示;補佚之字則加黑框並夾註説明;唐代異體字另用括號加註通用寫體;至於迄今尚流行的手寫異形字,則徑用通用字,不另造字;與他本相異之處,亦加括號説明;個別術語或詞組有旁例者,則加頁下註,以作點斷的根據;對個別疑字的理校亦於頁下註申説。

---

〔1〕拙文《敦煌遺書〈大秦景教宣元本經〉考釋》,刊香港《九州學刊》第 6 卷第 4 期,1995 年,頁 23 - 30;修訂稿見拙著《唐代景教再研究》,中國社會科學出版社 2003 年版,頁 175 - 185。

〔2〕第 1 行只寫經名,不存在缺字的問題。殘存字數最多的第 2、3 行各有 28 字,比對敦煌本,恰均差 20 字;其他各行經比對,如寫滿時,也應爲 48 字。

〔3〕羅炤《洛陽新出土〈大秦景教宣元至本經及幢記〉石幢的幾個問題》,頁 30。

〔4〕第 2、3 行各存 28 字,書寫長度 68 釐米,所缺 20 字,約長 48.5 釐米。

標點間或與張本、羅本有異，唯僅供參考耳，絕不敢自以爲是。實際上，由於經文殘缺以及在傳抄勒刻時難免產生的衍脫訛誤，在沒有其他相應文本可資比對、沒有其他相類經文可資參照的情況下，要完整無誤地句點、解讀現存《宣經》，極爲困難。是以，對經文的術語和表述，目前仍有不少疑難不解處，有待日後再行考辨；有些問題或成爲長年懸案也未可知。

（幢體第 2 面）

（1）大秦景（景）教宣元至[教煌本缺]本經

（2）時景（景）通法王，在大秦國那（那）薩羅城和明[教煌本作明]宮寶法雲座，將與二見，了決真源。應樂咸通，七方雲集。有諸明净土、一切神天寺（等）妙法

（3）王，無量覺衆，及三百六十五種[1]異見中民[教煌本諱作曰]。如是族類，無邊無極，自嗟空[昧][殘存右上半字迹，據教煌本補]，久失真源。馨集明宮，普心至仰。時景通法王，端嚴進

（4）念，上觀空皇，親承印旨[經幢缺，據教煌本補]，告諸衆曰："善来法衆，至至無来，今可[教煌本作柯]通常，啓生滅死，各圓[教煌本作圖]其分，靜諦我宗。如了无元，礙當随散。"即宣玄化匠帝真

（5）常言（旨）：[教煌本不闕]"無元、無[言][殘存□□參教煌本補]、無道、無緣，妙有非有，湛（寂）常[教煌本缺然]然。[2]"吾聞[教煌本作曰]太阿羅[訶][此字僅存右上角殘迹，參教煌本定]開无開異，生无心浼，藏化自然，渾元[3]發（羅文疑爲衍字）无發，无性，无動。霊虛空

（6）量（置）[教煌本作買]，因緣機軸。自然著為象[教煌本本作為]，因緣配為感乘。剖判条羅，三生七位（張本作低），[浼][字形不清，參教煌本定]諸名數，无力任持；各使相

---

〔1〕西安景教碑正文第 3 行有云："是以三百六十五種，肩随結轍，競織法羅。"見本書第 11 篇附錄《西安景碑釋文》。

〔2〕西安景教碑正文第 24 行有"湛寂常然"之語。見本書第 11 篇附文《西安景碑釋文》。

〔3〕敦煌景教寫本 P.3847《尊經》所錄經名第 7 部爲《渾元經》，見《法藏敦煌西域文獻》(28)，上海古籍出版社 2004 年版，頁 357 下(本書圖版 4.7a)。下簡稱《法藏》。西安景教碑正文第 2 行有"渾元之性虛而不盈"之語。見本書第 11 篇附錄《西安景碑釋文》。

成,教了(羅文疑其前或後脱二字),反元真體。夫爲匠无

（幢體第3面）

（7）作,以為應旨(旨)順成,不待而變,合無成有,破有成無,[1]諸所造化,靡不依〔據殘衣,參教煌本定〕由,故号玄化匠帝、无覺空皇。隱現生靈,感之善應;異哉靈

（8）嗣,虔仰造化。迷本匠王,未曉阿羅訶,功無所銜,施無所(所)仁,包浩〔教煌本作洁〕察〔字缺下部少半,參教煌本定〕微(微),[2]育衆如一。觀諸逯有,若之一塵,況是一塵亦非塵。見非見,

（9）悉見見故;無界非聽,悉聽聽故;無界無力,盡持力故。無界嚮〔教煌本作无嚮〕无像无法。所(所)觀无界无邊,獨唯自在;善治無方,鎮位无際;妙制周

（10）臨,物象咸揩〔教煌本作楷〕(羅本作指),[3]唯靈感〔教煌本作或〕異,積昩〔左半有損,參教煌本定〕亡途,是故以善〔教煌本作者〕教之,以平治之,以慈救之。夫知改者,罪無不捨。是謂匠帝餝(能)成衆化,不自化成,是

（11）化終遷,唯匠帝不虧不盈,不濁不清,保任〔教煌本作住〕真空,常存不〔據字迹參教煌本定〕易……

（12）弥施訶應大慶原靈[4]故,慧圓悟之,空有不空,[5]無扲空不

─────────────

〔1〕《大般涅槃經義記》卷9:"或有人言惡業無果不信之人自立無義,若言已下破有成無,經說氣嘘是旃陀羅。"見《大正藏》(37),臺北佛陀教育基金會1990年版,頁851上。

〔2〕按,"包浩察微",筆者以前錄敦煌《宣經》作"包洁察微"。"浩"和"洁"二字,形僅一撇之差,而從上下文的意思,"浩"作"大"解,始能與"微"對仗;而"洁"本意"無垢",無從與"微"相對,故敦煌本若非被筆者誤讀,則係抄經者筆誤。

〔3〕按,"揩",從張本,拓本清楚,無可置疑;敦煌本作"楷"。由於"揩"、"楷"字形近似,而照片字迹又不清晰,若認讀爲"揩",亦無不可,但要認讀爲"指",則斷無可能。不過,羅文過錄爲"指",是有説明的——"按:《公孫龍子・指物論》:'物莫非指,而指非指。'揆諸經文之義,此字釋爲'指'似是。"見《文物》2007年第6期,頁41,注14。

〔4〕敦煌景教寫本P.3847《尊經》所"敬禮"的第13部經典爲《原靈經》。見《法藏》(28),頁357下。

〔5〕按,"空有不空",可能法自佛教禪宗,如《投子和尚語錄》就有"真空不空"、"真空有不空"之語。見《古尊宿語錄》卷36,中華書局1994年版,頁679、680;另見《卍新纂續藏經》(68),No.1315,頁273下。"無常中有常,苦中有樂,空有不空。"見《維摩經略疏垂裕記》卷6,載《大正藏》(38),頁791下。這類禪語也爲沙門所熟悉。

滯……

（幢體第 4 面）

（13）盧訶那（那）體，[1]究竟真凝，常樂生命，是知匠帝為無 覚 字左上角

有損，據字形及行文 應爲覬的異體字 逐不□（張本作法）……

（14）數，曉人大晤（羅本疑應爲悟）。[2] 了皆成益，昧 殘存左半未，參第10 行第11字定

民滯識，是見將違，盖靈本渾……

（15）且容焉，了己終亡焉，聽為主故，通靈伏識，不遂（羅本疑應爲隨）識遷，□……

（16）下備八境，開生三常，滅死八境之度，長省深悔，警慎……

（17）景通法王說至既已，普觀衆晤（羅本疑爲悟），扵其會中，詮以

慧 圓 殘存上部少半，參第12 行第11字定……

（18）諸界，但有人受持讀誦、信解勤行，當知其人德超……

（幢體第 5 面）

（19）如海溢坳平，日昇暗滅，[3]各（張本作名）證太宵（寂），曉自在常，喜滌□……

8.3 《宣經》版本蠡測

根據上面的錄文比勘，可以發現《宣經》的經幢本和敦煌本不惟題目有一"至"字之差，内文若干詞句亦有異。兩者的一些差異，應與各自過錄經文過程中產生的筆誤或脫漏有關。例如，經幢本第 4 行沒有"親承印旨"4 字，從上下文語氣與邏輯推斷，顯然是脫漏。但個中有些用字的不同，則顯非誤抄，而應是各自依據的版本不同所致。例如，經幢第 10 行的"是故以善教之，以平治之"，敦煌本作"是故以若教之，以平治之"。"善"、"若"二字的造型有明顯的區別，殆無筆誤的可能；而

---

[1]敦煌景教寫本 P.3847《尊經》開篇有云："敬礼：妙身皇父阿羅訶，應身皇子彌施訶，證身盧訶寧俱沙，已上三身同歸一體。"見《法藏》(28)，頁 357 下。

[2]《說文·日部》："晤，明也。……《詩》曰：晤辟有摽。"中華書局 1963 年影印本，頁 225。

[3]西安景教碑正文第 24、25 行有"日昇暗滅"一語。見本書第 11 篇附錄《西安景碑釋文》。

"若",據辭書的解釋,就有"順從"的意思。《尚書·堯典》:"乃命羲和,欽若昊天。"《詩經·大雅·烝民》:"天子是若,明命使賦。"[1]以順從教誨信徒,符合基督的精神。當然,經幢本作"善"亦可解,且更加通俗。因此,"善"、"若"二字之差,當屬傳抄過程刻意修改的結果。如果經文原作"若"字,後始改爲"善",則似可目爲經文在流傳過程中發生了雅俗的變化。此外,經幢第 4 行的"善來法衆,至至無來,今可通常,啓生滅死",此處的"可"字,敦煌本作"柯"。"可"與"柯"聲調不同,字形也差一半,亦不大可能是傳抄之訛。《爾雅·釋詁》有曰:"柯,法也。"[2]故敦煌本的"今柯通常",亦未嘗不可解。

從上面所舉兩例,不難看出兩者很可能是各有所本。這並不足爲奇,緣古代文獻在傳抄或刻板過程中,不惟經常出現差錯,更有被刻意修正、修改者。正因爲如此,版本學家纔非常注意同一典籍的不同版本,並以較早的版本爲尚。那麼,如果認爲《宣經》的經幢本與敦煌本是各有所本的話,那兩者孰早孰晚?由於兩者現存的經文都不完整,對兩者的異同亦無從計量分析,加之又無其他文本可供參照,因此,若單以個別用詞或表述之不同,便來論定兩者的早晚,顯爲不妥。不過,由於經幢本中"民"字出現凡兩次(見第 3、14 行),均無缺筆避諱;而敦煌本雖只出現一次,但卻像多數唐代寫本那樣避諱缺筆,這使我們至少相信:敦煌本的粉本應早於經幢的製作。

唐時之避諱,陳垣先生曾有曰:"唐制,不諱嫌名,二名不偏諱。故唐時避諱之法令本寬,而避諱之風則甚盛。"[3]唐時正式傳入的夷教,無論是景教抑或摩尼教,對避諱的時尚均非置身度外。立於唐德宗建中二年(781)的西安景教碑(見本書圖版 3.1,3.2),力避太宗名諱,如碑文正文第 4 行:"我三一分身景尊彌施訶,戢隱真威,同人出代。"第24 行:"真主無元,湛寂常然。權輿匠化,起地立天。分身出代,救度無邊。"此兩處"代"字,顯爲"世"字之避諱。英藏 S.3969 敦煌摩尼教唐

〔1〕《尚書正義》卷2,《十三經注疏》本,中華書局1980年影印版,頁119中。《毛詩正義》卷18,《十三經注疏》本,頁568。

〔2〕《爾雅注疏》卷1,《十三經注疏》本,頁2569。

〔3〕陳垣《史諱舉例》卷8第76《唐諱例》,中華書局1962年版,頁145。

寫本《摩尼光佛教法儀略》亦刻意避用"世"字,如其《經圖儀》中的"摩尼光佛當欲降代"。北圖8470(宇五六)《摩尼教經》,則不惟"民"字要缺筆作"忞",甚至連"愍"中的"民"也刻意缺筆,作"忞",或改寫爲"懲"。[1] 該寫本的抄寫年代可能較早,因爲其中采用了武氏時期特造而後作廢的舌(正)字。[2] 但抄寫年代較晚的《下部讚》寫本也避"民"字之諱。[3] 上述例子,説明唐代外來宗教在避諱問題上,乃恪遵華情。

考經幢製作年代,據石刻題記,時在唐文宗之大和三年(829),即在大唐天祐四年(904)滅亡之前75年。時距太宗李世民(599—649年)去世180年,諒必對"民"諱已淡化了,刻經時始敢不在乎此。而敦煌本仍恪遵"民"諱,則默證其製作年代應較經幢爲早。因此,如果從版本學的角度,《宣經》敦煌本的權威性並不亞於經幢本。對兩者文字的某些差異,吾人不宜遽定是非,而應采用理校的方法,仔細推敲。

按,抄錄宗教經典,乃無量功德事,抄經者無不畢恭畢敬;忙中有錯,脱漏筆誤,雖屬難免,但連經名都抄錯或脱字,則爲鮮見。故筆者懷疑《宣經》敦煌本之少一"至"字,未必是脱字。就經名本身而言,其"至"字充其量只是作爲副詞,從程度上強調"本"字的分量,並無實質性的涵義。如果從經文精煉的角度考慮,該"至"字甚至可説是多餘的。當今論者就《宣經》全名有無"至"字,多以經幢本爲是,無非是因爲敦煌景教寫本P.3847《尊經》所列舉的景淨譯經中有《宣元至本經》之名。然究實,《尊經》末尾的按語出現"唐太宗皇帝"字樣,稱"唐"而不稱大唐或國朝,學者早已懷疑其乃在唐亡後之作,[4] 比經幢更晚。因此,其足以佐證唐季流行的《宣經》確有一"至"字,並非經幢勒刻者

〔1〕《英藏敦煌文獻》(5),四川人民出版社1992年版,頁224下(下簡稱《英藏》);《敦煌寶藏》(110),臺北新文豐出版公司1984年版,頁420下、421上、422下等。
〔2〕有關論證參拙文《〈摩尼教殘經一〉原名之我見》,見拙著《摩尼教及其東漸》,臺北淑馨出版社1997年增訂本,頁218。
〔3〕據虞萬里先生考證,該卷子書寫於唐建中元年(780)至貞元二十一年(805)之間。見氏文《敦煌摩尼教〈下部讚〉寫本年代新探》,載《敦煌吐魯番研究》第1卷,北京大學出版社1995年版,頁37–46。
〔4〕《法藏》(28),頁357下。參拙文《敦煌景教寫本P.3847再考察》,見拙著《唐代景教再研究》,頁140–141。

擅自添加;但未必就能否定此前流行的《宣經》亦有無一"至"字者。筆者曾推斷《宣經》並非譯經,而是景淨所撰;[1]羅炤先生就此作了更進一步的論證,並根據基督教史的傳統定義,把該經定性爲"景淨所造的景教僞經"。[2] 按,景淨就是西安景教碑碑文作者,諳於華情。既然其所撰的景教碑文,如上所述,已明顯恪遵唐時避諱,那其撰寫《宣經》時,或許也會注意避"嫌名之諱";[3]緣"至"字,正好與唐高宗李治的"治"字同音。如果在一經之題名上竟出現與"治"同音的"至"字,豈非顯眼? 而如前所述,有無一"至"字其實無足輕重,那又何必犯諱來用此字呢? 是以,説不定《宣經》的原始版本就沒有一個"至"字。然耶? 有待新資料來確認。

8.4　選刻《宣經》原因試釋

張、羅二文都把勒刻《宣經》的洛陽石刻名爲景教經幢,這一命名得到學界的認同。觀今人對宗教經幢的全面系統考察,依筆者所見,莫過於臺灣學者劉淑芬女士。[4] 據劉氏有關經幢形制、性質和來源的綜合研究,[5]對照張文、羅文有關洛陽景教石刻形制及其内容的介紹,把該石刻名爲景教經幢,無疑十分確切。劉氏認爲:"經幢的性質是塔——一種法身塔,更確實地説,經幢是糅合了刻經和塔所衍生出來一種特殊的塔。"[6]而學者週知,無論是塔或是石經,都非西方基督教之物。誠如羅文指出,"在馬丁·路德之前,基督教並不主張普通信徒受

---

〔1〕拙文《敦煌本〈大秦景教宣元本經〉考釋》,見拙著《唐代景教再研究》,頁 183－185。

〔2〕羅炤《洛陽新出〈大秦景教宣元至本經及幢記〉石幢的幾個問題》,頁 35－37。

〔3〕"嫌名之諱",參陳垣《史諱舉例》卷5《避嫌名例》,頁 72－74。

〔4〕劉淑芬有關經幢研究的系列文章有:《佛頂尊勝陀羅尼經與唐代尊勝經幢的建立——經幢研究之一》,刊《中央研究院歷史語言研究所集刊》第 67 本第 1 分册,1996 年,頁 145－193;《經幢的形制、性質和來源——經幢研究之二》,刊《中央研究院歷史語言研究所集刊》第 68 本第 3 分册,1997 年,頁 643－725;《墓幢——經幢研究之三》,刊《中央研究院歷史語言研究所集刊》第 74 本第 4 分册,2003 年,頁 673－763。

〔5〕劉淑芬《經幢的形制、性質和來源——經幢研究之二》,頁 643－725。

〔6〕劉淑芬《經幢的形制、性質和來源——經幢研究之二》,頁 643。

持讀誦《聖經》",〔1〕如是,遑論刻經於石? 因此,張、羅二文稱洛陽景教經幢乃效法佛教之物,完全可以成立。以往,我們只知道經幢乃源於唐代佛教,後來道教也效法之,而今洛陽景教經幢的發見,則證明了除傳統道教之外,外來的景教也曾效法,這無疑爲經幢史增添了新的内容和例證。至於另一同樣熱衷譯經的外來宗教——摩尼教,目前我們僅發現其在元明時代把本教的要旨"清淨光明,大力智慧,無上至真,摩尼光佛"勒刻於石(見本書圖版 2.7a,2.7c,2.7d),廣爲宣傳,〔2〕至於是否曾製作經幢,尚無文獻資料或考古發現可資證明。不過,從宋元時代摩尼教的高度華化來看,如有朝一日考古也發現摩尼教經幢,這絕對不會令人驚訝。

　　據研究,佛教經幢最初是勒刻《佛頂尊勝陀羅尼經》(以下簡稱《陀經》),尤以該經的佛陀波利譯本爲多。〔3〕緣該經"能淨一切惡道,能淨除一切生死苦惱,又能淨除諸地獄閻羅王界畜生之苦,又破一切地獄能迴向善道"。〔4〕"若人能須臾讀誦此陀羅尼者,此人所有一切地獄畜生閻羅王界餓鬼之苦,破壞消滅無有遺餘。"〔5〕更有,"若人能書寫此陀羅尼安高幢上",衆生"於幢等上或見或與相近,其影映身,或風吹陀羅尼上幢等上塵落在身上",則"所有罪業,應墮惡道、地獄、畜生、閻羅王界、餓鬼界、阿修羅身惡道之苦,皆悉不受,亦不爲罪垢染污"。〔6〕據考,正是由於《陀經》有這種拯濟幽冥和破地獄的功能,從唐代開始,就有許多經幢建在墳墓之傍,希望藉著幢影覆被,解救亡者地獄之苦。〔7〕這些樹立在墳墓之傍的經幢,一般稱爲"墓幢"或"墳幢"。本篇所討論的這一景教經幢,應當就是屬於這一類;緣該幢製作緣由,據《幢記》所述,與佛教墓幢正好雷同,係生者爲其亡妣"安國安氏太夫人"及"亡師伯"修建塋墓時所立。儘管《幢記》殘文未見佛教經幢題記中"塵沾影

---

〔1〕羅炤《洛陽新出土〈大秦景教宣元至本經及幢記〉石幢的幾個問題》,頁 36。
〔2〕拙文《福建明教石刻十六字偈考釋》,見拙著《中古三夷教辨證》,頁 5–32。
〔3〕參劉淑芬《佛頂尊勝陀羅尼經與唐代尊勝經幢的建立——經幢研究之一》,頁 156。
〔4〕佛陀波利譯《佛頂尊勝陀羅尼經》,見《大正藏》(19),頁 350 上。
〔5〕佛陀波利譯《佛頂尊勝陀羅尼經》,見《大正藏》(19),頁 350 中。
〔6〕佛陀波利譯《佛頂尊勝陀羅尼經》,見《大正藏》(19),頁 351 下。
〔7〕參劉淑芬《經幢的形制、性質和來源——經幢研究之二》,頁 684。

覆"那類措辭,但其第 7 行卻明確表述了立此經幢旨在獲福:"有能諷持者,皆獲景福,況書寫於幢銘乎!"[1]這與上揭《陀經》所强調的拯濟幽冥和破地獄的功能,實際是異曲同工。張文已就洛陽中古佛門信徒於先亡、所親墓所建樹經幢的事例,以鄉土文化史料多所舉證。由是,我們益加相信,"安國安氏太夫人"兒子之立經幢,乃洛陽地區濃烈佛教氛圍的產物。

既然我們已確認洛陽景教石刻乃效法時尚的佛教墓幢,那就意味著主其事者對後者是熟悉的,無論其形制,還是内容。其選擇《宣經》,起碼應認爲該經的形式與《陀經》較爲相似,而其宗教功能則可與《陀經》匹敵。本來,一是佛經,一是景經,教理不同,難以相提並論;但景教入華譯經,遠較佛教爲晚,本教術語,多格義於佛典,經文表述,亦頗效法佛經。因而,就形式而言,兩者不無相類。以《宣經》開篇文字爲例:

> 時景通法王,在大秦國那薩羅城和明宫寶法雲座,將與二見,了決真源。應樂咸通,七方雲集。有諸明净士、一切神天、等妙法王、無量覺衆,及三百六十五種異見中民。

此處先交代演講者、演講地點和聽衆身份,這正是漢譯佛經的常見寫法,[2]《陀經》亦如是:

> 如是我聞,一時佛在舍衛國祇樹給孤獨園,與大比丘衆八千人俱,菩薩三萬二千,逮得正智照明諸法,於知所知了無罣礙。其名曰觀自在菩薩得大趣菩薩,彌勒菩薩文殊師利童真菩薩,蓮華勝藏菩薩手金剛菩薩,持地菩薩虛空藏菩薩,除一切障菩薩普賢菩薩而為上首。如是等三萬二千菩薩摩訶薩衆。復有萬梵摩天,善吒梵

---

[1]見經幢第 6 面第 2 行的題記殘存文字。

[2]如〔唐〕伽梵達摩譯《陀羅尼經》:"如是我聞,一時釋迦牟尼佛在補陀落迦山觀世音宫殿寶嚴道場中,坐寶師子座,其座純以無量雜摩尼寶而用莊嚴百寶幢旛周匝懸列。爾時如來於彼座上,將欲演說……"見《大正藏》(20),頁 106 上。〔唐〕地婆訶羅譯《最勝佛頂陀羅尼淨除業障呪經》:"如是我聞,一時薄伽梵在室羅筏竹笥道場,於逝多林給孤獨園中,與大比丘衆八千人俱,皆是住聲聞位尊者。……"見《大正藏》(19),頁 357 中至下。〔元魏〕菩提留支譯《佛說佛名經卷》:"如是我聞,一時佛在舍婆提城祇樹給孤獨園,與大比丘衆千二百五十人俱。爾時世尊四衆圍遶……"見《大正藏》(14),頁 114 上。

摩而為上首,從餘生界來詣佛所俱在會集。復有萬二千諸釋天眾,
與無量天龍夜叉乾闥婆阿修羅迦樓羅緊那羅摩睺羅伽人非人等俱
來在會。爾時聖尊四眾圍繞,恭敬供養而為說法。[1]

而在義理上,在釋迦牟尼誕生之前,世界就已存在,佛祖只是認爲一切
皆空,並沒有對宇宙萬物的形成提出自己的一套看法。因此,《宣經》
在宣講造物主及其創造萬物時,除借助佛教用語外,更多格義於道教:

> 吾聞太阿羅訶,開无開異,生无心涗,藏化自然,渾元發无發,
> 无性,无動。靈虛空置,因緣機軸。自然著為象本,因緣配為感乗。
> 剖判彖羅,三生七位,涗諸名數,无力任持;各使相成,教了,反元真
> 體。夫為匠无作以為應旨順成,不待而變,合無成有,破有成無;諸
> 所造化,靡不依由,故号玄化匠帝、无覺空皇。

相關的諸多表述也充滿道味:

> 端嚴進念,上觀空皇,親承印旨……
>
> 不虧、不盈、不獨、不清……
>
> 无元,无言,无道,无緣,妙有非有,湛寂常然。……
>
> 不虧、不盈、不濁、不清,保住真空,常存不易。……

儘管如此,就造物主阿羅訶的稱謂,卻是借鑑佛經。[2] 緣"阿羅訶"一
詞,早已見諸佛經,多與"三藐三佛陀"連書,該詞《陀經》也有之:

> 作是思惟,唯除如來阿羅訶三藐三佛陀無能救者。[3]

該詞本爲佛教專有術語,因而也收入佛教辭書《續一切經音義》:

> 阿羅訶:下音呵,梵語訛略也。正云遏囉曷帝,此云應供,謂應
> 受人天妙供,故即十号之中第二号。[4]

在義理上,景教雖沒有地獄閻王之說,但由於其有原罪說,因而渴望得

---

〔1〕〔唐〕杜行顗譯《佛頂尊勝陀羅尼經》,見《大正藏》(19),頁353上。

〔2〕Cf. H. Haveret, *La Stèle Chrétienne de Si-ngan-fou*, IIIe *Partie*: *Commentaire Partiel et Pléces Justficatives*, Varivétés Sinologiques N° 20, Imprimèrie de la Mission Catholique, Changhai, 1902, p. 90.

〔3〕杜行顗譯《佛頂尊勝陀羅尼經》,見《大正藏》(19),頁353上。

〔4〕《續一切經音義》卷4,見《大正藏》(54),頁950上。

到解救,在這一點上,與佛教的破地獄說實可溝通。[1] 就上錄《宣經》的殘文看,吾人不難揣摩出該經主題,除是宣講造物主阿羅訶之無窮威力外,還有救世主彌施訶的使命,而這正是基督教拯救教義的出發點。是故,選擇這一經典製作墓幢,與佛教徒之選《陀經》,不亦殊途同歸乎。

《宣經》除在形式和功能可與《陀經》類比外,其在唐代諸多景教經典中的崇高地位,當也成爲其入選的重要原因。查敦煌景教寫本 P. 3847 的《尊經》(見本書圖版 4.7),開列景淨"譯"經 35 部加以"敬礼":

> 敬礼:《常明皇樂經》,《宣元至本經》,《志玄安樂經》,《天寶藏經》,《多惠聖王經》,《阿思瞿利容經》,《渾元經》,《通真經》,《寶明經》,《傳化經》,《罄遺經》,《原靈經》,《述略經》,《三際經》,《徵詰經》,《寧思經》,《宣義經》,《師利海經》,《寶路法王經》,《删訶律經》,《藝利月思經》,《寧耶頤經》,《儀則律經》,《毗遏啓經》,《三威讚經》,《牟世法王經》,《伊利耶經》,《遏拂林經》,《報信法王經》,《彌施訶自在天地經》,《四門經》,《啓真經》,《摩薩吉斯經》,《慈利波經》,《烏沙郍經》。[2]

《宣經》名列第二。這就意味著,當時可資遴選的漢文景教經典至少有35 部。其中未必就只有《宣經》可與《陀經》相匹。例如,敦煌景教寫本 P. 3847 的景教《三威蒙度讚》(見本書圖版 4.6),是基督教三位一體的讚美詩,當今基督教會禮拜儀式還在采用。該經的體裁雖與《陀經》不同,多爲七言詩,但其中亦借用了諸多佛教術語和概念,而内容更是讚美"神威"無比的阿羅訶,讚美"廣度苦界救無億"的彌施訶。如果說刻《宣經》有拯救亡靈、造福生人之效,那麼刻這篇讚美詩理當亦然。該經完整保存下來,凡 24 行、327 字,就篇幅而言,顯然更適合刻於幢體。不過,其在《尊經》中只是被"敬禮"的第 26 部經,在景僧心目中的

---

[1]古人也意識到了宗教的共同性,如西安景教碑所引貞觀十二年詔:"道無常名,聖無常體,隨方設教,密濟羣生。"見本書第 11 篇附錄《西安景碑釋文》。

[2]《法藏》(28),頁 357;又見拙文《敦煌景教寫本 P.3847 再考察》,收入拙著《唐代景教再研究》,頁 127。

地位,該經顯然是比不上名居第二的《宣經》。

《尊經》"敬禮"的第一部經典是《常明皇樂經》,佐伯好郎將該經名英譯為 The Eternal-Enlightenment kingly-Joy Books.[1] 此處把"皇"字譯成 kingly,作形容詞或副詞用,把"皇"與"樂"當成一個詞組,譯成 kingly-Joy,即像國王那樣快樂,從邏輯上看,未必可以成立。緣在皇權專制的唐代社會,等級森嚴,臣民不可能亦不敢妄想享受與皇上一樣快樂的生活,諒景淨也不敢宣稱讀其經典,則可樂同今上。即便只是比喻,那也不可能,因為基督教的快樂觀與世俗皇帝的快樂觀完全是兩回事,不存在借喻的可比性。職是之故,竊以為,"皇"應是與"常明"構成一個詞組,在此經名中,"皇"是作名詞用,前面"常明"為形容詞,作定語修飾"皇",三字連讀作"常明皇",是為專有名詞。如用現代漢語強譯,題目的意思是:常明皇的快樂經。

"常明皇"一詞,《大藏經》未見,看來不是借諸佛教,而是景淨首創。該詞未必是指基督教的神,上面已引錄《宣經》對造物主"阿羅訶"的解釋,有"玄化匠帝无覺空皇"的意譯,但沒有"常明皇"之謂,如有當應提及。西安景教碑述及阿羅訶時,亦全無與"常明"連繫。因此,我們沒理由認為"常明皇"是指代造物主。而照漢語的表述習慣,最高的造物主的漢譯既有"皇"的稱謂,位居其下的諸神自不配稱皇。是以,筆者懷疑"常明皇"可能是指世俗的皇帝,類乎古人頌揚皇帝常用的"一代明君"。《常明皇樂經》可能是借託宗教經典之名,行頌揚取悅唐代帝皇之實。吾人固知,在古代中國,宗教服從政治,依景淨對中華傳統文化的了解、對當時現實社會的認識,當像佛僧那樣,深諳"不依國主則法事難立"之道理。事實上,他撰寫西安景教碑時,便已明確表達了他的政教觀:"惟道非聖不弘,聖非道不大。道聖符契,天下文明。"[2] 其碑文僅一千八百餘字,卻有數百字是用於頌揚唐朝諸皇帝,詞藻華麗,極盡阿諛之能事。像他這樣一位"政治僧侶",為了保住或

_____

[1] P. Y. Saeki, *The Nestorian Documents and Relics in China*, Tokyo 1937, repr. 1951, p. 274.
[2] 見本書第 11 篇附錄《西安景碑釋文》。

開拓在華的傳教事業,效法當年佛僧向武則天進獻《大雲經》故事,[1]製作一部取悅皇帝的經典,並把其列在諸經中的第一部加以"敬禮",完全不悖邏輯。而事實上,景淨在上揭碑文,已多處用"明"字來頌揚唐皇帝,如:"太宗文皇帝,光華啓運,明聖臨人";"肅宗文明皇帝,於靈武等五郡重立景寺";"建中統極,聿修明德"[2] 更有,玄宗李隆基(685—762)死後謚號"至道大聖大明孝皇帝",[3]就是突出一個"明"字,以致有唐明皇之稱。由是,景淨用"常明皇"來隱喻唐皇帝,亦不無可能。假如筆者這一推測不誤的話,那麼《常明皇樂經》即便有闡發教理,恐亦不無附會,"曲學阿世"。如果從純教理的角度考慮,該經未必就是品位最高的一部,儘管其名冠羣經。倒是名列第二的《宣經》纔是最重要、最崇高的一部。該經宣講造物主創造世界,宣講救世主拯救人類,這正是整個基督教教義的基礎。

如果景僧果真相信刻經可以帶來"景福"的話,那麼,照一般邏輯推理,所刻經典品位越高,獲福自然越大,首選勒刻的經典自非《宣經》莫屬。

8.5 《宣經》篇幅續考

筆者曾懷疑《宣經》敦煌本殘存的 465 字只是原經的若干分之一,因爲照古代宗教經典,一般而言,祈禱文、禮讚詩之類,其篇幅短小,多屬常見;但闡發義理的經文則往往是長篇大論。而從經文的題目和現存內容看,教義遠未闡發清楚。[4] 而今,經幢發現,雖然亦殘缺,但由於其書寫勒刻工整規範,借助敦煌本《宣經》拼接,不難推算石幢復原時經文的大體字數。由是,張文推測《宣經》漢文完本當在 887 字左右,即洛陽本文字存量約佔完本的 48%,敦煌本約佔完本的 55%[5]

---

[1]參陳寅恪《武曌與佛教》,見氏著《金明館叢稿二編》,上海古籍出版社 1980 年版,頁 148。

[2]見本書第 11 篇附錄《西安景碑釋文》。

[3]《舊唐書》卷 9《玄宗紀下》,中華書局 1975 年版,頁 235。

[4]有關篇幅的討論詳參拙文《敦煌本〈大秦景教宣元本經〉考釋》,見拙著《唐代景教再研究》,頁 177 – 179。

[5]張乃翥《跋河南洛陽新出土的一件唐代景教石刻》,頁 67。

而據羅文的推算,則洛陽本爲 4/9,敦煌本爲 5/9。[1] 似乎由於經幢版《宣經》的發現,該經的篇幅問題亦就迎刃而解了。但細想,實際問題還未解決,因爲張、羅二文所推算的數字,實際是石幢復原時所刻經文的字數,如果要將這作爲《宣經》完本的字數,首先就得確證石幢已將整部《宣經》刻完,即排除其只是勒刻全經一部分的可能性。而就這一點,張文完全沒有論及,羅文雖提到石幢殘文有佛經結尾的套語,但對這一"套語"尚未展開實質性的論證,故也欠說服力。下面,擬就此問題略作申論。

如上面已討論的,學界已把《宣經》石刻目爲效法佛教的墓幢。而我們知道,墓幢刻經與一般刻經動機完全不同,[2]佛教徒之所以普遍刻《陀經》,[3]如上面所已指出,是因爲該經被認爲能破地獄,其旨與讓該經久傳殆無關係;這與公元 7 世紀初靜琬和尚在"法難"過後,爲永保法脈,於房山發願刻經於石,爾後僧俗接力、堅持千年的壯舉完全是兩碼事。正因爲製作墓幢的動機,實際與完整保存經文於後世無關,是以,囿於幢體形制較小,多有僅刻經的一部分者。[4] 即便不是墓幢,勒刻其他佛經的經幢亦未必將全經刻完,例如,劉文所引《八瓊室金石補正·侯刺史等經幢題名》,其中提到宣宗大中八年(854),侯刺史等人立幢,所刻《妙法蓮華經》就僅全經的一部分。[5] 另蒙北京故宮博物院碑拓專家施安昌先生賜告,其見過二十多份佛教經幢拓本,所刻經文絕大多數都不完整。由是,足見經幢之刻經並不在乎經文之完整否。既然佛教墓幢可以節錄經文而無損破地獄之效,那麼,《宣經》如沒有刻完,亦當無礙於獲取"景福"。因此,《宣經》完本的篇幅,就不是單靠推

---

〔1〕羅炤《洛陽新出土〈大秦景教宣元至本經及幢記〉石幢的幾個問題》,頁 36。

〔2〕劉淑芬指出:"就經幢上的文字而言,它雖刻的是佛經,但經幢的意義和一般刻經不同:刻經的目的僅是爲傳之久遠這個用意,而經幢則還有其他宗教上的功能和用途。"見其文《經幢的形制、性質和來源——經幢研究之二》,頁 697。

〔3〕如劉淑芬指出:"經幢是因《佛頂尊勝陀羅尼經》的傳來和流行,才發展出來的一種石刻的新形式,因此,絕大多數的經幢所刻的便是此經。"見其文《經幢的形制、性質和來源——經幢研究之二》,頁 662。

〔4〕劉淑芬《墓幢——經幢研究之三》,頁 692。

〔5〕劉淑芬《經幢的形制、性質和來源——經幢研究之二》,頁 667。

算石幢勒刻的字數便可定案。像《陀經》,由於其有紙本傳世,故墓幢所刻是否完整,一目了然。《宣經》則不同,其並無完整紙本傳世,如上面所說,目前僅有一件有頭無尾的敦煌寫本。因此,在沒有一個完整紙本可資對照的情況下,對石幢是否勒刻《宣經》完本,吾人不宜遽下結論。

相信石幢已將《宣經》刻畢,還有一個重要根據,即:上揭錄文第 18 行的"受持讀誦,信解勤行"8 字,羅文認爲乃"原封不動地搬用漢譯佛經結尾的套語"。[1] 就此,我們無妨揣摩經幢所見經文最後 3 行的所謂"結尾":

> (17)景通法王說至即已,普觀眾晤,於其旨中,詮以慧圓,……

> (18)但有人受持讀誦,信解勤行,當知其人,德超……

> (19)如海溢坳平,日昇暗滅,各證太寂,曉自在常,喜滌□……

如果照每行 48 字計算,第 17 行差 28 字,第 18 行缺 31 字,第 19 行如果寫滿的話,則失落 29 字。這最後一行語氣未盡,明顯殘缺。但綜合 3 行所殘存的文字,其大略的意思還是可以估摸的:景通法王佈道到一段落,便停下來,聽取信徒們的反映,然後指出一個人只要認真讀誦以上所講的經典,好好加以理解執行,那麼就可以達到一種很高的境界。句子中的"但",作語辭用,表示"僅"、"只"的意思,從語氣看,"受持讀誦,信解勤行"並非結尾套語,其在句中應是條件狀語之類。把"受持讀誦,信解勤行"作爲先決條件,然後揭示其可帶來什麼效果,類似的這種句式,佛經至爲常見。例如與佛教經幢關係最爲密切的《陀經》就有這樣的表述:

> 但聽聞者生死相續一切業障,種種苦患咸悉消滅,當獲善果得宿命智。[2]

類似的這種經文句式與經文的結束並無內在的聯繫,實際可以像排比

---

[1]羅炤《洛陽新出土〈大秦景教宣元至本經及幢記〉石幢的幾個問題》,頁 36。

[2]〔唐〕杜行顗譯《佛頂尊勝陀羅尼經》,見《大正藏》(19),頁 353 中。

句那樣,反復出現,以把問題說深說透。

其實,佛教經典的結尾套式是站在聽衆的立場上,表示他們對宣講內容的完全接受,而且是置於經文的最末端。例如,唐代佛教經幢廣爲勒刻的《陀經》結尾是:

爾時大衆聞法歡喜,信受奉行。[1]

衆所周知的《金剛經》結尾是:

聞佛所說,皆大歡喜,信受奉行。[2]

《未曾有因緣經》結尾是:

聞佛所說,皆大歡喜,各各發心,向三脫門,禮佛辭退,如法奉行。[3]

《金剛場陀羅尼經》結尾是:

聞佛所說,頂禮佛足,歡喜奉行。[4]

《護命法門神呪經》結尾是:

時薄伽梵說此經已,金剛手菩薩摩訶薩,及釋梵護世天人阿素洛健闥縛等一切衆會,聞佛所說,歡喜奉行。[5]

上揭北圖藏《摩尼教經》也效法佛經,假託明使與門徒阿馱等的對話,闡發摩尼關於人類自身並存明暗二性的教義,經文的結尾是:

時諸大衆,聞是經已,如法信受,歡喜奉行。[6]

存世的另一部敦煌景教寫經《志玄安樂經》(以下簡稱《志經》),實際亦是景淨所撰,其假託彌施訶向諸弟子佈道,宣講景教"無欲、無爲、無德、無證"的安樂之道,結尾作:

時諸大衆,聞是語已,頂受歡喜,礼退奉行。[7]

上引這些結尾套式都是從聽衆立場出發,表示對講經的完全認同,欣然接受,並將落實奉行。而且,一旦出現這類套語,經文便必定就此

---

〔1〕佛陀波利譯《佛頂尊勝陀羅尼經》,頁352上。
〔2〕〔後秦〕鳩摩羅什譯《金剛經》,見《大正藏》(8),頁752下。
〔3〕〔南齊〕曇景譯《未曾有因緣經》,見《大正藏》(17),頁588下。
〔4〕〔隋〕闍那堀多譯《金剛場陀羅尼經》,見《大正藏》(21),頁858下。
〔5〕〔唐〕菩提流志譯《護命法門神呪經》,見《大正藏》(20),頁587下。
〔6〕《敦煌寶藏》(110),頁426下。
〔7〕李盛鐸所藏景教《志玄安樂經》寫本卷末照片,見本書圖版4.5。

打住,再無下文。反觀經幢本最後 3 行,乃是以宣講者的身份,訓示聽衆;其最末一行即便寫滿,但根據殘文的意境來看,所失落的 29 字亦不可能是上舉經文類同的結尾句式。

其實,在長篇佈道經文中,每講完一題,只要未以聽衆立場明確寫上"歡喜奉行"這樣的套語,則應該還有後文,繼續宣講另一個問題。像敦煌本《志經》,其以彌施訶答弟子問的形式宣講教理,其問答都有一個固定的套式,每一問答都可以獨立成章。不過,因爲卷子保存了上引的明確結語,我們纔得以判定該經到此爲止。

在長篇經文中,有時也可能出現某些貌似結尾的表述,但後面卻可能還有相當的篇幅。例如,上揭北圖藏《摩尼教經》第 316 至 318 行寫道:

> 尒時會中諸慕闍等,聞說是經,歡喜踊躍,歎未曾有。諸天善神,有礙无礙,及諸國王、群臣、士女、四部之衆,无量無數,聞是經已,皆大歡喜。[1]

看起來卷子到此爲止,再無續文了;但其實,由於還沒有聽衆要"奉行"的表態,因此經文並未結束,現存卷子下面便還有 28 行凡 570 字。

爲慎重起見,筆者檢索了《大藏經》電子文本,其中"受持讀誦"4 字出現的頻率極高,但未見與"信解勤行"4 字連用者。而"信解勤行"這一短語,則僅見於《佛說如來不思議秘密大乘經》卷第 17 之《護世品》:

> 若諸菩薩深固信解勤行修習,即於善法而不減失,速能圓滿菩提分法。[2]

此處亦並非表示經文結束。其實,在聽完佛祖開示以後,聽衆只能表示信奉並將努力執行,而"信解勤行"的含義則是完全理解和經常實行,如果咬文嚼字的話,顯然不宜用於聽講後的即席表態。

由是看來,吾人未必可以根據經幢《宣經》末尾那 3 行的殘文,尤其是有"受持讀誦,信解勤行"這 8 個字,就以爲經幢已將《宣經》全文

---

〔1〕《敦煌寶藏》(110),頁 426 上。

〔2〕〔宋〕法護等譯《佛說如來不思議祕密大乘經》,見《大正藏》(11),頁 741 中。

刻完。

按,經幢計 19 行經文,可以復原者僅前 11 行,從第 1 行到第 4 行約 150 字,這是經文的一個開場白,並非實質性的内容。到了第 5 行"宣玄化匠帝真常旨"之後,纔開始進入主題:就造物主的稱謂作簡要的解釋,突出其創造宇宙萬物,强調其永恒存在、無處不在的神性。第 12 行以降的内容始爲敦煌本所缺。儘管行文殘缺,但大略的意思還是可以推測,即宣講救世主的使命。

開場白部分交代了聽衆的情況,是"七方雲集。有諸明净士,一切神天等妙法王,无量覺衆,及三百六十五種異見中民",顯然頗具規模。聽衆對是次講演的期望值頗高:"如是族類,无邊无極,自嗟空昧,久失真源。馨集明宫,普心至仰。"如此一次隆重的佈道,若全經文字果爲 887 字左右的話,則開場白部分的篇幅就約佔了全文的 17%;即是說,真正佈道的内容只講了片刻,留下寥寥數百字的記録:主次比重嚴重失調!吾人無妨與上揭的《志經》作一比較。該經以彌施訶答弟子問的形式宣講教理。現存《志經》開始 10 行是:

(1)志玄安樂經

(2)聞是至言時无上……

(3)河净虛堂内与諸……

(4)衆左右環繞恭敬侍……

(5)伽從衆而起交臂……

(6)我等人衆迷惑固……

(7)何方便救護有情……

(8)彌施訶答言善哉……

(9)生求預勝法汝□(復)坐斂神……

(10)一切品類皆有(安樂)性隨……

除第一行題寫經名外,其他各行均有缺損,意思均不完整,但大體的意思仍然可以推測。模式猶如《宣經》,是一個開場白。不過,《宣經》的傳道者是"景通法王",《志經》則是"彌施訶"。《志經》寫本多爲每行 17 字,若以此計,則前幾行的開場白或許也有百餘字,但其下面主體經文卻有兩千五六百字，就文章的佈局，不存在主次不分、輕重不當的問題。[1]

按，《志經》在上揭《尊經》開列的景淨35部譯經中，名列第三，次於名列第二的《宣經》。該經無論是景淨所譯，還是景淨所撰，與《宣經》一樣，都是出自其手筆。何以《志經》不存在內容輕重錯置的問題，惟獨《宣經》卻特別突出？由是益使筆者相信，《宣經》全文當不止論者所認爲的那樣簡短。《宣經》如純屬翻譯之作，那也許原作本來就不講究文章的佈局比例，或者景淨只是節譯了其中一部分。而如果肯定《宣經》是景淨自撰的"僞經"，那麼，依景淨之諳於華學，對作文的開篇佈局、內容比例的協調這些基本常識，當不至於一無所知，其何以會製作出像《宣經》這樣頭重腳輕、比例失調的經文？

筆者之懷疑經幢可能並未完整勒刻全經，固然不能絕對排除其中有所刪節的可能性，[2]然更可能的是：主事者根據石刻的大小，只選擇了經典開篇的一段文字。不過，由於經幢下半已失，其最後一行的文字不完整，目前也未發現除上揭敦煌本外的其他《宣經》文本，因此，我們亦無從準確推測所失落的文字，惟提請學界同仁注意：《宣經》的篇幅問題，並未因洛陽景教經幢的發現而解決，仍然是一個懸案。

最後，筆者要特別申明：無論對經幢版《宣經》的考釋還存在多少未解之處，還有多少尚有爭議或必需繼續探討的問題，但有一點可以論定，即該考古發現徹底證明了上世紀40年代現世的所謂小島文書B，即《大秦景教宣元至本經》寫本，絕非出自敦煌石窟之珍。今後有關唐代景教的研究，除非核實該僞造寫本所參照的文獻乃爲佚失的唐寫本，否則絕不能把其列爲敦煌景教寫經加以介紹和使用。

（本篇與殷小平合撰，初刊《中華文史論叢》2008年第1輯，總89輯，頁325–352。）

---

〔1〕拙文《敦煌本景教〈志玄安樂經〉佐伯錄文質疑》，載《中山大學學報》（社會科學版）2001年第4期，頁1–7；參見本書圖版4.5。

〔2〕經幢本《宣經》前11行比敦煌本少了若干字，恐怕是依據的版本不同，或者是勒刻時脫漏，但絕非有意刪節。

補記

關於唐代洛陽景教經幢真偽的鑑定[1]

洛陽唐代經幢的發現，並無文物出土考古報告，時至今日，見諸報章的確鑿信息只是：該經幢源自盜賣文物的不法分子。至於盜賣前的情況，傳聞不一，撲朔迷離。按，文物造假，國際並不罕見，中國亦由來有自，洛陽地區更不在話下，由是，有海外學者提出必須對該文物的真偽作出鑑定，這無疑是值得重視的。其實，對於那些源頭不清的文物，質疑其真偽乃謹慎的態度，不可厚非。想當年西安景碑發現後，歐洲學術界對其真偽亦曾聚訟紛紛，好得碑上所刻的諸多非漢文符號後來被認定爲古敍利亞文，並被一一解譯，其真實性始被確定無疑。[2] 而今發現的景教經幢，既沒有考古報告，而又緣種種原因，其真實源頭，或不便公開，或無從追溯，對此國人不難理解；但對於不諳中國國情的西方學者來說，未必就能理喻。由是，國人從不同角度對經幢的真偽作必要的説明，乃責無旁貸。

據上文的考察，經幢所勒的《大秦景教宣元至本經》，與敦煌本《大秦景教宣元本經》儘管略有差異，但大體是契合的。而敦煌本的來龍去脈已經清楚，不可能是偽造的，[3]其釋文業已發表十多年，迄今也未聞有學者質疑其真偽。因此，假如經幢是現代人所偽造，則必定是以該敦煌本爲參照物。而該敦煌本的真實面目，在 20 世紀 40 年代之前，除收藏者李盛鐸外，世間殆無人清楚。爾後該寫本流入日本，直至 1958

〔1〕據《洛陽日報》2008 年 3 月 1 日所刊《景教經幢追繳記》，本篇所討論的景教經幢於公元 2006 年 9 月 14 日被公安部門追回，並被定爲一級文物，其真偽問題蓋已定讞。不過，由於出處不明，有海外學者提出質疑。而 2009 年 6 月將在奧地利薩爾茲堡舉行"東方教會在中國和中亞"第三屆國際學術研討會，爲備與會西方學者質詢，遵文物出版社主編葛承雍教授囑，撰此"補記"，庶幾有助釋疑。
〔2〕M. L'Abbé Huc, *Chritianity in China, Tartary and Thibet*, Vol. I, London 1857, pp. 69-82.
〔3〕詳參拙著《唐代景教再研究》，中國社會科學出版社 2003 年版，頁 156－185。

年始刊佈其照片於京都出版的《羽田博士史學論文集》(見該書下卷圖版七,本書圖版4.4)。但刊佈時乃是爲配合文集中的《〈大秦景教大聖通真歸法讚〉及〈大秦景教宣元至本經〉殘卷考釋》一文,是文所考釋的《大秦景教宣元至本經》者,即所謂小島文書 B,與所刊照片名稱雖同,但内容迥異。文集的編者顯然並未注意到此照片與小島文書《大秦景教宣元至本經》完全是两碼事,刊出時也未作任何特別的說明,故不爲一般讀者所注意。時至1991年,筆者与北大荣新江教授在倫敦亞非學院合作追蹤"小島文書"的真相時,偶然发现該照片乃屬與小島文書不同的另一篇文書。當時,我們還全面檢閱有關中國景教的中西方論著,發現在我們之前,只有榎一雄博士注意到這個問題。不過,其有關的文章是在羅馬一個極爲專業的刊物發表的,[1]此前國際敦煌學界未遑注意,而中國學界當然更一無所知。筆者與榮先生考證小島文書作僞的文章雖有披露這一發現,但文章於1992年始發表於境外刊物,[2]至於該篇敦煌文書的著錄刊佈則是到了1995年纔在境外發表[3]。因此,我們至少可以認爲,假如經幢是僞造的,即便僞造者博覽羣書,信息十分靈通,其僞造時間亦不可能早於1992年。

此外,查現有唐代景教敦煌寫經,凡是景字,均作景,即上"口"下"京",西安景碑亦如是。該字看來是唐代景教會特別選用的一個異體字。以往很多著錄者都未多措意,徑錄爲"景";即便已經注意及此,但囿於現代漢字庫沒有該字,故所發表的錄文,凡非手寫者,都直植爲"景",中外出版物皆然。1995年發表的敦煌本《大秦景教宣元本經》釋文,也是如此。但現所見經幢,是按唐代景教會所用的異體字勒刻的。假如經幢是在20世紀90年代後僞造的,其僞造者竟能意識到已刊佈的敦煌本釋文存在這一微疵而刻意加以修正,若非有熟悉該領域

---

〔1〕K. Enoki, "The Nestorian Christianism in China in Medieval Time According to Recent Historical and Archaeological Researches", *Atti del Convegno Internazionale Sul Tema : L'Oriente Cristiano Nella Storia della Civilita* (Academia Nazionale dei Lincei 1964, Nr. 62), Roma 1964, p. 69.

〔2〕林悟殊、榮新江《所謂李氏舊藏敦煌景教文獻二種辨僞》,刊香港《九州學刊》1992年第4卷第4期,頁19－34。

〔3〕拙文《敦煌遺書〈大秦景教宣元本經〉考釋》,刊香港《九州學刊》1995年第6卷第4期敦煌學專輯,頁23－30。

研究的專家學者直接參與其事,則令人不可想象。

以上兩點看法,姑供鑑定者或質疑者參考。

2008 年 11 月補記

9 《幢記》若干問題考釋
——唐代洛陽景教經幢研究之二

9.1 引言

2006 年 5 月洛陽發現的唐代《大秦景教宣元至本經》石幢,主體内容乃勒刻《大秦景教宣元至本經》,儘管經文殘缺不全,但可與現存敦煌殘經互補,對進一步了解該經整體内容,自大有助益。[1] 然從宗教史的角度來看,該石幢更有歷史價值的,當是石刻的題記部分,即《大秦景教宣元至本經幢記》(以下簡稱《幢記》)。《幢記》披露及隱含的信息,對今人了解、認識唐代景教的傳播及其演變,實有不可估量的意義。《幢記》的文字,張乃翥先生《跋河南洛陽新出土的一件唐代景教石刻》[2]和羅炤先生《洛陽新出土〈大秦景教宣元至本經及幢記〉石幢的幾個問題》[3]均有著錄(以下簡稱"張本"、"羅本"),並作了開拓性的探索。本篇擬在張、羅二文的基礎上,就《幢記》若干問題略作考釋,狗尾續貂,就教方家。

9.2 《大秦景教宣元至本經幢記》釋文

爲便於討論,下面謹據文物出版社總編輯葛承雍教授提供的拓本,製作一個《幢記》釋文。

---

〔1〕參閱本書第 8 篇《經幢版〈大秦景教宣元至本經〉考釋——唐代洛陽景教經幢研究之一》。

〔2〕張乃翥《跋河南洛陽新出土的一件唐代景教石刻》,刊《西域研究》2007 年第 1 期,頁 65 – 73;就石刻錄文,張先生又有《補正説明》,刊《西域研究》2007 年第 2 期,頁 132。

〔3〕羅炤《洛陽新出土〈大秦景教宣元至本經及幢記〉石幢的幾個問題》,刊《文物》2007 年第 6 期,頁 30 – 42、48。

觀幢體共有 8 面,《幢記》見於第 5 面第 2 行至第 8 面,可見文字計 21 行;第 8 面頂部還有 16 個字的補題。筆者疑《幢記》勒刻時只有劃行而無打格,其文字不如經文部分工整規範,各行字距不一,字體大小有差。筆者已推算過幢體書寫版面高約 116.5 釐米(設計時蓋爲 46 寸),[1]遂以各行殘文的平均字距並參照其書寫格式,推算各行所缺失的大略字數,俾便估算其滿行的信息量。可以估算的缺字以示缺符"□"表示,無從估算者則標以省略號。據殘筆或上下文推補的缺字以方框標示備考。釋文盡量保持拓本使用的唐寫體,其間異體字則另用括號加註通用寫體。至於當今尚流行的手寫異形字,則徑用通用字,不另造字。如與張本、羅本有異,則以雙行小字夾註。對疑字、缺字或用語的討論另加註釋。

　　(1) 大秦景(景)教宣元至本經幢記

　　(2) 夫至聖應現,利冶(洽)無方,我无元真主匠帝 阿 羅 訶 □□□□□□□□□□□□□□□□□□□□□□□□□□□□(滿行約 42 字)[2]

　　(3) 海,而畜衆類,日月輝照,五星運行,即 □□□□□□□□ □□□□□□□□□□□□□□□□□□□□□(滿行約 41 字)[3]

---

〔1〕參閱本書第 8 篇《經幢版景教〈宣元至本經〉考釋——唐代洛陽景教經幢研究之一》。

〔2〕該行殘文最後是"我无元真主匠帝",顯然是表述造物主之稱謂;而參照《幢記》第 6 行套式,"匠帝"之後必有"阿羅訶"3 字纔算完整。又參第 3 行内容,其首字既爲"海",則該行佚文當係頌揚真主創造宇宙萬物之語,緣真主所造即包括了天地、江河、大海等,這些地方養育了萬物——"而畜衆類"。北圖 8470(字五六)《摩尼教經》13 至 16 行,述摩尼之創世說,曰:"其彼淨風及善母等,以巧方便,安立十天;次置業輪及日月宫,並下八地、三衣、三輪,乃至三災、鐵圍四院、未勞俱孚山,及諸小山、大海、江河,作如是等,建立世界。"參見《敦煌寶藏》(110),臺北新文豐出版公司 1984 年版,頁 418 上;參拙著《摩尼教及其東漸》增訂本《釋文》,臺北淑馨出版社 1997 年版,頁 268。按,原始摩尼教的創世說吸收了基督教的成分,其與景教同屬夷教,漢譯經典自多有互相效法,摩尼經既有"大海",景經可能亦采用該詞。

〔3〕《幢記》開篇頌揚造物主創造宇宙萬物,從拓本看,該行末字"即"之後,有明顯的闕格,其後依稀可辨一二殘筆,但無從判斷爲何字。可以推測,失落的文字首先應包括造物主的名號,諸如"无元真主"、"匠帝"(或"玄化匠帝")、"無覺空皇"以及"阿羅訶"等。提到主神時,信徒總會念誦神的各種名號,這一點景教、摩尼教以及佛教等都相似。

193

（4）骸（散）有終亡者，通靈伏識，[1] 孑^{張本初作承，後正}會無遺，[2] 咸_{爲孑，羅本作了}

超 □^{張本}□□□□□□□□□□□□□□□□□□□□□□□□□·

□□（滿行約 42 字）

（5）海，窅窅冥冥。道不名，孑不語，世莫得而也。[3] 善□

□□□□□□□□□□□□□□□□□□□□□□□□□□□

（滿行約 44 字）

（6）無始未來之境，則我 匠帝阿羅訶也□□□□□□□□

□□□□□□□□□□□□□□□（滿行約 39 字）

（7）有能諷持者，皆獲景（景）福，況書寫扵幢銘 乎 ![4]

□□□□□□□□□□□□□□□□□□□□□[5]（滿行約

40 字）

（8）承家嗣嫡。恨未展孝誠，奄違庭訓。高堂□□□□□

□□□□□□□□□□□□□□□□□□□□□（滿行約 40 字）

（9）森沉感曰（因），卑情蓬心，建茲幢記，鐫經刻石，用

---

〔1〕"伏識"見於西安景碑正文第 7 行："齋以伏識而成，戒以靜慎爲固。"朱謙之釋讀此句碑文時稱："案齋戒二字見於《易・繫辭》，洗心曰齋，防患曰戒。景教齋戒時期，多而嚴謹，其齋戒時期，略舉之有四旬齋、聖徒齋、聖母遷徙齋、也里牙齋、通告節齋、尼尼微齋、聖母齋等。"見氏著《中國景教》，東方出版社 1998 年版，頁 169。西人註譯多有異，竊以爲英國穆爾（Moule）的譯文較接近中文原意：Purification is made perfect by seclusion and meditation; self-restraint grows strong by silence and watching. (A. C. Moule, *Christians in China before the Year 1550*, London, New York and Toronto, 1930; repr. New York 1972, Taipei 1972, p. 38.) 此處，穆爾把"伏識"譯成"seclusion and meditation"，亦就是說，把其理解爲一種修持的方式。這與基督教流行的"靜觀"或"默觀"（contemplation）法相似，指的是深度的沉思靜禱、專注仰慕上主的一種修持，或狹義地專指一種與神密契相交的體驗，如在特定的節日夜晚，祈禱者瞑目靜坐於教堂，排除雜念，與神溝通（通靈）。

〔2〕"孑"，拓本清楚可辨，著錄應無誤。蒙張乃壽先生賜示："孑會無遺"乃"孑遺"之反義對語。此解當是，接續上文"通靈伏識"，意思即爲：完全掌握溝通神靈的修持法。

〔3〕此行文字較前 3 行爲密，"窅窅冥冥"重複字用草書的省略寫法。"世"字，僅剩"廿"，但從寫體及上下文意思看，作"世"應無誤。羅文疑係避太宗諱而缺筆；不過，在陳垣《史諱舉例・避諱缺筆例》（中華書局 1962 年版，頁 6）一書中並無舉"世"字缺筆作"廿"字例；而經幢版《大秦景教宣元至本經》第 3 行所刻"民"字，則清晰可讀，未見缺筆，可見石幢的製作者似不刻意避太宗諱。若然，則該字之不完整，應爲石刻風蝕所致。

〔4〕"乎"，拓本未見筆跡，筆者據文意加。

〔5〕據次行的"承家嗣嫡。恨未展孝誠，奄違庭訓……"，該行所缺失的字，當包括立幢人的名字，此人當爲死者嫡子。

□□□□□□□□□□□□□□□□□□□□□□□□□□□□□□□□（滿行約 41 字）

（10）尉[張本作懟]。亡妣安國安氏太夫人神道及亡師伯和□□□□□□□□□□□□□□□□□□□□□□□□□□□□□□□（滿行約 43 字）

（11）願景（景）日長懸，朗明闇府，真姓[羅本疑爲性之訛]不迷，即景（景）性也。夫求　□□□□□□□□□□□□□□□□□□□□□□□□□□□□□（滿行約 44 字）

（12）幽魂見在，支屬厼（亦）願無諸障難，命等松筠，長幼□□□□□□□□□□□□□□□□□□□□□□□□□□□□□（滿行約 41 字）

（13）次敘立塋買兆之由。所管即洛陽縣感德鄉柏仁□[張本作里][1]□□□□□□□□□□□□□□□□□□□□□□□□□□□（滿行約 44 字）

（14）之始，即元和九年十二月八日，扵崔行本處買保人□□□□□□□□□□□□□□□□□□□□□□□□□□□□□（滿行約 42 字）

（15）戚，歲時莫酹，天地志同。買南山之石，磨龔[羅本疑爲礱之訛][2]瑩澈，刻勒書經□□□□□□□□□□□□□□□□□□□□□□□（滿行約 40 字）

（16）于陵文翼，自慙猥拙，抽毫述文，將来君子，無見哂焉！時□□□□□□□□□□□□□□□□□□□□□□□□□□（滿行約 42 字）

（17）勅（勅）東都右羽林軍押衙、陪戎校尉、守左威衛、汝州梁

---

〔1〕此行文字僅止於"洛陽縣感德鄉柏仁"，張本補一"里"字，不無道理，緣觀文意，"柏仁"應爲"洛陽縣感德鄉"之下的村或里。若能進一步以鄉土資料佐證，則更無可置辯。

〔2〕羅本疑"龔"爲"礱"之訛，應是。"磨礱"可作"磨治"解。〔漢〕趙曄《吳越春秋》卷9《勾踐陰謀外傳》有"雕治圓轉，刻削磨礱"之語，見《四部叢刊初編》縮印本，商務印書館1922年版，頁62上，並參周生春《吳越春秋匯考》，上海古籍出版社1997年版，頁143。

川府□□□□□□□□□□□□□□□□□□□□□□□□(滿行約43字)[1]

(18)中外親族,題字如後弟景(景)僧清素從兄少誠舅安少連□□□□□□□□□□□□□□□□□(滿行約41字)[2]

(19)義叔上都左龍武軍散將、兼押衙寧遠將軍、守左武衛大將軍、置(置)同政^[隸本作正]員□□□□□□□□□□□□□□□□□□□□(滿行約51字)[3]

(20)大秦寺寺主法和玄應俗姓米威儀大德玄慶俗姓米九階大德志通俗姓康□□□□□□□□□□□□□□□□□□□□□[4]

(21)檢校塋及疰(莊)家人昌兒 故題記之……[5]

(第8面頂部補題)

其大和三年二月十六

日壬寅遷舉大事

9.3 《幢記》撰人

現存《幢記》,未見落款題署撰人和書人,但據第15和16行文字,

---

[1]"東都右羽林軍押衙、陪戎校尉、守左威衛"均爲唐制禁軍武官。汝州"在京師東九百八十二里,至東都一百八十里"。見《舊唐書》卷38,頁1430。梁川府隸屬汝州。由於下文殘缺,尚不能推斷其所領官職。從殘文看,皇上曾敕官員介入建基立幢一事,而該官員兼領汝州梁川府的職務,故筆者疑原墓葬可能位於梁川府境內。

[2]據本行書寫格式推斷,如滿行,空缺處可多列4位親屬稱謂。

[3]由於無官銜的近親已見題第18行,該行顯爲專題有官銜的"義叔",文字特密,滿行可寫51字,存28字,尚未見所題義叔之姓名,失落部分當續寫其官銜和姓名,而不可能另題他人名字。"同政員",著錄無誤。按,"政"與"正"通假。《新唐書》卷46《百官志一》記貞觀初:"已有員外置,其後又有特置,同正員。"(頁1178)爲正員之外,另設一員,視同正員之制。

[4]據本行書寫的格式推斷,如果滿行,可多列3位僧侶的姓名及法號、職務;然實際題名的僧侶數,仍有待斷幢復原始可確認。

[5]經幢拓本的題記末端模糊,無從辨認是否尚有文字。究竟是有字無從拓現,抑或本來就沒有字?就此問題,筆者曾請教考察過該幢實物的羅炤先生,蒙賜示云:"末端係打擊斷裂,字迹無法看清,在現場借助器材可能多辨認幾個,但不完整。"按,佛教幢記多有落款,其間或包括撰文人、立幢人、書寫者和鎸刻者等,甚至有彼等的身份頭銜,但並不盡然,有關名字見於幢記本身,不另落款亦有之。本《幢記》現有拓本未見落款,當然有可能是石刻風化磨損所致,或是存於失落的幢體下半。不過,觀現存拓本《幢記》行文,撰人名字見於第16行,立幢人的名字亦應出現在第7行,由是,可能本來就未有落款。然耶非耶,唯俟日後幢體復原驗證。

可推斷撰人名字:

> (15)咸,歲時莫酹,天地志同。買南山之石,磨龏(礱)瑩澈,
> 刻勒書經□□□□□□□□□□□□□□□□□□□□

> (16)于陵文翼,自慙猥拙,抽毫述文,將来君子,無見哂焉!
> 時□□□□□□□□□□□□□□□□□□□□□□

按,第16行首端的"于陵"二字,不可能是接續上一行文字,緣第15行失落的文字,即便整行寫滿,亦應是成就石幢、塵沾影覆之類的内容,即關於立幢後將帶來的功德,與"于陵"二字絕不相涉。是以,竊意"于陵"應與"文翼"連讀,構成古漢語常見的四字格,與後面的"自慙猥拙,抽毫述文,將来君子,無見哂焉"連貫。其"抽毫"所述之文當指本篇《幢記》,因此,第16行實際是另起一段,爲《幢記》作者"于陵文翼"的自白。

考"于陵文翼"4字,從字面看,當然可作兩個人名解。古人以"于陵"或"文翼"爲名,均不乏見,見於經傳者亦有之。不過,迄今所見的古代石刻——幢記、碑文、墓誌之類的撰人,鮮見有兩人聯署者。就本文所討論的這篇《幢記》,委實亦無特殊理由,需要兩個撰人聯名;因此,若將"于陵文翼"解作兩個人,於慣例不合。

竊意"于陵"恐即古書"於陵"之省寫。於陵,《漢書·地理志上》云爲漢濟南郡14縣之一,《舊唐書·地理志》云唐時改稱長山縣。[1]又《風俗通姓氏篇》記載:"陳仲子齊世家辭爵灌園於於陵,因氏焉。漢《藝文志》有於陵欽。"[2]小就是說,"于陵"二字若作地名解,則在今山東鄒平縣境,是爲文翼之籍貫;若作姓氏解,則是一個古老且不常見的漢姓,那就意味著文翼乃複姓"于陵"。就這兩種可能性,筆者本寄望從唐代文獻和金石資料中找到相關綫索以予確認,惜迄今尚未如願。現只好據現存《幢記》文字,就撰人的身份作出初步的認定。

觀《幢記》第18行所題"中外親族"有"弟景僧清素"諸字。考景教

---

〔1〕《漢書》卷28上,中華書局1962年版,頁1581;《舊唐書》卷38,頁1454。

〔2〕〔漢〕應劭纂、〔清〕張澍編輯補注《風俗通姓氏篇》,《叢書集成》本,冊3283,頁12。參見吳樹平《風俗通義校釋》所輯佚文,天津人民出版社1980年版,頁468。

一名本係來華聶斯脫里教徒所自命,漢人則稱爲波斯教、大秦教,其僧侶亦相應稱作"波斯僧"或"大秦僧"。"景僧"之謂,是本教人士的叫法。撰人使用"景僧"一詞而不用"波斯僧"或"大秦僧",顯明其自身應爲景門中人。

查佛教經幢之幢記,多有士人執筆者,彼等雖非釋家,但於佛理亦了然於胸。緣佛教早已融入中華傳統文化,士人中粗通佛學者,大有人在;而精通佛理者,亦不乏其人。因此,士人爲佛教經幢撰寫幢記,乃屬常事。而唐代景教係夷教,迄今的研究尚無從證明該教對唐代社會文化生活有何重大影響,[1]有關景教的教理,蓋非一般士人之常識;因此,由教外士人來爲景教石刻題記或碑文潤色,或可有之;若云捉刀,則殆無可能。尤其像本篇所討論的《幢記》,其開篇部分(2—6行),估算應有 200 來字,僅就現存的 70 餘字看,乃非宗教套語,係據教義精髓而寫,顯示撰文者對教理頗爲嫺熟。若與西安景碑開篇(正文 7—8 行)闡發教理的文字比較,可看出行文、氣勢相類。教外士人,未必會爲寫該篇《幢記》而專門潛研景經。因此,本《幢記》撰人,就其景學修養,更顯得係教中人;而且看來並非一般平信徒,當屬牧師一類者,始能如此諳於教理,闡發得體。

假如吾人認定撰人是個景士,則其必胡裔無疑,緣胡裔始有承繼先人景教信仰之可能。若云文翼係地道漢人,而又不僅信景教,而且通教理,甚或爲其神職人員,殊難置信。考西安景碑所題僧人,均具名而不標姓;若文翼出家爲僧,則更不可能把"于陵"當姓。

如果把"于陵"目爲文翼的籍貫,則文翼是來自山東濟南的胡裔,這對其景教信仰的因緣便不難解釋。陳寅恪先生曾在《論隋末唐初所謂"山東豪傑"》一文中指出:"隋末唐初之史乘屢見'山東豪傑'之語,此'山東豪傑'乃一胡漢雜糅,善戰鬥,務農業,而有組織之集團,常爲當時政治上敵對兩方爭取之對象。"[2]文翼先祖倘爲陳先生所考隋末唐初"胡漢雜糅"之"山東豪傑",則其本人之所以成爲景士,蓋可解釋

〔1〕詳參本書第 5 篇《李白〈上雲樂〉景教思想質疑》。
〔2〕陳寅恪《金明館叢稿初編》,上海古籍出版社 1980 年版,頁 217。

爲承繼或弘揚先人之信仰。

筆者蠡測文翼爲信奉景教之胡裔，但據陳寅恪先生胡人華化的
"世代層次"理論及其種族文化史觀，[1]更認爲文翼早已是華化的胡
裔。文翼先祖入華，顯然已歷世代。其本人生於斯，長於斯，自小濡染
的是中華文化，而且，必定還受過系統的漢文化教育。其名字是地道的
漢名，固不待言。其漢文造詣之高，從現存《幢記》行文之流暢、精煉、
典雅、規範，便可窺一斑。就這方面，其與那些直接來自西域的景士完
全不同，後者的漢文不過爲在華傳教而勉力學得，儘管亦可很有造詣，
但畢竟不是母語，在譯撰經典的格義表述時，即便有漢族士人協助，往
往亦未能盡如人意；牽強附會、佶屈聱牙之處，難免俯拾皆是。文翼則
不然，其於景教神學，融會貫通，直接用很地道的漢語表述，如《幢記》
殘文所見的"而畜衆類，日月輝照，五星運行"，用如是漢文表述真主之
創造萬物，何其地道！

另外其"自慙猥拙，抽毫述文，將来君子，無見哂焉"的自白，大有
謙謙君子的風度，而在稱頌立幢之舉時，則著眼於孝義倫理、尊師重道，
更是一派儒士口氣。

從上面的考察，可見《幢記》撰人雖屬胡裔，但除繼承先人夷教信
仰，其文化背景實與漢族士人無異。而其被遴選爲《幢記》撰人，當然
不止是因爲與幢主同爲教友，或華文造詣特高，其本人必定在社會，或
在教內頗有聲望地位，足以匹對甚或超過幢主。

9.4　立幢人

張乃翥先生依據題記的殘存文字，對經幢有關羣體的"人文行事
要点"作了如下概括：

（1）景僧清素弟兄與從兄少誠、舅氏安少連及義叔上都左龍
武軍散將某某等人，元和九年（814 年）十二月八日在"保人"某某

---

〔1〕即"種族之分，多繫於其人所受之文化，而不在其所承之血統"，詳參陳寅恪《元白詩箋證
稿》，上海古籍出版社 1982 年版，頁 308。

參與下,於洛陽縣感德鄉柏仁里地主崔行本名下買地一所,爲其亡妣"安國安氏太夫人"及"亡師伯"某修建塋墓。與此同時,又於墓所神道旁側,效仿當地佛教信徒的傳統樹此幢石,刊刻《大秦景教宣元至本經》一部並以"幢記"行文記敍其緣由始末。[1]

　　(2)主持並參與、見證此事的景教神職人員,有"大秦寺寺主法和玄應——俗姓米"氏、"威儀大德玄慶——俗姓米"氏、"九階大德志通——俗姓康"氏與"檢校塋及莊家人昌兒"等等。[2]

下面是對此"人文行事"的主角作的討論。《幢記》第7、8行云:

　　(7)有能諷持者,皆獲景福,況書寫扵幢銘 乎 ！ □□□□□□□□□□□□□□□□□□

　　(8)承家嗣嫡。恨未展孝誠,奄違庭訓。高堂□□□□□□□□□□□□□□□□□□□□□□□□□□

按,第7行的"有能諷持者,皆獲景福,況書寫扵幢銘",業已將刻立經幢的意義點明,意思已大體完整。照敍事邏輯,緊接著應是介紹立幢人及其身份。立幢人的名字應出現在失落的第7行末端,始可與第8行首端的"承家嗣嫡"接上,因此第7行當必寫滿。其失落的文字,除立幢人名字外,必定在名字之前冠以身份、職銜之類。

　　"承家嗣嫡"意味著立幢人爲死者嫡子,而第18行所題親族名字既有"弟景僧清素",即意味著立幢人是景僧清素的兄長。其作爲死者的嫡子,又長於景僧清素,無疑就是此次人文行事的主角。有關立幢人身份、職銜的文字目前無從復原,不過,據《幢記》現存的文字,對其背景資料尚可作出某些蠡測或判斷。

9.4.1　立幢人家族顯赫

　　觀《幢記》第13—16行敍述"買兆立塋"、買石磨礱、"勒刻書經"的經過,最後第21行又提到專門看守墓莊的僕人——"檢校塋及疘(莊)家人昌兒",復在碑體第8面頂部補題"遷擧大事"的時日,整個人文行

〔1〕張乃翥《跋河南洛陽新出土的一件唐代景教石刻》,頁68。
〔2〕張乃翥《跋河南洛陽新出土的一件唐代景教石刻》,頁69。

事顯得頗有規模,運作達 15 年之久,其耗資自不待言,在在顯示立幢人家族之富有;更據 19 行所勒,親族中有朝廷高官"義叔上都左龍武軍散將、兼押衙寧遠將軍、守左武衛大將軍、同政員"。更有,其建塋立幢,本應純屬家族行爲,與公益無關,但卻得到朝廷的關注;緣《幢記》第 17 行有"勅東都右羽林軍押衙、陪戎校尉、守左威衛、汝州梁川府"之語。儘管只有被"勅"官員的多個官衙,至於官員名字及其任務均屬缺字,但與是次人文行事有關,則毋庸置疑。由是,立幢人絕非尋常百姓,其本人或族人,更有先人諒必曾效勞朝廷,得到恩賜,家族不無耀眼之光環。

9.4.2　立幢人爲出家景教徒

本經幢爲景教經幢,已毫無疑問。而在《幢記》所題列的親族中,除第 18 行的"弟景僧清素外",還有第 20 行大秦寺寺主等諸位高僧,由是建幢人可能出身景教世家,其本人應爲景教徒,這應屬邏輯的結論。此處要特別指出的是,建幢人並非一般景教的平信徒,而應像其弟清素那樣,亦出家爲僧。

按,佛教經幢的幢記,殆無例外地臚列建幢人直系親族的名字,其中包括妻妾、子侄、兒媳、直至孫輩等,以期共沾所立經幢帶來的福澤。而照《幢記》第 7 行所云,"有能諷持者,皆獲景福,況書寫扵幢銘",足見其刻立此經幢,目的與佛教徒無異。《幢記》自第 18 行開始,題列建幢人親族名字,顯然是爲了讓他們分享刻石鐫經的"景福"。假如建幢人有家室,那麽,其爲會只題從兄、舅父之名,卻不題妻兒姓名,讓他們同受福蔭呢?彼等會不會鐫刻在失落的另一半幢體呢?竊意可能性不大;緣照書寫格式,第 18 行即便填滿,充其量亦只能多題四位親屬的稱謂,而妻兒既爲直系親屬,一般是不會置於旁系親屬之後的,即便是出於禮讓,亦會另行題寫。

9.4.3　立幢人爲華化胡裔

以上論證立幢人乃生於景教世家。如上所述,景教爲唐代夷教,地道漢人鮮有信奉者,但就信仰而言,已可看到立幢人之胡裔背景。儘管現存《幢記》並未提及立幢人的生父,但第 10 行有"亡妣安國安氏太夫人"之語,無疑證明了立幢人的粟特血統;而《幢記》第 18 行所題中外親族,復有"舅安少連";第 20 行所題 3 位親族,即大秦寺寺主法和玄應、威儀大德玄慶、九階大德志通,其俗姓或米或康,與安姓一樣,均屬粟特胡姓;該等胡姓親族益可爲立幢人之胡裔族性定讞。但吾人的認識不應僅止於此一層次,像上面對《幢記》撰人的考察那樣,如把立幢人定性爲華化的胡裔,則當更爲準確。

按,《幢記》第 8 行載有"承家嗣嫡。恨未展孝誠,奄違庭訓。高堂……",暗示立幢人自幼所受家庭教育便是儒家的孝倫理,其先祖雖來自西域,但在中土已歷世代,後世漸次華化,及至其父母輩華化程度已極深,始有以儒家孝倫理、尊師重道之精神教誨子女。立幢人爲亡妣、亡師(或師伯)修建墓塋,並隆重遷葬,這純屬地道的儒家行爲。至於刻經立幢,則是效法中國主流宗教——佛教,亦爲華化的典型表現。

立幢人深知建墓立幢之舉,合乎中國傳統道德倫理,因而直接或間接地把此事上奏,遂有某一顯要官員奉旨參與其事,把本來純屬家族的私人活動變成官方行爲,藉以光宗耀祖、增輝家族。其策劃此事的價值取向、思維模式蓋與漢族士人如出一轍。至於爲"義叔"臚列顯赫官銜,爲大秦寺僧冠以耀目僧銜,蓋無不出於炫耀家族的目的,與漢人風尚無二。

9.5 立幢人的"中外親族"

按,《幢記》第 18 行以"中外親族,題字如後"爲開始,爾後至第 21 行文字則是臚列諸多名字及其身份、稱謂等,第 21 行最後還有"故題記之"4 字,呼應上面的"題字如後";從這一表述格式看,顯然 4 行所列人士,均屬立幢人的"中外親族"。據書寫的格式估算,如果幢體復原,其所列親族可能應有 15 人之多。从文字的表述和書寫格式看,只是臚列親族名字,名字之前或冠以姓、稱謂,有的還有職務頭銜之類,即便幢體復原,名字之後亦不會有其他動詞謂語、賓語之類,也就是說,《幢記》提及彼等,並非因爲參與刻經立幢的行動;至於見證遷舉事,則更屬未必,緣據《幢記》云,買地購石是在元和九年(814)十二月八日,但遷舉是在大和三年(829)二月十六日,乃發生於刻幢之後15年,是以,關於遷舉的16個字應屬事後補題。該等親族之榜上有名,顯然是因爲彼等有權利共沾刻立經幢所能得到景福。

《幢記》所稱立幢人的"中外親族",其"中外"究何所指?若作爲政治地域概念解,當指中國和外國,如是即意味著立幢人的親族既有中土人士,亦有域外居民。但從現存《幢記》所列親族名單來看,其均爲地道的漢名,未見半點胡名痕迹,這暗示了該等人物不過是繼承了先祖入華時的姓,其本身則是生於中土、長於大唐。自其先祖由西域遷入中國以來,已歷有世代,其間或胡胡通婚,或胡漢通婚,應是情理中事。既生活在漢人的社會裏,家族之胡漢雜糅,勢不可免,由是,更無從按種族血統來作中外之分。其具名的親族,尤其是3位大秦寺高級僧侶,均接受並認同親族出於儒家的"孝誠",爲親人建塋遷墓,且在墓所神道側"效仿當地佛教信徒的傳統樹此幢石"。[1] 僅就此點,已足見彼等備受華夏文化之薰陶久矣,絕非剛入華之胡人。至於未見名字之義叔,其既在唐朝做官,更不會是域外之親戚。因此,《幢記》中的"中外"不可能是政治地域的概念。由是觀之,其親族的分類,當非按種族、籍貫、國籍或居住地來劃分。《說文解字》曰:"中,內也。"[2] 在漢文表述中,"中外"一詞亦常指"內外"。是以,《幢記》中的"中外親族",無妨按其婚姻和血緣關係,作內外親族解。

觀該親族羣體,除保有先人的夷教信仰外,應與一般漢人無異。正如業師蔡鴻生先生所指出:"胡姓作爲標幟性的符號,如果脫離禮俗體系,就會失掉認知價值。在胡漢世系問題上,忽略世代感,也就沒有歷史感可言了。"[3] 從這個角度而言,《幢記》中的親族羣體,實際是業已華化的胡人後裔,絕不能與粟特或波斯本土的胡人等量齊觀。他們雖具胡族血統,但卻有漢人的文化思維,循漢人的社會禮俗,即便他們所隸屬的景教團,實際亦已佛化。

---

〔1〕張文已以豐富的鄉土文化史料證明唐代洛陽有佛門信徒於先亡、所親墓所建樹經幢的傳統做法。

〔2〕〔東漢〕許慎《說文解字》,中華書局1963年影印版,頁14下。

〔3〕蔡鴻生《〈陳寅恪集〉的中外關係史學術遺產》,見蔡鴻生《仰望陳寅恪》,頁82。

9.6　洛陽景教僧團

　　來華胡人雖然世代生活在中土,但仍然保持著先人的宗教信仰,這從宗教信仰的稳定性和世襲性來看,實不足奇。不過,按敍利亞聶思脱里派總會的規定,除主教以上神職人員外,一般神職人員均可結婚,遑論一般教徒。因此,基督教聶思脱里派實際並不像羅馬天主教那樣强調教士禁慾,立幢人完全可以既繼承先人的景教信仰,亦結婚繁衍後代。但清素兄弟倆居然都出家爲僧,以至《幢記》親族名單中竟無一子侄之名,則發人深省了。像立幢人這樣出身於顯赫富有之家,最後卻選擇了出家的道路,儘管其出家因緣留給今人無限的遐思,但顯然與洛陽濃烈的佛教氛圍密切相關。其實,立幢人兄弟所廁身洛陽景教羣體,便已相當佛化了;其程度之深,實爲吾人原先所意料不到。按,經幢本來就是佛教之物,彼等不惟效法之,而且還在經幢上,把基督教天使刻成佛教手持蓮花或手捧摩尼珠的飛天形象,如是佛教烙印,誠可嘆爲觀止。更有,洛陽景教僧團與佛教僧團亦頗多類同。細察《幢記》第 20 行文字,便可了然:

　　　　大秦寺寺主法和玄應俗姓米威儀大德玄慶俗姓米九階大德志通俗姓康

　　該行文字所見玄應、玄慶、志通 3 位僧侶名字之下,均以小字分別註明他们的俗姓——兩個"米"姓,一個"康"姓。標明俗姓,也就意味著他們一旦出家,就像佛僧那樣捨俗姓。[1] 如上面已提到的,西安景碑所題僧人,亦無一標姓,故就這一點而言,洛陽與長安的教團是一致的。但該行文字所反映的佛化色彩絕非僅止於此,正如羅炤先生所揭示道:

　　　　這三位高級教士的中文法號,與佛教僧人的命名方式、意義、
　　　　性質完全相同,僅從名字上區分不出他們是佛教僧人,還是景教教

_____

　　〔1〕如果我們確認洛陽景僧有捨俗姓的做法,那亦就意味著他們亦可能像佛僧均姓"釋"那樣,一旦出家,便都自認爲姓"景"了。由是,對於《幢記》第 11 行"顯景日長懸,朗明闇府,真姓不迷,即景性也"一句所出現的"姓"字,即便爲"性"之筆誤,亦不必爲奇。

士。其中的法和玄應，應當是兩個名字的集合。當時佛教中勢力最大的是禪宗，盛唐以後的禪宗僧人一般都有兩個名字，而且合在一起稱呼，如圓寂於貞元四年(788)的著名禪僧馬祖道一，他的法號就是馬祖和道一兩個名字的集合。法和玄應之名，應當是仿照禪宗僧人的命名習慣而產生的。此外，法和玄應與玄慶，有可能是師兄弟，他們的法號中都有一個"玄"字。這也可能是效仿佛教僧人在法號中體現輩份和傳法世系的做法。[1]

洛陽景僧團仿效佛教，使用體現輩份和傳法世系的法號和頭銜，以顯示其教內地位，此爲西安景碑所未見。西安景教碑較洛陽景教經幢約早半個世紀，碑上文字"除漢文外尚刻敍利亞文字，共計景教士有姓名者得82人，内有敍利亞名之教士77人"。[2] 筆者檢視碑上所有的漢文僧名，除法主、寺主外，漢字殆無顯示其教內職銜；至於所取漢文僧名，佛味、道味、儒味以至其他世俗味兼而有之，但難以確認彼等有何輩份或法統的關係。

洛陽景教僧團之有輩份、法統，亦體現於《幢記》第10行的"亡妣安國安氏太夫人神道及亡師伯和……"。此句的"亡師伯和"4字，若讀爲"亡師/伯和"，則立幢人爲已故"伯和"的弟子；若讀爲"亡師伯/和"，則立幢人爲"和"某[3]之師侄。無論如何，都説明立幢人有師承關係。按，在基督教會裏，教友之間並無所謂師徒關係。佛教則恰相反。一般人皈依佛教之時，即便不是出家僧侶，亦要拜師，既有師父，在教內當然也就演繹出師伯、師叔、師兄、師弟等輩份關係及相應稱謂。佛門僧傳，對傳主的法統尤爲重視，往往加以追溯，一一道明。《幢記》這"亡師伯和"4字，正好佐證當時洛陽景教僧團，確像佛教那樣，教徒之間有輩份、法統之分。

〔1〕參閱羅炤《洛陽新出土〈大秦景教宣元至本經及幢記〉石幢的幾個問題》，頁40。

〔2〕朱謙之《中國景教》，頁74。

〔3〕蒙葛承雍教授提示，見於西安景碑的景士，多有以"和"入名者，如大德佶和、僧和吉、僧延和、僧沖和、僧和明、僧太和、僧和光等。

9.7　洛陽大秦寺始建年代

在此洛陽經幢面世之前,唐代景教研究多聚焦於長安,特別是義寧坊首所大秦寺(波斯寺);而今《幢記》第 20 行所披露的"大秦寺"及其教團的信息,令人耳目一新。

按,洛陽之有波斯寺,方志材料有載,清代《唐兩京城坊考》洛陽部分有云:

> 次北修善坊,波斯胡寺。[1]

如果我們能確認唐代洛陽只有一所景寺的話,則該波斯寺無疑就是《幢記》所云的大秦寺。唐代洛陽之有波斯寺,官方文獻記載頗爲明確,最早見於天寶四年(745)的詔令:

> 波斯經教,出自大秦,傳習而來,久行中國。爰初建寺,因以爲名,將欲示人,必修其本。其兩京波斯寺宜改爲大秦寺,天下諸府郡者,亦準此。[2]

所謂"兩京波斯寺",即指長安、洛陽原有的景寺。也就是說,早在天寶四年以前,洛陽就存在景教寺院。那麼,其最早是在何時建立的呢? 爲了釐清這個問題,我們有必要分析天寶以前各朝在洛陽建寺的可能性,再下結論。

9.7.1　洛陽大秦寺當不建於武則天朝

吾人固知,西安景教碑對唐代歷朝皇帝,從太宗到德宗,無不讚揚備至;惟於武后和中宗,未讚一詞。中宗昏庸無爲,自不必提;但對一代女皇武則天,竟亦毫無美言,個中原因就值得推敲尋味了。據景碑正文第 14—15 行所載,在華景教會曾遭受過兩次重大打擊:

> 聖曆年(699),釋子用壯,騰口於東周;先天末(713),下士大笑,訕謗於西鎬。有若僧首羅含,大德及烈並金方貴緒,物外高僧,

---

〔1〕〔清〕徐松撰、李建超增訂《增訂唐兩京城坊考》,三秦出版社 1996 年版,頁 293。

〔2〕《唐會要》卷 49《大秦寺》,頁 864。

共振玄綱,俱維絕紐。[1]

其中,"釋子用壯,騰口於東周",乃指在華景教會所受到的第一次挫厄,尤其指來自佛教方面的攻訐。此事發生在則天朝聖曆年間。從碑文看,景僧顯然是在委婉抱怨則天皇帝偏袒佛教,薄待甚或虐待景教。發生在聖曆年的佛景之爭,究竟所爲何事,涉及的人物又有哪些,由於資料欠缺,尚待發覆。但顯然,其與武氏推崇並大力扶植佛教勢力直接相關。而且,從景教所處的劣勢來看,武氏於景教應無好感。[2] 是次事件顯然沉重打擊了景教在華的發展,碑文纔特別提出。至於事發地點何以在東京洛陽,亦不難理解。按,唐顯慶五年(660),高宗病重,武則天掌執全權,爲排除長安李唐傳統勢力的干擾,以洛陽爲神都。天授元年(690),武則天廢唐爲周,立號爲聖神皇帝,定都洛陽;期間建明堂、鑄九鼎,企圖把整個政治中心從長安遷至洛陽。武周政權對洛陽以及佛教之倚重,是其發展政治勢力的重要手段。佛教一時顯赫,洛陽尤甚,即景碑所謂"用壯"是也。景教之不敵佛教,放置在當時的政治環境之下,實不出奇。既然武則天厚佛教而薄景教,洛陽大秦寺便當不在其時建立。試想,倘武氏所倚重的東京原無景寺,其焉會格外加恩置之?

9.7.2 洛陽大秦寺不可能建於高宗朝

高宗朝是景教"法流十道"、"寺滿百城"的大發展時期,景碑也特別感恩並頌揚高宗皇帝(正文第 15—16 行):

> 高宗大帝,克恭纘祖,潤色真宗;而於諸州各置景寺,仍崇阿羅本爲鎮國大法主。法流十道,國富元休;寺滿百城,家殷景福。[3]

正因爲高宗能繼承並進一步發展先朝對景教的優容政策,纔使景教得

---

〔1〕見本書第 11 篇附錄《西安景碑釋文》。

〔2〕以往學界據清末洛陽附近出土的墓誌《阿羅憾丘銘》,認爲銘文所歌頌的波斯移民領袖阿羅憾是位景教徒,他號召諸蕃王,爲武后營建天樞,由是説明武后與景教有著良好的關係。就此問題,早在 20 世紀 80—90 年代,意大利著名東方學家富安敦教授(Antonino Forte)就撰寫了一系列文章進行探討,挑戰傳統看法,判定阿羅憾並非景教徒。(詳參拙著《唐代景教再研究·附錄》,頁 229—270。)從上揭西安景教碑文對武氏不僅無半字頌詞且有微詞這一點看,實際亦暗示了景教徒未曾爲武后做過甚麼貢獻。

〔3〕見本書第 11 篇附錄《西安景碑釋文》。

以在全國開花。按,洛陽於高宗顯慶二年(657)立爲東都,與長安並稱"兩京",均不能稱州,其重要性更不待言。在高宗所置寺的"諸州"之中,當然不會涵括兩京。假如當時洛陽尚無一所大秦寺,那麼以該城之重要地位,高宗亦必置之。碑文毫無提及,乃默證當地原已有寺。由是,洛陽大秦寺亦不會始建於高宗朝。

9.7.3 洛陽大秦寺當建於太宗朝

既然武后和高宗都不可能在洛陽建大秦寺,則玄宗朝業已存在的洛陽大秦寺就只可能建於太宗時期。《唐會要》卷49有載:

> 貞觀十二年七月詔曰:道無常名,聖無常體,隨方設教,密濟羣生。波斯僧阿羅本,遠將經教,來獻上京,詳其教旨,玄妙無爲,生成立要,濟物利人,宜行天下。所司即於義寧坊建寺一所,度僧廿一人。[1]

此處僅提到西京長安首座景寺的位置。不過,作爲唐代兩京之一的洛陽,其政治地位僅次於長安(武則天朝甚或超過長安),阿羅本向朝廷請求在全國各地建寺時,當不會忽略洛陽。既然太宗已認同景教"濟物利人,宜行天下",賦予其在各地建寺的合法依據;而西京既已建寺,那麼接著要爭取建寺的地區自非東京莫屬了。此乃從洛陽的政治地位考慮。

另一方面,洛陽這個古帝都是中古時代外來移民麇居之地,這亦爲阿羅本請置景寺提供了堅實的基礎。正如6世紀中葉楊衒之《洛陽伽藍記》所云:

> 永橋以南,圜丘以北,伊洛之間,夾御道:東有四夷館,一曰金陵,二曰燕然,三曰扶桑,四曰崦嵫。道西有四夷里:一曰歸正,二曰歸德,三曰慕化,四曰慕義。……西夷來附者,處崦嵫館,賜宅慕義里。自蔥嶺以西,至於大秦,百國千城,莫不歡附。商胡販客,日奔塞下,所謂盡天地之區已。樂中國土風,因而宅者,不可勝數。是以附化之民,萬有餘家。門巷修整,閶闔填列,青槐蔭陌,綠樹垂

---

[1]《唐會要》,頁864。

庭,天下難得之貨,咸悉在焉。[1]

照當時基督教東方教會在中亞的活躍情況,[2]我們無理由排斥在洛陽這些西域移民中,包含一定數量基督教徒(尤其是平信徒)的可能性。正因爲如此,甚至有學者據《洛陽伽藍記》卷 5"永明寺"條所記 6 世紀初中國佛教盛況,"百國沙門,三千餘人,西域遠者,乃至大秦國,盡天地之西垂",[3]認爲此間大秦國沙門應爲景教徒。[4]

在阿羅本之前,來華的西域胡人中當有不少景教徒,但作爲一般平信徒,係隨商隊,以商人、伎人或其他職業者的身份來華,他們並不以傳教爲目的,時人不易識別其宗教信仰。當然,亦不排斥有個別或少量傳教士來華的可能性,但畢竟由於其時尚未與朝廷正式接觸,官方對其毫無了解,亦就未見諸記錄;即便有所記錄,亦會與其他宗教徒相混淆。因此,迄今吾人尚無從指證 6 世紀中葉到 7 世紀初期,在華西域移民中究竟有多少景教徒,更別説要具體到洛陽等地的教徒數量。但依情依理,在該等政治、商業中心,其外來移民既夥,則信奉夷教者當亦不在少數。

寺院乃信徒們與神進行心靈溝通的重要場所,猶如精神的家園,不可或缺。既然太宗已認同景教在華活動的合法性,而長安亦已經建寺,那麼,洛陽的景教徒必定亦會相應提出建寺的訴求。阿羅本作爲教會派來的領袖,理所當然地要順應洛陽信眾的要求,相機請允在其地建寺。由是,無論是對文獻記錄的解讀,或據常理的推測,洛陽之建置景寺,都應是唐太宗貞觀年間的事,很可能是繼貞觀十二年義寧坊建寺之

〔1〕周祖謨《洛陽伽藍記校釋》,中華書局 1963 年版,頁 130 - 132;並參楊勇《洛陽伽藍記校箋》,中華書局 2006 年版,頁 144 - 145。

〔2〕中亞歷史上著名的木鹿城(Merv),在公元 544 年便已具有都主教區(Metropolitanate)的地位,在聶斯脫里東方教會的衆多教區中,名列第七。Cf. Erica C. D. Hunter, "The Church of the East in Central Asia", *Bulletin of the John Rylands University Library of Manchester*, Vol. 78, No. 3, 1996, p. 132. 另一個著名的中亞城市薩馬爾罕(Samarkand),亦大約在 6—7 世紀便成爲都主教的駐錫地。Cf. B. E. Colless, "The Nestorian Province of Samarqand", *Abr-nahrain*, Vol. 24, 1986, pp. 51-57.

〔3〕周祖謨《洛陽伽藍記校釋》,頁 173。

〔4〕參林梅村《中國基督教史的黎明時代》,見氏著《西域文明》,東方出版社 1995 年版,頁 448 - 461。

後若干年。然耶非耶？最後的確證自有待新資料的發現。

9.8　餘論

通過對《幢記》及其撰人、立幢人家族，尤其是所披露的 3 位大秦寺胡姓高僧的考察，我們可確知，除了西安景碑所反映的長安景教團外，在唐代的東都洛陽，亦活躍著一個頗具規模的景教羣體。囿於資料，其詳細情況目前尚無從掌握，但該羣體的華化程度較之長安景教團，有過而無不及，這是肯定無疑的。筆者冀望日後幢體得以復原，新資料不斷發現面世，使學者能就長安、洛陽兩地景教團作深入的比較研究，揭示兩者的差異及其產生的原因。如是，必令唐代景教研究面目一新，唐代景教的畫面益顯絢麗多姿。

（本篇與殷小平合撰，初稿刊于《中華文史論叢》2008 年第 2 輯，總90 輯，頁 269–292。）

10　經幢版"三位一體"考釋
——唐代洛陽景教經幢研究之三

10.1　引言

　　洛陽景教經幢爲不規則的八棱石柱,[1]其中有一面的文字特少,殘存文字兩行,據拓本,著錄如下:

　　(1)祝曰:

　　(2)清净阿羅訶,清净大威力,清净……

由於該面拓本十分清晰,據其書寫的體例,可以確認原石幢主人,在該面僅勒刻兩行字,斷無第3行文字。所勒兩行文字起始齊平,均距書寫板面上端約19釐米。

　　第1行刻"祝曰"2字而止,即便幢體復原,亦絕不會有字可補。

　　第2行字,則明顯被中斷,其下當有續文。觀現存文字,顯爲五言排比短語。照該體例,第3短語亦自應爲5字,繼"清净"之後,必還有3個字。觀第1短語"清净阿羅訶"5字佔17釐米,第2短語"清净大威力"佔15釐米,前者看來是爲突出"阿羅訶",字體和字距都稍大。第2與第3短語的"清净"二字大小和字距看來一樣,因此估計若復原,第3短語亦應佔15釐米,如是可以測算出復原後3個五言短語連同間隔應共佔59釐米。再加上端留空19釐米,則共佔78釐米。筆者在《研究之一》,已就幢體的書寫板面的長度,據拓本測量推算,大概爲116.5釐米,即接近46寸。[2]　因此,該行書寫板面便僅剩38.5釐米,假如還有

----

　　[1]有關該石幢形制的報導,詳見羅炤《洛陽新出土〈大秦景教宣元至本經及幢記〉石幢的幾個問題》,頁30–31。

　　[2]詳論見本書第8篇《經幢版景教〈宣元至本經〉考釋——唐代洛陽景教經幢研究之一》。

·欧·亚·历·史·文·化·文·库·

第 4 個五言短語的話,其自身 5 個字當約 15 釐米,與第 3 短語的空隔應有 5 釐米,那就是 20 釐米,書寫板面就僅剩約 18.5 釐米。既然上端天格留空 19 釐米,從書寫體例看,下端自不可能寫盡不留地格;因此,我們至少可以推斷,日後復原的經幢該行文字最多僅有 4 個五言短語,即復原後的第 2 行文字,不會超過 20 字。不過,儘管從書寫板面看,尚有空間可以刻第 4 個五言短語,但如果幢體原件僅刻 3 個五言短語,亦無傷整個板面的文字佈局,因爲該面的文字本來就很少,現存的幢體左右和上端都剩留頗大的空間,如果下端多出一些空間,亦很正常。是以,據板面書寫格式以及表述的五言體例,吾人可以判斷該行文字復原後,若非 20 字,便只有 15 字,就字數而言,應不存在第三種可能性。

由於目前無從知道該經幢原來安置的具體方位,而今亦就無從確定原本哪一棱面爲正中。不過,學者咸把本篇討論的這一面目爲幢體的第一面,這固然出於直覺,但應符合實際。因爲:如果將整個幢體 8 面展開,該面正好處於勒刻《大秦景教宣元至本經》與《幢記》的棱面之中間。觀該面內容及其書寫的體例,顯然與前後兩者無關,乃獨立於此兩者之外。因此,從方便著錄研究的角度,據其內容的獨立性而把這一棱面序列爲第一面,自屬得當。何況,一個完整的棱面,卻僅刻寥寥無幾的文字,其在整個幢體中的重要地位,更不言而喻。若然,對其文字之研究,則尤不容忽視焉。

當然,在幢體完整復原之前,對該面文字的任何解讀難免殆屬蠡測。不過,即便是蠡測,但只要合乎邏輯思維,言之成理,於考察現存半截經幢的宗教內涵和歷史內涵當應不無裨益。職是之故,本篇擬就此作一嘗試,以就教方家。

10.2　"祝曰"解讀

經幢原非景教之物,景教經幢不過是效法佛教時尚的產物,對此,學界蓋無異議。[1] 惟景教經幢,目前見諸報導的,僅本篇所討論的這

――――――――――

〔1〕詳參本書第 8 篇《經幢版景教〈宣元至本經〉考釋――唐代洛陽景教經幢研究之一》。

一座;但這一經幢的營建,在唐代洛陽是僅此一家,別無分店,抑或是當地景教徒時尚的行爲,則未見討論者。觀《幢記》第7行殘文有云:

有能諷持者,皆獲景福,况書寫扵幢銘 平 !……

揣摩這句話的意思,似可這樣解讀:"立幢者有感於諷持經典,便能獲得景福,因而推想,如果將經典勒刻,自然更可獲得景福。於是,便有營建該經幢之舉。"如果筆者這一理解無誤的話,則該經幢之立,應屬於立幢人家族之首創。在《研究之二》,筆者已論證立幢人及其親屬羣體是一些信奉景教的華化胡裔,[1]上引這段話正暗示該羣體備受當地佛教經幢的影響,爲引進佛教徒的這一做法,而從本教的立場來闡明營建景教經幢的意義。假如當地景教徒早已有這一做法,在《幢記》中當然就不必來作這樣的説明。何况,從《幢記》看,該家族頗爲顯赫富有,[2]若非上等人家,要營建這樣的經幢,談何容易。因此,該家族擁有這一首創權,不足爲奇。當然,景教經幢以此爲濫觴,而後是否有發展弘揚,抑或以此爲絶響,則得有待日後考古發現來證明。

景教徒之以石製幢、刻經於幢,若以本次發現的景教經幢爲首例,則意味著該經幢之立,並非效法已存在的其他景教經幢,而是製作者從當時流行的景教義理出發,直接效法時尚的佛教經幢設計營建的。由是,對於首面文字的考察,自亦離不開以佛教文獻和佛教經幢爲參照物。

按,第1行僅"祝曰"二字。"祝",《説文解字·礻部》作"祭主贊詞者"解。[3] "祝曰:……"這一表述模式在佛教文獻中常見。在《大正藏》電子文本中可檢索到"祝曰"百多用例,除與"囑"通假外,多爲禱祝之意。如唐總章元年(668)西明寺沙門釋道世撰《法苑珠林》第13《敬佛篇》第6《感應緣》有云:

帝聞之燒香祝曰:"若國有不祥,還脱寶冠用示徵咎。"[4]

---

〔1〕即本書第9篇《〈幢記〉若干問題考釋——唐代洛陽景教經幢研究之二》。

〔2〕參見本書第9篇《〈幢記〉若干問題考釋——唐代洛陽景教經幢研究之二》。

〔3〕〔東漢〕許慎《説文解字》,中華書局1963年影印版,頁8下。

〔4〕《大正藏》(53),頁384中。

又如唐藍谷沙門慧詳撰《弘贊法華傳》卷 7《誦持第六》之二有云：

> 集諸持法華沙門，執爐潔齋，繞旋而祝曰："菩薩涅槃，年代已遠，像法流行，奉無謬者，請現感應。"[1]

復觀首面第 2 行起始爲"清净阿羅訶"5 個字，而"阿羅訶"一詞，西安景碑已見，西方學者早就解讀，認爲是音譯自敍利亞文 Alāhā，而敍利亞文則是音譯自希伯來文 Elōah，是爲《舊約》所云以色列神"耶和華"（Yehova）。[2] 近代或意譯爲上帝、真主、天父等。由是，就語境看，第 1 行的"祝"，無疑應爲佛經所見的禱祝之意。是故，筆者相信該棱面所勒文字，應是對神的禱祝詞。

雖然第 2 行文字殘缺，難以確定整個禱祝詞的内容。但首先可以推測：該禱祝詞並非表述立幢人對神的一些具體請求，緣上揭《幢記》第 7 行殘文，還有第 11 行殘存的"願景日長懸，朗明闇府，真姓不迷，即景性也。……"實際都已經表達了立幢人的祈願了，如果還有什麽請求，當應陳於《幢記》，若再單獨用一個棱面來勒刻，不合經幢的一般格式。就已報導的經幢，諸如"願靈承塵霄影，往生净土"之類的祈願詞句，蓋見於經幢的題記，未見有獨刻於一棱面者。[3]

文字寥寥無幾的禱祝詞卻獨佔一個棱面，這無疑暗示其在整座經幢上，不是可有可無的附加成分。筆者在《研究之二》，已考證該經幢實際未把整部《大秦景教宣元至本經》刻完，假如這一推斷得實，則益反證祝詞乃非刻不可，否則，勒刻祝詞的這一棱面便可讓位經文了。因此，筆者推測在立幢者家族心目中，這一禱祝詞顯然具有無窮的法力，彼等必定深信其配合經典，勒於墓幢上，給死者及其在世的親屬所帶來的景福比單純勒刻經典更大。除刻經文，還刻具有神力的禱祝詞，這一做法當應是受時尚佛教經幢的啓發，緣學者們的研究已證明唐代佛教

---

〔1〕《大正藏》(51)，頁 31 下。

〔2〕J. Legge, *The Nestorian Monument of His-an Fü in Shen-hsī, China*, London, 1888, p. 3；A. C. Moule, *Christians in China before the 1550*, London, New York and Toronto, 1930；repr. New York, 1972, p. 35.

〔3〕參閱劉淑芬《墓幢——經幢研究之三》，刊《中央研究院歷史語言研究所集刊》第 74 本第 4 分册，2003 年版，頁 673－763；有關論述見頁 680－681。

經幢除經文外,還常另外勒刻一些真言、咒語。[1] 是故,就宗教功能而言,筆者相信該禱祝詞應屬此類。

具有神力的禱祝詞,自然就不可能是經幢營建者或其主人所能自行創作的,而應是當時已流行、爲景教高僧們所認同的,營建者不過是照錄勒刻而已。如果這一推斷不錯的話,吾人則可以從現有的殘文,比對其他唐代景教文獻,參考佛教資料,結合基督教的神學去推測禱祝詞的内涵。

10.3 敦煌寫本《尊經》對
"三位一體"的表述

三位一體(Trinity)是基督教基本信條之一,三位一體論(Doctrine of Trinity)更是基督教神學中的一個重要課題。歷代汗牛充棟的神學著作一直在討論上帝只有一個,但有三個"位格",即聖父、聖子、聖靈(聖神)的問題。這個問題對於非神學家的一般信徒來說,複雜艱澀,殆不可理解,以至教會不得不把其歸結爲奧秘的啓示,宣告不可能靠理性來領悟,只能靠信仰來接受。[2] 西方教徒尚且難以理解這一西方宗教的信條,對於不同文化背景的古代中國人來說,於此自然更加格格不入。明末來華的耶穌會士,即便華學造詣很深,一接觸這個問題,亦很難用漢文表述清楚,不得不以"天主三位一體,厥義淵深,蔑容名狀"來搪塞。[3]

不過,唐代景教既然要在中國傳播,其宣講教義或舉行宗教儀式時,必定要提到基督教的三位一體。當然,用漢語文來表述這一信條,未必與景教之入傳中國同步,但遲早都得提到。至於其漢語的表述,時人能否理解,那又是另外一回事。學者們已在現存唐代景教内典,發現

---

〔1〕劉淑芬《墓幢——經幢研究之三》,頁 673–763。

〔2〕參閱任繼愈主編《宗教大辭典》,上海辭書出版社 1998 年版,頁 661 相關詞條。

〔3〕陽瑪諾《唐景教碑頌正詮》,崇禎甲申歲(1644)武林天主教堂梓;1878 年,上海慈母堂刻本;海土山灣印書館 1927 年第 3 版,頁 25;收入吳相湘主編《天主教東傳文獻續編》第 2 冊,臺北學生書局 1966 年版,頁 653–751。

當年的來華傳教士確實力圖把這一信條移植中土，至遲在景淨時代[1]
就已這樣做了。景淨所撰西安景教碑碑文，正文中多處出現了"三一"
這一字眼：

> 妙衆聖以元尊者，其唯我三一妙身無元真主阿羅訶歟！（第 1
> 行）

> 我三一分身景尊彌施訶，戢隱真威，同人出代。（第 4 行）

> 設三一淨風無言之新教，陶良用於正信。（第 5 行）

> 道惟廣兮應惟密，強名言兮演三一。（第 28 行）[2]

碑文中所出現的"三一"這一字眼，經長期的討論，蓋指基督教的三位
一體，已成中西學者的共識。而事實上，既然我們確認景教爲入華的基
督教，那麼出現在碑文上的這些"三一"，從語境看，捨三位一體外，實
無從作別的解讀。

　　敦煌寫本《景教三威蒙度讚》（以下簡稱《蒙度讚》）對三位一體亦
多有表述。不過，觀現有的唐代景教文獻，把三位一體的稱謂及内涵表
達得最明晰的是敦煌寫經《尊經》。該經粘貼在《蒙度讚》寫本之後，末
尾還附有卷子製作者的一個按語，構成了著名的法藏敦煌寫本 P.
3847。[3]《尊經》寫本起始有云：

> 敬礼：妙身皇父阿羅訶，應身皇子弥施訶，證身盧訶寧俱沙，已
> 上三身同歸一體。

此間的"皇父"對應當今漢譯三位一體的"聖父"，"皇子"對應"聖子"，
而"盧訶寧俱沙"則係敍利亞文 Ruka da quaša(Spirit of Holiness)的唐
代音譯，對應"聖靈"，[4]這已成爲學界的共識，不贅。至於"弥施訶"

---

　　〔1〕筆者認爲中國景教會之景淨時代，大體相當於肅宗（756—761）、代宗（762—779）和德宗
（780—804）三朝，參閲本書第 11 篇《唐代景僧名字的華化軌迹——唐代洛陽景教經幢研究之
四》。

　　〔2〕見本書第 11 篇附錄《西安景碑釋文》。

　　〔3〕拙文《敦煌景教寫本 P. 3847 再考察》，見拙著《唐代景教再研究》，頁 124 - 145。本篇有
關《景教三威蒙度讚》、《尊經》及其"按語"的引文，均據該文相應的錄文。該寫本圖版見《法藏敦
煌西域文獻》（28），上海古籍出版社 2004 年版，頁 357 下；另見拙著《唐代景教再研究》頁 346、
347。

　　〔4〕A. C. Moule, *Christians in China before the 1550*, P. 55.

一詞,上揭景碑已出現,其音譯自敍利亞文 Messiah,[1]今多音譯爲"彌賽亞",指代救世主基督耶穌,學界亦早有共識,不贅。至於"阿羅訶"一詞,如上面已提到,即今譯《聖經》所謂上帝、真主、天父。此處尚需申説的是,"阿羅訶"一詞,在景碑撰立之前,已見於漢譯佛典,最早可溯至後秦龜茲國三藏法師鳩摩羅什奉詔譯《妙法蓮華經》,見卷1《序品第一》:

> 時有菩薩,名曰德藏,日月燈明佛即授其記,告諸比丘:"是德藏菩薩,次當作佛,號曰淨身多陀阿伽度阿羅訶三藐三佛陀。"[2]

法國學者夏鳴雷(H. Haveret)早在 1901 年就指出"阿羅訶"一詞,便是借自這部 5 世紀的漢譯佛經。[3] 此説應確。檢索《大正藏》電子文本,該詞反復出現,逾 600 見,景僧略諳佛經者,當不難知道有此一詞。而在唐音漢字中,可供音譯敍文 Alāhā 者不少,比"阿羅訶"更接近 Alāhā發音者亦不難找到。但景士獨選用"阿羅訶",自非偶合。就"阿羅訶"一詞,鳩摩羅什譯的另一部經典《大智度》卷 2 釋道:

> 阿羅呵(訶)名應受供養,佛諸結使除盡得一切智慧故,應受一切天地眾生供養。以是故,佛名阿羅呵(訶)。[4]

唐大慈恩寺沙門窺基撰《妙法蓮華經玄贊》在解釋"多陀阿伽度阿羅訶三藐三佛陀"這一佛號時,則寫道:

> 多陀阿伽度,如來也;阿羅訶,應也;三藐三佛陀,正等覺也。[5]

丁福保釋佛教的"阿羅訶",即梵文 Arhat 的音譯。"佛十號之一。譯曰應供。當受眾生供養義。"[6]

對於景教傳教師來説,可能就是假諧音之便,又取其"應受一切天

---

〔1〕J. Legge, *The Nestorian Monument of His-an Fü in Shen-hsī, China*, London,1888,p.5,n.8.

〔2〕《妙法蓮華經》卷1,見《大正藏》(9),頁4中。

〔3〕H. Haveret, *T'ien-Tchou《Seigeneur du Ciel》: A Propose D'une Stèle Bouddhique de Tch'eng-Tou, Varivétés Sinologiques* 19,Imprimèrie de la Mission Catholique, Orphelinat de T'ou-Sè-Wè, Chang-Hai,1901,p.7.有關資料蒙蔡香玉君從萊頓大學電郵傳送,誌謝!

〔4〕《大智度初品總説如是我聞釋論第三》,見《大正藏》(25),頁 71 中至下。

〔5〕《妙法蓮華經玄贊》卷 5,見《大正藏》(34),頁 743 中。

〔6〕丁福保編纂《佛學大辭典》"阿羅訶"條,文物出版社 1984 年影印版,頁 737 欄2。

地眾生供養"之義,借用漢人較熟悉的這一佛號來作爲本教所崇奉的最高神名諱。就這一點而言,與摩尼教實有異曲同工之妙,緣來華摩尼僧就是效法漢譯佛典常見的"摩尼"(巴利語 maṇi,意爲寶珠),把其教祖 Mani 的名字音譯爲"摩尼",並自稱其教爲"摩尼教"。[1] 可見傍依已在華扎根的佛教,景教和摩尼教乃未遑多讓。

就《尊經》對三個位格關係的表述,翁紹軍先生作了高度評價:"景教將聖父、聖子、聖靈的三一分身依次稱爲妙身、應身、證身。如此命名,已能看出三者有程度上的不同。'妙'爲神妙之妙,'應'爲應接之應,'證'爲印證之證。前者顯然是絕對爲主的,後兩者顯然是相對從出的。"[2]

佛教本就有三身之說,即認爲佛有法身、報身、應身,而景教則用妙身、應身、證身來表達"三位一體",雖具體稱謂有所不同,其之效法佛教,還是昭然若揭。而以此三身來表述三個位格的關係,在當時唐代來說,無疑是頗爲得體的。這三個"身",都是格義自當時流行的佛教。"妙身",佛經多見,《大正藏》可檢索到約 400 例,但常見的佛學辭書並不把其納入詞條解釋。而佛經的"妙":梵語 sat,su,manñju,分別音譯作薩、蘇、曼乳,意譯不可思議、絕對、不能比較者。殊勝之經典,稱作妙典(特指《法華經》);無法比較不可思議之法,稱作妙法(《法華經》之美稱);深妙不可思議之道理,稱作妙理;不可思議之境界,稱作妙境;依妙因妙行而得之證果(佛果),稱作妙果。[3] 從"妙"的宗教涵義,其所派生出來的"妙身",自然就可演繹爲深妙不可思議之身。而在佛經中,"妙"往往又冠在"法身"之前,作"妙法身",《大正藏》有一百多例,如:"如來妙法身,甚深難思議。"[4] 從用例語境看,大致都是指代如來。至於佛教"三身"的另二身,即"報身"、"應身",未見有冠以"妙"的用例。因此,把"妙身"目爲妙法身的省略,似亦未嘗不可。景教徒借用"妙身"冠於惟一的神聖父,顯然十分得當。其實,把阿羅訶定位爲"妙

---

〔1〕詳參本書第 4 篇《摩尼教華名辨異》。

〔2〕翁紹軍《漢語景教文典詮釋》,三聯書店 1996 年版,頁 210。

〔3〕參見丁福保編纂《佛學大辭典》"妙"條,頁 603 欄 2。

〔4〕《大方廣佛華嚴經》卷 9《初發心菩薩功德品》第 13,見《大正藏》(9),頁 453 中。

身",已見於上揭景碑,碑文起始即云:

> 粵若!常然真寂,先先而無元,窅然靈虛;後後而妙有,惣玄樞
> 而造化。妙衆聖以元尊者,其唯我三一妙身無元真主阿羅訶
> 歟![1]

既然景碑已把阿羅訶定格爲"妙身",不難推想其他兩個位格必亦冠以
某身。由是,可見立景碑時,中國景教會已流行用"三身"來表達三位
一體了。至於其他二身是否與《尊經》所云的"應身"、"證身"一致,儘
管目前尚乏同時代的文獻可以佐證,但《尊經》的出現是在景淨時代之
後,其所敬禮的諸經又都是景淨所譯(撰),[2]對景淨的說經諒必亦步
亦趨,其對妙身、應身和證身這三個術語的借用大有可能是承襲景淨。
因此,可以推斷,至遲在景淨時代,中國的景教會應已流行《尊經》所云
的"三身"稱謂了。

"應身","梵語 nirmāṇa-kāya。又稱應佛、應身佛、應化身、應化法
身。即佛爲教化衆生,應衆生之根機而變化顯現之身"。[3]那麼,奉聖
父之命,降生到人間拯救人類的彌施訶,其作爲三位一體之第二位格,
被格義爲佛教的"應身",可謂契合無間。如此爐火純青之格義,若非
諳於佛景二經之高手,斷難辦到。

至於"證身",亦屬佛家術語。按,"證","梵語 adhigama,修習正
法,……如實體驗而悟入真理,稱爲證,即以智慧契合於真理。依其所
悟,能證得智慧之結果,稱爲證果"。[4]在佛門必修的戒、定、慧三學
中,慧屬最後,亦爲最重要者。修行悟道的直接目的在於得"大智慧";
得大智慧者,謂之"得道高僧"。唐代景僧所用的"證身",當格"能證得
智慧之身"之義,以此來表達三位一體中的第三位格"聖靈"。復據基

---

〔1〕見本書第 11 篇附錄《西安景碑釋文》。

〔2〕該敦煌寫本,《尊經》著錄諸經目錄後,有云:"謹案諸經目錄,大秦本教經都五百卅部,並
是貝葉梵音。唐太宗皇帝貞觀九年,西域太德僧阿羅本,屆於中夏,並奏上本音。房玄齡、魏徵宣
譯奏言。後召本教大德僧景淨,譯得已上卅部卷,餘大數具在貝皮夾,猶未飜譯。"既然《尊經》所
列經典都係景淨所譯,《尊經》本身之出現自應在景淨之後。

〔3〕丁福保編纂《佛學大辭典》"應身"條,頁 1374 欄 2 至 4;另見星雲監修、慈怡主編《佛光大
辭典》,書目文獻出版社 1989 年版;此據臺灣佛光出版社 1989 年 6 月第 5 版影印,頁 6432 上。

〔4〕星雲監修、慈怡主編《佛光大辭典》,頁 6701 下。

·歐·亞·歷·史·文·化·文·庫·

督教"聖靈論"（Pneumalology），聖靈的"獨特自然功能是使人成聖，即在一種出神入化的醉迷境界中，達到人與神的溝通和合一"[1]。被教外辭書所稱的"醉迷境界"應是一種宗教體驗，不惟基督教有之，其他宗教亦不乏見；在佛教，則是處於禪定狀態，"出定入定，恒聞妙法"[2]。這種通過禪定來悟道證慧與"聖靈論"正好異曲同工。在古代基督教會中，關於"聖靈"的理解，本來就已經聚訟紛紛，而今要用漢文表述，自然更是困難。"聖靈"在敘利亞教會中的稱謂，景僧在漢譯佛經中找不到相應的佛號，不得不自行音譯，爲了表明其屬第三位格，借用佛教術語"證身"，畢竟亦可差強人意。

無論如何，從上揭《尊經》有關三位一體的表述，可立判乃出自高手，顯然是代表當時教會譯釋經典的最高水平了。這一表述，顯然已得到中國景教會最高層的認可，始會正式錄入經文，在宗教儀式中加以"敬禮"。當然，教會高層認可是一回事，一般信徒，尤其像洛陽地區在華已歷世代的胡裔信徒，能否理解接受又是另外一回事。景教在中國各地的傳播，是否會隨著時間的推移，因應不同地區的民情，對三位一體信條的表述，出現多樣化？就這個問題，上揭的經幢禱祝詞似可爲我們提供點綫索。

10.4　洛陽經幢對"三位一體"的表述

觀經幢第一棱面第 2 行殘文的 3 個五言短語，首先呼喚的是基督教的最高神，亦是惟一之神的阿羅訶，同時還給其冠以"清凈"二字。洛陽景教徒給阿羅訶冠以"清凈"二字，並非獨創，應是受佛教徒的啓發。佛經稱最高神如來爲"清淨法身"。檢索《大正藏》，把清淨與法身聯綴的用例就數以百計，如：

> 爾時佛告文殊師利菩薩言："若有善男子善女人，欲得修習三種祕密成佛妙門早獲如來功德身者，當著菩薩三十二種大金剛甲，

---

[1]見任繼愈主編《宗教大辭典》"聖靈論"條，頁 709。
[2]《禪祕要法經》卷中，見《大正藏》(15)，頁 259 中。

修此妙觀,必證如來清淨法身。"[1]

又稱如來爲"清淨妙法身":

如來清淨妙法身,自然具足恒沙德。[2]

一切如來法,菩薩由此生。清淨妙法身,應現種種形。[3]

從《尊經》的"妙身皇父阿羅訶"到經幢的"清淨阿羅訶",顯然都深深打下佛教的烙印,留下佛經中"如來清淨妙法身"的痕迹。

在佛教的"三身"中,惟如來法身被冠以"清淨",而在經幢禱祝詞中,除最高神被冠以"清淨"外,另兩個五言短語也同樣以"清淨"打頭,這實際暗示了爲主、爲首的"阿羅訶"與後兩者同屬一個"清淨系列",既是一分爲三,又是三而合一,這不由得令人要與"三位一體"作聯想。復觀第 2 個短語的"大威力",從語境看,應與第 1 短語的阿羅訶有關,或許就是指其屬性,而第 3 短語與第 1、2 短語在表述上,同屬排比模式,那麼其所缺的 3 個字,必定應類乎第 2 短語的"大威力",亦爲補充阿羅訶的某種屬性。因此,從殘文這樣的表述模式,筆者懷疑這 3 個清淨,可能是爲對應三位一體而設。若然,則該行禱祝詞即使存在第 4 個短語,亦不會以"清淨"冠首。畢竟基督教以"三"爲尚,能與最高神並提的當不過三。

在漢語中,相近或同類的事物往往用一個數詞加以概括簡稱之,自古以來就一直保存這種表述習慣。如本篇已提到的,佛教的法身、報身、應身合稱"三身"。打開辭書,類似這樣的以數字開頭的古今詞條不計其數。外來景僧在宣講教義時借用這種表述法,是理所當然的事。在景淨時代,爲便於華化信徒理解三位一體的信條,業已力圖採用華夏這種傳統表述法來加以概括。上揭的《景教三威蒙度讚》就是明證。其題目取"三威"一詞,經文第 3 行又有"三才慈父阿羅訶"之語,著名的宗教學家許地山先生曾解釋道:

"三威"是父、子、聖靈底威力。"蒙度"今說"得救"。就是皈

〔1〕《大乘本生心地觀經》卷 8,見《大正藏》(3),頁 329 下至 330 上。

〔2〕《大乘本生心地觀經》卷 1,見《大正藏》(3),頁 295 上。

〔3〕《大方廣佛華嚴經》卷 9《初發心菩薩功德品第十三》,見《大正藏》(9),頁 454 下。

·歐·亞·歷·史·文·化·文·庫·

依三位一體而得救底意思。讚是禮拜時,會衆合唱底歌詞。[1]

方豪先生亦作了類似的解釋:

> "三威"即今稱"聖三",言三位一體也。"蒙度"者仰望救贖
> 也。蓋經中言"三才""三身"俱指三位一體而言;又所用"蒙"字
> "度"字,若:"蒙依止""蒙聖慈光""蒙潤",皆言承蒙或蒙受也;
> "廣度苦界""大師能爲普救度","度"字皆有拯拔之義。是"三威
> 蒙度讚"即呼求聖三經也。[2]

既然景淨時代,已經用"三身"、"三威"、"三才"來指代"三位一體",那
麼,經幢禱祝詞用3個"清淨"亦就於理可通,不足爲奇。其實,中國景
教會早就有意把清淨與三位一體聯繫起來,上引景碑正文第5行便有
"設三一淨風無言之新教,陶良用於正信"之語,《蒙度讚》亦有"慈父明
子淨風工"之句。這裏的"淨風",顯係衍生自清淨。

古代漢譯佛經,常用"清淨"二字指代梵文的 Suddhā,意味"離惡行
之失,離煩惱之染"。[3] 不過,洛陽景教徒用該詞置於神名字之上,顯
然不是簡單地直取這個涵義。試想,當一個人的修持真正達到"離惡
行之失,離煩惱之染"的境界時,豈非就已經得道成佛了? 是故,從語
境看,景教徒很可能是把該詞延伸爲神聖之意,相當於西文的 Holy。
如是,冠以"清淨"二字,不過是爲表達崇敬之情。"清淨阿羅訶"如果
譯成現代漢語,庶幾可謂"神聖的真主"。

如果對"清淨阿羅訶"可作如上的解讀,那麼其下面的"清淨大威

---

[1]許地山《景教三威蒙度讚釋略》,刊《生命》月刊1921年第2卷第1期"專門的研究"欄
下,頁1-5,引文見頁1。

[2]方豪《中西交通史》(2),臺北中華文化出版事業委員會1953年版,頁217;嶽籠書社1987
年版,頁415;氏文《唐代景教考略》(載《中國史學》1936年第1期,頁120-134)、《唐代景教史
稿》(載《東方雜誌》1945年第41卷第8號,頁44-50)所述類同。另"三才",早年佐伯好郎即用英
譯直譯爲 Heaven,Earth and Man, (P. Y. Saeki, *The Nestorian Documents and Relics in China*, Tokyo
1937; repr. 1951, p. 66.)可能是據《三字經》的"三才者,天地人"(《易·說卦》:"是以立天之道,
曰陰與陽;立地之道,曰柔與剛;立人之道,曰仁與義;兼三才而兩之,故易六劃而成卦。")把創造
宇宙萬物的基督教上帝神與中國古老文化中"天地人"概念對號,自然是望文生義。惜當代學者
仍有不察者。

[3]參荻源雲來《梵漢對譯佛教辭典》,Tokyo Sankibo 1959年版,頁16;星雲臨修、慈怡主編
《佛光大辭典》"清淨"條,頁4667中至下;丁福保編纂《佛學大辭典》"清淨"條,頁989欄2。

力",筆者疑源於"皇子弥施訶"即"聖子"。查"弥施訶",在佛教或中國的萬神殿中都沒有諧音的神名,純係音譯自敍利亞文,這對於華化胡裔來説,當有格格不入之感。而"弥施訶"作爲三位一體的第二位格,其實際作用是代表真主來拯救人類。如《蒙度讚》所云:"弥施訶普尊大聖子,廣度苦界救無億。"作爲救世主,自然具有無比的威力,而這個威力實際也就是真主的威力。即《蒙度讚》第10行所說的"神威無等力"。"弥施訶"與威力的聯繫亦見於上揭景碑正文第4行的"我三一分身景尊彌施訶,戢隱真威,同人出代"一句。因此,如果說,"大威力"是衍化自三位一體的第二位格,應於理可通。若然,"清淨大威力"便可解讀爲"神聖的聖子"

至於"清净大威力"之下的第3個短語,僅剩"清净"兩字,所缺的3個字,依筆者推測,當爲"大智慧"。理由如下:

《尊經》把三位一體的第三位格表述爲"證身盧訶寧俱沙",其間的"證身",如上面所已經論及,照佛家對"證"的解釋,當意謂"能證得智慧之身"。基督教認爲聖靈引導人們進入一切真理,那麼把聖靈理解爲帶給人類智慧之神,自未嘗不可。這就意味著,唐代景教會在宣介三位一體中的第三位格"聖靈"時,不僅少不了要與"智慧"掛鈎,而且特別加以突出。囿於資料,吾人尚無從判定"智慧"一詞在唐代景教會中流行的程度,但景僧已將佛教所宣揚、追求的智慧,格義到他們的漢文經典中,這是毋庸置疑的。例如,《蒙度讚》有云:

> 一切善衆至誠礼,一切慧性稱讚歌,一切含真盡歸仰,蒙聖慈光救離魔。

經幢所勒刻的《大秦景教宣元至本經》第12行則有:

> 弥施訶應大慶原靈故,慧圓悟之,空有不空,無扲空不滯……

"慧圓"一詞亦見第17行:

> 景通法王說至既已,普觀衆晤,扲其會中,詮以慧圓……

因此,認爲洛陽景教徒在以地道的漢語來代替"盧訶寧俱沙"這個音譯名稱時,選用"大智慧"這3個字,應非憑空臆測。

·歐·亞·歷·史·文·化·文·庫·

查《大正藏》所見"清淨"一詞逾 14 萬例,"大智慧"亦有 1000 餘例,而將"清淨"和"大智慧"組合使用,唐譯佛經已見,流播甚廣的《華嚴經》就有:

> 其般若波羅蜜所有資具,所有清淨大智慧日、大智慧雲、大智慧藏、大智慧海、大智慧行、大智慧門,皆悉顯示。[1]

宋譯的《佛說大乘菩薩藏正法經》卷 28 則更有"具足清淨大智慧,於精進力善安住"的詩句,[2]直把"清淨大智慧"作爲一個獨立詞組使用。可見將"清淨"和"大智慧"組合使用,已成佛門習慣。那麼,備受佛教影響的洛陽景門自可將該詞組信手拈來,用於指代本教的"神聖的聖靈"。

上面認爲第 3 個清淨或爲"大智慧",如果這一推測不錯,那麼,在當時洛陽華化景教團所宣介的"三位一體"信條應是:阿羅訶是惟一的真主,聖子所體現的是祂的無窮威力,聖靈所體現的是祂的無窮智慧。由是,把這一信條表述爲"清淨阿羅訶、清淨大威力、清淨大智慧"。其中的"清淨"二字,如上面所已解讀,不過是表達神聖崇敬之意。

既然這 15 個字已經涵蓋了整個三位一體的內容,而且亦表達了信徒崇敬之感情,備受佛教禮儀影響的洛陽景教徒必定經常默念或誦念這 15 個字,類乎佛教徒之誦念南無阿彌陀佛、南無觀世音菩薩,認爲如此即可辟邪去災,吉祥如意那樣。亦正因爲如此,始會被作爲咒語、真言,勒刻於經幢上。如果這一推斷不錯的話,那麼幢體第一面的禱祝詞,恐怕就僅有 3 個排比式的短語 15 字耳。然耶? 冀望幢體早日復原加以驗證。

10.5　結語

從上面分析,可以看到,三位一體這個基督教的基本信條,傳入唐

---

〔1〕罽賓國三藏般若奉詔譯《大方廣佛華嚴經》卷 18《入不思議解脫境界普賢行願品》,見《大正藏》(10),頁 744 下。于闐國三藏實叉難陀奉制譯《大方廣佛華嚴經》卷 69《入法界品》第39 之 10 所譯略同,作"其般若波羅蜜所有資具,所有清淨大智慧日、大智慧雲、大智慧藏、大智慧門,皆悉顯示",見《大正藏》(10),頁 374 下至 375 上。

〔2〕《佛說大乘菩薩藏正法經》卷 28《精進波羅蜜多品第九之四》,見《大正藏》(11),頁 855上。

代中國後,其漢文的表述至少產生過兩個版本。其一,即《尊經》所見的"妙身皇父阿羅訶,應身皇子弥施訶,證身盧訶寧俱沙,已上三身同歸一體"。由於抄錄《尊經》的敦煌寫本 P.3847 卷子已被證明是唐亡後始製作,[1]那就意味著該版本一直流行於唐代中國西北地區的景教徒中。其二,即洛陽景教經幢所勒的"清净阿羅訶,清净大威力,清净大智慧"。這個版本對那些華化胡裔教徒來說,顯然更易理解接受,其比前者無疑更加佛化、民間化、通俗化。這個版本究竟最早出現於何時,目前尚乏資料可以考定,但無論如何,在經幢營建時,洛陽當地的景教徒對其早已耳熟能詳,如是始會被勒於石幢。由此看來,其在唐代後期應已出現。至於除洛陽當地外,還曾流行哪些地區,則有待新資料發現以揭秘。

如果本篇這一番考證得實,則反過來進一步佐證:唐代後期的洛陽地區,確實存在著一個華化程度比西北地區更深的景教羣體。洛陽景教經幢發現的重大學術價值,如果從宗教傳播史的角度考察,恐怕就在於此。從方法論的角度,這一羣體的存在亦進一步啓示了我們:宗教文化傳播過程所發生的變異程度,不惟因時間的推移,而且因傳播空間的不同而產生差別;不注意歷史時段,不考慮特定區域的歷史背景及其社會氛圍,就容易陷入一般化的討論,無從深入客觀地認識歷史的真實面目。

(本篇初刊《中華文史論叢》2009 年第 1 輯,總 93 輯。)

---

[1]拙文《敦煌景教寫本 P.3847 再考察》,見拙著《唐代景教再研究》,頁 124－145。

11　唐代景僧名字的華化軌迹

——唐代洛陽景教經幢研究之四

11.1　引言

　　本篇所用"華化"的內涵,用當今時髦的術語,即謂與中華文化"接軌";而所謂中華文化,在唐代中國,乃以儒釋道三家爲主體。佛教作爲最早入華的外來宗教,不僅在中國成功華化,而且"征服"了中國(化華)——與原有的中華文化溶成一體,成爲其中的有機組成部分。由是,後來的夷教,自免不了師法佛教。是故,佛化與華化對唐代夷教來說,實際是同義詞。

　　就唐代景教的華化進程,以往學者或以敦煌發見的景教寫本作爲研究的出發點,把高楠(Takakusu)文書《序聽迷詩所經》和富岡(Tomeoka)文書《一神論》作爲早期譯經,比對其他景教寫經。但由於這兩個文書的真僞受到質疑,[1]其他被認爲屬於後期譯經的若干寫本中,有兩個所謂"小島"文書又被確認爲係今人製作之贋品,遂使這種比較失去了堅實的資料基礎。[2]　幸好唐代洛陽景教經幢的面世,提供了難得一見的新資料,使相關的研究得以柳暗花明,進入一個新的境地。本篇避開尚有爭議的譯經比較,擬從洛陽景教經幢《幢記》所見若干僧人的稱謂,以摩尼僧爲參照,考察景教華化的深度,並參比景碑和教外文

　　〔1〕詳參拙文《富岡謙藏氏藏景教〈一神論〉真僞存疑》,刊榮新江主編《唐研究》第6卷,北京大學出版社2000年版,頁67－86;《高楠氏藏景教〈序聽迷詩所經〉真僞存疑》,刊《文史》第55輯,2001年,頁141－154。以上二文修訂稿見《唐代景教再研究》,頁186－228。拙文《景教富岡高楠文書辨僞補說》,見季羨林、饒宗頤主編《敦煌吐魯番研究》第8卷,中華書局2005年版,頁35－43;修訂稿見拙著《中古三夷教辨證》,頁215－226。

　　〔2〕有關敦煌景教寫經的研究概況參拙文《敦煌漢文景教寫經研究述評》,見拙著《中古三夷教辨證》,頁161－214。

獻所存景僧名字,追溯、勾勒唐代景僧名字華化的軌迹,冀以此一斑,窺景教華化歷程之全豹。

11.2 《幢記》所見僧人名字之深度華化

經幢所刻景僧名字,見於《幢記》所臚列的立幢人中外親族名單。由於幢體下半尚未找到,現存《幢記》所示僧名僅 4 個。第一個爲立幢人之"弟景僧清素",見《幢記》第 18 行。其他 3 名見第 20 行殘存的文字:

大秦寺 寺主法和玄應俗姓米 威儀大德玄慶俗姓米 九階大德志通俗姓康

在本書《幢記若干問題考釋》一文,筆者據本行書寫的格式推斷,如果滿行,可多列 3 位僧侶的姓名及法號、職務;另外還推測立幢人亦係景僧。因此,日後如找到斷幢下半,或可多發現若干個僧名。

僅就現存這 4 個僧名,已可顯示該等僧人所取華名,乃地地道道的漢人名字,每一個名字的漢字組合,都包涵著一定的意義,而且不存在半點的胡味。仔細琢磨這些名字,還可以體味到其摒棄塵俗的含意。無論是"清素",抑或是"法和"、"玄應"、"玄慶"、"志通",都富有宗教修持的味道,因此,這與一般胡人之取華名不同。後者所取華名,無論是否有義可解,都不過是用漢字來作爲自己的符號,便於與華人打交道耳,而《幢記》景僧名字的宗教味,則表明可能並非其人固有的名字,而是在出家成爲僧侶時纔起的法號。這從大秦寺 3 名高僧名下加註"俗姓米"、"俗姓康"可得到反證。緣既有俗姓,自意味著其原來還有俗名。考"米"姓、"康"姓等,在隋唐時代都屬胡姓。筆者在《研究之二》已論證《幢記》的作者文翼本人應是胡裔,《幢記》所示立幢人的整個親族羣體,亦殆爲胡人胡裔。是以,在高僧的法號下特別加註俗姓,可能出於數典不忘祖,意在申明大秦寺的高僧們與《幢記》作者本人,還有立幢人等,都源自胡族。

按,取法號、捨俗名、棄本姓,本屬佛僧的禮儀,與基督教無涉,而《幢記》所示的洛陽景教團的做法,無疑是效法佛教。除此之外,在僧人的命名上,還有進一步的效法。如寺主的名字"法和玄應",羅炤先生認爲"可能是兩個名字的集合。當時佛教中勢力最大的是禪宗,盛唐以後的禪宗僧人一般都有兩個名字,而且合在一起稱呼,如圓寂於貞元四年(788)的著名禪僧馬祖道一,他的法號就是馬祖和道一兩個名字的集合。法和玄應之名,應當是仿照禪宗僧人的命名習慣而產生的"。[1] 雖然目前僅此一例,尚不足以説明當時景僧是否普遍流行這種雙名稱謂,但羅先生云其"仿照禪宗僧人的命名習慣"這一説法,當屬確論。羅先生還指出"法和玄應與玄慶,有可能是師兄弟,他們的法號中都有一個'玄'字。這也可能是效仿佛教僧人在法號中體現輩份和傳法世系的做法"。[2]毋庸諱言,玄應與玄慶之同取一個"玄"字,或許亦出於偶合;但筆者在《研究之二》,已據《幢記》第10行所出現"亡師伯和"這樣的字眼,分析其時洛陽景教僧團,確像佛教那樣,教徒之間有輩份、法統之分。而今,玄應與玄慶,一爲"寺主",[3]一爲"威儀大德",儘管後者的確實職責尚難確定,但其與寺主同屬寺内之高僧當屬無疑,也即其輩份很可能相同,由是,法號之同取"玄"字,自更可能是刻意的行爲。

無論如何,就《幢記》所示,其時景僧之命名,即便沒有體現輩份、法統,或普遍流行雙法號,但就其取法號、捨俗名、棄本姓這一點,便足已表明其華化之程度了。就僧人名號華化這一點,如果將景僧與同屬夷教的摩尼僧作一比較,其程度不同立見。

本來,就經典的表述而言,無論是景教或摩尼教,都是格義自中國

---

〔1〕羅炤《洛陽新出土〈大秦景教宣元至本經及幢記〉石幢的幾個問題》,頁30－42、48,引文見頁40。

〔2〕羅炤《洛陽新出土〈大秦景教宣元至本經及幢記〉石幢的幾個問題》,頁40。

〔3〕"寺主",佛教辭書作如是解:"梵語 vihārasvāmin 指統掌一寺之庶務者。與'住持'、'住職'同義。亦爲統領寺院内綱規之'三綱'之一。我國東晉時即有此種職稱,以梁武帝任命法雲爲光宅寺寺主爲始,唐以後稱爲監寺;日本則以大化元年(645)敕命惠明爲百濟寺寺主爲最早。(《續高僧傳》卷5、《敕修百丈清規》卷4)"見星雲監修、慈怡主編《佛光大辭典》,書目文獻出版社1989年影印臺灣佛光出版社,頁2410下至2411上。竊意洛陽大秦寺之"寺主"當格義自佛教,"指統掌一寺之庶務者";至於其時大秦寺的"編制"是否有類乎佛教的"三綱",有待整體復原,確認《幢記》是否還有提及大秦寺其他高僧後再行討論,若就僅存3名高僧的僧衘來作推想,易陷臆斷。

傳統文化和其時流行的主流宗教,其華化幾乎是不相伯仲的。然摩尼教由於與武則天有著特殊的關係,[1]更是投武氏之所好,以佛教之一宗標榜,以至玄宗開元年間敕禁該教時,斥其爲"妄稱佛教"。不過,就摩尼僧的稱謂,卻完全不像洛陽景僧那樣,未見其有多少佛教色彩。唐玄宗開元十九年(731)來華摩尼傳教師撰寫的解釋性文件《摩尼光佛教法儀略》第5章《寺宇儀》,專門介紹了摩尼寺管理層的組成:

> 每寺尊首,詮簡三人:
>
> 第一,阿拂胤薩,譯云讚願首,專知法事;
>
> 第二,呼嚧喚,譯云教道首,專知獎勸;
>
> 第三,遏換健塞波塞,譯云月直,專知供施。
>
> 皆須依命,不得擅意。[2]

其第4章《五級儀》則介紹摩尼教團的等級制:

> 第一,十二慕闍,譯云承法教道者;
>
> 第二,七十二薩波塞,譯云侍法者,亦號拂多誕;
>
> 第三,三百六十默奚悉德,譯云法堂主;
>
> 第四,阿羅緩,譯云一切純善人;
>
> 第五,耨沙喭,譯云一切淨信聽者。[3]

這些稱謂,其漢文音譯固無任何字義可尋,而漢文意譯也殆循漢字的世俗含義,並非像洛陽大秦寺那樣,刻意套用佛教的"寺主",或采用帶有佛教味道的"威儀大德"、"九階大德"之類的詞語。在唐代,有關摩尼僧的稱謂大體都離不開《儀略》這些範式,而教外文獻則往往簡而化之,但云"大摩尼"、"小摩尼"、"摩尼僧"或"摩尼法師"耳。至於僧侶個人,是否有專取華名,甚至效法佛家,取漢文法名,據現有的資料,並不多見。上揭的《摩尼光佛教法儀略》是開元十九年在華的摩尼傳教

〔1〕詳參拙文《唐代三夷教的社會走向》,見榮新江主編《唐代宗教信仰與社會》,上海辭書出版社2003年版,頁359-384;修訂稿見拙著《中古三夷教辨證》,頁346-351。

〔2〕《法藏敦煌西域文獻》(29),頁86下。

〔3〕《英藏敦煌文獻》(5),頁224下至225上。參見拙著《摩尼教及其東漸》(增訂本)附錄的漢文摩尼經《釋文》,頁285;圖版見該書頁486-491。

師奉朝廷旨意,直接用漢語撰寫的一個解釋性文件,[1]但其落款作"開元十九年六月八日大德拂多誕奉詔集賢院譯",並沒有亮出"譯"者個人的華名。後來的另一部譯經,即摩尼教禮讚詩《下部讚》,始出現譯者的華名。該經見敦煌寫本 S.2659,其末尾的譯後語有云:

> 吉時吉日,翻斯讚唄。上願三常捨過及四處法身,下願五級明群乃至十方賢恕,宜爲聖言无盡,凡識有厓。梵本三千之條,所譯二十餘道:又緣經、讚、唄、顯,皆依四處製焉。但道明所翻譯者,一依梵本。如有樂習學者,先誦諸文,後暫示之,即知次第;其寫者,存心勘校,如法裝治;其讀者,必就明師,須知訛舛。於是法門蕩蕩,如日月之高明;法侶行行,若江漢之清肅。[2]

從上引這段文字的口氣看,顯示自稱"道明"的譯者不但精通經典,諳於翻譯,而且有資格訓示教徒如何學經,無疑是個地位頗高的外來摩尼僧。據筆者的考證,該經的翻譯不可能早於大曆三年(768),[3]也就是說,道明應活躍於唐代後期。"道明"自是個地道華名,但吾人不能因此推論在當時實際生活中,摩尼僧普遍取用華名。緣道明其名,畢竟是作爲譯者出現於漢文經典上,而不是見於其他文獻,不是他人之對其稱呼。古代漢譯佛經,譯者均標以華名,最初華名采用音譯,而後或徑用漢字另取,如玄宗朝來華的密宗大師梵僧"戍婆揭羅僧訶"(subhakarasimha),自取華名"善無畏",其譯經便均以此落款。[4] 這種譯經通例顯然影響到唐代夷教。竊以爲,"道明"這一華名的采用,與其說是出於實際生活與華人打交道的需要,毋寧說是爲適應當時譯經的時尚。

唐代摩尼僧在實際生活中鮮用地道華名,文獻記載有例可證。《閩書》卷7《方域志》"華表山"條下有云:"會昌中汰僧,明教在汰中。

---

〔1〕參閱拙文《敦煌本〈摩尼光佛教法儀略〉的產生》,刊《世界宗教研究》1983 年第 3 期,頁 71-76;修訂稿見拙著《摩尼教及其東漸》(增訂本),頁 198-203。

〔2〕該經釋文和寫本照片見拙著《摩尼教及其東漸》(增訂本),引文見頁 316 釋文第 415-421 行,圖版見頁 506。

〔3〕拙文《摩尼教〈下部讚〉漢譯年代之我見》,刊《文史》第 22 輯,1984 年,頁 91-96;收入拙著《摩尼教及其東漸》(增訂本),頁 227-238.

〔4〕〔宋〕贊寧《宋高僧傳》卷2,中華書局 1987 年版,頁 17-22。

有呼祿法師者,來入福唐,授侶三山,游方泉郡,卒葬郡北山下。"[1] "呼祿"顯爲胡名音譯。學者或認爲其即上引《儀略·寺宇儀》的"呼嚧喚"的異讀,[2]即中古波斯語 xrwxw'n, xrwhxw'n 的音譯。[3] 若然,則證明時至會昌法難,摩尼教的神職稱謂仍照用音譯,不像洛陽大秦寺那樣,已另建一套地道的漢文模式,諸如"寺主"、"威儀大德"、"九階大德"之類。按,"呼嚧喚",若照《儀略》的意譯,即係"教道首",其間實已包含了漢文法師的意思;而稱"呼祿法師",即在音譯 xrwxw'n 後,又加"法師"二字,豈非疊牀架屋? 如是稱謂,當源自不明就裏的教外漢人。這實際也默證該摩尼僧本人並無另取華名。這樣一位敢於抗命朝廷,扎根到東南沿海傳教的僧侶尚且如此,遑論他僧。

唐代景教石刻已一再發現,但迄今並無任何唐代摩尼教石刻出土,惟著名的《九姓回鶻可汗碑》因述及回鶻改奉摩尼教事,而被目爲摩尼教研究的碑石資料。該碑提到一個摩尼僧的華名,見"國師將睿息等四僧入國"一句。事件謂寶應元年(762)回鶻可汗入寇洛陽時,接觸駐錫當地的摩尼傳教師,次年帶睿息爲首的 4 名摩尼高僧歸國,最後舉國改奉摩尼教。[4] 此處的"睿息",沙畹、伯希和認爲是一個中國典型的佛家法名,意爲 sérénité perspicace(明敏寧靜)。[5] 不過,其與洛陽景僧玄應、玄慶、志通不同,後三者在《大正藏》中都可以檢索到同名佛僧,像玄應更是大名鼎鼎,《一切經音義》的撰者就叫玄應,歷朝尚有諸多同名玄應之高僧。但在漢文佛典中,則檢索不到以"睿息"爲名的僧人。這至少説明該名即便屬佛僧法名,也不常用。就"睿息"這一名字而言,儘管沙、伯二氏解讀了其漢語的意思,但似顯勉強。法名取"睿"

〔1〕〔明〕何喬遠《閩書》第 1 冊,頁 172。

〔2〕S. N. C. Lieu, "Precept and Practice in Manichaean Monasticism", *Journal of Theological Studies* XXXII,1981, pp.153-162.

〔3〕見 Éd. Chavannes & P. Pelliot, "Un traité manichéen retrouvé en Chine, traduit et annoté (Deuxième partie)", *Journal Asiatique*, Jan.-Feb. 1913, p.113, n.4.

〔4〕事見著名的《九姓回鶻可汗碑》,有關史實考證,詳參 Éd. Chavannes et p. Pelliot, "Un Traité manichéen retrouvé en Chine,traduit et annoté(Deuxième partie)", pp. 177-199. 漢譯本見沙畹、伯希和撰,馮承鈞譯《摩尼教流行中國考》,收入《西域南海史地考證譯叢八編》,頁 58－63。

〔5〕Éd. Chavannes et P. Pelliot, "Un Traité manichéen retrouvé en Chine, traduit et annoté (Deuxième partie)", p.190, n.1.

字,可解,緣睿通叡,其本意"深明也,通也"。[1] 檢索《大正藏》的電子文本,可知佛僧取法名時多有用此字者。[2] 而"息","喘也";[3] "喘","疾息也"。[4] 日常雖可作安息、休息、平息等解,惟引申作"靜"解,佛經中鮮見;僧傳所載眾僧名,亦鮮見取用是字。因此,筆者懷疑"睿息"一名,可能本來就是撰碑者爲便於明晰表述,臨時參照胡名或教職之類,給"四僧"之一安上的音譯名字,而未必是該僧原來已有,更未必是該僧刻意自取的法名。就時代背景看,該四僧在洛陽傳教,實際只局限於胡人;緣開元二十年(733)七月敕,已明令禁止摩尼僧侶在漢人中進行傳教活動。[5] 既然如此,"睿息等四僧"之自取漢文法名,豈非多餘? 除非他們無視朝廷敕令,一直在漢人中秘密傳教。因此,即便"睿息"確係摩尼僧所取漢文法名,但畢竟亦屬極個別的現象。

至於教外文獻提及唐代摩尼教徒名字者,學者惟知"吳可久"耳。事載宋人編《太平廣記》卷107:"吳可久,越人,唐元和十五年(819)居長安,奉摩尼教。妻王氏,亦從之。"按,吳可久既有妻室,應屬摩尼教的一般信徒,即"聽者",很難與僧侶掛靠;而從其姓名和籍貫看,即便先祖來自西域,也已在華歷經世代,更不屬外來摩尼僧。而故事出自佛門《報應記》,可信度已不言自喻;如果引錄全文,從整個情節之荒誕無稽看,[6] 更顯係佛僧杜撰,旨在揚佛貶摩耳。主人翁姓吳,名可久,竊以爲乃諧音"無可久"——不能長久也。單就姓名,已可看出其破綻。是以,就該故事,吾人未必可目爲信史徵引,更不宜用作摩尼僧有地道

---

〔1〕〔東漢〕許慎《說文解字·叕部》,頁85上。

〔2〕例如:《錦江禪燈目錄》卷15"大鑒下"第38世敏睿禪師,見《續藏經》(85);道宣《續高僧傳》卷15《唐綿州隆寂寺釋靈睿傳》,〔宋〕贊寧《宋高僧傳》卷24《唐太原府崇福寺思睿傳》。

〔3〕〔東漢〕許慎《說文解字·心部》,頁217上。

〔4〕〔東漢〕許慎《說文解字·口部》,頁31下。

〔5〕《通典》卷40《職官二十二》開元二十年七月敕:"末摩尼法,本是邪見,妄稱佛教,誑惑黎元,宜嚴加禁斷。以其西胡等既是鄉法,當身自行,不須科罪者。"頁1103。

〔6〕《太平廣記》卷107《吳可久》:"吳可久,越人,唐元和十五年居長安,奉摩尼教。妻王氏,亦從之。歲餘,妻暴亡,經三載,見夢其夫曰:'某坐邪見為蛇,在皇子陂浮圖下,明旦當死,願為請僧,就彼轉金剛經,冀免他苦。'夢中不信,叱之。妻怒,唾其面。驚覺,面腫痛不可忍。妻復夢於夫之兄曰:'圃中取龍舌草,搗傅立愈。'兄寤走取,授其弟,尋愈。詰旦,兄弟同往,請僧轉金剛經。俄有大蛇從塔中出,舉首遍視,經終而斃。可久歸佛,常持此經。(出《報應記》)"中華書局1961年版,頁727。

華名之例證。

唐代景僧自取地道華名,從《幢記》和西安景碑可找到相當一批例證;但唐代摩尼僧之用華名,就現有資料看,簡直是鳳毛麟角。至於像上述洛陽景僧那種體現輩份和法統的法號,或者出家改法姓的做法,則更未之見也。

從上面粗略的比較,不難看出在僧侶稱謂的華化上,唐代摩尼教顯然難望景教之項背。其間原因,或與其時兩者與宮廷關係的親疏有關。摩尼教曾因適逢武后變天奪權的需要,得到青睞,一度得以在宮廷課經;但在其他各朝,實際都受到嚴格的監控,不讓在漢人中傳教。後來該教雖被回鶻奉爲國教,其僧侶登上了回鶻的政治舞臺,"可汗常與共國者",[1]並倚仗回鶻的勢力,獲准在唐朝建立一些寺院,"江淮數鎮,皆令闡教"。[2] 但對朝廷來説,這畢竟是事出無奈。因而一旦回鶻國破,即將外來僧侶盡行驅逐,甚至迫害至死。至於後唐出現的個別摩尼僧,實有特別的背景。[3] 就整個唐代的摩尼教史來説,摩尼僧與朝廷的關係,除武后時期外,一直是緊張的。在華的摩尼僧不能在漢人中進行公開的宗教活動,這必定大大制約了其個人的華化。而景教恰恰相反,西安景碑大力宣揚該教如何得到朝廷的重視,對唐朝歷代皇帝,從太宗到德宗,除中間的則天皇帝及繼位的短命皇帝中宗和睿宗外,個個

〔1〕《新唐書·回鶻傳上》,頁6126。

〔2〕李德裕《賜回鶻可汗書意》:"摩尼教天寶以前中國禁斷。自累朝緣回鶻敬信,始許興行;江淮數鎮,皆令闡教。近各得本道申奏,緣自聞回鶻破亡,奉法者因茲懈怠。蕃僧在彼,稍似無依。吳楚大鄉,人性譽薄。信心既去,翕習至難。且佛是大師,尚隨緣行教,與蒼生緣盡,終不力爲。朕深念異國遠僧,欲其安堵,且令於兩都及太原信嚮處行教,其江淮諸寺權停,待回鶻本土安寧,即卻令如舊。"見《全唐文》卷699,頁7182;又見傅璇琮、周建國校箋《李德裕文集校箋》,河北教育出版社2000年版,頁67。摩尼教借助回鶻勢力在華傳教事,詳參陳垣《摩尼教入中國考》,收入《陳垣學術論文集》第1集,頁329–374。

〔3〕如《册府元龜》卷976《外臣部·褒異三》"明宗天成四年(929)八月"條:"癸亥,北京奏葬摩尼和尚。摩尼,回鶻之佛師也,先自本國來太原。少尹李彦圖者,武宗時懷化郡王李思忠之孫也,思忠本回鶻王子盟(溫)沒斯也,歸國錫姓名。關中大亂之後,彦圖挈其族歸。太祖宅一區,宅邊置摩尼院以居之。至是卒。"(頁11468下至11469上)是條資料,陳垣先生最先徵引,見其《摩尼教入中國考》。從該記載看,所云"摩尼和尚"得以善終,乃因少尹李彦圖係歸化的回鶻王子後裔,正由於這一特殊背景,始得以在"宅邊置摩尼院以居之",而這實際也意味著其由李彦圖私人供養,而不在社會從事宗教活動。

備受歌頌。這至少説明該教與宮廷相處較爲和諧。景僧爲了討好朝廷、與朝廷打交道,爭取朝廷更大程度的認可,除獻方伎外,在個人的行爲方式上加强華化,包括取華名、識漢字、重倫理等,顯然是必要的。

洛陽景僧名號之華化,自非朝夕之功。從唐初景教正式入華,到《幢記》提到的諸僧人生活的年代,大約歷一個半世紀。也就是説,如果是景教世家,其在華起碼也已傳了好幾代人了。因此,《幢記》所見僧名的華化,不過是在中華文化氛圍下世代逐步演變的必然結果,而這當然也離不開外來景教徒主動融入華人社會的努力。歷史研究的任務不能止於揭示結果,更重要的是追溯這一結果形成的過程,找出該過程形成的各個過渡環節及其相應的原因。下面擬就此略試探索。

11.3　首位來華景僧名字辨析

基督教何時傳入中土,這是一個頗有爭論的問題。但於史有徵、有名可考、最早來華傳教者,依迄今已知的資料,非阿羅本莫屬。阿羅本之確有其人,不僅有西安景碑爲證,且官方記録在案。《唐會要》卷49"貞觀十二年七月詔"提到他,稱其爲"波斯僧阿羅本"。[1] 景碑正文第9—11行,轉引該詔令,不過有所增改,將"波斯僧阿羅本"改稱爲"大秦國大德阿羅本";碑文第8—9行還云其"貞觀九祀(635),至於長安";第13行則云高宗大帝仍崇其爲"鎮國大法主"。[2] 據該等内外典記載,可認定阿羅本乃活躍於太宗(627—649 年在位)和高宗(649—683 年在位)兩朝。不過,"阿羅本"其名,漢語無義可循,景碑上也没有對應的敘利亞文。因此,該碑被翻譯成西文時,惟將這 3 個漢字音譯

---

〔1〕《唐會要》卷 49《大秦寺》(頁 864):"貞觀十二年七月詔曰:道無常名,聖無常體,隨方設教,密濟群生。波斯僧阿羅本,遠將經教,來獻上京,詳其教旨,玄妙無爲,生成立要,濟物利人,宜行天下。所司即於義寧坊建寺一所,度僧廿一人"。有關考證參見本書第 6 篇《西安景碑有關阿羅本入華事辨析》。

〔2〕見本篇附録《西安景碑釋文》。

耳。或認爲其源自敍利亞語,[1]或以爲源自中古波斯語,[2]無論如何,其純係胡名音譯蓋無疑。在唐代碑石文獻中,還有一個類似的音譯名字,見於清末洛陽附近出土的墓誌《波斯國酋長阿羅憾丘銘》。[3] 據該銘所云,該波斯國酋長阿羅憾曾爲高宗出使蕃域,建立大功;又曾號召諸蕃王,爲武后營建天樞。竊以爲,此處的"波斯國"與阿羅本的波斯應屬同一方位。兩人的名字都出現"阿羅"二字,説明彼等胡名的發音有所類同。對相類或相同的音節,唐人多慣用相同的漢字音譯之。筆者曾撰文認爲阿氏初來中土,要與華人,尤其是官方打交道,自應有漢字姓氏可報。按漢人姓名多以 3 字爲度的通例,其名字看來是由譯人據其胡名發音,酌情略音而成。[4] 若然,則"阿羅本"3 個漢字不過是

---

〔1〕參 P. Pelliot, *Rechérches sur les Chrétiens d'Asie Centrale et d'Extrême-Orient*, II, 1: *La Stèle de Si-ngan-fou*, Oeuves posthumes de Paul Pelliot, Paris, 1984, (以下縮略爲 *Pelliot* 1984) p. 21. A. C. Moule, *Christians in China before the Year 1550*, London, New York and Toronto, 1930, pp. 34-52; repr. New York, 1972, Taipei, 1972(以下縮略爲 *Moule* 1972), p. 38, n. 22.

〔2〕P. Y. Saeki, *The Nestorian Documents and Relics in China*, Tokyo 1951, pp. 84-85.

〔3〕阿羅憾丘銘錄文:
(1)大唐故波斯國大酋長、右屯衛將軍、上柱國、
(2)金城郡開國公、波斯君丘之銘。
(3)君諱阿羅憾,族望,波斯國人也。顯慶年中,
(4)高宗天皇大帝以功績可稱,名聞□□,出使
(5)召來至此,即授將軍北門□領侍衛馳驅;又
(6)差充拂林國諸蕃招慰大使,並拕拂林西堺
(7)立碑,峩峩尚在。宣傳　聖教,實稱蕃心;
(8)諸國肅清,于今無事。豈不由將軍善導者焉?
(9)功之大矣! 又爲　則天大聖皇后召諸
(10)蕃王,建造天樞,及諸軍立功,非其一也。此則
(11)永題麟閣,其拕識終。方盡雲台,沒而須錄。以
(12)景雲元年四月一日,暴憎過隟。春秋九十有
(13)五,終於東都之私第也。風悲壟首,日慘雲端;
(14)聲哀烏集,淚久松乾。恨泉扃之寂寂,嗟去路
(15)之長歎。嗚呼哀哉! 以其年□月□日,有子俱
(16)羅等,號天叩極,叩地無從,驚雷遘墳銜淚石。
(17)四序增慕,無輟拕春秋;二禮尅脩,不忘拕生
(18)死。卜居宅兆,葬拕建春門外,造丘安之,禮也。
該銘文於 1909 年首載於端方《匋齋藏石記》卷 21,《續修四庫全書》冊 905,上海古籍出版社 2002 年版,頁 550 上。有關的討論詳參拙著《唐代景教再研究》,頁 229 - 270。

〔4〕見本書第 6 篇《西安景碑有關阿羅本入華事辨析》。

235

· 欧 · 亚 · 历 · 史 · 文 · 化 · 文 · 库 ·

用來代表某位波斯僧的符號,就像"阿羅憾"3個字用於指代某位波斯國酋長那樣,其間並沒有任何宗教的内涵。至於其所源的胡名,是否有宗教含義,那是另外一回事。反正,他們的漢文名字乃由譯人代勞,在音譯時,顯然沒有考慮其原胡名的意藴。

11.4　玄宗朝若干景僧名字考察

繼阿羅本之後,尚有幾位有名可考的景僧,其華名均只取兩個漢字,而兩個漢字的組合又看不出有何意思。

景碑正文第14—15行有云:

> 聖曆年(688—700),釋子用壯,騰口於東周;先天(712—713)末,下士大笑,訕謗於西鎬。有若僧首羅含、大德及烈,並金方貴緒、物外高僧,共振玄綱,俱維絕紐。

而正文第16行復云:

> [天寶]三載(744),大秦國有僧佶和,瞻星向化,望日朝尊。詔僧羅含、僧普論等一七人,與大德佶和,於興慶宫修功德。

這兩段碑文提到的若干位僧人,最引學者矚目的是"僧首羅含"和"僧羅含"。或把其當爲兩個人,筆者則不以爲然。竊意當屬同一個人,緣兩者所經歷的事件都發生在玄宗朝,在事件中又都扮演主角,在同一碑文中,如果是兩人同名的話,作者在表述時,必定要對兩者刻意區別,不可能只限於稱"僧首"和"僧"這樣含糊不清。其實,前段碑文屬於評價前賢的貢獻,遂冠以"僧首",冠以"大德";後段碑文引述詔令,當然便只稱"僧某某"。但既然云"詔僧羅含、僧普論等一七人",把"羅含"列首位,也就意味著其乃"一七人"之首了。因此,所冠"僧首"和"僧"這少許的差別,並非意味著在玄宗朝,景教會中有兩個名曰"羅含"的高僧。[1] 羅含之名,漢語並無實義,顯爲音譯。"羅含"二字又與"羅憾"近音,故疑其與阿羅本、阿羅憾那樣,音譯自西亞胡名。不過,略音爲兩個漢字,恐與其僧人的身份不無關係。西安景碑所提到的僧名,除最早的阿羅本有3個字外,其餘蓋只有兩個字。然觀景碑所示77個敍利亞文教名,如果用漢字音譯,多可用3個甚至更多的漢字。以此作爲參照,僧侶們普遍取兩個字顯然是刻意略音,很可能是效法佛僧法名多取兩字的做法,俾便登入僧籍。[2] "羅含"之名,當屬這種情況。觀景碑敍利亞文的名字,首個音節可對音爲"路"者有之;[3] 至於可對音爲"羅"者,則未之有;而以"阿"作爲首音者則有多例。因此,"羅含"原名首音或許就是"阿",音譯時被省略了。

　　上揭第一段碑文所提到的"大德及烈","大德"是對及烈的敬稱,該詞涵義,學者多所討論,不贅。[4] 而"及烈"一名,屬音譯名字無疑。該名亦見教外文獻,《冊府元龜》卷546《諫静部·直諫》有云:

　　　　柳澤,開元二年(714),爲殿中侍御史、嶺南監選使。會市舶使右衛威中郎將周慶立、波斯僧及烈等,廣造奇器異巧以進。澤上書諫曰:……[5]

這位"波斯僧及烈"的活動年代與碑文的"大德及烈"恰好相同。筆者曾論證其爲同一個人。[6] 只不過,官方文獻直稱其爲"波斯僧",而景淨撰碑,對教內前賢自應敬稱"大德"。教外文獻《冊府元龜》尚有兩條

_____

〔1〕如果我們確認在玄宗朝,名曰"羅含"的景教高僧只有1個,那麽,把上揭《波斯國酋長阿羅憾丘銘》中的阿羅憾等同於景碑的僧首羅含,認爲是同名異譯(見羅香林《景教徒阿羅憾等爲武則天皇后造頌德天樞考》,載臺灣《清華學報》1958年新1卷3期,頁13 – 22;收入氏著《唐元二代之景教》,頁57 – 59),便難成立。緣銘文提到阿羅憾在高宗顯慶年(656—660)中,曾受封爲"充拂林國諸蕃招慰大使",而碑文的羅含於天寶三載(744)還參與"興慶宮修功德"事,兩者距離80多年,不是同一個人所能跨越的。

〔2〕參閱本書第7篇《唐代"景僧"釋義》。

〔3〕見景碑左側題名第3行的"僧利見"和"僧文貞",兩人對應的敍利亞文名字均作 Lūqā,參 *Pelliot* 1984, p. 59。

〔4〕參閱本書第7篇《唐代"景僧"釋義》。

〔5〕《冊府元龜》卷546,頁6547下至6548上。此事並見《舊唐書》卷8,頁174,《唐會要》卷62《御史臺下》,頁1078。《新唐書》卷112《柳澤傳》(頁4176)有關此事的記述,略去"波斯僧"一語。

〔6〕參閱本書第6篇《西安景碑有關阿羅本入華事辨析》。

提及"及烈"的資料,卷 971 云:

> [開元二十年(732)]九月,波斯王遣首領潘那密與大德僧及
> 烈朝貢。[1]

同書卷 975 又云:

> [開元二十年]八月庚戌,波斯王遣首領潘那蜜與大德僧及烈
> 來朝。授首領爲果毅,賜僧紫袈裟一副及帛五十疋,放還蕃。[2]

《冊府元龜》關於波斯王朝貢這兩條資料,應是同一回事而被誤當兩件事記載,把時間順序也混淆了。按,事件的主角和緣起應是"波斯王遣首領潘那密與大德僧及烈朝貢",照邏輯他們應在開元二十年"八月庚戌"來朝貢;逗留閱月,而到開元二十年九月,朝廷始"授首領爲果毅,賜僧紫袈裟一副及帛五十疋,放還蕃"。因爲不可能同一班人馬,八月來朝貢時未見領賞,次月重新來朝始得賞賜,這有悖常理。而照當時的中西交通狀況和條件,亦不可能有如此快速的來回往返。該"及烈",學者多定性爲景僧,不贅。不過,其與碑文所云開元初年參與"共振玄綱"的"大德及烈",當非同人。後者在開元初年已是中國景教會的臺柱,不可能又回波斯參與朝貢活動再度來華,受賞後又"放還蕃"。此於事理不合。假如不是同一個人,那就意味著在唐代,至少有兩名景教高僧稱"及烈"。馮承鈞先生認爲"及烈"是敍利亞文鄉主教(korappiqopa)之省譯。[3] 若然,則意味著其並非自主命名,而是譯人因應官方或其他華人需要,簡略其神職稱謂的發音,姑以兩個諧音漢字對之。不過,參與"共振玄綱"的"及烈"本人顯然已接受這一華名,並在教內流行,景淨纔會在碑上采用;至於被"放還蕃"的另一"及烈",可能未對中國教區有大貢獻,碑文沒有提及。

如果說,"及烈"是敍利亞文鄉主教之省譯的話,則筆者疑上引景教碑文第 16 行的"佶和"亦應如是。"佶和"一名,如改爲"吉和",則有義可循,作吉利祥和解。但"佶和"則難解其意。"佶",古漢語作"正"

---

〔1〕《冊府元龜》,頁 11409 上。

〔2〕《冊府元龜》,頁 11454 上。

〔3〕馮承鈞《景教碑考》,上海商務印書館 1931 年版,頁 62。

解,作"壯健之皃"解,[1]與"和"配搭極爲勉强;而檢索佛經,用"佶"音譯梵文則俯拾皆是。因此,目"佶和"爲音譯名字自無不可。按,敍文的鄉主教,伯希和轉寫作 kʰôr'appèsqôpâ,[2]漢文或譯爲省主教。玩碑文所云"〔天寶〕三載(744),大秦國有僧佶和,瞻星向化,望日朝尊",該"佶和"當非小可,很可能就是由敍利亞總會派到大唐的一位主教級人物,[3]也就是說,在教會内部,或許也被稱爲 kʰôr'appèsqôpâ. 既然唐人可把 kʰôr'appèsqôpâ 省音爲 kʰôr'a 而對譯爲及烈,那麽,爲示區别,選其中 kʰô 和 qô 的發音,用唐代的近音字名其爲"佶和",諒亦不無可能。

　　至於碑文第 16 行所提到的"僧普論",名字亦難解其意。佛經中可檢索到若干個"普論",不過並非名詞,"普"作狀語,"論"爲動詞,即泛論、概論之意。這作爲名字,不合華俗。是以,取名"普論",顯屬音譯。其實,假如名字的主人果有意取個地道華名的話,只要把"論"改作"法輪"之"輪",其名字就不無意藴了;緣"普輪",佛典多見。"入般若波羅蜜門,名曰普輪。"[4]佛典尚有"普輪山"、"南無普輪佛"、"南無普輪頂佛"、"南無普輪到聲佛"等之謂。由是,可推斷"僧普論"之名,亦屬音譯。

　　以上幾位僧人,根據碑文或文獻的記載,活躍的主要年代都在玄宗朝(712—742 年)。其名字均以兩字爲度。考唐代胡人之取華名,如果本屬九姓胡,則以國爲姓,名字則多音譯,兩字三字不等。[5] 僧名僅取兩字,如上面已指出的,有可能是師法佛僧。不過,這種效法可能多非自覺主動,而是由譯人主導;像"及烈"、"佶和"這樣的名字,有可能是官方譯人據其教内職務稱謂的發音,直接選用兩個近音漢字名之;其他音譯僧名,亦當係由他人協助選用諧音字。名字主人在主觀上,並非有意師法佛僧取名,但求以漢字指代自身耳。倒是那些協助取名者,目他

────────────────

〔1〕〔東漢〕許慎《說文解字注·人部》,上海古籍出版社 1988 年影印版,頁 369 上。

〔2〕*Pelliot* 1984,p.55.

〔3〕段晴教授認爲佶和是唐代中國教區的第三任主教。見其《唐代大秦寺與景教僧新釋》,刊榮新江主編《唐代宗教信仰與社會》,頁 434 – 472,有關論述見頁 464。

〔4〕《大方廣佛華嚴經入法界品》,見《大正藏》(10),頁 876 下。

〔5〕詳參蔡鴻生《唐代九姓胡禮俗叢考》,見氏著《中外交流史事考述》,大象出版社 2007 年版,頁 27 – 50。

·歐·亞·歷·史·文·化·文·庫·

們與佛僧相類,故按兩字爲度名之。如是,就彼等的華名,一看即可知道名字的主人必非中土人氏。

11.5　僧伊斯名字解讀

在景碑所頌揚的諸多前輩僧人中,以"伊斯"所佔篇幅爲最大,其事迹亦最令人矚目。碑文第20—23行寫道:

> 大施主金紫光祿大夫、同朔方節度副使、試殿中監、賜紫袈裟僧伊斯,和而好惠,聞道勤行,遠自王舍之城,聿來中夏;術高三代,藝博十全。始効節於丹庭,乃策名於王帳。中書令汾陽郡王郭公子儀,初惚戎於朔方也。肅宗俾之從邁。雖見親於臥內,不自異於行間。為公爪牙,作軍耳目,能散祿賜,不積於家。獻臨恩之頗黎,布辭憩之金罽。或仍其舊寺,或重廣法堂。崇飾廊宇,如翬斯飛。更効景門,依仁施利,每歲集四寺僧徒,虔事精供,倫諸五旬。餒者來而飯之,寒者來而衣之,病者療而起之,死者葬而安之。清節達娑,未聞斯美。白衣景士,今見其人。

據上引碑文所云,伊斯曾服務於郭子儀的朔方軍,"策名於王帳",[1] 又爲肅宗所賞識,其最活躍的年代當在玄宗天寶年間(742—755)後期與肅宗朝(756—761年)期間。當德宗建中二年(781)立碑時,可能還健在,或作古未久。因爲從整段碑文的敍述,顯明碑文作者對伊斯的事迹十分清楚,當屬耳聞目睹,特別是最後一句"白衣景士,今見其人",更暗示時人對伊斯其人仍很熟悉。查古今各種語言,都少不了"伊"(Yi)、"斯"(Si)這兩個基本音素,是以,在音譯的場合,這兩個字經常可派上用場。學界多認定"伊斯"爲音譯名,甚或把碑文下端敍文所提到的 Yazdbôzêd 直當其人,將伊斯當爲該敍名之省譯。不過,照碑上敍

---

〔1〕"王帳",諸家解釋多異。按,"王",古寫通"玉","王帳"可作"玉帳"解。《唐音癸籤》:【玉帳】杜子美《送嚴公入朝》云:"空留玉帳術,愁殺錦城人。"又《送盧十四侍御》云:"但促銀壺箭,休添玉帳旂。"玉帳乃兵家厭勝方位,其法出黃帝遁甲,以月建前三位取之。如正月建寅,則巳爲玉帳,於此置軍帳,堅不可犯,主將宜居。(《雲谷雜記》)〔明〕胡震亨著《唐音癸籤》,上海古籍出版社1981年版,頁196。從碑文的語境看,"玉帳"當指主帥所居之帳幕。

文所述,該 Yazdbôzêd 乃爲立此景碑者。作爲立碑者,當不會在碑文中自我表彰若是。伊斯必非其人固明矣。[1] 當然,胡人之名多類同,取名 Yazdbôzêd 者自非獨此一家,碑文下面敘利亞文中,就還有一位同名的鄉主教,他是僧靈寶的父親。[2] 故碑文中"伊斯"的本名作 Yazdbôzêd 也有可能。但即便如是,稱"伊斯"二字爲其音譯,就敘漢對音而言,亦顯得較爲勉強。其實,下面將討論的碑體兩側題名,序號 27 的"僧文明"和序號 55 的"僧景福",其敘文名字均作 Îšô‘dà^h,[3]其間 Îšô‘的發音顯然要比 Yazd 更接近"伊斯"。按,基督教的耶穌(Jesus),東敘利亞文作 išô‘,西敘利亞文作 yēšū‘;[4]據歐洲敘利亞文專家 Wassilos Klein 博士和 Erica C. D. Hunter 博士電郵賜示,略云:"Îšô‘dà^h 實際是由兩個部分組成。前部分 Îšô‘爲敘利亞文耶穌,後邊的 dà^h 係中古波斯語'賜給'的意思。整個名字意謂'耶穌所賜',古代不少基督教徒都喜歡給孩子起這樣的名字。"由於摩尼教把耶穌也當成本教的先知,因此摩尼教的文獻也出現這一字眼,其中粟特文作 yyšw,或 yyšw‘,yšw‘yy,yyšwyy,[5]而中古波斯文和帕提亞文中,則作 yyšw‘ yyšw, yšw‘。[6] 20 世紀初吐魯番出土的中古波斯語《摩尼教讚美詩集》(Mahrnāmag,文書編號 M 1)跋文,包括一份教徒名表(1—159 行),其間一些人名亦含有耶穌的名字,如 yyšw‘wrz(耶穌的神力)、yyšw‘zyn(耶穌的武器)、yyšwβ‘m(耶穌的光輝)等。[7] 由是可見,在西亞和中亞胡人中,以耶穌作爲自家名字之組成部分者,乃大有人在。因此,如果"伊斯"一名與音譯有關的話,那麼,與其說是出自 Yazdbôzêd,倒不如說是省譯自 Îšô‘dà^{h}之類的基督教徒常用名字。

---

〔1〕詳參本書第 7 篇《唐代"景僧"釋義》。

〔2〕詳參本書第 7 篇《唐代"景僧"釋義》。

〔3〕*Pelliot* 1984, pp. 59, 61.

〔4〕參 Ilya Gershevitch, *A Grammar of Manichean Sogdian*, Oxford 1954, p. 4.

〔5〕Ilya Gershevitch, *A Grammar of Manichean Sogdian*, p. 3.

〔6〕參 M. Boyce, *A Word-List of Manichaean Middle Persian and Parthian*, Leiden: E. J. Brill, 1977, p. 103.

〔7〕詳參王媛媛《中古波斯文〈摩尼教讚美詩〉跋文譯注》,載朱玉麒主編《西域文史》第 2 輯,科學出版社 2007 年版,頁 129 – 153。

儘管碑上未見匹對伊斯的敍利亞文,學者亦未能確定伊斯的實際神職,但碑文如此爲其歌功頌德,其在教内的崇高威望自毋庸置疑。碑文稱其"術高三代,藝博十全",雖有諛辭之嫌,但"爲公爪牙,作軍耳目"云云,至少説明其與郭子儀已十分稔熟,是生活在漢人文化圈中。出於與華族打交道的需要,尤其是參與華族的軍旅活動,取一個諧口的華名,顯然是很重要的。伊斯其人無疑已嫺漢語,諳華俗,依其華文化之素養,取華名時當自覺或不自覺地遵循漢人習慣,總不至生硬地尋找兩個與胡名近音的漢字湊合之。按,漢族士人的習慣,取名號是一椿頗爲嚴肅的事情,少不了反覆推敲,不惟用字要有意義,而且發音也要講究平仄,至於從玄學角度,則還要講究五行、筆畫數等等,實際已成爲一種學問。當然,在取"伊斯"一名時,究竟曾考慮過多少因素,如今難以考實。竊意"伊斯"之"伊",爲古代中國名姓,商湯有名臣伊尹;而"斯"在古漢語中含義較多,既可作虛詞用,也可作實詞用,古人也不乏單以"斯"字爲名者,最著名的莫如秦朝著名的政治家、文學家和書法家李斯;因此,"伊斯"二字,即便不是直接用漢字自我命名,而是原來胡名的諧音,其在選擇諧音字時,也已考慮到漢文中的某種含義,即有所寄意,音譯孕義。上面已分析"伊斯"若爲音譯的話,可能源自基督教所崇拜的救世主"耶穌"Îšô',而在唐代摩尼教經《下部讚》中,Îšô'音譯爲"夷數"。考"夷數"二字,如解讀其漢字本意,"數"雖屬中性詞,無褒貶之意,但"夷"在唐代則不無貶義,"鄙夷"一詞,在唐代業已流行;[1]把外來佛教稱爲"外夷之教",[2]貶意更溢於言表。"伊"、"夷"同音,用前者而不用後者,看來並非偶然,暗示名字的主人在選用諧音字時,已考慮到字的含義和褒貶了,這至少表明其華學根柢與摩尼譯經僧相比,實未遑多讓。不過,"伊斯"一名,即便取意耶穌,寓有宗教意

---

〔1〕韓愈《柳州羅池廟碑》:"柳侯爲州,不鄙夷其民,動以禮法。"見《全唐文》卷561,頁5679上。

〔2〕李德裕《賀廢毀諸寺德音表》:"臣聞仲尼祖述堯、舜,憲章文武。大宏聖道,以黜異端。末季以來,斯道久廢。不遇大聖,孰能拯之。臣某等中謝伏以三王之前,皆垂拱而理,不可得而言也。厥後周美成康,漢稱文、景。至化深厚,大道和平。人自稟於孝慈,俗必臻於仁壽。豈嘗有外夷之教,玷中夏之風?"見《全唐文》卷700,頁7194上。

味,但畢竟並非像洛陽大秦寺僧人那樣,屬於刻意效法佛僧取法號的行爲。該名字的含義,不論如何解讀,都難以與當時的主流宗教,即佛教、道教聯繫起來。這一華名,實際是從一個側面顯示了伊斯其人的華化程度,要比他的前輩,即上揭阿羅本到玄宗朝的幾位僧人深化了一層,這與他深深介入朝廷的軍事活動正好成正比。像伊斯這樣一位重要人物,期日後有古代東方教會新資料發現,查清其人的來龍去脈,這於唐代景教研究實有重要意義。

11.6　景淨名考

在景碑上,對應景淨名字的敘利亞文是:

　　'Adʰàm qaššîšâ wᵉkʰôr 'appèsqôpâ wᵉpʰapšê dʰᵉSinèstân[1]

伯希和與穆爾都把其解讀爲"亞當,牧師、鄉主教兼中國的法師"。[2]據該行敘文,可知景淨本來的名字曰 'Adʰàm,用漢字音譯則爲"亞當"。由於《聖經》云人類的始祖叫"亞當",這也就成爲很多基督教徒的名字。在景碑上,除景淨外,上面已提到的僧靈寶,其敘文名字亦作 'Adʰàm;另外,下面將討論的碑體兩側題名序號 47 的"僧法源"的敘文名字亦然。

以"景"入名,在景教僧侶中,就已知的資料,景淨實爲首例,緣碑文所提到的諸前輩僧人名字,多爲音譯,固沒有與"景"掛鈎;即便是諳於華俗的伊斯,看來亦未想到自己的華名可冠以"景"字。至於碑體兩側題名,雖亦有兩例以"景"入名,即序號 43 的"僧景通"、序號 55 的"僧景福",但均屬景淨後輩。景淨對"景"字情有獨鍾,率先將該字入

---

〔1〕*Pelliot* 1984, p.55. 參本篇附錄《西安景碑釋文》。

〔2〕據伯希和的法譯:Adam〔moine King-tsing〕chorévêque et "maître de Loi"de la Chine,*Pelliot* 1984,p.56. 穆爾英譯爲 Priest and country-bishop and fapshi of Zinistan,*Moule* 1972, p.35. 意同。朱謙之先生認爲景淨是"中國景教的最高領袖",是"司鐸兼省主教並中國總監督"(朱謙之《中國景教》,東方出版社 1993 年版,頁 153 – 154)。近年日本學者川口一彥把對應景淨的敘利亞文譯爲"長老兼地方主教兼中國總主教"(川口一彥《景教》,東京桑原製本有限會社 2003 年版,頁 45)。儘管對景淨在華具體職務的比定,學界不無分歧(詳參段晴《唐代大秦寺與景教僧新釋》,收入榮新江主編《唐代宗教信仰與社會》,有關論述見頁 456 – 463),但把其目爲當時中國景教會的最高層的領袖人物,當不會有誤。詳參本書第 7 篇《唐代"景僧"釋義》。

名,顯示其對該字曾作過一番研究。其實碑文第 8 行所云的"真常之道,妙而難名,功用昭彰,强稱景教",從語境看,不過是景淨的夫子自道,"景教"之名就是景淨所取。[1] 基督教聶斯脱里派入華多年後,由景淨選取這樣一個地道的漢文名稱,顯然旨在淡化其教的外來色彩,便於傳教士在華人社會中活動。景淨之努力推動景教華化,其功不可沒也。

景淨的"淨",看來是效法佛僧。以"淨"入名,佛僧多見,最著名的如《南海寄歸内法傳》的撰者"義淨"。"淨"爲"清淨"之簡略。[2] 古漢語的"清淨",可作"安定不煩"解,如《史記·秦始皇本紀》所云泰山刻石就有"昭隔内外,靡不清淨,施於後嗣"之語;[3]《後漢書》卷 29《鮑昱傳》亦有"後爲泚陽長,政化仁愛,境内清淨"之謂。[4] 但該詞更有謂心靈潔淨,不受外物所移之意,例見《戰國策》卷 11《齊策四》:"晚食以當肉,安步以當車,無罪以當貴,清淨貞正以自虞。"[5] 佛僧看來是借用該詞這個含義來格義梵文 Śuddhā,用以指"離惡行之失,離煩惱之染"。[6] 在《大正藏》檢索該詞,逾 14 萬見,足見"清淨"在佛教修持中之核心地位。唐代傳入的摩尼教亦引進"清淨"這一概念,把其目爲靈魂修持之本,[7] 顯然是受佛教的影響。其敦煌寫經《下部讚》(S. 2659)現存約 10900 字,"清淨"一詞凡 44 見。景教亦采用這一術語,最明顯的見於洛陽景教經幢,其第 2 行的祝詞就是"清淨阿羅訶、清淨大威力、清淨……"。[8] 這裏的"清淨"當謂人們向往追求的靈魂境界,其涵義應類乎佛教的"離惡行之失,離煩惱之染"。景教之引進"清淨"

〔1〕參本書第 7 篇《唐代"景僧"釋義》。

〔2〕星雲監修、慈怡主編《佛光大辭典》"清淨"條,頁 4667 中至 4668 上。

〔3〕《史記》,中華書局 1959 年版,頁 243。

〔4〕《後漢書》,中華書局 1965 年版,頁 1021。

〔5〕《戰國策》,上海古籍出版社 1978 年版,頁 413。

〔6〕參荻源雲來《梵漢對譯佛教辭典》,東京,昭和三十四(1959)年版,頁 16;星雲監修、慈怡主編《佛光大辭典》"清淨"條,頁 4667 中至 4668 上;丁福保編纂《佛學大辭典》"清淨"條,頁 989 欄 2。

〔7〕拙文《福建明教十六字偈考釋》,刊《文史》2004 年第 1 輯,頁 230 - 246;修訂稿見拙著《中古三夷教辨證》,頁 5 - 32。

〔8〕詳參本書第 10 篇《經幢版"三位一體"考釋——唐代洛陽景教經幢研究之三》。

這一概念,看來亦得追溯到景淨。被認爲景淨編譯的《大秦景教宣元本經》就有"諸明淨士"之謂;[1]而景淨所撰寫的景碑碑文第5行也有"設三一淨風無言之新教,陶良用於正信"之語。因此,如果沒有更可靠的新資料發現,似可設定景淨最早把"清淨"一詞引進其宗教。事實上,景淨之把"淨"字入名,正體現了他對"清淨"這一概念的深刻認識。是以,"景淨"一名不止是一個地道華名,而且散發著濃郁的宗教味道。

筆者曾論證過,景淨把基督教名爲景教,是音譯孕義的傑作。[2]從其撰寫的景教碑文,我們還可以找到類似的譯例。碑文落款有云:

大唐建中二年歲在作噩太蔟月七日大耀森文日建立,時法主僧寧恕知東方之景衆也。[3]

此行字下面還刻有一行敍利亞文,伯希和轉寫如下:

B°yàumai 'abbâ d^heʾabbàht^hâ Màr(i) H°nànîšôʻqat^hôlîqâ
patrîyarkîs…[4]

並法譯爲 Dans les jours du Père des Pères Monseigneur Henànîšôʻ[moine Ning-chou], catholicos patriareche,[5] 即 "時尊者H°nànîšôʻ位居眾主教之長總主教"。諸多學者把漢文"寧恕"考定爲曾任噩派巴格達總主教H°nànîšôʻ的省譯,該總主教在位時間爲公元774—778 年,[6]或作774—780 年,[7]或作773—780 年。[8] 竊意景淨把東方教會總主教漢譯爲法主僧固然高明,但把其名字H°nànîšôʻ音譯爲"寧恕"則更令人叫絕。"寧恕"的發音與H°nànîšôʻ接近,而在漢文上又有義可解,可釋讀

---

〔1〕《宣元本經》寫本第2—5行:"時景通法王,在大秦國郍薩羅城和明宮寶法雲座,將與二見,了決真源。應樂咸通,七方雲集。有諸明淨士,一切神天等妙法王,无量覺衆,及三百六十五種異見中民。"詳參拙文《敦煌本〈大秦景教宣元本經〉考釋》,見拙著《唐代景教再研究》,頁175－185。

〔2〕詳參拙著《唐代景教再研究》,頁54,註釋1。

〔3〕見本篇附錄《西安景碑釋文》第29行。

〔4〕*Pelliot* 1984, p.55.

〔5〕*Pelliot* 1984, p.56, 穆爾英譯爲 In the days of the father of fathers Mar Hananishu Catholicos Patriarch (*Moule* 1972, p.47),意思與伯氏法譯同。

〔6〕James Legge, *The Nestorian Monument of Hsî-an Fû in Shen-hsî, China*, London 1888, p.29.

〔7〕*Moule* 1972, p.47.

〔8〕*Pelliot* 1984, p.56, n.3.

·欧·亚·历·史·文·化·文·库·

爲"寧靜寬恕",亦可釋讀爲"寧可寬恕",而這正是基督教所倡導的精神,也不悖儒、釋、道的倫理道德。如此音譯孕義,當係出自景淨的大手筆。因爲身居敘利亞的總主教自不會用漢字取名,漢碑落款既要提到他,就非用漢字來道出其尊諱不可,碑文撰者爲其取華名自責無旁貸。景淨既有如此的翻譯技巧,益令人相信景教之取名者當非景淨莫屬。

學者之研究唐代景教華化問題,多把景淨作爲一個劃時代的人物。這是不無道理的。根據敦煌景教寫本 P. 3847,其間《尊經》部分臚列漢文景教經典 35 部,"按語"稱該等經典爲景淨所譯。[1] 而從落款景淨撰的西安景教碑文以及被認爲屬景淨編譯的經典,尤其是新近發現的經幢《大秦景教宣元至本經》看,其借用中國傳統文化思想,借用中國傳統理念和主流宗教的概念、術語,來表述基督教的義理,幾乎是達到爐火純青的境地。因此,即便有漢族士人爲之潤色,甚至參與撰譯,對其華學造詣之高亦是毋庸置喙的。上面就景淨華名及寧恕譯名的考察,或可佐證這一判斷。

景淨取名之華化,在其同時代人中,並非絕無僅有。由於碑體兩側的題名未必與立碑行動同步,因此不宜遽定爲景淨的同時代人。但在碑體正面碑文下端的敘文漢文兼間的文字,交待與立碑事相關的一些景士的姓名、身份等,作爲對碑文的補充,[2]其中用漢文所提到的 3 名僧人無疑是與景淨同修,因此兩者就有可比性。其中的一名僧人,即上面已提到的僧靈寶,其匹對的敘文被伯希和解讀爲"鄉主教耶玆卜玆(Yazdbôzêd)之子助祭教士亞當('Adhàm)"。[3] 該亞當自是胡人無疑。另一名僧人,即"撿挍建立碑僧行通"。行通因"撿挍建立碑"而名刻碑文下端,起碼説明其在西安大秦寺中屬於高僧階層。其匹對的敘文作

〔1〕P. 3847《尊經》:"謹案諸經目錄,大秦本教經都五百卅部,並是貝葉梵音。唐太宗皇帝貞觀九年,西域太德僧阿羅本,屆於中夏,並奏上本音。房玄齡、魏徵宣譯奏言。後召本教大德僧景淨,譯得已上卅部卷,餘大數具在貝皮夾,猶未翻譯。"見《法藏敦煌西域文獻》(28),頁 357 下。參見拙文《敦煌景教寫本 P. 3847 再考察》,收入拙著《唐代景教再研究》,頁 175–185。

〔2〕詳參本書第 7 篇《唐代"景僧"釋義》。

〔3〕轉寫作 'Adhàm mešammešànâ bar Yazdbôzêd kôr'appèsqôpâ,法譯爲 Adam, diacre, fils de Yazadbōzīd, le chorévêque,*Pelliot* 1984, p. 57.

Sab^hranîšô' qaššîšâ,即"牧師(qaššîšâ)薩卜拉寧恕(Sabhranîšô')"。[1] 敍文名字的詞尾 nîšô'正好與巴格達總主教名字 H^enànîšô'同,身份又是牧師,看來亦是直接來自西域。還有一名即"助撿挍試太常卿賜紫袈裟寺主僧業利",其敍文作 Gab^hrî'él qaššîšâ w^e'arkîd^hîyaqôn w^eréš 'é (d)ttâ d^heK^hûmdân wad^heSarag^h,可漢譯爲"迦伯列(Gab^hrî'él),牧師兼副主教,長安、洛陽兩地教會的領袖"。[2] 就其教內所擔任的高級職務,可推測其是受命於上級教會而直接從西域來到中國。就以上 3 名僧人,其胡族血統毋庸置疑,即便並非直接來自西域,在華也非已歷世代。因此,即使從陳寅恪先生的種族文化史觀看,也不能把他們目爲漢人。[3] 然而,無論是"靈寶"、"行通",抑或"業利",其並非與敍文名字對音固明,而用漢字所組合的名字均有義可循,因此均屬地道華名無疑。這說明景淨時代,在華的景教神職人員取地道華名已成爲一種風尚。

按現有的資料,景淨生卒年代不可考。不過,景碑落款的年代爲唐德宗建中二年,景淨的活躍年代當在這個時間的前後。又據學界週知的《貞元新定釋教目錄》卷 17 載,貞元三年(787)前後,迦畢試(罽賓)國僧人般若"與大秦寺波斯僧景淨依胡本《六波羅蜜經》譯成七卷",[4] 說明時景淨尚健在。另上引景碑正文第 16 行所云[天寶]三載(744),"詔僧羅含、僧普論等 17 人,與大德佶和,於興慶宮修功德"事,對景教在唐代中國的傳播有著劃時代的意義,因爲景僧進宮修功德,贏得皇上歡心,次年即爲該教正名,由原來不着邊際的稱謂"波斯經教"

〔1〕據伯希和法譯:Sabhranîšô' [moine Hing-t'ong] prêtre. *Pelliot* 1984, p. 57.

〔2〕據伯希和法譯:Gabriel [moine Ye-li], prêtre et archidiacre, chef de l'église de Kumdān et Sarage. *Pelliot* 1984, p. 57

〔3〕詳參拙文《陳寅恪先生"胡化"、"漢化"說的啓示》,刊《中山大學學報》2000 年第 1 期,頁42 - 47;收入胡守爲主編《陳寅恪與二十世紀中國學術》,浙江人民出版社 2000 年版,頁 268 - 278。

〔4〕"乃與大秦寺波斯僧景淨依胡本《六波羅蜜經》譯成七卷。時爲般若不閑胡語,復未解唐言;景淨不識梵文,復未明釋教,雖稱傳譯,未獲半珠。圖竊虛名,匪爲福利,錄表聞奏,意望流行。聖上濬(睿)哲文明,允恭審典。察其所譯,理昧詞疏,且夫釋氏伽藍、大秦僧寺,居止既別,行法全乖。景淨應傳彌尸訶教,沙門釋子,弘闡佛經。欲使教法區分,人無濫涉;正邪異類,涇渭殊流。"見《大正藏》(55)《貞元新定釋教目錄》,頁 892 上;並見《大正藏》(55)《大唐貞元續開元釋教錄》卷上,頁 755 下。

·歐·亞·歷·史·文·化·文·庫·

正名爲大秦教。[1] 但對這樣一樁重大而又體面的事件,景淨卻略略帶去,沒有多加渲染,當然更沒有提到自己,足見對此事他只是記述,而不是回憶。而此事距貞元三年有 43 年之久,即便其時他已來華,也屬後生小子,並未進入教會的高層,參與是次活動的可能性極小。倒是上引景文第 20—23 行,對協助郭子儀平亂的伊斯事迹記述甚詳,推崇備至,對伊斯的事迹顯得十分熟悉,特別是上面已提過的"白衣景士,今見其人"一句,更意味著作者乃認識伊斯其人。景淨熟悉伊斯這樣一位大人物,實際暗示在伊斯最活躍的年代,景淨已進入了教會的高層,中國景教會正在逐步進入了景淨時代,這個時代大體相當於肅宗(756—762年在位)、代宗(762—779 年在位)和德宗(779—804 年在位)三朝。

景淨時代,距景教之正式入傳唐代中國已逾百年,教會對中國的國情已有較深入的了解並相當程度的適應,始有伊斯參與官方平亂之舉;景教與中土主流宗教看來也已完成了磨合的過程,出現了較爲融洽和諧的局面,如是方可能出現佛僧與景僧合譯經典之事。因此,景淨時代外來傳教士取地道華名,正是從一個側面折射他們力圖融入華夏社會,這正是該教華化之一重要表徵。

11.7　景碑兩側題名剖析

西安景碑碑體兩側,可見 70 人的題名,其中敍漢二文對配者凡 62人,僅有敍文而乏漢文者 8 名。這些題名者,無論是否有神職,其信仰基督教蓋無疑問。按,勒石紀功,乃華夏的傳統,景碑之立,自是效法這一傳統。景眾題名,位於碑體兩側,又未見文字說明彼等是立碑的捐助者;其間雖有平信徒,但不少是神職人員,甚至位至主教,故題名者當非一般供養人,亦與正面的碑文不存內在聯繫。勒名於碑,在唐代士人中,則是一種時尚。大唐御史臺精舍題名碑固不待言,而新科進士集體到雁塔勒名,始於中宗,更是京城人文盛事。景碑兩側的題名,看來與

---

〔1〕《唐會要》卷 49《大秦寺》(頁 864)。天寶四載(745)詔:"波斯經教,出自大秦,傳習而來,久行中國。爰初建寺,因以爲名。將欲示人,必修其本。其兩京波斯寺宜改爲大秦寺。天下諸府郡者亦准(準)此。"相關考證詳參本書第 6 篇《西安景碑有關阿羅本入華事辨析》。

這種時尚不無關係。不過,未必是效法御史臺精舍題名,勒刻長安大秦寺的僧人名錄。查 1955 年西安出土的《米繼芬墓誌》記載米國質子米繼芬"有二男,長曰國進,任右神威軍散將,守京兆府崇仁府折衝都尉同正。幼曰僧思圓,住大秦寺"。該"僧思圓"自是景僧無疑;[1]而據誌文,米氏於唐順宗永貞元年(805)死於長安醴泉里私第,終年 92 歲,由是可推測公元 781 年立景碑時,僧思圓應還在大秦寺,然其名卻不見於碑體兩側,據此可推所題者應非當時大秦寺僧人名錄。而細察所勒名字的字體、行距有差,也顯示所勒人名,並非一步到位,而是陸陸續續刻上的,這倒類乎雁塔的進士題名。按,進士題名,乃出於世俗動機,希冀"與雁塔並高"、"與雁塔同永",名垂千秋;而景眾題名,恐宜從宗教心理追因。該等信眾的題名,動機當類乎洛陽景僧之立經幢,把該碑視爲聖物,在上面勒名,冀以獲得"景福"。若然,勒名的行爲未必與立碑同步。[2] 這就意味著,該等勒名者可能與景淨同輩同修,也可能屬於晚輩,甚至是後景淨時代的人物。因此,這些信徒的名字,可目爲由景淨時代到洛陽經幢刻立時的過渡環節。爲便於討論,茲據景碑兩側拓本著錄如下,其間敍文部分均據伯希和的轉寫,括號內爲伯氏之法譯。[3]

碑體左側題名凡 4 行:

第 1 行

(1) Màr(i) Yôhannàn 'appèsqôpâ[4]　大德曜輪

(2) Ꞌshàq qaššîšâ(Isaac, prêtre)　僧日進

(3) Yô'él qaššîšâ(Joël, prêtre)　僧遙越

---

〔1〕該墓誌的考證參閣文儒《唐米繼芬墓誌考釋》,刊《西北民族研究》1989 年第 2 期,頁 154 -160;而將該墓誌目爲唐代景教史料,將思圓界定爲景僧,發凡者乃葛承雍教授,見其《唐代長安一個粟特家庭的景教信仰》,初刊《歷史研究》2001 年第 3 期,收入氏著《唐韵胡音與外来文明》,中華書局 2006 年版,頁 232。羅炤《再談洛陽唐朝景教經幢的幾個問題》(刊《世界宗教研究》2007 年第 4 期,頁 96–104)對此問題續有討論。

〔2〕另參本書第 7 篇《唐代"景僧"釋義》。

〔3〕*Pelliot* 1984, pp. 55-61。

〔4〕伯希和法譯 Monseigneur Jean, *évêque*, *Pelliot* 1984, p. 57;穆爾英譯爲 My lord Iohannan Bishop, *Moule* 1972, p. 49,意同;漢譯可作"尊者約翰主教"。

249

·欧·亚·历·史·文·化·文·库·

（4）Mîk^hà'él qaššîšâ(Michel, prêtre)　僧廣

（5）Gîwargîs qaššîšâ(Georges, prêtre)　僧和吉

（6）Màhdà^hgûšnasp qaššîšâ(Māhdādgušnasp, prêtre)　僧惠明

（7）M^ešîhâdâd^h qaššîšâ(Mešîhâdâdh, prêtre)　僧寶達

（8）'Ap^hrêm qaššîšâ(Ephrem, prêtre)　僧拂林

（9）'Ab^hày qaššîšâ('Ab^hāy, prêtre)

（10）Dàwîd^h qaššîšâ (David, prêtre)

（11）Môšê qaššîšâ(Moïse, prêtre)　僧福壽

第 2 行

（12）Bakkôs qaššîšâ îhîd^hšyâ(Bacchos, prêtre, moine)　僧崇敬

（13）'Elîyâ qaššîšâ îhîd^hšyâ(Élie, prêtre)　僧延和

（14）Môšê qaššîšâ w^eîhîd^hšyâ(Moïse, prêtre et moine)

（15）'Ab^hdîšô' qaššîšâ w^eîhîd^hšyâ('Abhdîšô', prêtre et moine)

（16）Šèm'ôn qaššîšâ d^{he}qab^hrâ(Simon, prêtre du tombeau)[1]

（17）Yôhannîs m^ešamm^ešànâ weî［ hî］dh［ày］â（ Jean diacre et moine)[2]　僧惠通

第 3 行

（18）'Abrôn(Aaron)　僧乹（乾）佑

（19）Pàtrôs(Pierre)　僧元一

（20）'Iyôb^h(Job)　僧敬

（21）Lûqâ(Luc)　僧利見

（22）Mattai(Matthieu)　僧明

（23）Yôhannàn(Jean)　僧玄真

（24）Îšô'emméh(Îšô'emmeh)　僧仁

（25）Yôhannàn(Jean)　僧曜源

（26）Sab^hrišô'(Sab^hrišô')　僧昭

（27）Îšô'dà^h(Îšô'dà^h)　僧文明

---

〔1〕漢譯可作“西蒙,聖墓牧師”,*Pelliot* 1984, p. 58.

〔2〕漢譯可作“約翰,助祭教士兼修士”,*Pelliot* 1984, p. 58.

（28）Lûqâ（Luc） 僧文貞

（29）Qûstantînôs（Constantin） 僧居信

（30）Nôh（Noé） 僧來威

第 4 行

（31）'Izadsᵉpâs（'Izadsᵉpās） 僧敬真

（32）Yôhannàn（Jean） 僧還淳

（33）'Ânôš（Anōš） 僧靈壽

（34）Màr Sargîs（Monseigneur Serge）[1] 僧靈

（35）'Ishàq（Isaac） 僧英

（36）Yôhannàn（Jean） 僧沖和

（37）Màr Sargîs（Monseigneur Serge） 凝虛

（38）Pûsay（Pusāy） 僧普濟

（39）Šĕmʻôn（Simon） 僧聞順

（40）'Ishàq（Isaac） 僧光濟

（41）Yôhannàn（Jean） 僧守一

碑體右側題名凡 3 行：

第 1 行

（42）Yaʻqôbʰ qaššîšâ（Jacques, prêtre） 老宿耶俱摩

（43）Màr Sargîs qaššîšâ wᵉkʰôr 'appèsqôpâ šî 'angtswâ（Monseigneur Serge, prêtre et chorévêque, supérieur de monastère）[2] 僧景通

（44）Gîgʰôy qaššîšâ wᵉarkîdʰîaqôn dᵉKʰûmdân wᵉmaqrᵉyànâ,（Gīgōy,〔Gīghōy〕prêtre, archidiacre de Kumdān〔Khumdān〕et maître de lecture）[3] 僧玄覽

（45）Pàulôs qaššîšâ（Paul, prêtre） 僧寳靈

---

〔1〕即"尊者薩吉斯"，*Pelliot* 1984，p.60.

〔2〕*Pelliot* 1984，p.60. Šîangtswâ，據伯希和考證，係漢語佛教"上座"的音譯（見 P. Pelliot, "Deux Titres Bouddhiques Portés par des Religieux Nestoriens"，*T'oung Pao*，Vol. XII，1911，pp. 664-670；馬幼垣漢譯《景教所用之二佛教稱謂》，刊《景風》1967 年第 14 期，頁 49 - 58），若然，則敘文可漢譯爲"尊者薩吉斯，牧師兼鄉主教上座"。

〔3〕即"基高伊，牧師、長安副主教兼宣講師"，*Pelliot* 1984，p.60.

（46）Šèmšôn qaššîšâ（Samson, prêtre）　僧审慎

（47）'Ad^hàm qaššîšâ（Adam, prêtre）　僧法源

（48）'Elîyâ qaššîšâ（Élie, prêtre）　僧立本

（49）'Ishàq qaššîšâ（Isaac, prêtre）　僧和明

（50）Yôhannàn qaššîšâ（Jean, prêtre）　僧光正

（51）Yôhannàn qaššîšâ（Jean, prêtre ）　僧内澄

（52）Šèm'ôn qaššîšâ w^esàb^hâ（Simon, prêtre et doyen）[1]

第 2 行

（53）Ya'qôb qankàyâ（Jacques, sacistain）（Jacques, sacistain）[2] 僧崇德

（54）'Ab^hdîšô'　僧太和

（55）Îšô'dà^h　僧景福

（56）Ya'qôb^h（Jacques）　僧和光

（57）Yôhannàn（Jean）　僧至

（58）Šub^hhâlmàran　僧奉真

（59）Màr Sargîs（Monseigneur Serge）　僧元宗

（60）Šèm'ôn（Simon）　僧利用

（61）'Ap^hrêm（Ephrem）　僧玄德

（62）Z^ek^harîyâ（Zacharie）　僧義濟

（63）Qûrîyaqôs（Cyriaque）

（64）Bakkôs（Bacchos）　僧保國

（65）'Ammànû'él（Emmanuel）　僧明一

第 3 行

（66）Gab^hrî'él（Gabriel）　僧廣德

（67）Yôhannàn（Jean）

（68）Š^elêmôn（Salomon）　僧去甚

（69）'Ishàq（Isaac）

---

〔1〕即"西蒙,資深牧師", *Pelliot* 1984, p. 60.

〔2〕即"雅各,教堂司事",*Pelliot* 1984, p. 61.

（70）Yôhannàn（Jean）　僧德建

　　在上錄 70 個題名中,敍文爲先,其間有 62 名下面附有漢字華名,
而序號第 9、10、14、15、16、52、67、69 等 8 名則僅敍文耳,儘管與之同名
者都另有華名。觀匹對敍文的華名,有一些顯然係據敍文名字音譯,如
序號 42“Ya'qôb^h qaššîšâ,老宿耶俱摩”,qaššîšâ 相當於漢語的教士、牧
師或長老之意;Ya'qôb^h 則是一個常見的基督教徒名字,現代漢語多音
譯爲“雅各”。“耶俱摩”顯然就是 Ya'qôb^h 的音譯。另序號 8“'Ap^hrêm
qaššîšâ,僧拂林”,“拂林”二字無疑音譯自 p^hrêm,古籍中作西域某地名
之音譯,本身無義可解。還有若干華名有義可循,但選字又與胡名某些
發音近似者,如序號 3“Yô'él qaššîšâ,僧遙越”。“遙越”與 Yô'él 近音,
而又可作遠遠超越之類解。序號 45“Pàulôs qaššîšâ,僧寶靈”,序號 38
“Pûsay,僧普濟”,亦類似。序號 22“Mattai,僧明泰”,“泰”可與 tai 對
音。序號 5“Gîwargîs qaššîšâ,僧和吉”,“和吉”可與 wargîs 對音。序號
64“Bakkôs,僧保國”,序號 46“Šemšôn qaššîšâ,僧審慎”,敍名與華名的
發音均接近;而序號 1“Màr(i) Yôhannàn 'appèsqôpâa,大德曜輪”和序
號 25“Yôhannàn,僧曜源”,敍文名字都是 Yôhannàn,顯然都把 Yô 音譯
爲“曜”。

　　從上面的分析,可看出景碑上這批教徒均有敍文名字,至於漢文名
字顯屬因應在華的需要另取的,並非原來所固有。因此,可判斷該等題
名者當非漢人。

　　另外,上錄有華名的題名者,據其對應的敍文,身任神職者有 20 多
位,既然有敍文名字和職務稱謂,説明他們和東方教會關係密切,很可
能是受派來華,而不像洛陽大秦寺僧那樣,多屬土生胡。

　　不過,有敍文的名字,不一定意味著名字的主人都是直接來自敍利
亞教會,或都是敍利亞人。因爲古代東方教會,把敍利亞文作爲教會用
語,其屬下的各個教區雖然也把敍文經典譯成當地文字,但畢竟敍文經
典作爲“原著”,更具權威性,在非敍文教區,教徒取敍文教名即便不是
絕對的要求,也當屬一種時尚。因此,儘管西方學者諳於從語言學角度
追蹤名字的族源,並由此追溯名字主人的族屬,但實際上,如果沒有其

253

他相應資料佐證,則結論未必可靠。學者的研究業已證明,基督教之傳入中亞粟特地區可追溯到公元6—7世紀,[1]基督教的粟特文寫經,考古亦多所發現。[2] 因此,唐代來自粟特地區的九姓胡移民及其後裔有基督教信仰,這絕非稀奇。而唐代中國之有九姓胡景僧活動,不惟見於經幢《幢記》所載,亦有上面提到的《米繼芬墓誌》爲證。按,唐代中國九姓胡移民甚夥,而其間又已確證有身爲景僧者,因此,推測景碑題名者有其同胞,應非無稽之談。

　　儘管上揭景教徒在取華名時,或與原來敘文名字諧音,但畢竟區區數例耳;絕大多數是完全另起爐竈。據上面著錄的題名,敘文名字爲Yôhannàn者凡12例,見序號1、17、23、25、32、36、41、50、51、57、67、70,其中除序號67缺取華名外,其他的華名分別是:"曜輪"、"惠通"、"玄真"、"曜源"、"還淳"、"沖和"、"守一"、"光正"、"内澄"、"至德"、"德建"。按,Yôhannàn,伯希和音譯爲Jean,即現代漢譯常見的基督教名字"約翰"。而在這11個華名中,除上面已指出的"曜輪"、"曜源"的首字"曜"與Yô諧音外,其他華名蓋無從與Yôhannàn對音,完全是另具實義的地道華名。又如序號69的敘文名字'Ishàq,伯希和音譯Isaac,即現代漢譯常見的基督教名字"以掃"。該號教徒未見華名,但與其同名的2、35、40、49號教徒的華名分別爲"日進"、"英德"、"光濟"、"和明",該等名字都有實義,也完全不能與'Ishàq對上音。敘文名字作Sargîs者凡4例,見序號34、37、43、59;其華名分別作"靈德"、"凝虛"、"景通"、"元宗"。類似這樣敘文同名而華名各異的例子尚有Šèm‘ôn(見序號16、39、52、60),Ya‘qôbʰ(見序號42、53、56),'Apʰrêm(見序號8、61),Bakkôs(見序號12、64),'Elîyâ(見序號13、48),Lûqâ(見序號

〔1〕E. C. D. Hunter, "Syriac Christianity in Central Asia", *Zeitchrift für Religions-und Geistesgeschichte*, Vol. 44, 1992, pp. 362-368; "The Church of the East in Central Asia", *Bulletin of the John Rylands University Library of Manchester*, Vol. 78, No. 3, 1996, pp. 129-142.

〔2〕20世紀初年,德國探險隊在吐魯番葡萄溝(Bulayiq)附近水盤的一所寺院遺址,發現了一個基督教藏書室,得到850個抄本,係用敘利亞文、基督教粟特文、基督教古突厥文書寫,還有若干抄本用新波斯文書寫。有關該等抄本的研究已立項,由歐洲若干著名語言學家負責。不久當可讀到相應的研究報告。*Manichaean Studies Newsletter*, 22(2007), Belgium/Belgique, Brepols Publishers, p. 25.

21、28），Îšô·daʰ（見序號 27、55）。此外，'Abʰdîšô·有 2 例，見序號 15、54，前者不具華名，後者作"太和"；Môšê 也有 2 例，見序號 11、14，前者作"福壽"，後者不具華名。

　　從以上分析，可看到自景淨以後，外來景教徒除了自己固有的敍利亞教名外，還普遍另取一華名。就該等華名，除個別是照敍文音譯外，絕大多數是有義可尋的，命名者顯然是刻意從漢字中選字擇義，使名字具有一定的意蘊。這些華名中，或富有基督教味道，如序號 19 的"僧元一"、41 的"僧守一"，65 的"僧明一"，都取一個"一"字。這個"一"可能意味著基督教所崇拜的惟一造物主。有的是像景淨那樣，直接取用景教的"景"字，如上面提及的序號 43、55 的"僧景通"、"僧景福"。但這些帶有本教味道的名字畢竟數量很有限，而那些染有佛道色彩的名字反而多些，如序號 6 的"僧惠明"、17 的"僧惠通"、23 的"僧玄真"、24 的"僧仁惠"、31 的"僧敬真"、37 的"僧凝虛"、38 的"僧普濟"、44 的"僧玄覽"、51 的"僧內澄"、58 的"僧奉真"、61 的"僧玄德"等皆然。不過，更多的名字看來卻是受儒家或民間世俗的影響，典型的如序號 11 的"僧福壽"、20 的"僧敬德"、26 的"僧昭德"、27 的"僧文明"、28 的"僧文貞"、29 的"僧居信"、46 的"僧審慎"、48 的"僧立本"、53 的"僧崇德"、60 的"僧利用"、63 的"僧志堅"、64 的"僧保國"、66 的"僧廣德"、70 的"僧德健"，等等。

　　上揭景眾之取華名，看來主要是出於入鄉隨俗的原因，就像近現代一些在華活動，或從事漢學研究的西人那樣，爲便於與華人交往，或張揚自己的華學興趣，喜歡精心選字，取一地道華名。而對於在華景僧說，取華名更是爲便於登入官方僧籍，取得合法的僧人資格。[1] 儘管上列華名中，或有宗教意涵者，但這畢竟與佛僧皈依佛門時捨俗姓俗名改用法號不同，因爲他們本來就沒有漢字的俗名，而原來的敍文名字也沒有放棄，仍然刻在碑上，而且列於華名之前。或云景碑之漢字僧名已顯法統輩份，則更未必。碑上有若干僧名確有一字相同者，但這未必意味著彼等法統輩份相同。如上面舉列的景淨、景通、景福，雖同有一

────────────

〔1〕詳參本書第 7 篇《唐代"景僧"釋義》。

"景"字,但絕非同輩;緣景淨乃當時中國教區的最上層人物,其地位之尊並非景通、景福之可比。就算後兩者,景通列於碑右側第 1 行第 10 名,景福列於碑右側第 2 行第 11 名,兩者中間隔了 11 位非景字號的僧侶,如果他倆是同一輩份的話,恐應並列在一起。還有 3 位僧人,同樣取一"玄"字,即序號 23 的玄真、44 的玄覽、61 的玄德。玄真位於碑左側第 3 行第 8 名,玄覽位於碑右側第 1 行第 9 名,玄德位於碑右側第 2 行第 5 名,單就排列的次序,已暗示"玄"字未必是代表輩序。碑兩側漢字題名有 62 位,除序號 1 的"大德曜輪"和 42 的"老宿耶俱摩"可能因未入官方僧籍,沒有冠以"僧"字外,[1] 其餘 60 名概以"僧"稱。這 60 名僧人,即便只是其時全國景僧的一小部分,但數以十計,也具有抽樣統計的意義了。假如當時全國的景僧,或者長安的景僧已如《幢記》所反映的洛陽大秦寺僧人那樣,取華名時"效仿佛教僧人在法號中體現輩份和傳世統系的做法",那在碑上這 60 名景僧題名中,必定要有明顯的反映。既沒有明顯的反映,則至少意味著這一做法尚未普遍流行。

11.8　結語

　　有案可稽的最早傳教士,即貞觀年間入華的阿羅本,其名字不過是譯人據其胡名發音,按漢人姓名多以 3 字爲度,酌情音譯。玄宗朝的僧人名字,也多屬音譯,不過其間或據胡名,或據神職稱謂,而且都省音爲兩個字,即類乎佛僧稱號,以兩字爲度;該等名字的定奪,譯人扮演重要角色。至玄宗朝末的伊斯,其名已隱約包含某些意蘊,取華名正在成爲景僧的主動行爲。而後的景淨時代,取有實義的地道華名已成景僧風尚。這可以説是一個跳躍式的質變。不過,其時尚未流行體現輩份和法統的做法,至少在長安地區的教團是如此。《幢記》所反映的 9 世紀初葉洛陽大秦寺景僧稱謂所體現的輩份和法統,無疑是基督教聶斯脱里派入華近一個半世紀逐步華化的結果。不過,如此高度華化,是洛陽

---

〔1〕詳參本書第 7 篇《唐代"景僧"釋義》。

當地景教團所特有抑或是當時中原的普遍現象,由於缺乏其他地區同時性資料作比較,目前尚無從判斷。業師蔡鴻生先生提示對於唐代景教華化的研究,要注意地域的差異。洛陽景教經幢所反映的洛陽教團的華化程度,無疑可作爲日後深入研究的一個參照坐標。

入華景僧以漢字作爲自己名稱,從被動到主動,由音譯胡名到自選漢字直接命名,以至取用法號,體現輩份法統,其間經歷了從個別到普遍、由逐步量變到質變的過程,體現了僧人們華化之由淺入深,顯示彼等爲融入華人社會而不斷努力。景僧名字的普遍華化,在一定程度上折射了整個僧侶階層的華化,而從辯證的觀點看,如果沒有廣大平信徒的華化,也不可想象會出現僧侶階層的華化。當然,在這個過程中,僧侶階層和平信徒之間是相輔相成、互相促進的。而教徒的華化與整個宗教,包括教會組織、教義、禮儀等的華化即便不是同步,也理當成正比。這方面的深入探討和具體論證自有待更多資料的發現。但無論如何,透過僧人名字的華化軌迹,吾人已或多或少可以推想整個宗教華化的輪廓。是爲本篇立意之所在。

11.9　餘論

自 2006 年 5 月洛陽唐代景教經幢面世,張乃翥先生率先於 10 月 11 日《中國文物報》發表《一件唐代景教石刻》的報導以來,相關報導以及研究文章已陸續見諸報刊。現有的研究顯示該幢的發現,已使學界進一步深化對唐代景教的認識。

按,基督教聶斯脫里派入傳唐代中國不久,便在中國政治環境、文化氛圍下,自覺或自發、被動或主動地不斷華化。從經幢的製作動機及其整個行爲方式,從所勒文字對本教教義的表述,從所披露的景僧名字,等等,均顯示了在唐代後期的洛陽地區,存在著一個華化程度幾達爐火純青的景教羣體。該羣體由華化胡裔組成,繼承發展其先人的宗教理念,奉行著一種業已佛化的景教信仰。這就是說,在會昌年間三夷教遭到迫害之前,至少在洛陽地區已存在一種以華化胡裔爲基本信眾的佛化景教。像這樣一種業已華化的信仰,難道會因爲唐武宗一紙禁教敕令便完全失去生存的空間？由是，對於傳統所認爲的唐代景教在會昌宗教迫害後就銷聲匿迹、無影無蹤的觀點，看來似有重新檢討的必要。

其實，敦煌景教寫本 P.3847 已披露唐亡後，敦煌地區尚有虔誠的景教徒在整理傳抄保存本教的經典；[1] 而敦煌莫高窟北區 B105 窟亦出土了一件青銅十字架，據云"時代爲宋朝或宋朝以前"。[2] 是以，敦煌地區在唐代之後尚有景教徒活動，這應殆無疑問。至於中國東南地區，近期也發現了一幅流入日本的元代或早於元代的宗教神像絹畫，其間所繪之神掌托十字架。[3] 筆者認爲，只要排除該畫中的十字架與元代也里可溫存在聯繫，則該神像很可能就是衍化自唐代的景教。

此外，泉州吳文良先生所發現的雙語合璧元代墓碑石（見本書圖版 2.8），其漢文字云：

> 管領江南諸路明教、秦教等，也里可溫、馬里、失里門、阿必思古八、馬里哈昔牙
>
> 皇慶二年（1313）歲在癸丑八月十五日，帖迷答掃馬等泣血謹誌[4]

學者把第一行文字解讀爲"獻給江南諸路摩尼教和景教等的管領者，最尊敬的基督教主教馬里失里門"。[5] 碑文的"秦教"當應指代景教。緣從語境看，"秦教"與"明教"都被目爲夷教，由一位具有也里可溫身份的人管領。而以"秦"爲名的外來宗教，惟唐代大秦教耳。

更有，業師蔡鴻生先生所惠示的房山石刻橫額"玉皇寶誥"下經題記有曰：

---

〔1〕詳參拙文《敦煌景教寫本 P.3847 再考察》。

〔2〕有關報導見彭金章、王建軍、敦煌研究院編《敦煌莫高窟北區石窟》第 2 卷，文物出版社 2000 年版，頁 42、43，圖見標本 B105：2；相關研究見姜伯勤《敦煌莫高窟北區新發現中的景教藝術》，刊《藝術史研究》第 6 輯，中山大學出版社 2004 年版，頁 337–352。

〔3〕詳參泉武夫《景教聖像の可能性——栖雲寺藏傳虛空藏畫像について》，刊《國華》第 1330 號，2006 年，頁 7–17；王媛媛《中國東南摩尼教使用十字架符號質疑》，提交"中西交通与文明網絡學術研討會"（廣州中山大學歷史系，2008 年 6 月 21—22 日）論文。

〔4〕吳文良原著、吳幼雄增訂《泉州宗教石刻》（增訂本），科學出版社 2005 年版，頁 396。

〔5〕學界有關該碑文的考釋，參閱拙著《中古三夷教辨證》，頁 384–386。

大明國景教慶壽寺僧人超然經匠道□四名游於□□ 正統三
年四月廿九日遊到□□□□小西天石經堂瞻礼[1]

該題記落款正統三年（1438），遠早於西安景碑發現的天啓年間
（1621—1627），因而，個中的“大明國景教”不可能是受景碑啓發而冒
出的新教派；而正統年間，西方的耶穌會士也還未到中國，該“大明國
景教”亦不可能與明末海路新傳入的西方基督教有涉。是以，其無疑
應是本土原來所固有的，是否就是唐代景教的餘緒，這是一個很值得探
討的有趣問題。假如答案是肯定的，那就意味著唐代景教遭武宗迫害
後，民間還有其信眾；從其僧人到房山佛教聖地“瞻礼”的題刻，暗示其
或以佛教一宗之面目存在於社會。

　　（本篇初刊《中華文史論叢》2009 年第 2 輯，總 94 輯。）

附錄

西安景碑釋文

　　説明：景碑自發現後，國內外錄文版本甚多，惟大陸 20 世紀 50 年
代後，殆無刊行傳統漢字本。[2] 古代文獻用當今簡化漢字轉寫，這對
於研究者來説，自是十分無奈之事。有鑒於此，黃蘭蘭君在撰寫其博士
論文《唐代景教與宮廷的關係——圍繞西安景教碑文字內容的歷史考
察》時，特據中山大學圖書館藏拓本，逐字過錄碑文，力圖與拓本文字
保持一致。本釋文漢文部分，便是在黃君博士論文錄本基礎上修訂製

---

〔1〕北京圖書館金石組、中國佛教圖書文物館石經組編《房山石經題記匯編》，書目文獻出版
社 1987 年版，頁 76。

〔2〕最新的景碑錄文見路遠《景教與景教碑》，西安出版社 2009 年版，頁 321－328；書中並附
景碑全拓的清晰圖版，爲國內出版物所首見。

作。釋文盡量保持原碑所用的唐代異體字（首次出現以括號加註正體）。碑體上的敍利亞文，國外有諸多摹本、轉寫本並翻譯，目前被認爲最權威者似推法國敍利亞文專家 Jean Dauvillier 整理的伯希和遺著《遠東和中亞基督教再研究》第 2 卷第 1 分冊《西安府石碑》。[１] 本釋文采用該書的拉丁轉寫，加註伯氏的法譯，另附漢譯。漢譯除據伯氏法譯外，主要參考穆爾名著《一五五〇前的中國基督教史》。[２] 至於原碑的敍利亞文，可參見本書所附拓本照片（圖版 3.2, 3.3, 3.4），不另臨摹。

景（景）教流行中國（國）碑（碑）頌并序

大秦寺僧景淨述 'Ad^hàm qaššîšâ w^ek^hôr 'appèsqôpâ w^ep^hapšê d^{he} Sinèstân[３]

（1）粵若！常然真寂，先先而无元，窅然靈虛（虛）；後後而妙有，恕（惚）玄摳（樞）而造化。妙衆聖以元尊者，其雄（唯）　　我三一妙身无元真主阿羅訶歟！判十字以定四方，皷（鼓）元風而生

（2）二氣。暗空易而天地開，日月運而晝夜作。匠成万物，然立初人。別賜良和，令鎮化海。渾元之性，厝（虛）而不盈。素蕩（蕩）之心，本無希（希）嗜。洎乎娑殫施妄，鈿飾純（純）精。閒平大扵

（3）此是之中，陳冝（冥）同於彼非之内。是以三百六十五種，肩随結轍（轍），竸（競）織法羅。或（或）指（指）物以託宗，或空有以淪二，或禱（禱）祀以邀福，或伐善以矯人。智慮（慮）營營，恩[４]情侅（役）侅。茫然

---

〔1〕P. Pelliot, *Rechérches sur les Chrétiens d'Asie Centrale et d'Extrême-Orient*, II, 1: *La Stèle de Si -ngan-fou*, Oeuves posthumes de Paul Pelliot, Paris 1984, pp. 55-57.（以下縮略爲 *Pelliot* 1984），

〔2〕A. C. Moule, *Christians in China before the Year 1550*, pp. 34-52. London, New York and Toronto 1930; repr. New York 1972, Taipei 1972（以下縮略爲 *Moule* 1972），pp. 34-52.

〔3〕Adam〔moine King-tsing〕prêtre, chorévêque et《maître de Loi》de la Chine. *Pelliot* 1984, p. 56. 可漢譯爲"亞當（'Adhàm, Adam 景淨）、牧師（qaššîšâ）、鄉主教兼中國法師"，穆爾譯爲 country-bishop and fapshi of Zinistan（*Moule* 1972, p. 35），意同。對景淨身份的討論詳參本書第 7 篇《唐代"景僧"釋義》和第 10 篇《唐代景僧名字的華化軌迹》。

〔4〕多有版本錄作"思"，誤。揚州詩局本《全唐詩》卷 867《袁長官女詩（題峽山僧壁）》："剛被恩情役此心，無端變化幾湮沈。不如逐伴歸山去，長笑一聲煙霧深。"

（4）無得，煎迫轉（轉）燒（燒），積昧亡途，久迷休復。於是　　我三一分身景尊弥施訶，戠（戢）隱（隱）真威，同人出代。神天宣慶（慶），室女誕（誕）聖於大秦；景宿告祥，波斯覩耀以来貢。圓廿四聖

（5）有説之舊（舊）法，理家國扵大猷。設　　三一淨風無言之新教，陶（陶）良用於正信。制八境之度，鍊塵成真；啓（啓）三常之門，開生滅死。懸景日以破暗府，魔妄於是乎悉摧。棹慈

（6）航（航）以登明宮，含（含）靈於是乎既濟。能事斯畢，亭午昇（昇）真。經留廿七部，張元化以發（發）靈開（關）。法浴水風，滌（滌）浮華而潔虛白；印持十字，融（融）四照以合無拘（拘）。擊（擊）木震仁惠之音，東

（7）礼趣生榮之路。存鬚（鬚）所以有外行，削頂所以無内情。不畜臧獲，均貴賤於人。不聚貨財，示罄（罄）遺於我。齋以伏識而成，戒（戒）以靜慎為固。七時礼讚，大庇存亡。七日一薦，

（8）洗心反素。真常之道，妙而難名；功用詔（昭）彰，強稱（稱）景教。惟道非聖不弘，聖非道不大；道聖符契（契），天下文明。　　太宗文皇帝，光華啓（啓）運，明聖臨人。大秦國有上德曰阿

（9）羅本，占青雲而載真經，望（望）風律以馳艱（艱）險（險）。貞觀九祀，至扵長安。　　帝使宰（宰）臣房公玄齢（齡），悤仗西郊，賓（賓）迎入内。翻（翻）經（經）書殿（殿），問道禁闈（闈），深知正真，特令傳（傳）授。貞觀十有二

（10）年秋七月，詔（詔）曰："道無常名，聖無常體，隨方設（設）教，密（密）濟群生。大秦國大德阿羅本，遠將經像（像），来獻（獻）上京（京）。詳其教旨（旨），玄妙無為；觀其元宗，生成立要。詞無繁說，理有忘筌（筌）。

（11）"濟物利人，宜行天下。"所司即於京義寧坊造大秦寺一所，度僧廿一人。宗周德喪（喪），青駕西昇；巨唐道光，景風東扇。旋令有司，將　帝寫（寫）真，轉摸寺壁。天姿汎（汎）彩，英朗

（12）景門，聖迹騰（騰）祥，永輝法界。案《西域（域）圖記》及漢魏（魏）史筞（策）：大秦國南統珊（珊）瑚之海，北極衆寶之山，西望仙境

261

花林，東接長風弱水；其士（土）出火綄布、返霓（魂）香、明月珠、夜光璧

（13）俗無寇（寇）盜，人有樂康。法非景不行，主非德不立。土（土）宇廣闊，文物昌明。　　高宗大帝，克恭（恭）纘祖，潤（潤）色真宗，而於諸州各置（置）景寺，仍崇阿羅本為鎮國大法主。法流（流）十

（14）道，國富（富）元休；寺滿（滿）百城，家殷（殷）景福。聖曆（曆）年，釋（釋）子用壯，騰口於東周；先天末，下士大笑（笑），訕謗於西鎬。有若（若）僧首羅含、大德及烈，並金方貴緒、物外高僧，共振玄綱（綱），俱維

（15）絶（絕）紐　　玄宗至道皇帝，令寧國等（等）五王親臨福宇，建立壇（壇）場。法棟暫橈（橈）而更崇，道石時傾而復正。天寶初，令大将（將）軍高力士送　　五聖寫真，寺內安置，賜绢（絹）百

（16）疋，奉慶（慶）睿（睿）圖。龍髯（髯）雖（雖）逺，弓劔（劍）可攀（攀）；日角舒（舒）光，天顏咫尺。三載，大秦國有僧佶和，瞻（瞻）星向化，望日朝尊。詔僧羅含、僧普論等一七人，與大德佶和，於興慶宮修功德。於

（17）是天題寺牓，額戴龍書。寶裝璀翠（翠），灼爍丹霞。睿扎宏空，騰凌激日。寵賷（賚）比南山峻極，沛澤與東海齊深。道無不可，所可可名；聖無不作，所作可述。　　肅宗文明皇

（18）帝，於靈武等五郡，重立景寺。元善資而福祚開，大慶臨而皇業建　　代宗文武皇帝，恢（恢）張聖運，從事無為。每於降誕之辰，錫天香以告成功，頒御（御）饌以光景眾。且

（19）乾（乾）以美（美）利，故能（能）廣生；聖以體元，故能亨（亨）毒。　　我建中聖神文武皇帝，披八政以黜（黜）陟幽明，闡九疇以惟新景命。化通玄理，祝無愧（愧）心。至於方大而虛，專（專）靜而恕，廣

（20）慈救眾苦，善貸（貸）被羣生者，我修（修）行之大猷（猷），汲引之階漸也。若使風雨時，天下靜，人能理，物能清，存能昌，歿（歿）能樂，念生響（響）應，情發自誠者，我景力能事之功（功）用也。大施

（21）主金紫光祿大夫、同朔（朔）方即（節）度副使、試殿中監、賜紫袈裟僧伊斯，和而好惠，聞道勤（勤）行，遠自王舍之城，聿來中夏；術

262

高三代,藝博十仝(全)。始効節於丹庭,乃築(策)名於王

(22)帳。中書令、汾陽郡王郭公子儀,初揔弌(戎)於朔方也。

肅(肅)宗俾(俾)之從邁。雖見親於臥內,不自異於行間。為公爪牙,作軍耳目,能散(散)祿賜,不積於家。獻臨恩之頗黎(黎),布

(23)辝(辭)憇(憩)之金罽(罽)。或仍其舊寺,或重廣法堂。崇飾廊宇,如翬斯飛。更効景門,依仁施利。每歲集四寺僧徒,虔(虔)事精供,俻諸五旬。餧者来而飰(飯)之,寒者来而衣之,病者療而

(24)起之,死者葬而安之。清卲(節)達娑,未聞斯美。白衣景士,今見其人。願(願)刻洪碑,以揚休烈。詞曰:真主无元,湛寂常然。攉(權)輿匠化,起地立天。分身出代,救度無邊(邊)。日昇暗

(25)滅,咸證真玄。 赫赫文皇,道冠(冠)前王,乘時撥乱,乹(乾)廓坤張。明明景教,言歸(歸)我唐。翻經建(建)寺,存殁舟(舟)航。百福偕作,萬邦之康。 高宗纂(纂)祖,更築(築)精宇。和宮敞朗,遍

(26)滿中圡。真道宣明,式封法主。人有樂康,物無灾苦。玄宗啓聖,克修真正。卿牓揚輝,天書蔚映。皇圖璀璨(璨),率圡高敬。庶續咸熈(熙),人賴其慶 肅宗来復,天威引

(27)駕。聖日舒晶,祥風掃夜。祚歸(歸)皇室,祆(祆)氛永謝。止沸定塵,造我區夏。 代宗孝義,德合天地。開貸(貸)生成,物資美利。香以報(報)功,仁以作施。暘谷来威,月窟畢萃。 建

(28)中統極,胙修明德。武肅四溟(溟),文清萬域。燭臨人隱,鏡觀物色。六合昭蘇(蘇),百蠻(蠻)取則。道惟廣兮(兮)應惟密(密),強名言兮演三一。 主能作兮臣能述,建豐碑兮頌元吉。

(29) 大唐建中二年,歲在作噩,太蔟(蔟)月七日,大耀森文日建立, 時法主僧寧恕知東方之景眾

263

也。B°yàumai 'abbâ d^he'abbàht^hâ Màr (i) H°nànîšô' qat^hôlîqâ patrîyarkîs
...[1]

(30) 朝議郎前行台州司士糸軍呂秀
嚴書

説明:碑體正面下端有敍利亞文並漢字題署,按直行由左而右排
列,依次爲:

Baš°nat^h 'àlép^h w°t^heš'în w°t^hartên d^heYàunàyê Màr (i) Yazdbôzêd
qaššîšâ w°k^hôr'appèsqôpâ d^he K^hûmdân m°d^hînat^h malkût^hâ bar nîh nap^hšâ
Mîlês qaššîšâ d^he mèn Balh m°d^hî (n) ttâ d^heT^hahôrèstân 'aqqîm lûhâ hànâ d^he
k^hẽp^hâ dak^het^hîbhàn bèh m°d^hab°rànût^heh d°p^hàrôqan w°k^harôzût^hôn d°'
ab^hàhain dal°wàt^h malkê d^heSinàyê...[2]

'Ad^hàm m°šamm°šànâ bar Yazdbôzêd kôr'appèsqôpâ[3] 僧霊寶
Màr Sargîs qaššîšâ w°k^hôr'appèsqôpâ...[4]
Sab^hranîšô' qaššîšâ[5] 撿挍建立碑僧行通

---

[1]伯希和法譯爲 Dans les jours du Père des Pères Monseigneur Henànîšô'[moine Ningchou],
catholicos patriareche,即"時尊者Henànîšô' 位居眾主教之長總主教"。*Pelliot 1984*, p.56. 穆爾英
譯爲 In the days of the father of fathers Mar Hananishu Catholicos Patriarch. *Moule 1972*, p.47. 兩者
都把"寧恕"一名作爲東方教會總主教的Henànîšô' 的省譯。就此問題,學界已殆無異議. 不過,
Henànîšô' 之在位時間,理雅各認爲是公元774—778 年(James Legge, *The Nestorian Monument of Hsî
-an Fū in Shen-hsî, China*, London 1888, p.29),穆爾認爲是 774—780 年(*Moule 1972*, p.47),伯
希和則作 773—780 年(*Pelliot 1984*, p.56, n.3)。

[2]En l'année mille quatre-vingt-douze des Greces, Monseigneur Yazadbōzīd, prêtre et chorévêque
de Kumdān, vill impériale, fils de feu Mîlês, prêtre de Balkh, ville du Tahorèstân, a fait élever cette
stèle de Pierre, sur laquelle sont écrites l'Éconmie de Notre Sauveur et la prédication de nos pères aux
empereurs des Chinois. *Pelliot 1984*, pp.56-57,即"希臘紀元 1092 年,吐火羅(Tahorèstân)巴爾赫
(Balkh)城米利斯牧師之子、京城長安主教尊者耶兹卜兹(Yazadbōzīd)牧師立此石碑,以誌救世主
之法並吾等景士對中國諸皇帝所宣之道"。

[3]Adam, diacre, fils de Yazadbōzīd, le chorévêque, *Pelliot 1984*, p.57. 即"亞當,助祭教士,鄉
主教耶兹卜兹之子"。

[4]Monseigneur Serge, prêtre et chorévêque, *Pelliot 1984*, p.57. 即"尊者薩吉斯,牧師兼鄉主
教"。

[5]Sabhranîšô'[moine Hing-t'ong] prêtre, *Pelliot 1984*, p.57. 即"薩卜拉寧恕(僧行通),牧
師"。

Gab^{h}rî'él qaššîšâ w^e'arkîd^{h}îyaqôn w^{e}réš 'é (d) ttâ d^{he}K^{h}ûmdân wad^{he}-Sarag$^{h[1]}$　助擔挍試太常卿賜紫袈裟寺主僧業利

説明:以下爲碑體兩側的敍利亞文和漢文題名,其間敍文係名字的發音,多數還有教内的稱謂,如 qaššîšâ(牧師、教士或長老),îhîd^{h}àyâ(修士、修道士)之類。敍文拉丁轉寫及括號内法譯據伯希和,[2]如稱謂特別,則酌加註釋;僅有敍文而乏漢名,則以括號加漢譯。

碑體左側有景士題名凡4行。

第1行:

(1) Màr(i) Yôhannàn 'appèsqôpâ (Monseigneur Jean, évêque 尊者約翰主教)[3]　大德曜輪

(2) 'Ishàq qaššîšâ (Isaac, prêtre)　僧日進

(3) Yô'él qaššîšâ (Joël, prêtre)　僧遙越

(4) Mîk^{h}à'él qaššîšâ (Michel, prêtre)　僧廣慶

(5) Gîwargîs qaššîšâ (Georges, prêtre)　僧和吉

(6) Màhdà^h gûšnasp qaššîšâ (Māhdādgušnasp, prêtre)　僧惠明

(7) M^{e}šîhâdâd^h qaššîšâ (M^{e}šîhâdâd^h, prêtre)　僧寳達

(8) 'Ap^{h}rêm qaššîšâ (Ephrem, prêtre)　僧拂林

(9) 'Ab^{h}ày qaššîšâ ('Ab^{h}āy, prêtre 牧師阿比)

(10) Dàwîd^h qaššîšâ^h (David, prêtre 牧師大衛)

(11) Môšê qaššîšâ (Moïse, prêtre)　僧福壽

---

[1]Gabriel [moine Ye-li], prêtre et archidiacre, chef de l'église de Kumdān et Sarage. 按,伯氏在註釋中認爲 Khǔmdǔn(Kumdān) 乃指長安;Saragh (Sarage)則指洛陽,*Pelliot* 1984, p.57. 若是,該行則可漢譯爲"迦伯列(Gabriel 業利),牧師兼副主教,長安、洛陽兩地教會的領袖",西方學者多認同伯氏這一解讀。有關業利身份的討論詳參本書第7篇《唐代"景僧"釋義》。

[2]*Pelliot* 1984, pp.57-61.

[3]穆爾英譯爲 My lord Iohannan Bishop, *Moule* 1972, p.49.

第 2 行

（12）Bakkôs qaššîšâ îhîdʰàyâ（Bacchos, prêtre, moine）[1]　僧崇敬

（13）ʾElîyâ qaššîšâ îhîdʰàyâ（Élie, prêtre, moine）　僧延和

（14）Môšê qaššîšâ wᵉîhîdʰàyâ（Moïse, prêtre et moine 牧師兼修道士摩西）

（15）ʿAbʰdîšôʿ qaššîšâ wᵉîhîdʰàyâ（ʿAbhdîšôʿ, prêtre et moine 牧師兼修道士阿巴迪索）

（16）Šèmʿôn qaššîšâ dʰeqabʰrâ（Simon, prêtre du tombeau 聖墓牧師西蒙）

（17）Yôhannîs mᵉšammᵉšànâ wᵉî[hî]dʰ[ày]â（Jean diacre et moine 助祭教士兼修士約翰）　僧惠通

第 3 行

（18）ʾAbrôn　僧釓佑

（19）Pàtrôs　僧元一

（20）ʾIyôbʰ　僧敬

（21）Lûqâ　僧利見

（22）Mattai　僧明

（23）Yôhannàn　僧玄真

（24）Îšôʿemméh　僧仁

（25）Yôhannàn　僧曜源

（26）Sabʰrîšôʿ　僧昭

（27）Îšôʿdàʰ　僧文明

（28）Lûqâ　僧文貞

（29）Qûstantînôs　僧居信

（30）Nôh　僧來威

---

[1] qaššîšâ îhîdhàyâ, 牧師、修道士, *Pelliot* 1984, p. 58.

第 4 行

（31） 'Izads ͤpâs　僧敬真

（32） Yôhannàn　僧還淳

（33） 'Ănôš　僧霊壽

（34） Màr Sargîs（Monseigneur Serge 尊者薩吉斯）　僧霊徳

（35） 'Ishàq　僧英徳

（36） Yôhannàn　僧沖和

（37） Màr Sargîs（Monseigneur Serge 尊者薩吉斯）　僧凝虚

（38） Pûsay　僧普済

（39） Šèm'ôn　僧聞順

（40） 'Ishàq　僧光済

（41） Yôhannàn　僧守一

碑體右側有景士題名凡 3 行。

第 1 行

（42） Ya'qôb ͪ qaššîšâ（Jacques, prêtre）　老宿耶俱摩

（43） Màr Sargîs qaššîšâ w ͤk ͪôr 'appèsqôpâ šî 'angtswâ（Monseigneur Serge, prêtre et chorévêque, supérieur de monastère）[1]　僧景通

（44） Gîg ͪôy qaššîšâ w ͤ'arkîd ͪîaqôn d ͤK ͪûmdân w ͤmaqr ͤyànâ（Gīgōy, [Gīghōy] prêtre, archidiacre de Kumdān [Khumdān] et maître de lecture）[2]　僧玄覽

（45） Pàulôs qaššîšâ（Paul, prêtre）　僧寶靈

（46） Šèmšôn qaššîšâ（Samson, prêtre）　僧審慎

---

〔1〕即"尊者薩吉斯,牧師、鄉主教兼修道院長", *Pelliot* 1984, p. 60. 按, Šîangtswâ, 據伯希和早年考證,係音譯借用漢語佛教"上座"（見 P. Pelliot, "Deux Titres Bouddhiques Portés par des Religieux Nestoriens", *T'oung Pao*, Vol. XII, 1911, pp. 664-670；馬幼垣漢譯《景教所用之二佛教稱謂》,刊《景風》第 14 期,1967 年 8 月,頁 49 - 58。）穆爾遂據此把該行敘文英譯爲 Mar Sargis priest and Country-bishop shiangtsua（即"尊者薩吉斯,牧師兼鄉主教上座"）, *Moule* 1972, p. 51. 段晴教授認爲 wekhîr'appèsqôpâ 應對譯爲"準主教"。詳參本書第 7 篇《唐代"景僧"釋義》。

〔2〕即"牧師、長安副主教兼宣講師基高伊", *Pelliot* 1984, p. 60. 段晴教授認爲 arkîd ͪîaqôn 應作"執事長"解,參本書第 7 篇《唐代"景僧"釋義》。

（47）'Ad^{h}àm qaššîšâ（Adam, prêtre） 僧法源

（48）'Elîyâ qaššîšâ（Élie, prêtre） 僧立本

（49）'Ishàq qaššîšâ（Isaac, prêtre） 僧和明

（50）Yôhannàn qaššîšâ（Jean, prêtre） 僧光正

（51）Yôhannàn qaššîšâ（Jean, prêtre） 僧内澄

（52）Šèm'ôn qaššîšâ w^{e}sàb^{h}â（Simon, prêtre et doyen 资深牧师西蒙）

第 2 行

（53）Ya'qôb qankàyâ（Jacques, sacristain 教堂司事雅各） 僧崇德

（54）'Ab^{h}dîšô' 僧太和

（55）Îšô'dà^h 僧景福

（56）Ya'qôb^h 僧和光

（57）Yôhannàn 僧至德

（58）Šub^{h}hâlmàran 僧奉真

（59）Màr Sargîs（Monseigneur Serge 尊者薩吉斯） 僧元宗

（60）Šèm'ôn 僧利用

（61）'Ap^{h}rêm 僧玄德

（62）Z^{e}k^{h}arîyâ 僧義濟

（63）Qûrîyaqôs 僧志坚

（64）Bakkôs 僧保國

（65）'Ammànû'él 僧明一

第 3 行

（66）Gab^{h}rî'él 僧廣德

（67）Yôhannàn

（68）Š^{e}lêmôn 僧去甚

（69）'Ishàq

（70）Yôhannàn 僧德建

12 西安北周安伽墓葬式的 再思考

12.1 引言

　　近年有關西安北周安伽墓、史君墓、康業墓,還有太原隋代虞弘墓等的考古報導,震撼了國際伊朗學界。我國考古學界所做出的特大貢獻,舉世矚目。目前,相關的考古報告或研究文章正在陸續發表;特別是安伽墓,詳細完整的考古報告《西安北周安伽墓》業已率先出版(以下簡稱《報告》),[1]爲學界的深入研究提供了良好的前提條件。從現有的發現和研究看,大體可以確認該等墓葬的主人祖籍都在中亞,本人在華爲官,死葬中土。由是,墓葬及其出土物所反映的内涵既有屬於國際伊朗學範疇的中亞民族文化,亦有濃厚的華夏傳統文化。兩種文化的交叉,遂使有關的研究妙趣横生,但又十分複雜艱巨,令學者面對嚴峻的挑戰。有關考古報告的發表,實際只是標誌著研究工作的開始,而不是終結。

　　迄今,學界普遍把這幾個墓葬的主人都定性爲祆教徒,力圖從祆教角度解讀有關的發現。由於祆教有其特定的葬俗,因此在界定該等墓主的祆教屬性時,又都不得不就其瘞葬模式作出某些必要的解釋。其中,安伽葬式尤爲特別,與其他的墓葬顯有不同,成爲討論中的一個焦點。本篇擬以安伽瘞葬模式爲個案,就其文化屬性,在有關考古報告研究的基礎上,作一專門的探索。題爲"再思考",無非是提出個人的一些疑惑,與同仁們切磋,期有助於更準確解讀相關發現的文化因緣。

---

〔1〕陝西省考古研究所《西安北周安伽墓》,文物出版社 2003 年版。

12.2 安伽葬式與祆教葬俗對號的疑點

就安伽的葬式,陝西省考古研究所於 2000 年最初發表的《西安北郊北周安伽墓發掘簡報》(以下簡稱《簡報》)中,提出 3 個"令人費解"的問題:

其一,甬道和墓室曾遭强烈的火焚,封門磚上和石門都留有黑色的煙炱,這說明,在墓室和甬道燃燒的同時,砌築封門的工作也在進行,而且磚封門砌好後就再也未經火燎煙熏;安放在墓室內的圍屏石榻也宛若新作,完全看不出火燒的痕迹,這種現象如何解釋? 另外,瑣羅亞斯德教實行天葬後土葬,而不提倡火葬,但安伽墓之焚火明顯係故意所爲,那麼這種作法是否已經成爲祆教特有的葬俗?

其二,墓主人安伽的屍骨擺放在甬道內面而不是在墓室內的石榻上,如此精美的石榻,墓主人都不敢僭用,那麼在包括安伽在內的祆教教眾心目中,它應該由誰來享用呢?

其三,在以往發掘的北周天井大墓中,多會出土一些陶俑、陶明器、容器、玉器、瓷器、銅器等,而 5 個天井的安伽墓除了銅帶繫於主人腰帶外,幾乎空無一物,這與墓主人的身份地位極不相稱,但這是否也代表著粟特人的喪葬習慣之一?[1]

《簡報》的這 3 個提問,是以肯定"安伽墓保存完好,未經盜擾,1400 年後仍基本保持著當時下葬的情況"爲前提。如此提問,顯示了作者十分嚴謹審慎的科學態度。如何解釋這些問題,筆者亦一直在跟進。

陝西考古研究所次年發表於《文物》雜誌上的發掘簡報《西安發現的北周安伽墓》中,對上述問題雖未有具體的回答,但似乎已傾向於把其目爲一種固有的葬俗:

安伽墓沒有被盜,骨架置於甬道內墓誌後,(見本書圖版 5.1)

---

〔1〕陝西省考古研究所《西安北郊北周安伽墓發掘簡報》,刊《考古與文物》2000 年第 6 期,頁 28 - 35;引文見頁 34。

有些散亂,股骨留有明顯的火燒煙熏痕,但煙灰發現較少,似乎甬道內經過大火燒過,但這場大火似乎沒有對圍屏石榻產生任何影響。另一方面,圍屏石榻榻板上面除邊沿外鑿成澀面,似乎爲鋪毯而設。墓室中只有圍屏石榻,而墓主人卻捲縮於甬道內,不知圍屏石榻爲墓主人而設抑或是爲神而設,這種情況是否代表一種獨特的葬俗。[1]

到了 2003 年,該所有關安伽墓的完整考古報告由文物出版社正式出版,《報告》中不再提出什麼費解的問題,倒是對安伽的葬式作出了較爲肯定的結論:

> 安伽墓中幾乎惟一的隨葬品圍屏石榻佔據墓室的醒目位置,但墓主人的骨殖卻沒有擺放在上面。我們發現,畫面中類似的石榻都是坐具而非臥具,墓主人骨殖又位於甬道,說明圍屏石榻不是作爲葬具使用的。通過以上的分析,可以看到,安伽墓所代表的葬俗,既采用了漢人的墓葬形制、用漢族官吏墓葬常用的石門、陪葬壁畫、墓誌等,又尊崇了祆教徒固有的對遺體進行處理,將剩餘之骨埋殯的習慣,應該代表了一種中土化的信仰祆教的粟特貴族的獨特葬俗。[2]

這裏,言安伽墓"采用了漢人的墓葬形制、用漢族官吏墓葬常用的石門、陪葬壁畫、墓誌等",符合考古報告所報導的一系列發現,只是壁畫的內容風格與其時漢族官吏的墓葬大異其趣而已;但稱安伽墓"尊崇了祆教徒固有的對遺體進行處理,將剩餘之骨埋殯的習慣",顯然是認爲當初《簡報》提出的 3 個費解問題蓋已不成問題了。《報告》爲肯定安伽葬式的祆教屬性,就祆教的葬俗,作出如下的闡釋:

> 祆教經典《小阿維斯陀》中記載的處以死刑的重罪其中有"污死物,將死物在火上烘烤,或將它投入諸水中,或將它埋在地下(包括屍體)"。這一規定,可能主要針對屍體而言,而骨殖則另當

〔1〕陝西省考古研究所《西安發現的北周安伽墓》,刊《文物》2001 年第 1 期,頁 4 - 26;引文見頁 25。

〔2〕陝西省考古研究所《西安北周安伽墓》,頁 87。

·歐·亞·歷·史·文·化·文·庫·

別論,這就要求埋殯時只能是骨殖而非屍體了。在片治肯特、花剌子模、克拉斯那雅——雷契卡等地發掘的祆教徒墓葬中,出土了許多專門用來盛裝骨殖的陶質盛骨甕。對屍體進行處理埋葬骨殖,應該是祆教徒普遍的習俗。《通典》卷一九三引韋節《西蕃記》說:"國城外別有二百餘戶,專知喪事,別築一院,其內養狗。每有人死,即往取屍,置此院內,令狗食人肉盡,收骸骨埋殯,無棺槨。""正月六日、七月十五日,以王父母燒餘之骨,金甕盛之,置於床上,巡繞而行,散以花香雜果,王率臣下設祭焉。"王室用金甕作爲葬具,民間則用陶質盛骨甕作爲葬具,這種葬具在我國雖有收藏,但墓葬中沒有明確出現。"[1]

由於《報告》並非專門研究祆教的專著,我們沒有理由要求其就祆教葬俗作出全面系統的論述。但既然上引的闡釋是爲了證明安伽葬式的祆教屬性,有明確的針對性,故讀者難免希望其所說明的祆教習俗能與安伽的葬式對號入座。若就這一角度看,則《報告》的闡釋似未能盡如人意。請看《報告》對墓主人的骨殖的描述:

甬道內距石門0.7米處放置墓誌一盒,擺放位置爲面北而讀。墓誌北側和東側放置墓主人遺骨及銅帶具一副,骨架基本完整,但分佈較淩亂,部分骨頭表面局部爲黑色,可能是火燒煙熏痕迹,估計應爲二次葬。甬道內顯然曾遭火焚,頂、壁白灰表面焦黑,並大面積脫落,墓誌、人骨甚至地磚底、側面都有黑色煙炱。[2]

安伽遺骨上的銅帶具,考古報告有專節介紹,其中明確寫道:"安伽墓甬道內出土鎏金銅帶1副,青銅質,銹蝕嚴重,由帶扣、扣眼片、帶銙和鉈尾等組成,原應附在帶鞓上,繫於墓主人腰間,但帶鞓已腐朽,扣眼片背面留有橫向較粗的織物紋。"[3]這一銅帶具的存在,無疑反證了考古發現的安伽骸骨,並非二次葬;其意味著安伽下葬時應穿戴衣物,而且可能在死屍尚未腐爛時,就已被置於發掘時所見的位置上;至於骨頭有

---

〔1〕陝西省考古研究所《西安北周安伽墓》,頁86-87。

〔2〕陝西省考古研究所《西安北周安伽墓》,頁12。

〔3〕陝西省考古研究所《西安北周安伽墓》,頁63。

煙熏痕迹,並不能排除是焚燒死屍所致;何況報告又稱:"經鑒定,骨殖表面沒有明顯的動物牙齒痕。"[1]可見安伽原來的遺體未必經過狗食。如果安伽的遺體是按上揭《西蕃記》所載那種方式處理過,那必定是裸屍野葬,毋庸使用帶具。更有,據安伽墓誌,安伽是姑藏(今甘肅武威)昌松人,父親曾任"眉州(今四川眉山縣)刺史",而安伽本人生前曾"除同州(今陝西大荔一帶)薩保"、"大都督",父子俱爲北周朝廷的命官;從安伽在華的這些履歷看,說他死後的遺體仍按祖先舊俗,野葬處理,似不可信。墓誌又稱安伽"周大象元年(579)五月遘疾終於家,春秋六十二。其年歲次己亥十月未朔厝於長安之東,距城七里",[2]這就意味著安伽身後事辦理的地點就在華夏政治文化中心。那麼,即便其時長安郊區有胡人野葬場所,但安伽既身爲大周朝廷命官,其家屬、部屬竟敢不將其遺體按朝廷制度下殮入土,而按先祖故國習俗暴屍,更不可想象。因此,安伽墓是否殯葬骨殖,益成疑問。即便是殯葬骨殖,但把骨殖局部焚燒,不置於藏骨甕中,而放於甬道地面,且擺成"捲縮"狀,"分佈較凌亂",也與《報告》所言的祆教葬俗不符。《報告》或許亦已注意到這些不符,因此把安伽墓的葬式界定爲"一種中土化的信仰祆教的粟特貴族的獨特葬俗"。然而,問題並未能以"獨特"二字而了結,緣"俗"者,風習也,無論是多獨特的"俗",都不可能是個別惟一的現象。若非在文獻找到相應的依據,或在其他的考古發掘中找到類似個案,就無從言"俗"。因此,所謂"獨特葬俗"的提法,似不能目爲結論;但不失爲科學研究過程中的一個假設,是否得以成立,尚有待進一步的探討和驗證。

12.3　波斯瑣羅亞斯德教傳統葬俗考察

筆者不清楚《報告》的作者如何界定祆教内涵。就傳統而言,祆教被比定爲波斯瑣羅亞斯德教(Zoroastrianism)。有關該教的起源問題,

---

[1]陝西省考古研究所《西安北周安伽墓》,頁86。

[2]據考古報告稱,"安伽墓所在位置正好在漢長安城遺址以東3.5公里",見陝西省考古研究所《西安北周安伽墓》,頁62。

學界的意見還未統一。但一般認爲,波斯阿契美尼(Achaemenian)王朝(前約550—前330),曾把該教奉爲國教;在馬其頓的亞歷山大(Alexander)征服波斯並實行希臘化時期(前330—前141),該教日漸式微邊緣化;在帕提亞(Parthian)王朝(前141—224)末葉,又死灰復燃;而到了薩珊(Sasanian)王朝(224—651),重被奉爲國教,臻於全盛。一般認爲薩珊王朝恢復了阿契美尼王朝的宗教,但嚴格地說,並不是簡單的恢復,而是在新的時期對古宗教的體系化、規範化。現存的瑣羅亞斯德教經典,絕大部分就是在這個時期,通過國家的力量,按統治者的旨意,整理形成的。可以說,薩珊時期的瑣羅亞斯德教纔是嚴格意義上的宗教。到了7世紀中葉,阿拉伯人征服波斯,在伊斯蘭教統治者的强力逼迫下,該教面臨絕境。大概在8—12世紀間,波斯本土不願改宗伊斯蘭教的虔誠瑣羅亞斯德教徒,成批離開家鄉,遠涉重洋,移民到印度西部海岸地區定居,繼續其祖先的信仰,遂發展成爲當地一個新的少數民族,印度人取波斯的諧音謂之帕爾西人(Parsis),稱其所奉的宗教爲帕爾西教(Parsism);而清代中國人則根據粵音,名其爲巴斯。學界對波斯瑣羅亞斯德教的葬俗研究,除了根據該教的經典和歷代教外文獻的記錄外,主要是通過對印度巴斯人的田野調查,亦參照殘存伊朗的個別瑣羅亞斯德教村落的現狀。

就葬俗而言,波斯瑣羅亞斯德教有其發展定型的過程,而定型之後,只有在極不得已的情況下,方有某種程度的變通。

有關瑣羅亞斯德教徒葬俗的文字記載,一般追溯到前5世紀希羅多德(Herodotus)的《歷史》,其第1卷第140節中寫道:

> 據說波斯人的屍體是只有在被狗或是禽撕裂之後纔埋葬的。麻葛僧有這種風俗,那是毫無疑問的,因爲他們是公然這樣實行的。[1]

此處所言的麻葛,中國學者也音譯爲瑪哥斯、瑪基等。據學者的研究,

---

[1]George Rawlinson transl, *The History of Herodotus*, Great Books of The Western World, Vol. 6, I. 140, The University of Chicago 1952, p. 32. 參閱王以鑄譯《希羅多德歷史》上冊,商務印書館1997年版,頁72。

原始的瑣羅亞斯德教僧侶乃來自波斯米地亞（Media）一個稱爲麻葛（Magi）的僧侶部落，爾後便相襲用該詞稱呼該教的僧侶。傳統上，又把麻葛比定爲古代中國文獻所載的"穆護"。希羅多德所說的麻葛僧葬俗，在現存的瑣羅亞斯德教經典《曾德—阿維斯陀經》（Zend-Avesta）中可以找到根據。該經的第一部分《辟邪經》（Vendîdâd，音譯"文迪達德"）第 3 章第 4—5 節，訓示瑣羅亞斯德教徒要把死者放在鳥獸出沒的山頂上，讓狗嚙鳥啄。[1] 但在希羅多德時期的波斯人，不見得就流行這種葬俗，希羅多德在上引敘述麻葛人的葬俗之後，還緊接著說：

但我可以肯定，波斯人是在屍體全身塗蠟之後，纔埋到地裏。
該書的第 7 卷第 114 節還寫道：

活埋是波斯人的一種習慣。我聽說薛西斯（Xerxes，前 486—前 465）的妻子阿美司妥利斯（Amestris）到了老年的時候，曾活埋波斯的名門弟子十四人，她這樣做是爲了向傳說中的冥神表示謝意。[2]

同卷第 117 節還記載薛西斯對於監督開鑿運河的阿爾塔耶斯（Art-achaees）的病死，"深表哀悼，爲他舉行了極其豪華的殯葬儀式，全軍都來爲其墳塋灑酒祭奠"。[3] 這段話亦暗示我們，阿爾塔耶斯的遺體是入土安葬的。就連米地亞人，除了麻葛部落外，原先也並無采用天葬的習慣。考古曾發現公元前 800 年米地亞人的墓羣，其死者是直接埋到地裏的，旁邊還放有各種陪葬品，地面上壘起墳堆。[4]

希羅多德所處的時代，正屬於波斯的阿契美尼王朝時期。據西方學者的研究，阿契美尼王族早在公元前 6 世紀時，便已接受了瑣羅亞斯德教；其開國國王居魯士（Cyrus，前 550—前 530）便是該教的一個真誠的衛士。[5] 而著名的大流士（Darius，前 522—前 486）在生時，便宣稱自己是根據該教所崇拜的最高神阿胡拉·瑪茲達（Ahura Mazda）的意

〔1〕*The Sacred Books of the East*, Vol. IV, *The Zend-Avesta*, Part I, pp. 72-73.

〔2〕The History of Herodotus，參閱王以鑄譯《希羅多德歷史》。

〔3〕The History of Herodotus，參閱王以鑄譯《希羅多德歷史》。

〔4〕R. Ghirshman, *Fouilles de Sialk pres de Kashan*, Vol. II, Paris 1939, p. 26, Plates VII, VIII.

〔5〕詳見 Mary Boyce, *A History of Zoroastrianism*, Vol. II, Leiden 1982, pp. 41-43.

志,而成爲國王的:"阿胡拉·瑪茲達把王國交給我","創造了我,並讓
我成爲國王";"這是阿胡拉·瑪茲達的意志,他在全地球上選擇了我
這樣一個人,讓我成爲全地球之王;我篤信阿胡拉·瑪茲達,而他則援
助我"。[1] 顯然,大流士已確確實實地把瑣羅亞斯德教作爲自己統治
的重要工具。儘管我們已確知波斯在阿契美尼時期,便已廣泛地流行
瑣羅亞斯德教,然而根據上引希羅多德的敍述,麻葛僧侶的屍葬方式,
並未被波斯人所廣爲接受。國王們雖然大力推行瑣羅亞斯德教,但他
們死後的遺體並不遵照該教的習慣,讓鳥啄狗噬。考古的發現證明,當
時信奉該教的波斯國王們的遺體,都是先經防腐處理後纏入土爲安
的。[2] 一般的波斯人本來就沒有天葬的習俗,這一點看來是可以肯定
的;因爲他們後來用於指天葬的專門術語 dakhma,據西方學者研究,其
詞根是源自土葬 dhmbh 一詞。[3] 阿契美尼時期的波斯人信奉瑣羅亞
斯德教,但卻不按該教僧侶部落的方式處理遺體,這說明傳統習慣的改
變,要比宗教信仰的改變困難得多。

　　既然波斯在阿契美尼時期,麻葛人的屍葬習俗尚不能爲其他人所
樂意接受,那末在此之後,"由於亞歷山大的征服,在希臘化的浪潮下,
整個伊朗宗教幾乎都湮滅了"。[4] 不言而喻,麻葛人的葬俗就更不易
在波斯各地傳開。到了帕提亞王朝(前 247—224)後期,統治者復興瑣
羅亞斯德教。據 1 世紀希臘作家斯特拉波(Strabo)的報導,"他們不但
承認古波斯的神祇,建築祭壇,並且嚴格遵從瑣羅亞斯德教教律,暴棄
王族屍體,以供禿鷲和犬,這是先前阿契美尼朝都未能實行的"。[5] 阿
爾達希(Ardashir)於 224 年打敗帕提亞人建立薩珊王朝後,更是大力推
行瑣羅亞斯德教,把它奉爲國教。根據遺留下來的帕拉維文(Pahlavi)
經典《丁卡爾特》(Dinkard)的記述,阿爾達希在位時,曾根據他所敬重
的瑣羅亞斯德教僧侶坦薩爾(Tansar)的意見,命令把散失在各地的所

---

〔1〕轉引自 R. C. Zaehner, *The Dawn and Twilight of Zoroastrianism*, London 1961, p. 155.

〔2〕Mary Boyce, *A History of Zoroastrianism*, Vol. II, p. 54.

〔3〕參見 Mary Boyce, *A Histroy of Zoroastrianism*, Vol. I, Leiden 1975, p. 109.

〔4〕E. Yarshater (ed.), *The Cambridge History of Iran*, Vol. 3, I – II, Cambridge 1983, p. 866.

〔5〕參閱麥高文著、章巽譯《中亞古國史》,中華書局 1958 年版,頁 84。

有該教經典彙集到宮廷,進行整理,宣稱解釋該教經典的教義是"我們的責任",並把坦薩爾奉爲精神領袖。[1] 在沙卜爾二世(Shapur Ⅱ,309—380)統治下,編定了《阿維斯陀經》這部瑣羅亞斯德教的聖經,並且向異教徒宣告:"既然我們業已承認如下的世界律法,無論何人就不得對其不信,我們將爲此而努力。"[2]這句話充分表明瑣羅亞斯德教之在薩珊波斯,是通過行政力量,向全國推行的。統治者編纂《阿維斯陀經》,就是要臣民按照經典的訓示辦事。而根據該教的律法,把死屍埋於地,使土地不潔,乃是一種彌天大罪。《辟邪經》第3章第35—39節,規定如果有人把狗或人的屍體埋於地裏,半年不挖出者,罰抽1000鞭;1年不挖出者,抽2000鞭;2年不挖出者,其罪過無可補償。[3] 經典的這些規定,薩珊統治者看來並非將其束之高閣。據載,在薩珊王朝時,有位叫索西斯(Seoses)的大臣,就因爲把死屍埋到地裏而被處死。[4] 大臣尚且如此,遑論百姓。由是,即使原來沒有天葬習慣的波斯人,在這種嚴刑重罰下,也都得一遵教法,改用天葬,並且逐步習以爲常了。對於薩珊波斯流行的天葬習俗,中國的古文獻亦有確鑿的記載:《周書》卷50《異域傳下》言波斯"俗事火祆神……死者多棄屍於山,一月治服";《隋書》卷83《西域傳》也言波斯"人死者,屍棄於山,持服一月";《大唐西域記》卷11"波剌斯國"條下載波斯"死多棄屍";《舊唐書》卷198《西域傳》記波斯"死亡則棄之於山,制服一月而即吉";《新唐書》卷221《西域傳》也記波斯"凡死,棄於山,服閱月除"。以上諸書都一致記載薩珊時期波斯人的葬俗是"棄屍於山";至於具體又如何處置,則無言及。

薩珊波斯的屍葬方式,與阿契美尼時期麻葛僧的做法是否完全一致? 在這個問題上,西方學者似未加以仔細考察比較。當代研究瑣羅亞斯德教的專家博伊斯(Mary Boyce)教授,也只是點到爲止,稱在薩珊

---

〔1〕Mary Boyce, *Zoroastrians*, *Their Religions Beliefs and Practices*, London 1979, p. 103.

〔2〕*The Sacred Books of the East*, Vol. Ⅳ, *The Zend-Avesta*, Part Ⅰ, "Introduction", p. xxxiii.

〔3〕*The Sacred Books of the East*, Vol. Ⅳ, *The Zend-Avesta*, Part Ⅰ, pp. 31-32.

〔4〕事見 Procopius, *De Bello Persico*, Ⅰ, 11; 轉引自 *The Sacred Books of the East*, Vol. Ⅳ, *The Zend-Avesta*, Part Ⅰ, p. XIV.

時期,"瑣羅亞斯德教徒的殯葬方式,似乎一如以往兩個王朝那樣,即普遍采用天葬;但王族例外,他們仍繼續把遺體防腐後,置於陵墓中"。[1] 不過,據筆者考察,薩珊波斯的瑣羅亞斯德教徒固然是采用天葬的方式,但在具體做法上,與阿契美尼時期並非完全一樣,而是有所不同。

《辟邪經》編纂於帕提亞時期,薩珊王朝又重加修訂。從裏邊的一些經文我們可以看出,其對於屍葬的規定要比希羅多德所介紹的講究細緻一些。該經第 5 章第 13—18 節訓示信徒,"要把死屍放在達克瑪(Dakhma)上,讓死者的眼睛朝向太陽";屍體在達克瑪上被風吹雨淋,沖洗乾淨。[2] 據經文的第 3 章第 9 節,我們可知達克瑪是用於"安放死屍"的建築物。[3] 達克瑪,西方學者把它意譯爲 Tower of Silence,[4] 中文意譯爲無聲塔或安息塔、寂寞塔等。《辟邪經》所說的這種達克瑪,究竟是甚麼樣子,現在尚難稽考;緣考古沒有確實發現當時的這種遺物,其他文獻亦未見記載。但經文第 6 章第 50 節訓示信徒"立一建築物,安放屍骨,避開野獸,並不讓雨水積聚"。[5] 若然,則達克瑪必定是一個圍起來的建築物,它能隔絕野獸進入;而上引的經文又言死屍停在達克瑪上邊,眼睛朝向太陽,能受風吹雨打,這當然意味著它是露天無蓋的。死屍既然是露天安放,除了自然風化之外,難免被蒼鷹啄食;但四周圍起來,就排斥了給野獸吞噬的可能性。因此,我們認爲薩珊波斯的屍葬,與阿契美尼時期麻葛僧有所不同,遺體不再讓野獸撕食了。

對於薩珊波斯的達克瑪的具體結構、形狀,儘管沒有其他直接資料可資考證,但從有關印度瑣羅亞斯德教徒,即帕爾西人葬俗的記述中,我們可得到啟發。公元 1350 年,歐洲基督教旅行家約達那斯(Jordanus),在印度的馬拉巴爾(Malabar)海岸見到了當地的帕爾西人,把自

---

[1]Mary Boyce, *Zoroastrians:Their Religions Beliefs and Practices*, pp. 120-121.

[2]*The Sacred Books of the East*, Vol. Ⅳ, *The Zend-Avesta*, Part Ⅰ,pp. 52-54.

[3]*The Sacred Books of the East*, Vol. Ⅳ, *The Zend-Avesta*, Part Ⅰ,p. 24.

[4]*The Sacred Books of the East*, Vol. Ⅳ, *The Zend-Avesta*, Part Ⅰ,p. 73, n. 3.

[5]*The Sacred Books of the East*, Vol. Ⅳ, *The Zend-Avesta*, Part Ⅰ,p. 73.

己人的死屍"扔到一種無頂蓋的塔中間,完全暴露給蒼鷹"。[1] 此處所說的"無頂蓋的塔",蓋相當於薩珊波斯的達克瑪。既然屍體是放在這個塔裏邊,也就意味著不讓野獸接近;作者也只提及蒼鷹,沒有言及野獸。19世紀學者們在印度帕爾西人住地所看到的達克瑪,是一種圓形石砌建築:

> 裏邊有一個圓坑,周圍環鋪石頭,深爲六英尺,寬爲七英尺,死屍便放在裏面。四周砌以石牆,約20英尺高;牆側有一小門,供運進死屍用。[2]

20英尺高的圍牆,當然排除了野獸進入的可能性。

對帕爾西人的墓葬,晚清到過印度的人士也根據自身的耳聞目睹而有所記錄,最早徵引這些記錄的是業師蔡鴻生先生。[3] 主要有兩則,一則見馬建中的《南行記》:

> 崗陰有一圓塔,塔頂平臺,則包社人死後陳屍之所。按包社人敬日月星,大鵶罕謨回祖東侵包社,强其民人服教。民人多有逃至印度者。千二百年,棄屍之俗未改。[4]

此處的包社謂帕爾西人或波斯。另一則爲闕名著的《遊歷筆記》,所記墓葬見於"傍倍"(孟買):

> 波斯義塚,以磚石砌成大圍,中有鐵柵分格,每柵置一屍,一任羣鳥啄食,俟血肉盡,其骨即由鐵柵落下,亦惡俗也。[5]

20世紀70—80年代,瑞典學者在印度帕爾西人聚居的納夫薩里(Navsari)考察,發現當地有5座達克瑪;從發表的照片看,其形狀與上一世紀學者的記述大體相同。[6] 對於這種達克瑪,前蘇聯宗教學者也

〔1〕Catalalani Jordanus, *The Wonders of the East*, tran. and ed. by H. Yule, Harluyt Society, London 1863. p.21.

〔2〕Dadabhai Naoroji, *The Manners and Customs of the Parsees*, Bombay 1864, p.16.

〔3〕見蔡鴻生《唐代"黃坑"辨》,刊余太山主編《歐亞學刊》第3輯,中華書局2002年版,頁244-250;並見氏著《中外交流史事考述》,大象出版社2007年版,頁60-67。

〔4〕王錫祺輯《小方壺齋地叢鈔》第10袠《南行記》13,杭州古籍書店1985年影印本第9冊。

〔5〕王錫祺輯《小方壺齋地叢鈔》第11袠《遊歷筆記》13,杭州古籍書店1985年影印本第15冊。

〔6〕Sven S. Hartman, *Parsism*: *The Religion of Zoroaster*, Leiden: E. J. Brill, 1980, Plate XIV.

有較具體的描述：

> 頂層呈凹狀，四周有臺階，中央爲井穴；塔頂分三層以放置屍
> 體（外層置男屍，中層置女屍，内層置童屍）。有專營此事者，將屍
> 體移於其上，均赤身露體，任鷹隼啄盡屍肉，骨殖則投入井穴。[1]

帕爾西人的屍葬排除了野獸的撕食，我們認爲，這並不是波斯瑣羅亞斯
德教徒遷居印度後纔進行的改革，而應是繼承薩珊波斯的傳統；因爲繼
續留居在伊朗的瑣羅亞斯德教徒，其屍葬的方式，據近代學者的考察，
也與帕爾西人一樣，排除了野獸的撕食。18 世紀歐洲學者在伊朗的伊
斯法罕（Isfahan）所看到的瑣羅亞斯德教徒的達克瑪，乃是一種建於城
外偏僻地區的圓塔，也是以石頭砌成的，而高更達 25 英尺，直徑則爲
90 英尺。[2] 上面提到的博伊斯教授，曾實地考察了殘存伊朗的瑣羅亞
斯德教徒村落，在耶茲德（Yazd）看到了兩座達克瑪。一座建於 1863
年，得力於帕爾西代理人的幫助；另一座則是晚近興建，於 1963 年始投
入使用。據說後者是按中古《里瓦雅特》（Rivayats）書信集記述的模式
建造的，其基本結構都與印度帕爾西人的達克瑪類似，都有圍牆。[3]

根據以上的考察分析，我們認爲薩珊波斯普遍流行阿契美尼時期
麻葛僧侶的天葬方式，但作了一些改革，即：死屍置放在專門的建築物
中，聽任鷹隼啄食，但不讓野獸參與。經過鷹隼啄食後留下的白骨又如
何處理呢？

學者曾考察孟買附近的一座安息塔，據云：塔内爲圓形平臺，周長
300 英尺。平臺鋪以大塊石板，各石板切合整齊。平臺分爲 3 圈，每圈
又淺隔成一格格的停屍位子。劃爲 3 圈，因應瑣羅亞斯德教善行、善
言、善思的三大訓示。外圈用以停放男屍，中圈停放女屍，内圈停放童
屍。各圈和各停屍位之間都留有人行道，以供抬屍者行動。平臺中央

---

〔1〕謝·亞·托卡列夫著、魏慶徵譯《世界各民族歷史上的宗教》，中國社會科學出版社 1958
年版，頁 378。

〔2〕J. Chardin, *Voyages en Perse et autres lieux de L'orient*, Vol. II, Amsterdan 1735, p. 186.

〔3〕Mary Boyce, *A Persian Stronghold of Zoroastrianism*, Lanham New York London 1989, pp. 192-
193；中譯本見〔英〕瑪露·博伊斯著，張小貴、殷小平譯《伊朗瑣羅亞斯德教村落》，中華書局 2005
年版，頁 210。

爲一深井,深約 150 英尺。井壁及底部均鋪以石板。井内壁有諸多孔洞,通過孔洞,雨水流到塔底地下的 4 條排水溝。這 4 條排水溝又通 4 個地下井,地下井底部鋪有厚厚一層沙。排水溝末端置放木炭和沙石作過濾用,木炭和沙石要經常去舊換新。

安息塔有一鐵門,門前有一石砌平臺供停棺,台下有石階,拾級可上。死屍由鐵門進入塔内,安放後,即將壽衣壽布一概除去;因爲瑣羅亞斯德教認爲,人是裸體來到這個世界,離開時也就得一絲不掛。蒼鷹禿鷲見到死屍後,都爭相俯衝啄食,很快就把肌肉處理完畢。這要比死屍埋在地下,由成千上萬昆蟲處理快得多,乾淨得多。剩下的骨頭,經風吹日曬成爲枯骨後,便扔進中央的深井裏,當在井裏分解成石灰和磷。如是,富人和窮人死後都是一樣。流經屍骨的雨水,由於有上述排水溝的過濾淨化,也不至於污染大地。[1]

巴斯人一直堅持這種天葬習俗。但在離鄉背井死於異邦、無從天葬的情況下,他們的葬式也堅持不讓死屍污染土地這條底線。郭德焱博士曾就 19 世紀巴斯人在廣州黄埔長洲島的墓地及其歷史做過仔細的調查考察,發現在天葬不被地方當局允許的情況下,他們只好改爲土葬,但他們用的是石棺,屍體的四周都用牢固的花崗石包圍著,與澳門巴斯墓一樣,有幾級花崗岩臺階與地表分隔,通過多重有效設置保護土地,死屍即使腐爛也不會污染土地。[2]

從上面對波斯瑣羅亞斯德教葬俗的歷史考察,比對《報告》所述的安伽葬式,兩者顯然對不上號。考古所見的安伽骨殖乃置於甬道地面,直接與土地接觸,亦就是說,即便安伽生前的信仰與薩珊波斯所奉行的

---

〔1〕Jivanji Jamshedji Modi, *The Religions Ceremonies and Customs of the Parsees*, 2nd Edition Bombay 1937; see Chapter III"Funeral Ceremonies and Customs", pp. 49-82. 當代日本作家妹尾河童在訪問印度時,根據當地巴斯人所提供的安息塔的平面圖和剖面圖,繪出清晰的立體圖,其通過訪問所得知的情況與 Jivanji Jamshedji Modi 所述同。見妹尾河童著、姜淑玲譯《窺視印度》,三聯書店2004 年版,頁 97。中國嶺南畫派創始人高劍父於 1930—1932 年在東南亞和南亞的寫生作品中,有一幅題爲"孟買波斯鳥葬場"(見本書圖版 5.3),所畫即爲當地巴斯人的安息塔。見廣州藝術博物院編《高劍父畫稿》,嶺南美術出版社 2007 年版,頁 54。

〔2〕參閱郭德焱《清代廣州的巴斯商人》第 6 章《廣州黄埔長洲島巴斯墓地考察》,中華書局2005 年版。

瑣羅亞斯德教有關,但他死後連不讓死屍污染土地這條底線都守不住,那就是完全抛棄了該教的傳統葬俗,完全違背了該教有關葬式的基本原則。

12.4　中亞祆教葬俗辨析

上面已論證安伽的葬式完全違反了薩珊波斯瑣羅亞斯德教的基本規定,那麼有無可能是中亞祆教的特有葬俗呢? 古波斯的瑣羅亞斯德教曾在中亞地區,尤其是粟特地區流行,這是沒有疑問的。緣在風靡瑣羅亞斯德教的阿契美尼時期,粟特人所居住的地區乃屬波斯的一部分,阿契美尼王朝的軍隊中有大量的粟特人服役,粟特人之奉該教也就理所當然。前蘇聯學者甚至認爲"當時粟特人的宗教主要是瑣羅亞斯德教"。[1] 不過,如上面所已提到,阿契美尼王朝爲馬其頓所征服,古波斯進入希臘化時期,瑣羅亞斯德教邊緣化,直到帕提亞王朝的晚期纔死灰復燃,到薩珊王朝始臻鼎盛。這期間,波斯的政治版圖已發生了很大的變化,粟特地區已不屬於薩珊王朝的統治了。亦就是說,當薩珊王朝用政權力量來完善和推行瑣羅亞斯德教的時候,粟特人已是波斯帝國"化外"之人了。他們在阿契美尼時期所接受的瑣羅亞斯德教,歷經幾百年外族的征服、外來宗教的摧殘,究竟保存了多少呢? 其間又吸收糅化了多少其他宗教信仰的成分呢? 這些都是有待深入研究的問題。薩珊波斯所重新規範起來的瑣羅亞斯德教,是否爲粟特人或其他中亞民族所接受,這還是不無疑問的。因爲 19 世紀末以來在俄屬中亞地區和我國吐魯番、敦煌地區等的考古發現,已證明了古代中亞諸民族,尤其是粟特人,曾接受了多種宗教,並翻譯了許多宗教經典,包括佛教、基督教、摩尼教等,但薩珊王朝流行的大量瑣羅亞斯德教的經典,卻反而未見有粟特文本或其他中亞文本。一個缺少文字經典的信仰或崇拜,算不上嚴格意義的宗教。因而,如果把中亞地區流行的所謂祆教,簡單地

---

〔1〕〔前蘇聯〕B. Г. 加富羅夫著、肖之興譯《中亞塔吉克史》,中國社會科學出版社 1985 年版,頁 39。

等同於薩珊波斯所規範的瑣羅亞斯德教,要把兩者一一對號入座,有些問題就難免不易辨清,尤其是葬俗。

《報告》徵引了《通典》卷 193 條所摘錄的公元 7 世紀韋節《西蕃記》關於康國喪葬儀式的記載。其間與本篇最密切的是如下一段:

> 國城外,別有二百餘戶,專知喪事,別築一院,其內養狗。每有人死,即往取屍;置此院內,令狗食之。肉盡,收骸骨埋殯,無棺槨。

此處所言康國以狗食屍的做法,未見於其他漢文獻。與康國同處粟特地區的其他粟特城邦,即史書所謂昭武九姓,是否亦都有這種讓狗食屍的做法,尚無從確定;推想如果粟特各國都普遍如此,則文獻的記載應不止於《西蕃記》一書耳。但從模式看,這種葬式應屬於天葬、野葬之類。考古的發現已證明:中亞有些民族早在阿契美尼時期,便已流行天葬習俗,[1]康國人可能就是其中之一。其類乎古麻葛僧讓野獸撕食屍體的做法。不過,兩者仍有明顯的差別。康國人只是讓專門豢養的狗食屍,而不讓一般獸類參與。在瑣羅亞斯德教徒心目中,狗是一種神聖的動物,蔡鴻生先生曾引用 19 世紀德國著名哲學家費爾巴哈的一段話作闡釋:"狗,在拜火教徒看來,是一種能服務的忠誠動物,所以拿來當作一種行善的(因此是神聖的)東西在禱辭中稱頌;它誠然是一個自然產物,並不由它自己、憑它自己而成爲它之所以爲它。可是同時卻只是狗自身,是這個生物,而不是別的,纔具有那些值得崇拜的特點。"[2]據瑣羅亞斯德教有關的經典,該教認爲:人死後,死屍附有一種致命的屍毒(Drug Nasu),需借助狗來驅除。據《辟邪經》第 8 章第 3 節的說法,選擇生有 4 隻眼睛的黃狗或長有黃耳朵的白狗,把其帶到死者旁邊,就可以使屍毒飛離死屍,此即所謂"犬視"。[3] 現代印度巴斯人的喪葬禮

---

〔1〕G. Frumkin, *Archaeology in Soviet Central Asia*, Leiden 1970, pp. 22,92,96,99-103,125, 151.

〔2〕〔德〕費爾巴哈著、王太慶譯《宗教的本質》,人民出版社 1999 年版,頁 7-8。參閱蔡鴻生《唐代"氈坑"辨》,見余太山主編《歐亞學刊》第 3 輯,頁 244-250。

〔3〕*The Sacred Books of the East*, Vol. IV, *The Zend-Avesta*, Part I, pp. 97-98. 長有 4 隻眼睛的狗自然難以找到,但據現代帕爾西人的解釋,所謂 4 隻眼睛,是指眼睛上邊各有一個斑點。參閱 S. A. Nigosian, *The Zoroastrian Faith: Tradition and Modern Research*, McGill-Queen's University Press 1993, p. 102.

儀仍堅持這一環節。[1] 上揭康國人的葬俗,顯然不是實行"犬視",而是"犬食"——讓狗撕食死者的肉。如此作爲,究竟把狗作何功能解釋,這尚有待探討。而就"犬食"而言,倒有點類似《舊唐書·李暠傳》所載的"太原舊俗":"有僧徒以習禪爲業,及死不殮,但以屍送近郊以飼鳥獸。如是積年,土人號其地爲'黃坑'。側有餓狗千數,食死人肉,因侵害幼弱,遠近患之,前後官吏不能禁止。暠到官,申明禮憲,期不再犯,發兵捕殺羣狗,其風遂革。"[2] 既往學界多把這一"太原舊俗"歸屬瑣羅亞斯德教,但蔡鴻生先生已力辨其屬天竺的"屍陁林"古法,與祆教無涉。[3] 由是,如果單就以狗食屍的葬俗,也未必就與瑣羅亞斯德教有關,或爲康國所專有。一言以蔽之:《西蕃記》所述康國人葬俗,可以納入天葬、野葬一類,但如果要納入瑣羅亞斯德教的範疇,也是屬於該教原始或早期的階段,而且已在中亞經歷過改造,發生了變異。[4] 對於一些尚未體系化、未臻成熟的雛形宗教,學界多把其稱爲民間信仰,而其相應的禮儀亦往往被目爲民俗。如果從這個角度看,7世紀康國人所保持的這一葬俗,或可以胡俗覘之,未必非深究其宗教內涵不可。

就上揭康國的葬俗,《西蕃記》惟言及"肉盡,收骸骨埋殯,無棺槨"而止,至於骸骨如何埋殯,並無下文。這就留給我們很大的想象空間。不過,自19世紀70年代以降,考古學家在中亞地區陸續發現了各種盛裝白骨或骨灰的陶質容器,特別是到了20世紀30年代至60年代之間,前蘇聯學者在俄屬中亞地區,包括片治肯特、花剌子模、克拉斯那雅—雷契卡等地,更普遍發現了大量陶質藏骨器,造型有角形、橢圓形、甕形、壺形、鳥形、馬形等等,大小亦有不同,年代最古有公元前幾個世

〔1〕詳參拙文《印度帕爾西人的葬俗》,見拙著《波斯拜火教與古代中國》,臺北新文豐出版公司,1995年版,頁98-104。

〔2〕見卷112,頁3335。

〔3〕蔡鴻生《唐代"黃坑"辨》,載余太山主編《歐亞學刊》第3輯,頁244-250。崔岩《也談唐代太原"黃坑"葬俗的宗教屬性》(刊《洛陽大學學報》2003年第3期,頁22-24)對蔡文的論證有進一步闡發。

〔4〕有關《西蕃記》所述康國人葬俗的辨析,可參閱張小貴《康國別院"令狗食人肉"辨》,刊《西域研究》2007年第3期,頁77-85。

紀的,大量的是公元 6—8 世紀的,其間有的屬火葬餘灰,有的則是二次葬的骨殖。[1] 蔡鴻生先生曾向國人介紹俄國學者有關的結論:"據巴托里德研究,俄屬土耳其斯坦的火祆教,與薩珊波斯火祆教不同的地方特點,表現於葬式上流行盛骨甕。這種甕係陶質,內裝死者骨殖,外飾圖畫或浮雕。"[2]蔡先生又提示近年俄國學者已以大量的考古資料確證了巴托里德的這一說法,甚至根據遺骨復原了已故瑣羅亞斯德教教徒的面貌。[3] 據上述的考古成果,吾人殆可相信上揭康國人的骸骨亦應藏於盛骨甕。但這種做法,顯非源自薩珊波斯,而是在薩珊王朝之前就已形成的習俗。若果如我們所推測,以狗食屍與古麻葛僧有關,則采用甕盛骨就不排除宗教禁忌的原因,即避免骸骨直接與土地接觸而造成土地污染;緣骸骨畢竟是死屍的組成部分,同樣是不潔之物。不過,由於上揭考古所發現的盛裝白骨或骨灰的陶質容器分佈甚廣,並不止於粟特地區;年代也可以追溯到公元前幾個世紀,而且其中有的是火化的、有的則是二次葬的骸骨。而我們知道,古代中亞地區在伊斯蘭化之前,是東西文明匯聚之地,多元文化交融,諸多民族交替麇居,各種宗教或原始信仰並行,因此,用陶器殯葬還可能出於其他種種文化背景,未必都是基於原始瑣羅亞斯德教的戒律。就如近代流行用瓷器、陶器盛裝骨灰、骨殖那樣,並不一定有特定的宗教內涵。是以,我們把古代中亞所流行的陶器殯葬,目爲該地區長期以來綜合形成、沿襲下來的民俗,也未嘗不可。特別是那些收藏骨灰的容器,主人是否爲瑣羅亞斯德教徒,更不能遽下定論。總之,不能單純以是否用盛骨甕作爲確定死者宗教信仰的標準。

　　正如《報告》所已注意到的,據瑣羅亞斯德教《小阿維斯陀》的規定,"沾污死物,將死物在火上烘烤,或將它投入諸水中,或將它埋在地下(包括屍體)",是要處以死刑的。[4] 上揭《辟邪經》第 8 章亦有類似

〔1〕有關的綜述見香山陽坪《オスアリについて,一中央アヅアゾ・ロアスタ教徒の藏骨器一》,刊《史學雜誌》第 72 編第 9 號,昭和三十八年(1963)七月,頁 54－68。

〔2〕蔡鴻生《唐代九姓胡與突厥文化》,中華書局 1998 年版,頁 135。

〔3〕М. Мейтарчиян, ПОГРЕБАЛЬНЫЕ ОБРЯДЫ ЗОРОАСТРИЙЦЕВ, Москва・спб・2001.

〔4〕陝西省考古研究所《西安北周安伽墓》,頁 86。

的條文,就上下文的意思,不惟將遺體火葬的人要處死刑,就是將動物
屍體燒烤的人也要處死刑;因爲其污染了火。[1] 但這一規定,恐怕不
是《報告》所理解的那樣:"可能主要針對屍體而言,而骨殖則另當別
論。"骨殖猶如屍肉,都是不潔之物;若非如是,印度巴斯人何必那麼小
心翼翼處理。火對於該教信徒來說,是十分神聖的,正因爲如此,教外
人始將他們稱爲拜火教徒。[2] 職是之故,我們難以想象瑣羅亞斯德教
徒會用火來焚燒骨殖這一不潔之物。

《報告》之所以將火化骨殖目爲中亞祆教徒的習俗,乃以《隋書·
石國傳》爲據。按,《石國傳》見《隋書》卷83,今據中華版將有關文字
迻錄如下:

> 石國,居於藥殺水,都城方十餘里。其王姓石,名涅。國城之
> 東南立屋,置座於中,正月六日、七月十五日,以王父母燒餘之骨,
> 金甕盛之,置於床上,巡繞而行,散以花香雜菓,王率臣下設祭焉。
> 禮終,王與夫人出就別帳,臣下以次列坐,享宴而罷。有粟麥,多良
> 馬。其俗善戰,曾貳於突厥,射置可汗興兵滅之,令特勤甸職攝其
> 國事。[3]

按,石國王之"以王父母燒餘之骨,金甕盛之",究竟是火化死屍抑或是
火化骸骨,意思並不明確;而以此來證明祆教徒有焚燒骸骨的習俗,更
值得斟酌。緣在古代社會,火葬並非某一民族或教派所專有。印度人,
在吠陀時代係采用火葬,他們相信通過燃燒屍體的火焰,能使死者的靈
魂昇天。[4] 前蘇聯在中亞考古發現的安德羅諾弗(Andronovo)文化,
證明了在青銅器時代後期,中亞好些民族都實行火葬。[5] 異域民族有
火葬之俗,古人是很清楚的,就如《南齊書·顧歡傳》所云:"棺殯槨葬,

---

〔1〕*The Sacred Books of the East*, Vol. IV, *Vendîdâd*, pp. 110-111.

〔2〕詳參拙文《瑣羅亞斯德教的聖火崇拜》,見拙著《波斯拜火教與古代中國》,臺北新文豐出版公司1995年版,頁41－66。

〔3〕中華書局1973年版,頁1850。《通典》卷193、《通志》卷196、《北史》卷97所記大致相同。

〔4〕參閱 H. Oldenerg, *Die Religion des Veda*, Berlin 1917, repr. 1970, p. 547.

〔5〕G. Frumkin, *Archaeology in Soviet Central Asia*, Leiden 1970, pp. 68-69.

中夏之制；火焚水沉，西戎之俗。"[1]對該等異俗，漢籍不乏具體記錄。例如《周書・焉耆傳》：

> 婚姻略同華夏。死亡者皆焚而後葬，其服制滿七日則除之。丈夫並剪髮以爲首飾。文字與婆羅門同。俗事天神，並崇信佛法也。[2]

焉耆人有"俗事天神"之謂，但此天神很可能是婆羅門教之神，與祆教無關。該國在玄奘的《大唐西域記》作"阿耆尼國"，並無言其信奉天神，但稱其"文字取自印度，微有增損"；"伽藍十餘所，僧徒二千餘人，習學小乘教說一切有部。經教律儀式，既遵印度，諸習學者，即其文而玩之。戒行律儀，潔清勤勵，然食雜三淨，滯於漸教矣。"[3]因此，焉耆人之把死屍火化顯與波斯瑣羅亞斯德教無關，蓋非該教在中亞的變異。如果不是承繼先人傳統，則應溯源印度宗教的影響。此外，契丹民族則是火化骨殖，《隋書・契丹傳》有載：

> 父母死而悲哭者，以爲不壯，但以其屍置於山樹之上，經三年之後，乃收其骨而焚之。[4]

類似焉耆、契丹這些民族的火葬習俗，未見有學者將其與祆教掛鉤。至於石國的火葬，能否與祆教掛靠呢？查石國屬昭武九姓之一，位於粟特地區（阿姆河、錫爾河之間）的最東邊，今塔什干附近，毗鄰突厥。玄奘西行曾經過，在其《大唐西域記》稱"赭時國"（見卷1），言其"城邑數十，各別君長，既無總主，役屬突厥"。[5] 玄奘言石國受突厥管轄，適與《周書》等的記載同。《周書・突厥傳》記載突厥的葬俗：

> 死者，停屍於帳，子孫及諸親屬男女，各殺羊馬，陳於帳前，祭之。繞帳走馬七匝，一詣帳門，以刀剺面，且哭，血淚俱流，如是者

〔1〕《南齊書》卷54，中華書局1972年版，頁931。

〔2〕見《周書》卷50，中華書局1971年版，頁916。《隋書・焉耆傳》作："其俗奉佛書，類婆羅門。婚姻之禮有同華夏。死者焚之，持服七日。"（卷83，頁1851）《北史・焉耆傳》："婚姻略同華夏。死亡者，皆焚而後葬，其服制滿七日則除之。丈夫並剪髮以爲首飾。文字與婆羅門同。俗事天神，並崇信佛法也。"（卷97，中華書局1983年版，頁3216）

〔3〕季羨林等校注《大唐西域記校注》，中華書局1985年版，頁48。

〔4〕《隋書》卷84，頁1881。

〔5〕季羨林等校注《大唐西域記校注》，頁82。

七度，乃止。擇日，取亡者所乘馬及經服用之物，并屍俱焚之，收其餘灰，待時而葬。春夏死者，候草木黃落，秋冬死者，候華葉榮茂，然始坎而瘞之。葬之日，親屬設祭，及走馬剺面，如初死之儀。葬訖，於墓所立石建標。其石多少，依平生所殺人數。[1]

石國國王的葬式顯然是類乎突厥，而其時突厥並非信仰瑣羅亞斯德教。就突厥的宗教信仰問題，蔡鴻生先生已細加考證了："在玄奘西行時代，中亞突厥汗庭與薩珊波斯早已兵戎相見，仇怨極深，決無皈依波斯國教火祆教的可能。"[2]此處不贅。把石國的火葬習俗當爲祆教習俗，可能從石國是九姓胡之一，九姓胡就是粟特人，粟特人就是祆教徒這一定勢思維推理而來的。其實，粟特人也是多信仰的民族，如何評估祆教在粟特人信仰中的地位，還是一個有爭論的問題。正如上文所已指出的，學者已發現了很多粟特文的佛教、摩尼教、景教等的經典殘簡，惟獨不能確認瑣羅亞斯德教的經典曾被翻譯成粟特文。是以，我們沒有理由把瑣羅亞斯德教目爲粟特人的惟一信仰，更沒有理由把粟特人的一切習俗都納入所謂祆教文化。

12.5 康業墓發現的啟示

據《中國文物報》2004 年 11 月 24 日頭版頭條和《人民日報》（海外版）2004 年 11 月 25 日第 7 版《西安北郊再次發現北周粟特人墓葬》的報導，[3]2004 年 4 月，在南距上揭安伽墓僅 150 米的地方，又發現了一座墓葬形制類似的北周粟特墓，墓主康業。據報導，誌文稱其"字元基，康居國王後裔，歷任魏大天主、羅州使君、車騎大將軍、雍州呼樂等

---

〔1〕《周書·突厥傳》，見卷 59、頁 910。《北史·突厥傳》記載突厥的葬俗："死者，停屍於帳，子孫及諸親屬男女各殺羊、馬，陳於帳前祭之。繞帳走馬七匝，詣帳門以刀剺面且哭，血淚俱流，如是者七度乃止。擇日，取亡者所乘馬及經服用之物，並屍俱焚之，收其餘灰，待時而葬。春秋死者，候草木黃落；秋冬死者，候華茂，然後坎而瘞之。葬之日，親屬設祭及走馬、剺面如初死之儀。"（見卷 99、頁 3288）《隋書·突厥傳》所記類同（見卷 84、頁 1864）。

〔2〕蔡鴻生《唐代九姓胡與突厥文化》，頁 131。

〔3〕程林泉、張翔宇《西安北郊再次發現北周粟特人墓葬》，刊《中國文物報》2004 年 11 月 24 日第 1 版；孟西安《西安再次發現北周粟特人墓葬證實：千年前長安已是國際性都市》，刊《人民日報》（海外版）2004 年 11 月 25 日第 7 版。

職,死於大周天和六年(571,即比安伽早 8 年),死後被詔贈爲甘州刺史"。云墓主康業爲康居國王後裔,是否爲墓誌之諛詞,苟且不論;但祖籍在撒馬爾罕一帶,當屬事實。因此,當康業下葬時,其故國還流行著上揭韋節《西蕃記》所說的葬俗。但據《中國文物報》報導,康業的葬式已與故國葬俗完全不同:"墓葬形制爲斜坡墓道穹隆頂土洞墓,全墓由墓道、甬道和墓室 3 部分組成。"這一墓葬形制與安伽墓近似,不惟當時的康國沒有,其他中亞地區的民族也沒有。由於墓主已深度漢化,身爲大周朝廷命官,其葬式便當一按中土達官貴人的模式。據該報報導,康業墓"出土一完整圍屏石榻,線刻精美,内容豐富";"圍屏石榻位於墓室北側中部,緊靠北壁,東西方向,由圍屏、榻板和榻腿構成。圍屏由 4 塊長方形石板構成,左右兩側各 1 塊,長 93.5、高 82、厚 7—8.5 釐米;正面 2 塊,長 106—111、高 82—83.5、厚 9—10 釐米。"而"榻板爲一長方形石板,長 2.38、寬 1.07、厚 0.16 米"。有"骨架一具,置於榻上,保存完好,頭向西,面向上,仰身直肢,骨架之上有數層絲綢痕迹"。石榻及其上面骨架的照片,兩報都清楚刊出(見本書圖版 5.2)。如果這些報導準確無誤的話,我們可以得出如下結論:

(1)康業死後,是直接采用漢人的土葬方式,絕對沒有經過狗食屍肉的野葬階段;

(2)康業下葬時,是照漢人的模式,穿著衣物,而不是裸屍而葬。

前者完全違背了當時康國的習俗;後者則不僅違背了康國的習俗,而且爲波斯瑣羅亞斯德教所不容。該教認爲,人是裸體來到這個世界,離開時也就得一絲不掛。《辟邪經》第 5 章第 61 節,稱誰人給死者覆蓋衣物,則表明此人生時並不虔誠,死後不能到達樂土。[1] 第 8 章第23 節更聲稱誰人若給屍體蓋東西,哪怕只蓋住兩隻腳,也得挨 800 鞭的懲罰。[2] 這一戒律,在當代的巴斯人中還被嚴格遵守。當代的印度瑣羅亞斯德教徒巴斯人仍然遵守這一戒律。當死屍進入安息塔後,死者壽衣壽布便被一概除去。

---

〔1〕*The Sacred Books of the East*, Vol. Ⅳ, *The Zend-Avesta*, Part I, p. 56.

〔2〕*The Sacred Books of the East*, Vol. Ⅳ, *The Zend-Avesta*, Part I, pp. 90-100.

如果我們硬要在康業葬式上找到瑣羅亞斯德教的遺痕的話,恐怕只有死屍置於石榻這一點。因爲這可以解釋爲防止死屍污染土地,就像上揭廣州巴斯人的墓葬那樣。不過,這一做法是有意識遵守宗教的戒律,抑或是循一般胡俗,似乎還不能一口咬定。按,把死屍置於石榻的葬式,中亞考古似未見報道,這至少意味著古代中亞地區並不普遍流行這一葬式。但入華胡裔卻不罕見,中國境内其他地方有關粟特墓的考古報導,也多有關於石榻或所謂石棺床的發現。[1] 而能確認年代和地點與安伽墓和康業墓最接近者,依目前已知的發現,當非史君墓莫屬。據報導,"2003 年 6—10 月,西安市文物保護考古所在西安市未央區大明宫鄉井上村東距漢長安城遺址 5.7 公里處發掘"的北周史君墓,距離安伽墓約 2.2 公里,墓主史君下葬的時間爲大象二年(580),比安伽墓晚 9 年(安伽墓爲天和六年,即 571)。史君墓"石槨内出土石榻一個,長 2、寬 0.93、高 0.21 米";"由於墓室已被嚴重盜擾,骨架散亂於石榻内外。經初步鑒定,出土的骨架有人骨和獸骨,人骨分屬兩個個體,其中一具爲男性,一具爲女性。從出土的骨骸看,未發現火燒的痕迹。石槨内出土金戒指、金幣各一枚,同時出土一件陶燈,陶燈殘碎不能復原"。[2] 史君墓是夫妻合葬,儘管不像康業墓那樣,看到石榻上有屍骨,但"長 2、寬 0.93 米"的石榻是足於陳放兩具死屍的。如果墓室未經盜擾,參照康業墓,合理的推想是兩具死屍置於石榻之上。由於在中亞本土尚未發現流行這種死屍置於石榻之上的做法,只是下葬中土者始有,故推想其旨在適應中國土葬環境,而又固守不讓死屍污染土地的底線,不無道理;但深思之,仍不能排除另一種可能性,即是出於尊重死者生前生活習慣,讓死者像生前那樣,以石榻爲床。事實上,在我國西北等地發掘的其他古墓中,死屍置於床架之上的現象並不罕見,如是處置不外是讓死者像生前那樣安睡在床,與避免死屍污染土地無涉。是故,對死屍陳放石榻是否有特定宗教動機,依目前資料,似還不能遽

---

〔1〕參施安昌《六世紀前後中原祆教文物敘錄》,刊榮新江、李孝聰主編《中外關係史:新史料和新問題》,科學出版社 2004 年版,頁 239 – 246。

〔2〕西安市文物保護考古所《西安市北周史君石槨墓》,刊《考古》2004 年第 7 期,頁 38 – 49,圖版 7、8、9;引文見頁 40。

下結論。至於史君墓所用石槨，如果認爲是爲了雙重保險，確保死屍不污染土壤，這更不一定。因爲漢地皇族、高官等的墓葬早已有采用石槨的習慣，而據史君的墓誌銘，其雖爲胡人，但生前是"授涼州薩保"，作爲一個朝廷命官，仿效漢人官員葬式而用石槨，並非奇怪。

　　康業與安伽爲同時代人，亦同樣移居中土，爲北周朝廷命官，在這點上兩者相同。安國地望毗鄰撒馬爾罕，兩地風俗諒必較爲接近。因此，兩者的墓葬也就具有可比性。把康業墓作爲一個參照物，無疑有利於揭開安伽墓葬式之謎。既然康業墓的石榻是用於陳放死屍，那麼我們就沒有理由懷疑安伽墓的石榻是"爲神而設"的。然而，安伽的死屍並沒有置於石榻上，而是"捲縮於甬道內"，直接與地面接觸，這明擺著是犯了瑣羅亞斯德教的大忌，在中亞胡人的墓葬中，迄今未能找到類似的個案，恐怕日後也無從找到。因爲古代世界各民族的喪葬禮俗儘管形形色色，但主導思想無不是表示對死者的尊重甚至崇敬，安伽墓的屍體位置顯然違背了這一原則。安伽生前爲中土官員，其非橫死，而是善終，死屍被如此處置，在當時中國的氛圍下，是不可理喻的。參照康業墓，合理的推想是安伽的屍體本陳放在石榻上，但出於甚麼原因而被抛棄到甬道內。由於安伽遺骨上有銅帶具，說明其遺體被移位時尚未腐爛，衣物俱全，故如果曾被干擾的話，那也是下葬後不久的事情。儘管《報告》強調"甬道、墓室頂及磚壁均不見盜洞"，因而認爲"發掘時所見應該基本反映了當時安葬的情況"；[1]然而，吾人不能排除一種可能性，即：盜墓者可能出於避免他人發覺追究，或其他心理因素等，在完事後又將盜洞復原，事隔一千多年，吾人自難發現其間破綻。因此，筆者斗膽提請當時參加發掘的專家們，無妨重新回憶或翻檢有關的記錄和照片，看能否發現某些墳墓被盜的蛛絲馬迹。假如盜墓說可以被接受的話，那麼，墓室遭火厄一事就不難推測了：在盜墓過程中，出於照明的目的或爲了清除墓室穢氣，在墓室中點燃油脂之類的燃燒物；而在燃燒過程中，可能失控引起大火，以至殃及死屍。敢在墓室中作案燒火之人，當與祆教或其他火崇拜信仰無緣。

---

〔1〕陝西省考古研究所《西安北周安伽墓》，頁86。

12.6　結語

　　綜合上面的論述,就迄今已報導的北周諸胡人墓的瘞葬模式,要確認其源自瑣羅亞斯德教的教旨,目前學界的論證似乎尚未圓滿;特別是安伽墓,如否認其曾被盜擾,按所發現的狀況,其葬式顯然更與瑣羅亞斯德教衝突。一般而言,宗教徒恪遵本教禮儀的程度與其信仰虔誠的程度是成正比的。如本篇上面所已提到的,印度巴斯人在遠離波斯本土千年之後,仍堅持瑣羅亞斯德教葬儀;在他們進入中國後,在完全不可能按本教模式營建安息塔的情況下,他們尚堅持最後的底線,千方百計避免死屍污染土地,由此可見其虔誠程度之一斑。瑣羅亞斯德教以其特別的葬俗而區別於其他宗教信仰,假如我們仍界定安伽、康業以及本篇提到的史君等北周胡姓人士爲中亞祆教徒的話,則其葬式與波斯瑣羅亞斯德教、甚至本土族人的迥異便再次提示我們:中亞祆教徒與波斯的瑣羅亞斯德教無疑是有區別的,絕不能劃一等號,而移居中土的中亞祆教徒,與本土的祆教徒同樣也不能簡單劃一等號。注重文化傳播過程中隨著時空推移而發生的變異,注重發生這種變異的各個中間環節,乃陳寅恪史學的一個重要特色,[1]也是吾人從事史學研究的圭臬。由於這些變異的客觀存在,也就進一步提醒我們,對迄今所發現的北周諸胡裔墓中眾多圖像的解讀,我們有必要持更謹慎的態度,一味從波斯瑣羅亞斯德教原典中來尋求解釋,恐怕有陷入誤區之虞。是爲本篇立意所在。

　　(本篇初刊《考古與文物》2005 年第 5 期,頁 60 – 71。)

---

　　[1]參閱蔡鴻生《〈陳寅恪集〉的中外關係史學術遺產》,刊林中澤主編《華夏文明與西方世界》,香港博士苑出版社 2003 年版,頁 1 – 6。

本書徵引文獻資料

漢文古籍

史記. 北京: 中華書局, 1982.

漢書. 北京: 中華書局, 1962.

後漢書. 北京: 中華書局, 1965.

周書. 北京: 中華書局, 1971.

隋書. 北京: 中華書局, 1973.

北史. 北京: 中華書局, 1983.

南齊書. 北京: 中華書局, 1972.

舊唐書. 北京: 中華書局, 1975.

新唐書. 北京: 中華書局, 1975.

資治通鑑. 北京: 中華書局, 1956.

明史. 北京: 中華書局, 1974.

唐會要. 排印本. 北京: 中華書局, 1955.

通典. 北京: 中華書局, 1984.

冊府元龜. 北京: 中華書局, 1960.

〔宋〕宋敏求. 唐大詔令集. 北京: 商務印書館, 1959.

尚書正義.《十三經注疏》本. 影印版. 北京: 中華書局, 1980.

毛詩正義.《十三經注疏》本. 影印版. 北京: 中華書局, 1980.

爾雅注疏.《十三經注疏》本. 影印版. 北京: 中華書局, 1980.

饒宗頤. 敦煌吐魯番本文選. 北京: 中華書局, 2000.

管子. 上海: 上海古籍出版社, 1989.

戰國策.上海:上海古籍出版社,1978.

周生春.吳越春秋匯考.上海:上海古籍出版社,1997.

〔漢〕應劭.風俗通姓氏篇.〔清〕張澍,編輯補注.《叢書集成》本:第 3283 冊.

〔漢〕趙曄.吳越春秋//《四部叢刊初編》縮本.上海:商務印書館,1922.

吳樹平.風俗通義校釋.天津:天津人民出版社,1980.

〔宋〕郭茂倩.樂府詩集.北京:中華書局,1979.

〔清〕彭定求,沈三曾,汪士紘,等,編校.全唐詩.北京:中華書局,1960.

〔唐〕李白.李白集校註.瞿蛻園,朱金城,校註.上海:上海古籍出版社,1980.

〔唐〕李白.李白全集編年注釋.安旗,輯注.成都:巴蜀出版社,1990.

〔清〕董誥,戴衢亨,曹振鏞,等,編校.全唐文.影印本.北京:中華書局,1983.

〔唐〕李德裕.李德裕文集校箋.傅璇琮,周建國,校箋.石家莊:河北教育出版社,2000.

〔唐〕張鷟.朝野僉載.趙守儼,點校//歷代史料筆記叢刊·唐宋史料筆記.北京:中華書局,1979.

〔宋〕李昉,扈蒙,李穆,等.太平廣記.北京:中華書局,1961.

〔宋〕姚寬.西溪叢語·家世舊聞.孔凡禮,點校//唐宋史料筆記叢刊.北京:中華書局,1993.

〔宋〕張邦基.墨莊漫錄.孔凡禮,點校//唐宋史料筆記叢刊.北京:中華書局,1993:卷 4.

〔宋〕徐鉉.稽神錄.白化文,點校//古小說叢刊.北京:中華書局,1996.

〔宋〕黃震.崇壽宮記//黃氏日鈔:卷 86.景印文淵閣四庫全書·子部 14 儒學類.臺北:商務印書館,1983:第 708 冊.

〔宋〕陸游. 渭南文集 // 〔宋〕陸游. 陸放翁全集. 北京:中國書店,
1986.

〔元〕陳高. 不繫舟漁集:卷 12 // 景印文淵閣四庫全書·集部 155
別集類. 臺北:商務印書館,1983:第 1216 冊.

〔宋〕陸游. 老學菴筆記. 李劍雄,劉德權,點校. 北京:中華書局,
1979.

〔明〕應檟. 大明律釋義. 明嘉靖三十一年刻本 // 續修四庫全書·
史部:第 863 冊.

〔明〕朱燮元. 少師朱襄毅公督蜀疏草. 清康熙五十九年朱人龍刻
本 // 四庫存目叢書·史部. 濟南:齊魯書社,1996:第 65 冊.

〔清〕薛允昇. 唐明律合編. 民國退耕堂徐氏刊本. 上海:商務印書
館,民國 25 年(1936).

〔唐〕玄奘,辯機. 大唐西域記校注. 季羨林,等,校注. 北京:中華書
局,1985.

〔清〕徐松. 增訂唐兩京城坊考. 李健超,增訂. 西安:三秦出版社,
1996.

〔清〕張聰賢,修;董曾臣,纂. 長安縣誌 // 新修方志叢刊. 臺北:學
生書局,1967.

〔宋〕樂史. 太平寰宇記. 北京:中華書局,2008.

〔明〕何喬遠. 閩書:第 1 冊. 廈門大學校點本. 福州:福建人民出版
社,1994.

〔清〕王錫祺. 小方壺齋地叢鈔. 影印本. 杭州:杭州古籍書店,
1985.

景教寫經

〔唐〕景淨. 宣元本經 // 羽田亨. 羽田博士史學論文集:下卷. 京都,
1958:圖版 7.

林悟殊. 《宣元本經》釋文 // 林悟殊. 唐代景教再研究. 北京:中國
社會科學出版社,2003:176 - 177.

羽田亨.《志玄安樂經》寫本首末寫真//羽田博士史學論文集:下卷.京都:同明社,1958:圖版 6.

羽田亨.《志玄安樂經》全卷釋文//羽田亨.羽田博士史學論文集:下卷.京都:同明社,1958 年:270 – 291.

羽田亨.景教經典《志玄安樂經》考論.錢稻孫,譯//清華週刊.1929,32(10):23 – 30.

三威蒙度讚·尊經//法藏敦煌西域文獻:29.上海:上海古籍出版社,2003:356 – 357.

林悟殊.《三威蒙度讚·尊經》釋文//林悟殊.唐代景教再研究.北京:中國社會科學出版社,2003:124 – 127.

景教碑刻

西安大秦景教流行中國碑.拓本.廣州中山大學圖書館舊藏.

洛陽唐代景教經幢《大秦景教宣元至本經及幢記》.拓本.

陽瑪諾.唐景教碑頌正詮.武林天主教堂梓,1644(崇禎甲申).

陽瑪諾.唐景教碑頌正詮.1878 年上海慈母堂刻本.上海:海土山灣印書館,1927.

陽瑪諾.唐景教碑頌正詮//吳相湘.天主教東傳文獻續編:第 2 冊.臺北:學生書局,1966:653 – 751.

李之藻.讀景教碑後//陽瑪諾.景教碑頌正詮.1878 年上海慈母堂刻本.上海:海土山灣印書館,1927:13 – 17.

摩尼教寫經

《摩尼光佛教法儀略》圖版上半截//英藏敦煌文獻:5.成都:四川人民出版社,1992:223 – 225.

《摩尼光佛教法儀略》圖版下半截//法藏敦煌西域文獻:29.上海:上海古籍出版社,2003:86 下.

林悟殊.《摩尼光佛教法儀略》釋文//林悟殊.摩尼教及其東漸.增

訂本.臺北:淑馨出版社,1997:283 – 286.

《下部讚》圖版 // 英藏敦煌文獻:5.成都:四川人民出版社,1992.

林悟殊.《下部讚》釋文 // 林悟殊.摩尼教及其東漸.增訂本.臺北:
淑馨出版社,1997:287 – 325.

《京藏摩尼教經》圖版 // 敦煌寶藏:110.臺北:新文豐出版公司,
1984.

《京藏摩尼教經》圖版 // 林悟殊.摩尼教及其東漸.北京:中華書
局,1987:圖版頁 1 – 18.

《京藏摩尼教經》釋文 // 林悟殊.摩尼教及其東漸.增訂本.臺北:
淑馨出版社,1997:477 – 485,268 – 282(釋文).

佛教典籍

大藏經

〔東晉〕跋陀羅,譯.大方廣佛華嚴經 // 日本大正新修大藏經:9.臺
北:佛陀教育基金會,1990.

〔後秦〕鳩摩羅什,譯.妙法蓮華經 // 日本大正新修大藏經:9.臺
北:佛陀教育基金會,1990.

〔後秦〕鳩摩羅什,譯.大智度初品總說如是我聞釋論第三 // 日本
大正新修大藏經:25.臺北:佛陀教育基金會,1990.

〔後秦〕鳩摩羅什,譯.金剛經 // 日本大正新修大藏經:8.臺北:佛
陀教育基金會,1990.

〔後秦〕鳩摩羅什,等,譯.禪祕要法經:卷中 // 日本大正新修大藏
經:15.臺北:佛陀教育基金會,1990:259.

〔元魏〕菩提留支,譯.佛說佛名經卷 // 日本大正新修大藏經:14.
臺北:佛陀教育基金會,1990.

〔南齊〕曇景,譯.未曾有因緣經 // 日本大正新修大藏經:17.臺北:
佛陀教育基金會,1990.

〔隋〕闍那堀多,譯.金剛場陀羅尼經 // 日本大正新修大藏經:21.
臺北:佛陀教育基金會,1990.

·歐·亞·歷·史·文·化·文·庫·

〔隋〕淨影寺沙門釋慧遠,述.大般涅槃經義記∥日本大正新修大藏經:37.臺北:佛陀教育基金會,1990.

〔唐〕佛陀波利,譯.佛頂尊勝陀羅尼經∥日本大正新修大藏經:19.臺北:佛陀教育基金會,1990.

〔唐〕杜行顗,譯.佛頂尊勝陀羅尼經∥日本大正新修大藏經:19.臺北:佛陀教育基金會,1990.

〔唐〕伽梵達摩,譯.陀羅尼經∥日本大正新修大藏經:20.臺北:佛陀教育基金會,1990.

〔唐〕菩提流志,譯.護命法門神呪經∥日本大正新修大藏經:20.臺北:佛陀教育基金會,1990.

〔唐〕地婆訶羅,譯.最勝佛頂陀羅尼淨除業障呪經∥日本大正新修大藏經:19.臺北:佛陀教育基金會,1990.

〔唐〕三藏般若,譯.大乘本生心地觀經∥日本大正新修大藏經:3.臺北:佛陀教育基金會,1990.

〔唐〕三藏般若,譯.大方廣佛華嚴經∥日本大正新修大藏經:10.臺北:佛陀教育基金會,1990.

〔唐〕三藏實叉難陀,譯.大方廣佛華嚴經∥日本大正新修大藏經:10.臺北:佛陀教育基金會,1990.

〔唐〕三藏地婆訶羅,譯.大方廣佛華嚴經入法界品∥日本大正新修大藏經:10.臺北:佛陀教育基金會,1990.

〔唐〕圓照.貞元新定釋教目錄∥日本大正新修大藏經:55.臺北:佛陀教育基金會,1990.

〔唐〕圓照.大唐貞元續開元釋教錄∥日本大正新修大藏經:55.臺北:佛陀教育基金會,1990.

〔唐〕窺基.妙法蓮華經玄贊∥日本大正新修大藏經:34.臺北:佛陀教育基金會,1990.

〔唐〕慧詳.弘贊法華傳∥日本大正新修大藏經:51.臺北:佛陀教育基金會,1990.

〔唐〕釋道世.法苑珠林∥日本大正新修大藏經:53.臺北:佛陀教

育基金會,1990.

〔唐〕義淨,譯.根本說一切有部毘奈耶雜事//日本大正新修大藏
經:24.臺北:佛陀教育基金會,1990.

〔唐〕釋道宣.續高僧傳//日本大正新修大藏經:50.臺北:佛陀教
育基金會,1990.

歷代法寶記//日本大正新修大藏經:51.臺北:佛陀教育基金會,
1990.

〔宋〕周敦義,述.翻譯名義集一//日本大正新修大藏經:54.臺北:
佛陀教育基金會,1990.

〔宋〕釋智圓,述.維摩經略疏垂裕記//日本大正新修大藏經:38.
臺北:佛陀教育基金會,1990.

〔宋〕法護,等,譯.佛說大乘菩薩藏正法經//日本大正新修大藏
經:11.臺北:佛陀教育基金會,1990.

〔宋〕法護,等,譯.佛說如來不思議祕密大乘經//日本大正新修大
藏經:11.臺北:佛陀教育基金會,1990.

〔宋〕贊寧.僧史略//日本大正新修大藏經:54.臺北:佛陀教育基
金會,1990.

〔宋〕釋志磐.佛祖統紀//日本大正新修大藏經:49.臺北:佛陀教
育基金會,1990.

〔遼〕燕京崇仁寺沙門希麟.續一切經音義//日本大正新修大藏
經:54.臺北:佛陀教育基金會,1990.

〔元〕大智壽聖禪寺住持臣僧德煇.敕修百丈清規//日本大正新修
大藏經:48.臺北:佛陀教育基金會,1990.

〔清〕通醉.錦江禪燈目錄//卍新纂續藏經,第85冊:No.1589.

現代點校本

周祖謨.洛陽伽藍記校釋.北京:中華書局,1963.

楊勇.洛陽伽藍記校箋.北京:中華書局,2006.

〔梁〕釋慧皎.高僧傳.湯用彤,校注.北京:中華書局,1992.

〔唐〕慧立,彥悰.大慈恩寺三藏法師傳.孫毓棠,謝方,點校.北京:中華書局,1983.

〔唐〕義淨.南海寄歸内法傳校注.王邦維,校注.北京:中華書局,1995.

〔日〕釋圓仁.入唐求法巡禮行記校注.白化文,李鼎霞,許德楠,修訂校注.石家莊:花山文藝出版社,1992.

〔宋〕贊寧.宋高僧傳.范祥雍,點校.北京:中華書局,1987.

頤藏古尊宿語錄.呂有祥,等,點校.北京:中華書局,1994.

地方文獻

青陽莊氏族譜.明崇禎續修抄本.藏晉江縣圖書館.

劉紹寬總纂修.平陽縣志.民國十四年(1925)刊本.

〔清〕徐恕,修.平陽縣志.民國7年(1918)刻本.

蒼南縣志編纂委員會.蒼南縣志.杭州:浙江人民出版社,1997.

溫州市志編纂委員會.溫州市志.北京:中華書局,1998.

晉江縣西濱鄉志編輯委員會.西濱鄉志.1986(非正式出版).

現代中文論著

白文固,趙春娥.中國古代僧尼名籍制度.西寧:青海人民出版社,2002.

蔡鴻生.唐代九姓胡與突厥文化.北京:中華書局,1998.

蔡鴻生.中外交流史事考述.鄭州:大象出版社,2007.

蔡鴻生.《陳寅恪集》的中外關係史學術遺產//林中澤.華夏文明與西方世界.香港:博士苑出版社,2003:1-6.

蔡鴻生.仰望陳寅恪.北京:中華書局,2004.

蔡鴻生.學境.香港:博士苑出版社,2001.

蔡鴻生."粟特人在中國"的再研討//陳春聲.學理與方法:蔡鴻生教授執教中山大學五十周年紀念文集.香港:博士苑出版社,2007.

陳高華.摩尼教與喫菜事魔——從王質《論鎮盜疏》說起//陳高華.陳高華文集.上海:上海辭書出版社,2005:536-542.

陳萬里.閩南遊記.上海:上海開明書店,1930.

陳懷宇.景教在中古中國的命運//饒宗頤.華學:第4輯.北京:紫禁城出版社,2000:286-298.

陳寅恪.論隋末唐初所謂"山東豪傑"//陳寅恪.金明館叢稿初編.上海:上海古籍出版社,1980:217-236.

陳寅恪.武曌與佛教//陳寅恪.金明館叢稿二編.上海:上海古籍出版社,1980:137-155.

陳寅恪.元白詩箋證稿.上海:上海古籍出版社,1982.

陳寅恪.高僧傳箋證稿本//陳寅恪.讀史劄記三集·附錄.北京:三聯書店,2001:293-314。

陳垣.史諱舉例.北京:中華書局,1962.

陳垣.陳垣學術論文集:第1集.北京:中華書局,1980.

陳智超,編.陳垣來往書信集.上海:上海古籍出版社,1990.

段晴.唐代大秦寺與景教僧新釋//榮新江,主編.唐代宗教信仰與社會.上海:上海辭書出版社,2003:434-472.

方豪.中西交通史:2.長沙:嶽麓書社,1987.

方豪.書評羅香林《唐元二代之景教》//方豪.方豪六十自定稿:下冊.台北:学生書局,1969:2433.

馮承鈞.景教碑考.上海:商務印書館,1931.

葛承雍.唐代長安一個粟特家庭的景教信仰//葛承雍.唐韵胡音与外来文明.北京:中華書局,2006:232-251.

郭德焱.清代廣州的巴斯商人.北京:中華書局,2005.

郭沫若.李白與杜甫.北京:人民文學出版社,1971.

葛曉音,戶倉英美.日本吳樂"獅子"與南朝樂府//榮新江,主編.唐研究:第10卷.北京:北京大學出版社,2004:111-138.

顧衛民.基督宗教藝術在華發展史.上海:上海書店出版社,2005.

廣州藝術博物院.高劍父畫稿.廣州:嶺南美術出版社,2007.

胡戟,张弓,李斌城,等.二十世纪唐研究.北京:中國社會科學出版社,2002.

黄蘭蘭.唐代景教與宫廷——圍繞西安景教碑文内容的歷史考察.廣州:中山大學(博士論文),2003.

姜伯勤.敦煌莫高窟北區新發現中的景教藝術∥藝術史研究:第6輯.廣州:中山大學出版社,2004:337-352.

金柏東.《選真寺碑記》全文和史料價值∥溫州市博物館.文物與考古論集.香港:天馬圖書有限公司,1998:50-52.

金柏東.元《選真寺記》碑考略∥浙江省博物館.東方博物:第15輯.杭州:浙江大學出版社,2005:17-19.

連立昌.福建秘密會社.福州:福建人民出版社,1989.

林梅村.中國基督教史的黎明時代∥林梅村.西域文明.北京:東方出版社,1995:448-461.

林梅村,陳凌,王海城.九姓回鶻可汗碑研究∥林梅村.古道西風——考古新發現所見中西文化交流.北京:三聯書店,2000:285-320.

林悟殊.摩尼教及其東漸.北京:中華書局,1987.

林悟殊.摩尼教及其東漸.增訂本.臺北:淑馨出版社,1997.

林悟殊,榮新江.所謂李氏舊藏敦煌景教文獻二種辨偽∥林悟殊.唐代景教再研究.北京:中国社会科学出版社,2003:56-185.

林悟殊.波斯拜火教與古代中國.臺北:文豐出版公司,1995.

林悟殊.從福建明教遺物看波斯摩尼教之華化∥〔德〕克里木凱特·達·伽馬以前中亞和東亞的基督教.增訂版.林悟殊,譯.臺北:淑馨出版社,1995:123-137(附录).

林悟殊.唐代景教再研究.北京:中國社會科學出版社,2003.

林悟殊.中古三夷教辨證.北京:中華書局,2005.

林悟殊.陳寅恪先生"胡化"、"漢化"說的啟示∥胡守爲.陳寅恪與二十世紀中國學術.杭州:浙江人民出版社,2000:268-278.

林悟殊.20世紀中國瑣羅亞斯德教研究述評∥余太山,主編.歐亞學刊:第 2 輯.北京:中華書局,2000:243 – 265.

林悟殊.20 世紀敦煌漢文摩尼教寫本研究述評 // 段文傑.敦煌學與中國史研究論集:紀念孫修身先生逝世一周年.蘭州:甘肅人民出版社,2001:430 – 435.

林英.唐代拂菻叢說.北京:中華書局,2006.

劉銘恕.泉州石刻三跋 // 中國航海學會,泉州市人民政府.泉州港與海上絲綢之路.北京:中國社會科學出版社,2002:567 – 570.

劉屹.唐開元年間摩尼教命運的轉折——以敦煌本《老子西昇化胡經序說》和《摩尼光佛教法儀略》爲中心 // 季羨林,饒宗頤,主編.敦煌吐魯番研究:第 9 卷.北京:北京大學出版社,2006:85 – 109。

羅香林.唐元二代之景教.香港:中國學社,1966.

馬小鶴.粟特文 t'mp'r(肉身)考 // 《法国汉学》叢書編輯委員会.粟特人在中國——歷史、考古、語言的新探索.北京:中華書局,2005:478 – 502.

牟潤孫.宋代摩尼教 // 牟潤孫.註史齋叢稿.北京:中華書局,1987:94 – 116.

彭金章,王建軍,敦煌研究院.敦煌莫高窟北區石窟:第 2 卷.北京:文物出版社,2000.

饒宗頤.穆護歌考 // 香港大公報編輯部.大公報在港復刊三十周年紀念文集:下卷.香港:香港大公報社,1978:733 – 771.

任半塘.唐戲弄:下冊.上海:上海古籍出版社,1984.

榮新江.中古中國與外來文明.北京:三聯書店,2001.

陝西省考古研究所.西安北周安伽墓.北京:文物出版社,2003.

施安昌.六世紀前後中原祆教文物敘錄 // 榮新江,李孝聰.中外關係史:新史料和新問題.北京:科學出版社,2004:239 – 246.

王國維.摩尼教流行中國考 // 王國維.觀堂集林:第 4 冊.北京:中華書局,1189 – 1190.

王克芬.中國舞蹈史:隋、唐、五代部分.北京:文化藝術出版社,1987.

王克芬.中國舞蹈發展史.增補修訂本.上海:上海人民出版社,2003.

王克芬.中國宮廷舞蹈發展的歷史軌迹及深遠影響//榮新江,主編.唐研究:第10卷.北京:北京大學出版社,2004:85-110.

王見川.從摩尼教到明教.臺北:新文豐出版公司,1992.

王媛媛.中古波斯文《摩尼教讚美詩》跋文譯注//朱玉麒,主編.西域文史:第2輯.北京:科學出版社,2007:129-153.

吳文良.泉州宗教石刻.吳幼雄,增訂.北京:科學出版社,2005.

吳晗.明教与大明帝國//吳晗.讀史劄記.北京:三聯書店,1956:235-270.

翁紹軍.漢語景教文典詮釋.北京:三聯書店,1996.

周慕愛.道出物外——中國北方草原絲綢之路.香港大學美術博物館,2007.

向達.中外交通小史.上海:商務印書館,民國22年(1933).

謝海平.唐代留華外國人生活考述.臺北:商務印書館,1978.

楊堃.女媧考——論古代的母性崇拜與圖騰//楊堃.楊堃民族研究文集.北京:民族出版社,1991:497-520.

楊聯陞.國史探微.北京:新星出版社,2005.

楊憲益.民間保存的唐《西涼伎》//楊憲益.譯餘偶拾.北京:三聯書店,1983:67-71.

嚴耀中.佛教戒律與中國社會.上海:上海古籍出版社,2007.

虞萬里.敦煌摩尼教《下部讚》寫本年代新探//季羨林,等.敦煌吐魯番研究:第1卷.北京:北京大學出版社,1995:37-46.

張廣達,榮新江.于闐史叢考.上海:上海書店,1993.

張廣達,榮新江.有關西州回鶻的一篇敦煌漢文文獻——S.6551講經文的歷史學研究//張廣達.張廣達文集·文書、典籍與西域史地.桂林:廣西師範大學出版社,2008:153-176.

中國舞蹈藝術研究會舞蹈史研究組.全唐詩中的舞蹈資料.北京:人民音樂出版社,1958.

周貽白.中國戲劇的形成和發展∥周貽白.中國戲曲論集.北京:中國戲劇出版社,1960.

朱謙之.中國景教.北京:東方出版社,1993.

漢譯論著

〔法〕沙畹,伯希和.摩尼教流行中國考.馮承鈞,譯∥馮承鈞,譯.西域南海史地考證譯叢八編.北京:商務印書館,1958:43-100.

〔法〕伯希和.福建摩尼教遺蹟.馮承鈞,譯∥馮承鈞,譯.西域南海史地考證譯叢九編.北京:商務印書館,1958:125-141.

〔英〕穆爾.一五五〇年前的中國基督教史.郝鎮華,譯.北京:中華書局,1984.

〔日〕妹尾河童.窺視印度.姜淑玲,譯.北京:三聯書店,2004.

〔美〕勞費爾.中國伊朗編.林筠因,譯.北京:商務印書館,2001.

〔德〕克里木凱特.古代摩尼教藝術.林悟殊,翻譯增訂.臺北:淑馨出版社,1995.

〔德〕克里木凱特.達·伽馬以前中亞和東亞的基督教.林悟殊,翻譯增訂.臺北:淑馨出版社,1995.

〔阿拉伯〕佚名.中國印度見聞錄.穆根來,汶江,黃倬,譯.北京:中華書局,1983.

〔德〕費爾巴哈.宗教的本質.王太慶,譯.北京:人民出版社,1999.

〔希臘〕希羅多德.希羅多德歷史.王以鑄,譯.北京:商務印書館,1985.

〔美〕愛德華·謝弗.唐代的外來文明.吳玉貴,譯.西安:陝西師範大學出版社,2005.

〔俄〕謝·亞·托卡列夫.世界各民族歷史上的宗教.魏慶徵,譯.北京:中國社會科學出版社,1958.

〔俄〕B.Γ.加富羅夫.中亞塔吉克史.肖之興,譯.北京:中國社會科學出版社,1985.

〔美〕麥高文.中亞古國史.章巽,譯.北京:中華書局,1958.

日文著作

川口一彦. 景教. 東京:桑原製本有限會社,2003.

佐伯好郎. 景教の研究. 東京:東方文化學院東京研究所,昭和十年(1935).

佐伯好郎. 支那基督教の研究:第 1 卷. 東京:春秋社,昭和十八年(1943).

竺沙雅章. 喫菜事魔について//竺沙雅章. 中國佛教社會史研究. 京都:京都同朋會,昭和五十七年(1982):199 - 227.

榮新江. 唐代の佛・道二教から見た外道──景教徒//京都大學人文科學研究所. 中國宗教文獻研究. 京都:臨川書店,2006:427 - 445.

西文著作

Asmussen J P, Xᵘāstvānīft. Studies in Manichaeism. Copenhagen:[s. n.],l965.

Boyce M. A History of Zoroastrianism:Vol. I. Leiden:[s. n.],1975.

Boyce M. Zoroastrians, Their Religions Beliefs and Practices. London:[s. n.],1979.

Boyce M. A History of Zoroastrianism:Vol. II. Leiden:[s. n.],1982.

Boyce M. A Persian Stronghold of Zoroastrianism. Lanham・New York・London:[s. n.],1989.

Chardin J. Voyages en Perse et autres lieux de L'orient:Vol. II. Amsterdan:[s. n.],1735.

Darmesteter J transl. The Zend-Avesta(Part I)The Vendīdād, in F. Max Müller ed. Sacred Books of the East(Vol. IV). Oxford:Oxford University Press,1887.

Enoki K. The Nestorian Christianism in China in Medieval Time According to Recent Historical and Archaeological Researches. Atti del Conv-

egno Internazionale Sul Tema: L'Oriente Cristiano Nella Storia della Civilita
(Academia Nazionale dei Lincei 1964, Nr. 62. Roma: [s. n.] , 1964: 45
– 81.

Forte A. The Edict of 638 Allowing the Diffussion of Christianity in
China // Pelliot P. L'inscription Nestorienne de Si ngan fou, edited with
supplements by Antonino Forte. Kyoto, Paris: [s. n.] , 1996: 349 – 367.

Frumkin G. Archaeology in Soviet Central Asia. Leiden: [s. n.] ,
1970.

Ghirshman R. Fouilles de Sialk pres de Kashan: Vol. II. Paris: [s.
n.] , 1939.

Hartman Sven S. Parsism: The Religion of Zoroaster. Leiden: E. J.
Brill, 1980.

Havret H. La stèle chrétienne de Si ngan fou. Quelques notes extraites
d'un commentaire inédit. Leiden: [s. n.] , 1897.

Legge J. The Nestorian Monument of His-an Fü in Shen hsī. China,
London: [s. n.] , 1888.

Jordnus C. The Wonders of the East. Tran. and ed. by H. Yule. Har-
luyt Society. London: [s. n.] , 1863.

Lieu S N C. Manichaeism in the later Roman Empire and medieval
China. Oxford: Manchester University Press, 1985.

Lieu S N C. Manichaeism in Central Asia and China: NHMS XLV. Lei-
den: Brill, 1998.

Мейтарчиян М. ПОГРЕБАЛЬНЫЕ ОБРЯДЫ ЗОРОАСТРИЙЦЕВ.
Москва · спб, 2001.

Modi J J. The Religions Ceremonies and Customs of the Parsees. 2nd.
Bombay: [s. n.] , 1937.

Moule A C. Christians in China before the Year 1550. London, New
York and Toronto: 1930.

Naoroji D. The Manners and Customs of the Parsees. Bombay: [s.

n.],1864.

Nigosian S A. The Zoroastrian Faith:Tradition and Modern Research. McGill-Queen's University Press,1993.

Oldenerg H. Die Religion des Veda. Berlin:[s. n.], 1917 (repr. 1970).

Pelliot P. Rechérches sur les Chrétiens d'Asie Centrale et d'Extrême- Orient, II, 1:La Stèle de Si-ngan-fou, Oeuves posthumes de Paul Pelliot. Paris:[s. n.],1984.

Rawlinson G, transl. The History of Herodotus, Great Books of The Western World. [S. l.]:The University of Chicago,1952.

Runciman S. The Medieval Manichee:A Study of the Christian Dualist Heresy. London:Cambridge University Press,1955.

Saeki P Y. The Nestorian Documents and Relics in China. Tokyo:[s. n.],1937(repr. 1951).

Sharenkoff V N. A Study of Manichaeism in Bulgaria with Special Reference to the Bogomils. New York:[s. n.],1927.

Yarshater E,ed. The Cambridge History of Iran:Vol. 3, I - II. Cambridge:[s. n.],1983.

Zaehner R C. The Dawn and Twilight of Zoroastrianism. London:[s. n.], 1961.

中外辭書

〔明〕胡震亨. 唐音癸籤. 上海:上海古籍出版社,1981.

〔东汉〕许慎. 說文解字. 影印本. 北京:中華書局,1963.

辭源. 修訂本. 北京:商務印書館,1987.

中文大辭典. 臺北:中國文化研究所,1956.

漢語大詞典. 上海:漢語大詞典出版社,2001.

李叔還. 道教大辭典. 影印本. 杭州:浙江古籍出版社,1987.

丁福保. 佛學大辭典. 影印本. 北京:文物出版社,1984.

星雲,監修;慈怡,主編.佛光大辭典.影印本.北京:書目文獻出版社,1989.

任繼愈.宗教大辭典.上海:上海辭書出版社,1998.

荻源雲來.梵漢對譯佛教辭典.Tokyo Sankibo:[s. n.],1959.

Bernhard Karlgren. Grammata Serca Recensa. Stockholm:[s. n.],1972.

Boyce M. A Word-List of Manichaean Middle Persian and Parthian. Leiden:Brill E J,1977.

Eitel E J. A Sanskrit-Chinese Dictionary. Tokyo:[s. n.],1904.

Gershevitch I. A Grammar of Manichean Sogdian. Oxford:[s. n.],1954.

索　引

·欧·亚·历·史·文·化·文·库·

欧·亚·历·史·文·化·文·库·

後　記

1911 年,王國維先生在其《〈國學叢刊〉序》曾"正告天下曰":

> 學無新舊也,無中西也,無有用無用也。凡立此名者,均不學
> 之徒,即學焉而未嘗知學者也。

先賢哲言,時歷百年,而今重溫,感慨萬千!

綜觀中外歷史,人文學科之發展,有賴寬鬆之學術環境,研究者可從容不迫,選擇感興趣的課題,以獨立的精神,從事自由的研究,發表自己的見解。中山大學歷史系蒙陳寅恪先生等前輩學者的餘蔭,對此是有共識的。

本書所論各題,都離不開蔡師鴻生先生的提命,撰寫過程中復得益於與本專業同仁的切磋研討,其中包括何方耀先生,黃蘭蘭、曾玲玲、張淑瓊,張小貴、殷小平、王媛媛等新秀;在整理成書過程中,後三君貢獻尤多。此外,還得到國內外諸多同仁的指點、幫助,書中行文已有申明,此處一併致謝!

若干年來,疾病纏身,偶有文章發表,也惟盼後人整理耳。不意余太山先生主編叢書,索稿於余,遂勉爲其難,加以修訂,以資搪塞。書稿修訂過程中,承余先生不吝賜教,至爲感戴。

本書以中古西方精神文明在華夏的變異爲討論對象,所涉及之文獻,自非外即古。爲了減少誤讀古文獻之幾率,本書採用傳統漢字,益增排版校對工作之麻煩。蒙蘭州大學出版社對此之理解和寬容,謹表衷心感謝!

2010 年 12 月 24 日於南湖